人人都会
网店运营

淘宝天猫网店运营一本通

六点木木 编著

电子工业出版社
Publishing House of Electronics Industry
北京·BEIJING

内 容 简 介

本书是"网店赢家"系列畅销书作者六点木木将其专注于一线实战的十几年经验融合淘宝、天猫平台玩法所编写的运营"干货"书。

本书将从全新视角剖析当前电商运营的"道"与"术",详细讲解网店运营的方向、模式、技术,以及团队构建、产品优化、主图打造、卖点提炼、详情页制作、产品布局、SEO 关键词、流量渠道、库存管理等内容,并盘点当下火热的网店运营方法,如内容运营、短视频营销、淘宝直播、社群维护、粉丝经营等。本书抽丝剥茧,探寻盈利网店背后的运作逻辑,通过实战案例帮你梳理运营技巧,大幅度提升网店出货率。

本书适合网店新人、网店店长、网店运营总监、企业电商运营管理者,以及网店运营相关从业人员使用,也可以作为相关院校的电子商务专业等培训机构的教材使用。

未经许可,不得以任何方式复制或抄袭本书之部分或全部内容。
版权所有,侵权必究。

图书在版编目(CIP)数据

人人都会网店运营:淘宝天猫网店运营一本通/六点木木编著. —北京:电子工业出版社,2020.7
ISBN 978-7-121-39136-1

Ⅰ.①人… Ⅱ.①六… Ⅲ.①网店—运营管理 Ⅳ.①F713.365.2

中国版本图书馆 CIP 数据核字(2020)第 103149 号

责任编辑:孔祥飞
印　　刷:三河市龙林印务有限公司
装　　订:三河市龙林印务有限公司
出版发行:电子工业出版社
　　　　　北京市海淀区万寿路 173 信箱　　邮编:100036
开　　本:787×980　1/16　　印张:19.5　　字数:402 千字
版　　次:2020 年 7 月第 1 版
印　　次:2020 年 7 月第 1 次印刷
定　　价:59.80 元

凡所购买电子工业出版社图书有缺损问题,请向购买书店调换。若书店售缺,请与本社发行部联系,联系及邮购电话:(010)88254888,88258888。
质量投诉请发邮件至 zlts@phei.com.cn,盗版侵权举报请发邮件至 dbqq@phei.com.cn。
本书咨询联系方式:010-51260888-819,faq@phei.com.cn。

前言

2003年到2011年（特别是2009年到2011年）的淘宝店铺很好做，淘宝平台用五六年的时间逐渐培养起普通网民的网购习惯，因为有流量红利且流量富足，这期间跟随淘宝成长并坚持下来的卖家都实实在在赚到了钱！那几年可以说是众多小卖家的春天，因为传统"大鳄"们压根儿瞧不上网络销售。

2011年到2014年，中国网民呈爆炸式增长，"网购"越来越深入人心，所以线下越来越多有资源、渠道、资金、实力的"大象""老虎""狮子"级企业转战电商，竞争异常惨烈，原来那些在线上活得滋润但缺乏线下运营经验、缺乏雄厚资金、缺乏团队作战的卖家感到生存愈发艰难。

以前可以悠闲地等顾客上门，但后来不做推广营销，酒香也怕巷子深；以前随便花点小钱推广一下，效果和转化非常好，但后来产品同质化严重，竞争激烈，专业性要求越来越高，推广费用水涨船高，转化率能做到2%就相当不错了；以前一个人能轻松驾驭开店，但后来没有团队则根本玩不转，各种成本使线下实体开店压力巨大。

2014年至今，正当中小卖家困顿不堪，苦苦求索之时，另一场变革来势汹汹——移动互联网。短短三四年间，PC端电商大势已去，在移动互联网时代，手机端购物雄踞天下，2018年天猫"双11"成交额达2135亿元，85%以上来自手机端。随着智能手机的普及，消费者的网购习惯发生了翻天覆地的变化，小小的手机成了电商的主战场。

伴随着国民经济逐年攀升，百姓的钱包越来越鼓，以前购物注重质优价廉，购物选择也是"缺什么补什么，别人有我也要有"；而当前产品品类过剩，什么都不缺，顾客更追求精神层次的满足，要品质、要个性、要潮。

1.0的纯电商卖货时代已悄无声息地迭代为2.0卖情怀、卖体验、卖精神需求的时代。

随之而来的粉丝经济、千人千面、内容营销、网红直播等全新的概念正在颠覆业界，同时，流量的分配方式也发生了质的变化。当下，如果你跟不上变化，不持续学习、拥抱变化，只能被淘汰。

　　本书将从全新视角剖析当前电商运营的"道"与"术"，盘点当下火热的网店运营技法，抽丝剥茧，探寻盈利网店背后的运作逻辑，通过实战案例帮你梳理运营玩法，大幅度提升网店出货率。

　　早在2500多年以前的老子就说过"有道无术，术尚可求也。有术无道，止于术。"道为本，术为末；本末有序，不可倒置。做事前不弄明白道理，很容易在关键环节遇到瓶颈。电商营销方向不对，选择不对，努力白费。切记：思维先行，准备充分，赢在起跑线！

　　本书第一篇"淘宝、天猫电商与全网营销"共3章，以案例剖析电商运营的本质，希望在你做之前先解决好原理问题、长远问题、系统问题。这部分有一定深度，建议反复多看几遍。

　　第1章"关于网店，你最关心的问题答疑"：梳理出网店卖家具有共性的8类现状问题，分别找出原因并给出解决方案；引入"赛马机制"，希望你做好"竞争"的思想准备；分别为"现在开网店，做淘宝晚不晚？""该兼职还是全职？""自己囤货好还是分销好？"三个问题给出建设性意见和解决方案；从选品方面给出建议，辅助还没有货源的读者找准切入点。

　　第2章"电商运营的'道'与'术'"：从市场层面、买家角度抛出现状问题，希望卖家从根本上理性认识电商运营的本质，不是纯粹地运营产品，而是在产品的基础上运营人性和需求，学会缩小而非放大竞争，由老旧的"流量思维"向新的"流量池思维"转变，培育顾客的"认知思维"，增强黏性；用思维导图汇总开网店所需的"道（方向战略）"与"术（战术方法）"，建议你学会后定一个小目标，用道与术的框架思维去落地执行。本章通过案例告诉你，电商与全网营销的本质就是基于顾客的圈子营销，你要学会寻找开启不同圈子的"钥匙"。

　　第3章"电商运营之人、货、场"：通过案例深度剖析"产品热卖，销售额突破500万元的秘密"；从"人、货、场"三个角度，讲解网店做大做强、持续盈利的技巧；汇总了让新店、死店弯道超车，实现盈利的方法。

　　第二篇"4种最新的网店运营实操技法+粉丝运营"共5章，分别为日销千件的活动运营、内容运营（图文+短视频+直播）、IP运营（打造店铺超级IP）、技术霸屏（用技术让产品"霸屏"互联网）、粉丝运营（经营粉丝→快速裂变→持续成交）。手把手教会你圈建自家流量池，构建运营闭环，源源不断引流+信任成交+持续回购+裂变传播。

　　第三篇"除了淘宝、天猫网店，还能干什么"：虽然互联网诞生才短短几十年，但是其更新迭代的速度很快，本篇用第 9 章探讨互联网的更多可能性，以及介绍利用互联网变现的 20 种方法。懂互联网语言，一切皆有可能。动起来，去做，任何时候都不晚。

互联网态势瞬息万变，淘宝、天猫的卖家颇有"内忧外患"之感。

对内：淘宝直播、微淘、短视频、淘宝群、内容化店铺、客服号、品牌号等全新的产品和工具频出，在没弄清楚玩法的情况下，网店的运营方式已经从运营"流量"转为运营"人"，从"营销拉动成交"转为"会员精细化运营带动复购和黏性"，从单一产品转为 IP、内容、产品多元化运营。好似一夜之间，淘宝、天猫的整个玩法全变了。

对外：新的消费场景、购物入口如雨后春笋般层出不穷，诸如拼多多、抖音、快手、小红书、微信、朋友圈、公众号、小程序等，消费者网购的注意力被转移、分散，淘宝、天猫内部的玩法还没弄明白，外面的世界更是看不懂。

是的，你急需跳出烦琐复杂的混沌局面，一次性解决这些问题。

当下，不管是淘系内运营，还是全网营销，网店运营的核心万变不离其宗：从"公域种草、抓潜、拉新"转至"私域存起来（自建流量池）"，再转化为成交，进一步建立信任、增强黏性、提升复购率。

运营圈流传一句话：不要在一种引流渠道上"吊"死，也不要重度依赖付费流量，更不要让别人决定你能不能赚到钱。学完本书所有的内容后，你会发现不是没方法，而是方法太多。有实力、有能力的卖家可以全面开花，"霸屏"互联网；精力有限的卖家可以精研其中的一种或两种方法，做大后再扩大布局。

互联网就像一个无形的穹顶，大众在这个穹顶之下利用互联网满足各种需求，淘宝、天猫是网络购物平台，解决人们的网购需求。

种一棵树最好的时间是十年前，其次就是现在。不要在犹豫中浪费太多时间，去做就对了。很多时候，你不是没机会，不是没能力，而是没有迈出那一步，一直在原地徘徊而已。做对了，做好了，该来的都会来。

读者服务

微信扫码回复：39136
- 获取博文视点学院 20 元付费内容抵扣券
- 获取本书配套的素材
- 获取更多免费增值资源
- 获取精选书单推荐

目 录

第一篇　淘宝、天猫电商与全网营销

第 1 章　关于网店，你最关心的问题答疑 2
- 1.1　几多欢喜几多愁——中小卖家的痛 2
- 1.2　竞争无处不在，"赛马机制"分配资源 7
  - 1.2.1　竞争无处不在，适者生存 7
  - 1.2.2　淘内的竞争场景 7
  - 1.2.3　"赛马机制"分配资源 12
- 1.3　现在开网店、做淘宝晚不晚 12
  - 1.3.1　关于早晚和前景 13
  - 1.3.2　关于开店是否赚钱 13
- 1.4　该兼职还是全职 18
  - 1.4.1　开网店，哪些人适合，哪些人不适合 19
  - 1.4.2　缺少资金适合开网店吗 21
- 1.5　自己囤货好还是分销好 21
  - 1.5.1　什么是囤货 21
  - 1.5.2　什么是分销 22
  - 1.5.3　卖什么最赚钱 24
  - 1.5.4　什么最好卖 24
  - 1.5.5　5 种常用的货源渠道 25

1.5.6　可靠供货商的 6 个要素 ············26
1.6　重新审视自己，找准切入点和定位 ············28
　　1.6.1　重新审视自己 ············28
　　1.6.2　找准切入点 ············29
　　1.6.3　定位可以帮你脱颖而出 ············32

第 2 章　电商运营的"道"与"术" ············33

2.1　电商运营的本质——基于产品运营人性和需求 ············34
　　2.1.1　现状：产能过剩，供大于求，竞争激烈 ············34
　　2.1.2　买家的选择困难 ············34
　　2.1.3　电商运营的本质 ············35
　　2.1.4　将"流量思维"向"流量池思维"转变，培育"认知思维" ············36
　　2.1.5　学会缩小而非放大竞争 ············37
　　2.1.6　无效流量、泛流量与精准流量 ············41
2.2　电商运营之"道"与"术" ············42
　　2.2.1　电商运营之"道"——方向、战略 ············42
　　2.2.2　电商运营之"术"——战术、方法 ············44
2.3　电商与全网营销——卖家入淘与出淘 ············47

第 3 章　电商运营之人、货、场 ············52

3.1　案例剖析：产品热卖，销售额突破 500 万元的秘密 ············53
3.2　人——消费者，保障销售额的根本 ············57
3.3　货——持续赚钱的根本，6 种靠谱的选品技巧 ············59
3.4　场——做强做大的根本：流量池之战 ············66
3.5　店铺运营选对赛道，实现弯道超车 ············67

第二篇　4 种最新的网店运营实操技法+粉丝运营

第 4 章　日销千件的活动运营 ············72

4.1　日销千件资深运营推荐：活动选品技巧 ············73
　　4.1.1　两步看准适合走活动运营路线的产品类目 ············74
　　4.1.2　两步确认自家网店和产品能否报名活动 ············77
　　4.1.3　顺利通过报名的关键：摸清不同平台的活动调性与人群属性 ············79
　　4.1.4　案例解析：活动选品步骤实操 ············81
4.2　全年活动节奏规划，助你快速完成销售目标 ············83

目 录

　　　4.2.1　提前量法则 ··· 83
　　　4.2.2　需要提前筹备什么 ··· 84
　　　4.2.3　全年活动运营计划 ··· 86
4.3　实操：一场完整的活动策划方案与实施细节 ······················· 87
　　　4.3.1　活动前准备 ··· 88
　　　4.3.2　活动进行中 ··· 99
　　　4.3.3　活动结束后 ·· 100
4.4　超值经验：官方5大日常品牌活动运营技巧 ······················ 101
　　　4.4.1　阿里试用 ·· 101
　　　4.4.2　天天特卖 ·· 104
　　　4.4.3　淘金币 ··· 112
　　　4.4.4　淘抢购 ··· 115
　　　4.4.5　聚划算 ··· 117
4.5　提升转化常用的8类促销工具及促销策略 ························· 119
　　　4.5.1　淘宝卖家、天猫商家常用的8类促销工具 ·············· 120
　　　4.5.2　促销理由+促销策略 ··· 126
4.6　同样的产品，为什么有的人卖得好，有的人卖不出去 ··········· 130
4.7　盘活一场活动的核心玩法 ··· 131

第5章　内容运营（图文+短视频+直播）

5.1　如何使用"图文内容"卖货 ·· 136
　　　5.1.1　原来你是这样的"图文内容" ······························· 136
　　　5.1.2　淘内图文专享的"公域"流量渠道 ························· 137
　　　5.1.3　淘内图文运营的角色与受众 ······························· 138
　　　5.1.4　卖家必学图文运营技术 ······································ 139
5.2　火遍全国的"短视频营销" ··· 144
　　　5.2.1　"短视频+"风口与淘内短视频的优势 ···················· 144
　　　5.2.2　淘内4类卖家短视频类型的运营技术 ···················· 147
　　　5.2.3　全域短视频运营之内容布局技巧 ·························· 153
　　　5.2.4　如何拍摄、制作短视频——小白、懒人速成技巧 ····· 155
5.3　势不可当的实力卖货玩法"淘宝直播" ······························· 160
　　　5.3.1　淘宝直播的核心玩法揭秘 ··································· 161
　　　5.3.2　如何发起一场淘宝直播 ······································ 167

　　　　5.3.3　使用"淘宝直播"赚钱的新玩法 170
　　5.4　全网营销之内容"霸屏"规划 173
　　5.5　内容运营创造的新职业 180
第6章　IP运营（打造店铺的超级IP） 183
　　6.1　人人都可以的超级IP时代，"现象级IP"此起彼伏 184
　　6.2　内容为王，优质内容原创者被互联网巨头争抢 186
　　　　6.2.1　内容依旧为王 186
　　　　6.2.2　互联网巨头们的内容生态 187
　　　　6.2.3　有内容创作能力或有建立流量池的能力，你也会被"争抢" 190
　　　　6.2.4　"信息过载"让人不堪重负，请勿刻意讨好 191
　　6.3　自查：你可能具备成为超级IP的潜质而不自知 192
　　　　6.3.1　网红的变现方式 192
　　　　6.3.2　成为"卖货网红"难不难 192
　　　　6.3.3　哪些人更容易成为网红 193
　　　　6.3.4　你的店铺急缺一个网红IP 194
　　6.4　三种方法打造带货力强的店铺超级IP 195
　　　　6.4.1　"店铺超级IP"定位 195
　　　　6.4.2　三种打造店铺超级IP的方法 196
第7章　技术"霸屏"（用技术让产品"霸屏"互联网） 202
　　7.1　做到4点，让产品"霸屏"互联网指日可待 202
　　　　7.1.1　学会精准定位 203
　　　　7.1.2　学会科学定价，实现不同渠道区别定价 204
　　　　7.1.3　学会产品布局 207
　　　　7.1.4　学会提升转化率和客单价 209
　　7.2　免费引流"霸屏"规划与落地执行 211
　　　　7.2.1　免费的搜索优化（SEO）引流——卖家标配的引流技术 211
　　　　7.2.2　"淘宝群+拼团+洋淘买家秀"的引流玩法 214
　　　　7.2.3　"自有成交闭环型"的引流玩法 220
　　　　7.2.4　"需中转型"的引流玩法 221
　　7.3　淘内，付费引流"霸屏"规划与落地执行 223
　　　　7.3.1　按成交付费的"淘宝客推广"引流 224
　　　　7.3.2　按点击付费的"直通车推广"引流 229

7.3.3　按点击和展现付费的"智钻推广"引流 234
　　　7.3.4　品牌卖家专属的"品销宝推广"引流和"鸿雀"数据运营 238
　　　7.3.5　全新的推广引流工具"超级推荐" 241
　7.4　淘外，全网营销，"霸屏"规划与落地执行 244
　　　7.4.1　新浪微博流量池的引流玩法 245
　　　7.4.2　腾讯/百度/今日头条流量池的引流玩法 249

第8章　粉丝运营（经营粉丝→快速裂变→持续成交） 255
　8.1　运营粉丝，你的战场在哪 255
　　　8.1.1　运营粉丝战场之阿里巴巴旗下工具 256
　　　8.1.2　运营粉丝战场之腾讯旗下工具 259
　　　8.1.3　运营粉丝战场之自媒体社交平台 263
　8.2　实操："三微一抖"吸引粉丝术 264
　8.3　让粉丝帮你传播的技巧——裂变思维 273
　8.4　想持续成交，你的后端产品、服务是否"给力" 278
　8.5　忘掉对手，用心维护粉丝，新品发布即成爆款 282

第三篇　除了淘宝、天猫网店，还能干什么

第9章　懂互联网语言，一切皆有可能 292
　9.1　开网店，先"开窍" 292
　9.2　"食人间烟火"，你过得幸福吗 293
　9.3　登高望远，扩宽你的视野 294
　9.4　术业有专攻，你专注哪个领域 295
　9.5　聚焦你的资源，适时更新迭代，学会跨界合作 296
　9.6　懂互联网语言，变现方法不止20种 297

第一篇
淘宝、天猫电商与全网营销

早在距今 2500 多年以前，老子就说过"有道无术，术尚可求也。有术无道，止于术。"

道为本，术为末；本末有序，不可倒置。做事前不弄明白道理，很容易在关键环节遇到瓶颈。

现在开网店的大环境与几年前完全不同，整个互联网的流量格局发生了翻天覆地的变化，电商营销方向不对，选择不对，则努力白费。

本书第 1 篇包含 3 章，用案例剖析电商运营的本质，希望你做之前解决好原理问题、长远问题、系统问题。本篇有一定深度，建议你反复多看几遍。

第 1 章 共 6 节：第 1 节梳理出网店卖家具有共性的 8 类现状问题，分别找出原因并给出解决方案；第 2 节引入"赛马机制"，希望你做好"竞争"的思想准备；第 3 至 5 节分别对三个问题"现在做淘宝网店晚不晚？""该兼职还是全职？""自己囤货好还是分销好？"给出建设性意见和解决方案；第 6 节从选品方面给出建议，辅助还没有货源的卖家找准切入点。

第 2 章 共 3 节：第 1 节从市场层面、买家角度抛出电商现状问题，希望你从根本上理性认识电商运营的本质，不是纯粹地运营产品，而是在产品的基础上运营人性和需求，学会缩小而非放大竞争，由老旧的【流量思维】向新的【流量池思维】转变，培育顾客的【认知思维】，增强顾客黏性；第 2 节用思维导图汇总开网店所需的"道（方向战略）"与"术（战术方法）"，建议学会后定一个小目标，用道与术的框架思维去落地执行；第 3 节通过案例告诉你，电商与全网营销的本质就是基于顾客的圈子营销，你要学会寻找开启不同圈子的"钥匙"。

第 3 章 共 4 节：第 1 节通过案例深度剖析"产品热卖，销售额突破 500 万元的秘密"；第 2 至 4 节从"人、货、场"三个角度，讲解网店能做大、做强、持续盈利的技巧；第 5 节汇总了让新店、死店弯道超车并实现盈利的方法。

第 1 章
关于网店，你最关心的问题答疑

本章旨在：抛出问题，讲事实，并给出可落地且有效的解决方案。

现在开网店确实比以前难，但难的不是竞争，因为竞争在任何时代都存在。现在难的是你自己有没有搞懂一些问题的本质？

我们随便走到哪里，认识的或不认识的人都在谈论网购，如谁谁谁又在网上买了一件稀罕的东西，谁谁谁又开了网店在卖什么……网购与人们的日常生活愈发密不可分，那为什么自己开网店却生意难做呢？

线下实体店生意越来越不好，随大势所趋开了网店，为什么同样没生意？到底是因为竞争大，难做，还是因为没有"竞争思维"？

每年都有很多人问笔者:现在开网店晚不晚？现在开淘宝店还有前景吗？现在做淘宝，开网店赚钱吗？现在一个人开淘宝店能赚钱吗？我应该开天猫店还是淘宝店？

犹豫？迟疑？你是否是光说不练的"假把式"？都是普通人，你定的目标是否能实现？你开网店的方法对不对？

看到身边人的网店做得热火朝天，自己也想开，卖什么好呢？卖什么最赚钱？什么最好卖？去哪里进货？如何找靠谱的供货商？囤货好还是分销好？

本章会对上述问题进行逐一解答并给出解决方案。如果你是新手，开新店或老店新开，请认真阅读本章并仔细体会，做之前思维先行，厘清了思路，做起事情才更高效。如果你已经在开店，遇到了瓶颈，建议在现有经验的基础上，重新思考这些问题，争取突破瓶颈。

不要只想着成为下一个马云，电商里有很多年入几百万元、几千万元的卖家，向他们看齐，大多数人都是普通人，给自己定一个能够实现的目标，用心去做就对了。走正道，你为别人创造价值，别人为价值买单，所得回报心安理得。

1.1 几多欢喜几多愁——中小卖家的痛

先看一组数据：

第1章　关于网店，你最关心的问题答疑

2019年2月28日，中国互联网络信息中心（CNNIC）在北京发布第43次《中国互联网络发展状况统计报告》，报告指出：

截至2018年12月，我国网民规模达8.29亿人，全年新增网民5653万人，互联网普及率为59.6%，较2017年年底提升3.8个百分点；手机网民规模达8.17亿人，网民通过手机接入互联网的比例高达98.6%，全年新增手机网民6433万人。

截至2018年12月，我国网络购物用户规模达6.10亿人，年增长率为14.4%，网民使用率为73.6%；手机网络支付用户规模达5.83亿人，年增长率为10.7%，手机网民使用率达71.4%。

截至2018年12月，网络视频用户规模达6.12亿人，使用率为73.9%；各大网络视频平台注重提升节目内容质量，自制内容走向精品化。

> **小贴士**：第43次《中国互联网络发展状况统计报告》（全文）详见本节配套素材文件夹内的"1.1-第43次中国互联网络发展状况统计报告（全文）.pdf"，出处：中华人民共和国国家互联网信息办公室官网。

从这组数据可以明显看出：在我国，网民规模、手机网民规模、网络购物用户规模逐年增长，随之带动的网购销售额也在逐年递增，以淘宝、天猫双11为例，从2009年销售额仅为5000万元，到2018年销售额突破2135亿元，十年翻了4270倍。

商机和市场大盘摆在那里，按理说普通网民在网上购物的习惯已被养成，网上卖货会很好做，那为什么很多卖家却叫苦连天，做不起来呢？

下文中，笔者梳理出了网店卖家具有共性的8类现状问题，先分别找出原因，再给出解决方案，请对号入座，有则改之，无则加勉。

问题1. 不懂、不熟悉平台规则，被各种处罚

各种处罚原因如售假、图片侵权、资质不全、虚假交易、重复铺货、发布产品类目属性不符合规则、专营或需要特殊资质的类目未备案、发布禁/限售产品、发布"擦边球"产品、收到知识产权投诉、与买家吵架、被买家投诉、店铺或产品被举报……

原因：对平台规则不熟；对交易流程中哪些能做、哪些不能做没有清晰的认识。

解决方案：花点时间认真学习平台规则。淘宝、天猫发展至今，已不再是简单的两个网站，而是关乎千千万万百姓生计的庞大系统，遵守规则、善用规则，对网店经营有利无害，因为不懂规则而被处罚、扣分、降权、封店，很不划算。

建议基础规则（全文），即与发布产品相关、与消费者保障服务相关、与交易相关、与自家行业相关的规则都要看，其他的按需选看。规则也会更新变化，请持续关注。

问题2. 新手开店，没访客、没流量、没转化，不知道怎么办

原因： 典型的"三无"问题，缺乏开网店的全盘认知和运营规划。新手开店，没访客、没流量，说明"选品和运营环节"做的功课不够；没成交，说明"准备阶段的视觉呈现"没做到位。

线下开实体门店的大致流程：确定项目→市场调研→门店选址→装修→铺货→开门营业。在整个流程中，"门店选址"最重要，它决定了今后的客流量，实体店在引流方面大多属于坐等买家上门，位置不好，客流量少，生意就不好（当然，关于实体门店的流量运营也不能一概而论，变数很多，笔者只简单探讨大概率问题，互联网技术和新零售的发展，让实体店卖家多了很多机会和办法去解决"坐等上门"的问题）。

线下开店，每一个环节都是人与人、面对面、动手去完成；而线上开店，很多操作是使用计算机、手机去完成。特别是引流环节与线下实体店的区别很大，因为网店地址可以随时"搬走"，主动寻找买家的方法和渠道有很多，不用被动地坐等买家上门。

线上开淘宝店、天猫店的大致流程：确定卖什么（行业、类目）→确定店铺类型（淘宝个人店、淘宝企业店、天猫店）→注册店铺（注册成功后有唯一的店铺链接地址）→发布产品（成功发布后有唯一的产品链接地址）→装修店铺（装修目的与实体店类似，让买家有更好的购物体验、快速建立信任）→运营推广引流、销售（在互联网上广而告之，把产品卖出去）→发货（用快递、物流将产品发往全国各地甚至世界各地）→售后维护，引导回购（消费者保障服务、7+无理由退换等）。

线上开店，选品、注册店铺、发布产品、装修店铺虽然是准备工作，但深远影响后续转化，特别是产品和店铺的视觉呈现。运营推广引流环节的本质是卖货，让更多人看到产品并花钱购买。发货和售后维护有两项任务：一是让异地买家顺利拿到产品，二是给其良好的产品和售后服务体验，引导回购。

其实，开网店说到极简就三件事："选品→运营→成交"。把对的产品在恰当的时间，以符合需求的理由卖给对的人。

解决方案： 精细化运营，把开店流程中的每个环节做到极致，多渠道引流，尽量用视觉快速获取买家信任进而促成交易。怎么做？继续往后看，本书将循序渐进地教你精细化运营的方法。

小贴士： 1. 淘宝个人开店，注册个人类型的店铺，免费。用真实有效的身份证办理即可。
2. 淘宝企业店铺注册，免费，适合已做工商登记的线下企业。
3. 天猫店铺入驻要求高，所需材料相对复杂，详见本节配套素材文件夹内的"1.2 淘宝天猫开店入驻指南"。

问题3. 开直通车太费钱，赔不起，不开没流量；淘宝客推广玩不转

直通车是阿里妈妈营销平台中按点击量付费的搜索推广工具，展现免费，只有当买家点击后才计费，卖家可以自由控制推广预算，自由出价。

淘宝客也是阿里妈妈营销平台的推广工具之一，按成交计费，没有完成交易或交易产生退款都不扣费。

原因：直通车、淘宝客是中小卖家用得最多的推广工具，但是非常多的卖家一用就亏本，玩不转，究其根本原因，皆因没明确个人需求，不了解产品，盲目跟风。

推广工具只是使用技术将产品带到更多顾客面前，至于顾客买不买单，还要看产品本身的"实力"，影响因素很多，比如定价、推广创意图、基础销量、评价等，很多卖家事先没搞明白这点。

开直通车太费钱，原因在于卖家没有深入理解这个工具的原理，也没有熟练掌握其使用技巧。不开直通车没流量，说明店铺缺乏多样性流量来源，即推广引流渠道少。

任何付费推广讲求投入产出比，用直通车推广也不例外。开直通车，不同的推广策略对转化效果或转化需求的关注点不同。比如，以推广产品为主，追求的是产品转化率、收藏量、加入购物车件数；以推广品牌为主，追求曝光展现量。所以，没弄明白自己的需求之前，不要盲目去做。

玩不转淘宝客推广，一是没理解该工具的原理，二是在推广计划、佣金设置、寻找推广淘宝客等方面缺少窍门。

解决方案：关于多渠道引流，继续往后看"第二篇 4种最新的网店运营实操技法+粉丝运营"。想熟练掌握直通车、淘宝客的使用技巧和玩法，继续往后看"7.3 淘内，付费引流'霸屏'规划与落地执行"。

问题4. 通过活动引流，条条框框太多，一团乱麻，玩不转

你可能第一次听说活动运营，你也可能已经参加过活动，其原理是通过官方资源或自有站外资源，以促销的形式提升产品销量。

在淘宝、天猫，活动主要分为五类：一是全网大促，比如618年中大促、双11、双12等；二是特色市场品牌日常活动，比如天天特卖、淘金币、淘抢购、聚划算等；三是针对不同行业、一年四季结合不同节日的营销活动，比如38女王节、空调节、互联网家装节、春茶节等；四是"手机淘宝"App活动，比如微淘主题内容活动等；五是卖家自己举办的活动，比如会员节、周年庆等。

原因：玩不转活动运营，归根结底是缺乏活动规划，计划性不强。

解决方案：以日历时间轴为主线，根据先做什么后做什么制订营销计划，高效执行，实操细节详见"第4章 日销千件的活动运营"。

问题 5. 老卖家遇到流量瓶颈，无法突破

原因：玩法变了，没及时跟上节奏。卖家要拥抱并跟上变化，这是开网店必备的技能之一。

解决方案：继续往后看"第二篇 4 种最新的网店运营实操技法+粉丝运营"。

问题 6. 好不容易有流量，转化率、销售额就是上不去

有人看没人买，是一件让人抓狂和着急的事情，也是巨大的资源浪费。

原因：可能性一："垃圾流量"占比大，是用软件刷出来的流量，非真人访问，成交率自然低；可能性二：推广渠道的目标人群不精准，好比把性感火辣的比基尼推荐给六七十岁的大妈，她们最多看看热闹，极少花钱购买；可能性三：人群相对精准，停留时间也长，收藏量、加入购物车件数等数据还不错，但付款购买的人极少，很有可能是促销策略不当，没能刺激需求，给其当下购买的理由不充分。换句话说，就是卖点文案不够精练、店铺视觉呈现（图文、短视频、直播）没第一时间抓住买家眼球、促销工具使用不当等内功优化细节力度不够。

解决方案：打造"攻心"详情页，极致追求转化率。关于实操细节继续往后看，详见"4.5 提升转化常用的 8 类促销工具及促销策略"和"4.6 同样的产品，有的人卖得好，有的人卖不出去"。

问题 7. 要么不知道卖什么，要么好货不够卖

原因：不知道卖什么，是缺乏"网店选品"常识和技巧；好货不够卖，是缺乏产品运营能力。

懂运营、懂互联网营销的人，总有办法把产品卖出去；反之，不懂的人，即使好产品在手，也一筹莫展。如果手上有产品，就把心思放在卖产品上；如果目前没确定卖什么，建议想好再下手，货源不对，则努力白费。

解决方案：继续往后看"1.5 自己囤货好还是分销好"和"1.6 重新审视自己，找准切入点和定位"，以及"3.3 货——持续赚钱的根本，6 种靠谱的选品技巧"。

问题 8. 老店新开，恍如隔世

原因：很多人以前注册过淘宝店，因为各种原因没经营，现在重新开店，称为"老店新开"。

淘宝唯一不变的就是一直在变，所以当这些卖家重新开店时，发现每个地方与几年前完全不一样，重新运营犹如"丈二和尚摸不着头脑"，不知如何下手。

解决方案：认真学习本书技巧，重新认识淘宝，用最新的技巧运营网店。

网店开不起来，无非是重要环节没循环起来，以上 8 类问题是中小卖家在具体操作"选品→运营→成交"三大环节时遇到最多的困惑，笔者给出了解决方案，希望能给你启发。当然除了这些，还有非常多其他的细节问题，继续往后看，笔者帮你逐一解决。

1.2 竞争无处不在,"赛马机制"分配资源

中小卖家开网店,除了有落地执行时"不太懂技术的痛",还有"欠缺运营思维的痛"。如果两者皆有,则开店更困难;反之,尽在掌握,兵来将挡,水来土掩。

1.2.1 竞争无处不在,适者生存

"竞争"是指:为了自己的利益而跟人争胜。

经济学上的"竞争"是指:经济主体在市场上为实现自身的经济利益和既定目标而不断进行的角逐过程。

也就是说,只要是竞争,就要跟别人"打架",就要发生利益冲突。

在自然界,物竞天择,适者生存,在市场经济条件下的人类社会也一样。任何有人的环境,首先要"适应",其次才是更好的生存。

竞争,对个人的发展和社会的进步有促进作用。它赋予我们压力和动力,能最大限度地激发我们的潜能,提高学习和工作效率,使我们在竞争中客观地评价自己,发现自己的局限性,提高自己的水平。

竞争分为良性竞争和恶性竞争,良性竞争能提升自身的产品质量与服务质量,当产品无明显区别时,提高自身的售后服务水平能增加顾客回头率。在网店场景中,良性竞争是多赢局面,平台、买家、卖家都受益。

1.2.2 淘内的竞争场景

我们从幼儿园开始,竞争就无处不在:每一次考试,要排名次;每一次比赛,要分输赢;当班委,要投票选举;评优评先,要看过往表现;上重点学校,要看分数、综合能力……

虽说学校中的竞争"硝烟味"不浓,但每一次竞争的成败,决定了每一个孩子未来的发展,学习成绩好、品学兼优、德智体美劳全面发展、有一定特长的孩子总会在不同的竞争中获得更多机会。比如,某个孩子数学成绩好,当有数学相关的比赛时,老师会优先给

他机会；如果参赛成绩好，以后每一场比赛都有他的参与，逐渐地，这个孩子会在数学方面越来越优秀……

反之，当老师给了机会，但没把握好，以后的机会就会越来越少。如果想再次赢得机会，必须更加努力提升自己的实力。

实力与机会并存！淘内的竞争亦是如此。

在淘宝，个人或企业注册开店免费，只要开始没有不良记录，起跑线是一样的，越往后，个体差异会越来越大，有的卖家做得风生水起，有的卖家维持不下去，主要原因就是每一次竞争之后，不同卖家的店铺或产品的各项数据差别会越来越大，数据表现好的卖家有越来越多获取流量资源的机会，数据表现差的卖家逐渐被淘汰。

在淘内，非常多的基础"门槛指标"都是计算机通过大数据自动识别的，人为干预少，"数据表现"有很多指标来衡量，好就是好，不好就是不好，在计算机这里，没有人情可言。而天猫店的起跑线要比淘宝店高，当你去竞争时，最好找准切入点和定位。

下面举几个竞争场景的例子。

场景一：淘宝、天猫站内搜索结果页的直通车展位与免费展位

以淘宝PC端搜索为例：小王想买电吹风，在计算机的浏览器中输入淘宝网址，打开淘宝网首页，然后在页面顶部搜索框输入关键词"电吹风"，搜索结果第一页的部分产品如图1-1所示，含免费展位和直通车推广展位。

对于免费展位，目标人群精准、点击转化率高、不花钱，只需发布宝贝时符合规范、迎合搜索排序因素、符合赛马机制（即坑位产出值达标）。

当关键词对应的产品数量较多时，最多展示100页，每一页六七十个产品指向六七十个卖家，形成一个小型竞争环境，产品排在第一页的关注度比排在后面页数的关注度要高很多。在这个例子中，影响买家小王最终购买决策的因素包含价格、电吹风款式、功能、卖家店铺类型、促销策略等。

作为电吹风卖家，如果想要站内搜索的免费优质流量，要思考以下几点：

1．如何让自家的电吹风出现在搜索结果中？（答：符合宝贝发布规范。）

2．如何排在靠前的位置？（答：迎合搜索排序因素，多达40几种。）

3．如何快速让买家看到并点击？（答：主图优化、定价策略、卖点提炼呈现等。）

因为只有被展现出来，才有可能被买家看到→被看到，才有可能被点击→被点击，才有可能购买。卖家要做的，就是在这个闭环上一步步吸引买家，直至成交。

对于直通车推广展位，需要卖家开通直通车，并且推广关键词是"电吹风"的产品才会被呈现，展位的排序为从上往下、从左往右，卖家可以通过关键词出价抢位。若抢位卖家较多，在其他因素差不多的前提下，价高者得之。

第 1 章 关于网店，你最关心的问题答疑

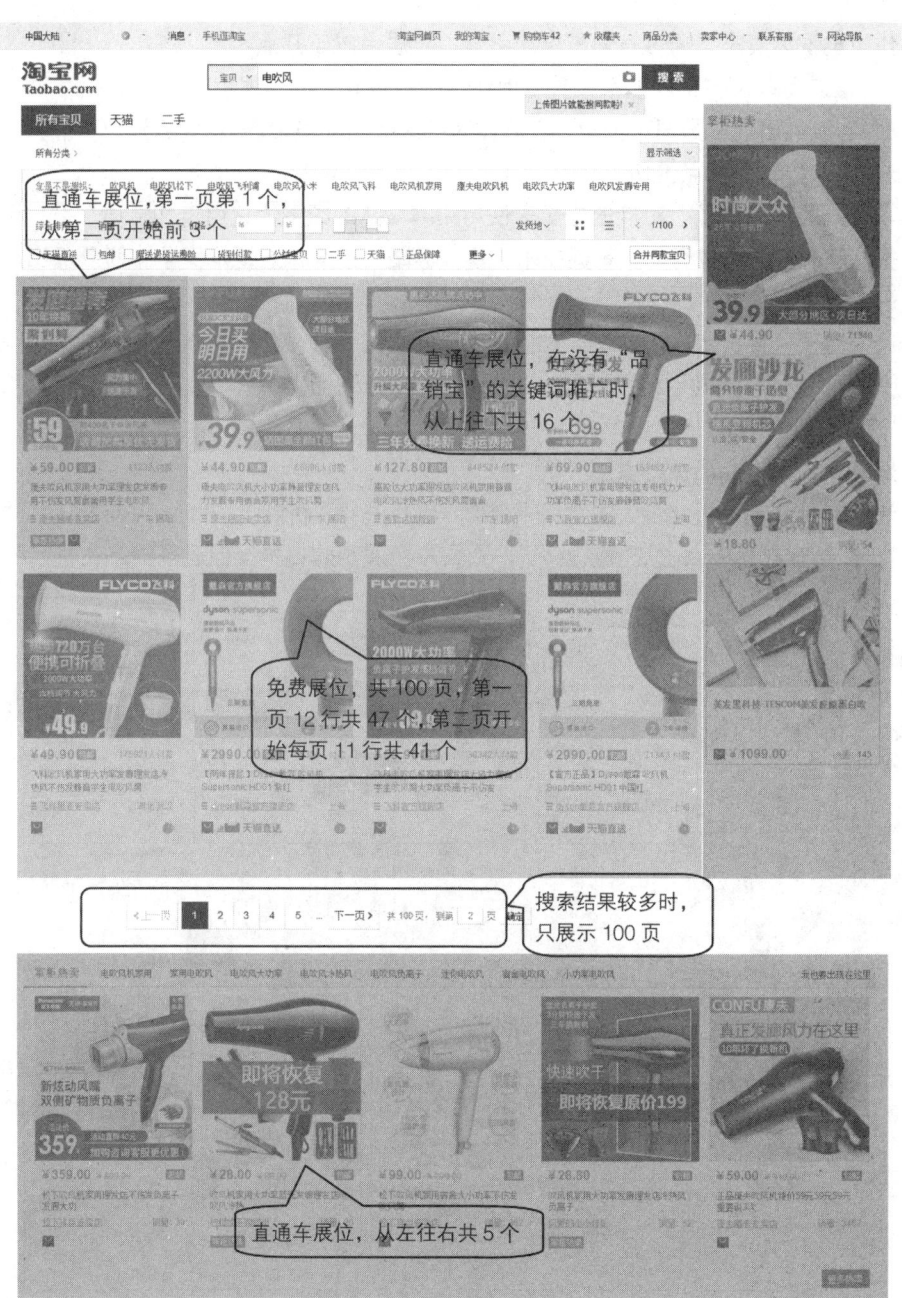

图 1-1

作为电吹风卖家，通过直通车推广引流，要思考以下几点：

1．推广哪些关键词才能最大限度地让产品的精准人群发现？
2．当产品出现在预期展位时，在展位对应的竞争环境中你的产品是否有优势？
3．如何打动买家点击购买？

场景一所举的例子，对应的是卖家使用频率很高的搜索优化引流和直通车推广引流，卖家多、产品多但展位有限，掌握技术、懂"套路"的卖家总能从竞争中脱颖而出。不懂的，只能被淘汰了。

这个例子只摆出事实，想学会对应的技术和套路（搜索优化引流和直通车推广引流），继续往后看"7.2 免费引流'霸屏'规划与落地执行"和"7.3 淘内，付费引流'霸屏'规划与落地执行"。

场景二：淘抢购的爆款返场

淘抢购是淘宝手机端最大的营销平台之一，打开"手机淘宝"App，在首页上点击"淘抢购"，在新开界面中点击"爆款返场"，页面中会展示昨日抢光但返场的产品，如图1-2所示。

图1-2

综合运营能力强（活动选品、产品供应链、店铺和产品视觉呈现、流量运营、客服接待、物流发货、买家维护等环节都厉害）的卖家，在淘抢购活动的"预热→开抢→疯抢"

第 1 章 关于网店，你最关心的问题答疑

环节有出色表现，才有"爆款返场"的机会。

活动运营对卖家的综合能力要求高，只要有能力进入活动，日销千件是常态。

你想进吗？继续往后看"第 4 章 日销千件的活动运营"。

场景三：淘宝直播公域浮现权

"淘宝直播"是阿里巴巴推出的消费生活类直播平台，也是新零售时代体量巨大、消费量与日俱增的新型购物场景，更是千万卖家做粉丝运营、互动营销的利器。当前直播内容涵盖潮搭美妆、珠宝饰品、美食生鲜、运动健身、母婴育儿、生活家居、健康咨询、在线教育、音乐旅行等各类生活领域，并在不断扩展。

符合一定条件的达人、淘宝卖家、天猫商家、MCN 机构等都可以开通淘宝直播。拥有浮现权的直播会展示到官方渠道，PC 端入口在淘宝首页的"每日好店"模块右侧，手机端入口在最新版"手机淘宝"App 首页的"有好货"模块下方，如图 1-3 所示。没有浮现权的，只能在卖家私域（卖家手机店铺、微淘、淘宝群等）渠道展示。

图 1-3

天猫商家只要满足条件并顺利开通"直播发布权限"，就默认拥有"直播浮现权限"，可在"手机淘宝"App 首页的"淘宝直播"频道浮现。

淘宝卖家直播浮现权开通标准公告（试运行）如下：

"如符合以下条件，淘宝直播每月 25 日左右会开通直播浮现权。关于浮现权，请以中控台是否有浮现标识为准。

一、有直播发布权限。

二、开通标准：1.月开播场次≥8 场；2.月开播天数≥8 天；3.经验分≥3000 分；4.店铺要求，符合《淘宝网营销活动规则》；本自然年度内未因发布违禁信息或假冒材质的严重违规行为扣分满 6 分及以上；本自然年度内不存在出售假冒产品违规的行为；店铺未涉及

廉正调查。

月度为上月18日到次月18日之间，每月25日进行公示。"

关于淘宝直播的更多玩法，继续往后看"5.3 势不可当的实力卖货玩法'淘宝直播'"。

当然，除了上述三个场景，还有更多的场景，你只要学会并掌握竞争背后的套路和逻辑，也可以在每一场竞争中脱颖而出。

1.2.3 "赛马机制"分配资源

赛马（比赛骑马速度的运动项目）是历史最悠久的运动之一。从古至今，其变化形式很多，但基本原则都是竞赛速度。

不同的竞争场景是不同的流量获取渠道；不同的渠道有不同的玩法和规则。有竞争，就会分出高下，在淘内，只要是可以被量化、能统计出数据的竞争场景，一定是胜出者获得更多的资源分配，这个在淘内称为"赛马机制"。

作为卖家，从此刻起，你要有一个思维："二八原则"在每一个竞争场景中都适用，每选用一种推广渠道，尽量挤进"二"，以获得"八"的资源。尽量让自己更优秀，才会有越来越多的资源可利用。

比如参加淘抢购活动，报名同一个日期的活动可能有5000个产品，能顺利通过第一道机审（系统自动匹配数据、自动审核）的可能只有1000个，能顺利通过第二道人工审核的可能只有200个。

重要总结：开网店，不管是淘宝店，还是天猫店，要事先明白"通过数据对比，优中选优"的道理。别人能上，你上不了，要么是你还不够优秀，要么是你足够优秀却不懂玩法。不管是哪种情况，要抓紧时间学起来。

1.3 现在开网店、做淘宝晚不晚

这几年，每年都会有很多人问笔者类似下面的问题：
现在开淘宝店晚不晚？
现在开淘宝店还有前景吗？
现在开淘宝店赚钱吗？
现在一个人开淘宝店能赚钱吗？

……

送你一句话:"你浪费的今天,是昨天死去的人所奢望的明天;你厌恶的现在,是未来的你回不去的曾经。"有点拗口,但道理深刻。

"种一棵树,最好的时间是十年前,其次就是现在。"不要在犹豫中浪费太多时间,去做就对了。很多时候,你不是没机会,不是没能力,而是没有迈出那一步,一直在原地徘徊而已。做对了,做好了,该来的都会来。

1.3.1 关于早晚和前景

前文已经说过,我国网民规模、手机网民规模、网络购物用户规模、网购销售规模逐年增长,数据屡创新高。十年间,淘宝、天猫双 11 销售额翻了 4270 倍。只要你不给自己设置障碍,尽管去做,不要问是否来得及,接触得越早,下的功夫越深,回报来得越快,也越多。

很多实体店卖家吐槽生意越来越难做,殊不知是因为消费者的购物习惯被彻底改变了。比如,原来交通不发达、互联网科技不发达,地域性非常明显,消费者的选择不多,线下的生意好做;而现在,足不出户、动动手指就能买遍全球,还包邮到家。

再比如,现在很多城市的步行街越来越萧条,特别是露天的,为什么呢?一方面,多数人都去网上买了;另一方面,大家更愿意去百货商场,环境好,进门就有空调,吃喝玩乐一站式解决,这也是购物习惯改变最明显的现象之一。

不管是线上还是线下,追随并拥抱变化,在变化中不断学习和进步,这是必不可少的。只要想做生意,就一定要有"新零售思维",将线上和线下结合起来。

时代在改变,淘宝还是那个淘宝,只是"游戏规则"不断改变,日新月异,有些人坚持下来适应了游戏规则,赚到了第 N 桶金;有些人因为规则变化,不思进步和改变,终被淘汰。

关于前景,只要互联网不倒,电商巨头们不倒,中小卖家利用互联网、依附巨头,保持自己的竞争力,总会有商机。

1.3.2 关于开店是否赚钱

先看几个笔者学员的例子。

学员 A:"80 后"宝妈,全职开淘宝店养家糊口,抗风险能力低,选择小成本分销做起,不囤货,卖出一件再进货一件。卖轻奢女士的手表、包包,客单价中等,为 100~500 元,用笔者教的常规运营方法,每天稳定成交二三十单,除去所有成本,每单利润均为 50 元左右,每天的纯利润为 600~1000 元,月纯利润为 1.5 万元+。每月偶尔出一两个几百件的单位采购订单,当月纯利润翻番。

学员 B:"98 后"男孩,在校即将毕业的大学生,把网店作为课余兼职,赚零花钱。脑子灵活、学习能力强,用笔者教的短视频运营和直播技巧,卖大商场撤柜、换季、剪标的品牌男装,每周开播 2~4 场,时段多在 19 点到 23 点,月成交额达 3 万元左右,除去成本,月纯利润在 8000~12000 元。现在,他把相同的模式复制后,让其女友开了一家专卖女装的网店,又跟同学合作,开了一家卖童装的网店,不到一年,生意做得红红火火,还没毕业,已经能稳定月入过万了。

学员 C:"76 年"暖男大叔,开了一家规模不大的 60 多平方米的宠物店,临街门面,上下两层楼那种,主营宠物用品、美容、医疗、寄养。他的店属于夫妻店,他爱人有兽医证,平时负责医疗和接待,他负责给宠物洗澡、搞卫生、进货之类的事情。原来生意还行,除去所有开支,好的月份利润可达一两万元,即使比较冷清的时候,一个月也有万元左右的利润,一年下来赚十几二十万元,小日子过得还凑合。

后来,离他不远的临街又开了一家规模更大的宠物店,周围养宠物的居民就那么多,自从开了一家竞争店,生意一落千丈。

他通过公众号找到笔者,笔者教他用新零售社群的方式运营,线下生意在微信上做,异地的买家在淘宝上成交,网店只是一个老买家和粉丝的变现工具。

6 个月过去了,现在他店里专门请了两个年轻帅气的兼职小伙(请帅气小伙不请美女,一是小伙干活利索,二是养宠物的女性居多,异性相吸),在每月生意高峰的几天负责遛狗、给猫狗洗澡。又与快递合作,提供同城的宠物用品送货上门服务,空闲的时候也自己送。他爱人除了负责医疗,也做网店的客服接待,而他把主要精力放在微信和社群的维护上,500 人的大群就有 10 多个,本地和异地的铁杆老粉有 6000 多人,现在每月除去工资和各项开销,纯利润稳定在 2 万多元,做得比原来还轻松。

学员 D:"94 后"大男孩,学市场营销专业,刚毕业不久,为找工作发愁,不想干销售,也不想自己开网店。他觉得和网络相关的工作更有前景,去了当地很多网店面试,一方面,网店的要求和他在大学期间学的内容差距甚远,他要么不懂,要么没底气,美工、运营这种重要的岗位扛不下,客服、仓库岗位觉得没挑战、没意思;另一方面,他刚毕业缺乏经验,匹配现有水平的工资很低,才 3000 元左右。

跟笔者聊完后,笔者推荐他报 VIP 课程,进行系统学习。后来,他花 26 天闭门学习和实操,前不久兴冲冲地在微信里发给笔者一个大红包,说他已经拿到当地做得比较大的网店的设计部总监助理的聘书，月薪6000元起，还告诉笔者这个职位是老板特意为他增加的，面试的时候聊了一上午，觉得他可塑性强，上升的空间很大。特意说了笔者给他的应聘建议很实用，笔者的课程也是他在面试时老板问到和需要的，自己闭门学习后制作的详情案例图，老板很满意，他自己也打算从运营型美工干起，做两三年积累更多实战经验后，会考虑自己干。

学员E："89年"个性潮男，家在南京，本科毕业，有房有车，没贷款，在事业单位上班，月薪5000多元，朝九晚五，双休，工作稳定，业余时间多，爱好旅游摄影，全国去过200多个城市，国外也去过十几个国家，爱人就是在旅游时认识的，过着让人羡慕的日子。结婚半年多准备要小孩，虽然工作了快6年，但以前玩得太多，没存下积蓄，忽然觉得该找点靠谱又不耽误上班的兼职做做，让爱人和未来的孩子过得更好。

他通过网上一篇文章找到笔者，聊过之后，笔者建议他业余时间往自媒体+社群的方向发展：一方面通过文字把多年的旅游经验分享出去，另一方面组建社群为"驴友"策划出行方案和攻略。

他觉得这个思路很适合自己，但不知道如何着手操作。通过笔者的课程和定向指导，现在，他已经是6个主流平台的认证旅游博主，每周定期更新文章，平台收益每月3500多元，同时建了5个500人的社群，为粉丝、群友付费策划出行方案428次，平均单次收费200元，累计收入8万多元，他一直在做，所以这些数字还在持续增长。

他说很多粉丝找他推荐出行清单（必备品），因为信任，希望从他这里拿货，找他代购。刚开始需求不多，都从微信上一对一完成，现在，这种单子越来越多，问笔者有没有好的方法。笔者让他开个淘宝店，就目前电商网店的技术而言，阿里巴巴的淘宝店具备绝对优势，在手机上登录"千牛"App管理店铺非常方便，他主要针对粉丝需求，完全是一种轻运营和轻管理模式。果然，现在一天接四五十个代购需求订单，在网店里不到半小时就搞定了。最可喜的是，随着知名度提升，开始有企业花钱找他写文章，第一篇文章收了2800元。厉害了，前途无限。

学员F：这个学员有点意思，是个"山大王"，45岁，是四川自贡农村的一位憨厚大叔，在村里承包了两座山，散养了七千多只土鸡。认识笔者之前，在淘宝开了一个店，不懂经营，生意惨淡，特别是一大群鸡快出栏时卖不出去，收不回成本，下一批鸡饲料的采购钱都没着落，有时候急得整宿睡不着。

他通过千牛问答找到笔者（PS：笔者是千牛认证答主），笔者先给他"诊断"了一下：卖活鸡，运输是大问题，还存在检疫问题和鸡瘟传播风险；卖宰杀好的鸡，保鲜和运输成本太贵；特别是鸡蛋，保鲜期短，夏天温度高，鸡蛋坏得更快，卖不出去的自己吃不完，很多时候眼睁睁看着坏掉；七千多只鸡的规模也不是很大。诊断后笔者建议他转本地销售，用社群的形式很容易消化掉每一批出栏的鸡。

　　大叔小学毕业，没什么文化，"高大上"的技巧玩不来，也学不会，笔者建议他花几天时间学习社群运营的课程，再给他策划了一个完整计划并教会他操作步骤。学会后，大叔用 1000 元买了一台新的智能手机，努力去执行，不到两个月，3000 只鸡全部抢购一空。因为鸡都是散养的，主要吃五谷杂粮和菜叶子，很少吃饲料，肉质鲜美，第一批鸡售后口碑很好，现在隔壁村的、县城里的饭店和酒店，以及县城的居民都会提前在他这里预定，特别是土鸡蛋供不应求。

　　大叔乐滋滋地跟笔者说，又进了 1 万只鸡仔，大概 4 个月出栏，会提前一个半月搞预售，现在已经不愁销路了，会更专心地饲养，做好售后维护。很感谢笔者的指导，特意挑了几箱新鲜的鸡蛋，非要寄给笔者。

　　学员 G："84 年"宝爸，对，没写错，是宝爸，在浙江宁波。3 年前辞职在家，专心带他的龙凤胎萌娃。

　　辞职前，夫妻俩都在酒店上班，因为眼看老婆十月怀双胞胎，非常辛苦，父母又不在身边，他毅然决定让老婆产后去上班，自己辞职在家带娃，过来人都知道，带娃特别辛苦，用他的话讲，带娃的前两年简直是地狱般的日子。因为带娃，他的脾气被磨炼得越来越温和、有耐心，与笔者聊天时总会讲他年轻那会儿是暴脾气。

　　因为没在宁波买房，辞职前夫妻俩都有稳定的工作，有一定的积蓄，养两个娃也不是很吃力。但随着孩子越来越大，开销越来越多，特别是想让孩子以后留在城里上学，买房子的事就提上了日程。在两个娃 1 岁多能蹒跚走路的时候，他注册了一家淘宝店，主营童装，断断续续经营了两年，做到 5 个钻。因为平时带娃为主，没跟上淘宝变化，现在娃上幼儿园了，每天自由时间多了，想把网店做得更好。

　　他在千牛问答里找到笔者，毫不犹豫地报了 VIP 课程，因为有基础，所以很多技巧一点就透，边学边实操，效果很不错，短视频播放量最多的一条达 30 多万，仅这一条短视频就给店铺带来 5 万多元的成交额（单价 59 元的童套装卖了近 900 件）。就像笔者说的，内容运营是大势所趋，接下来，他的店铺会重点布局图文+短视频+直播，自建流量池。他很感谢在对的时间遇到对的老师。

　　学员 H：江苏南通一位小家纺厂老板，厂子规模不大，主要生产床上用品三件套、四件套、六件套，枕芯、枕套之类的家纺用品。2015 年以前，生意还行，只要有订单就有钱赚；2015 年以后网销开始流行，厂子的订单越来越少，那种半开半停的状态持续了一年多，他说那时候自己也很慌，订单少，厂子运转越来越困难，最难的时候，工人的工资都发不出来，车也卖了，好几次厂子在倒闭的边缘徘徊。

　　因为他以前对线下的玩法熟门熟路，忽然别人都到网上去做了，别人的订单来自全国各地，自己接触少，什么也不懂，没办法，逼得他不得不去改变。他开始到处找懂的人取经，东一点西一点地拼凑知识，摸索前进，仅电商方面的书就买了几十本，其中有一本就是笔者写的《淘宝开店从新手到皇冠：开店+装修+推广+运营一本通》，跟着书里的操作就把淘宝店开起来了。

开了淘宝店又发现了新问题，淘宝是零售，他是厂家，原来不做零售，另外，他是老板，不能把精力都放在这上面，厂里还有很多事情等着他处理，招聘、带团队又是一团乱麻。

后来，他联系到了笔者。笔者对这个学员的印象很深，大概是2016年10月加了他微信也没说过话，临近圣诞节的一天晚上11点多，他发了120多条消息，说了很多他的情况，最后的意思是出3万元让笔者给他策划要怎么做，费用已经转账过来了。

因为太晚并且手机静音，笔者在第二天上午才看到。笔者看完他的消息后，将钱退了回去，聊了差不多4个小时，以他当时的情况，淘宝零售不是最好的选择，笔者建议他从阿里巴巴批发店起步，内外兼修，一步一个脚印走，先组建一个小团队，把阿里巴巴批发店开起来，做好了，再考虑零售。

因为他的厂子手续齐全，阿里巴巴批发店很快办好，接下来是网店上货和装修，他自己没时间学，就从原有的员工里挑出两个有计算机基础的，一个主攻美工，一个主攻运营，分别学习笔者的书和视频教学课程，不到1个月，两个员工在网店这块都能独当一面，逐渐有了订单，在第3个月时接了一笔500万元的订单，忙了好一阵，厂子也逐渐起死回生，步入正轨了。

2017年，恰逢微商很火，笔者给他出主意，开辟微商供货，时机好加上有了一定经验，这条线也很快做起来了。再后来，拼多多又火了，笔者再次建议他重启淘宝零售店，类似拼多多模式，专门做几款，自产自销，主打优质低价，在淘宝平台深耕。

他在2017年9月将两个产品参加天天特价，累计卖出3.2万件，店铺信誉级别升到2皇冠；在2017年的双11和双12总销售额达200多万元，店铺信誉级别升到3皇冠。2018年他将12个产品参加了10场淘抢购，累计销售额超过1000万元，双11和双12全店销售额突破2000万元。随着经验积累和团队规模扩大，为了拿到更多资源，他入驻天猫开了旗舰店，淘宝、天猫一起抓。两三年的时间，笔者以运营总顾问的身份给他出谋划策，为其团队提供培训教材，现在他的电商部已经有50多人。从线下转型到线上，无疑他是成功的。

学员 I：萍萍是一所职业技术学校电商班的女老师，他们学校已经连续3个学期订购了笔者的书当教材（笔者已经出版了6本电商专业图书，你正在看的是第6本）。一开始她是一心一意地学习新知识并传授给学生，随着知识积累越来越多，总有一种冲动，希望把所学付诸实践，她最缺乏的是实践，但又不想脱离自己稳定的工作。

她最近联系到笔者，希望笔者给她一些建议。笔者这样告诉她：做电商不一定非要开店，有互联网思维最重要。利用互联网思维卖货，无非解决3个问题——"人、货、场"。她是学校老师，非常熟悉校园环境，"场"就在校园，她完全可以利用业余时间做，不耽误；学生多，产品对标学生需求，"人"也解决了；最后是"货"，学生群体与其他人不同，经济来源靠家长，因此价格不能太贵，如果复购率高更好。

笔者给她策划了一套零售+社群的方案，她照着做，第一次卖出3000箱方便面；第二次卖出7600根数据线。现在正在谈更多的供货商，只要拿到更低的价格，更大规模的出货尽在掌握。

类似的例子还有很多……

再回到"开店是否赚钱"的问题上，各行各业，每个人的生活轨迹不一样，资源实力不一样，适合自己的方向也不一样。有些人起点高，能赚更多钱；有些人起点稍微低一点，选对路，然后去做，总会有回报。

大家都是普通人，定一个能实现的目标，用心去做就对了。走正道，你为别人创造价值，别人为价值买单，所得回报心安理得。

1.4　该兼职还是全职

在回答这个问题之前，笔者先来说说兼职与全职的区别。

全职：专门担任某种职务（区别于"兼职"）。比如单位、企业、公司等规定每天工作8小时、一周工作5天，在这个规定的时段内按时上下班的员工，属于全职工。也就是有一定的组织性，有固定时间、固定地点的工作。

兼职：1.在本职之外兼任其他职务；2.在本职之外兼任的职务。简单来说，是指在不脱离本职工作的情况下，利用业余时间从事的第二职业；为第三方提供体力或脑力劳动支出，是一种利益关系。相较于全职，兼职没有固定的上班时间、上班地点、岗位等，只要完成需要完成的任务即可，按完成的任务领取所兼任工作或职务的工资，上班的时间、地点和形式都很自由。

> **小贴士：** 有些单位或公司不允许员工业余时间兼职，建议你做之前打听清楚。特别是和著作权、专利相关的业务，有些东西在法律上被界定为职务作品，尽量避免因小失大。

开网店的推广手段各不相同，所需时间、精力、财力、物力也各不相同。**建议**：如果你满足于当前的稳定工作，每天又有很多业余时间，兼职即可；当兼职收入大于稳定工作收入且有向好的方向发展的趋势，再考虑全职开网店。反之，可以考虑全职开店，但要做好心理准备，因为全职开网店从某种意义上讲等同于创业。

说到创业，对于网店来讲有点"重"，因为在大家的思维意识里以为创业都是那些要么大起大落、要么风光无限、要么动辄投资几百上千万元甚至过亿元的大项目。

而全职开网店实际上就三件事：解决卖什么（选品），广而告之卖出去（运营），运输与售后（成交），如图 1-4 所示。不同的网店只是产品类别不同、规模不同，每一个具体细节执行所需的时间、精力、财力、物力不同而已。

能力强，就把规模做大一些；能力有限，就一步一个脚印，慢慢来。

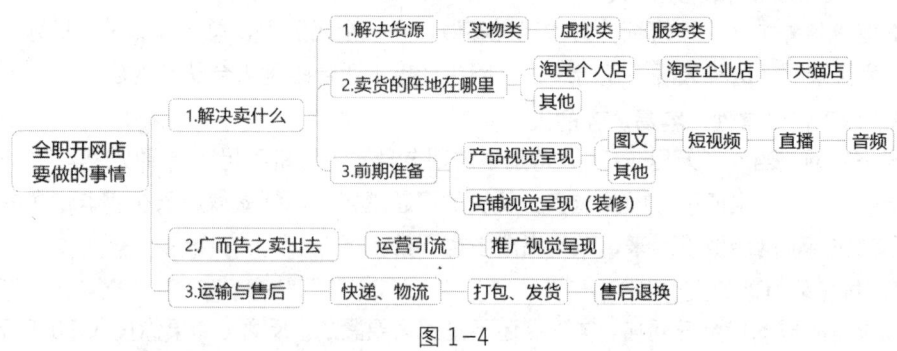

图 1-4

1.4.1 开网店，哪些人适合，哪些人不适合

以下三类人更适合开网店，有你吗？

1. 爱思考，善于学习，主动性强的人

网店的玩法更新快，善于学习的人总能在第一时间抓住机遇，及时跟进；爱思考的人能提炼精华，去其糟粕，更快地成长；主动性强的人能严于律己，合理安排时间，鞭策其高效完成各种工作。具备这些特质的人，更容易把网店做好、做大、做强。

2. 渴望赚大钱的人

说钱虽然简单、直接、粗暴，但这也是最原始的动力。通过赚更多的钱来满足自己的物质需求，或者通过赚更多钱来提高自己和家人的生活水平，光明正大地做事赚钱，不丢人。

3．不甘平凡，需要获得更大满足感、成就感的人

每个人从小时候起就有梦想，很多人在成长过程中被各种各样的现实问题打击后梦想都破灭了，不再有冲劲儿、干劲儿。但如果你到了二三十岁，甚至更大年纪，经历了各种挫折和困难之后，仍然没有丧失梦想，并且不安于现状，就可能是非常适合开网店的人。

下面七类人不适合开网店，要注意。

1．不乐观、不能吃苦的人

奋战在网店一线的卖家都清楚，开网店其实挺辛苦的，营业时间长（早上 8:00—凌晨 2:00，大促活动期间通宵是常事），烦琐的事情多，如果你不能吃苦、不够乐观、没有一个好的心态，网店生意越好，你越不开心，遇见千奇百怪的买家诉求时不能巧妙处理，你可能天天都在抱怨。

2．特别怕累、怕麻烦的人

有些人格外怕累、怕麻烦，喜欢光说不做，在一个团队里，总是掉链子、拖延、推三阻四、磨磨唧唧，这种人既不适合个人开网店，也不适合跟别人合伙开网店。

3．做事情没常性，容易放弃的人

要把开网店当作"万里长征"，特别是前期自身知识储备不足，需要快速学习的时候。开网店好比在游戏里闯关，闯关越多，解决的问题越多，店铺做得越长久。非常多的人遇到问题就放弃，网店做不起来，做不出成绩也正常。

4．抗压能力差的人

如果是小成本投资开网店，这一点还不是那么要紧的。反之，如果你投入 10 万元（其实 10 万元都比较少，参加一次活动，仅是备货值就超过 100 万元的例子有很多）以上，一定要是抗压能力优于常人的人才适合，特别是货源和推广运营环节，有时候要承受的压力和恐惧超出你的想象，它会让大部分抗压能力正常的人崩溃。

5．对要不要开网店这事犹豫、困惑了很久的人

如果你做这件事没有充满激情，一直犹豫、困惑，可能你并不适合开网店，也建议不要跟别人合伙开网店，否则容易拖累别人，老实本分上班就好。

6．希望自由，不想打工受委屈的人

有些人走上开网店这条路，是觉得自己的性格不适合给别人打工，受不得委屈，不喜欢被老板、上司安排自己的时间，希望能自由一些，如果基于这种理由，建议趁早放弃。一方面是因为开网店每天的工作时间可能比上班的时间多一倍；另一方面是因为开网店遇

到"奇葩"买家的概率比遇到"奇葩"老板上司的概率要大得多。

马云讲过，企业家的内心都是被委屈撑大的。自己开网店=自己做老板，你要知道，一个人做老板承受的委屈比打工时承受的委屈多无数倍。

7. 对和家人相处时长很在意的人

能同时兼顾家庭和工作的人少之又少，一旦开始开网店，它可能是你的主要经济来源，你会满脑都是工作，除非你们是夫妻或者家人一起开店，或者就在家里开店，否则很难做到兼顾。建议很在意与家人相处时长的人慎重考虑，特别是要"奶娃"的人。

1.4.2 缺少资金适合开网店吗

很多人开网店缺钱，这是一个事实，但是除了钱，笔者认为很多人最缺乏的是思维。思维有多重要呢？好比走路，如果能在第一时间意识到走错了，及时回头，就能将损失降至最低，能更快到达终点；如果走错了，但没意识到并且不做任何改变，可能永远也到不了终点。

所以，量力而行，首先找到合适的产品类目，比如小巧轻便货值不高的产品，像鞋包、衣服、化妆品、日用品等，用很低的价格就可以让网店运转起来；而一些大件、高端、奢侈产品，一件的价格就不菲，对资金少的人来讲，压力巨大。然后不断学习，并且快速学习，扩大自己的优势，逐渐积累，越做越好。

说了这么多，开不开网店，兼职还是全职，你自己最清楚，建议想好了再决定自己是否去做。既然决定迈出这一步，请不抛弃、不放弃，不达目的不罢休！

1.5 自己囤货好还是分销好

1.5.1 什么是囤货

有一个成语叫"囤积居奇"，是指商人囤积大量产品，等待高价时卖出，牟取暴利。这里我们说的"囤货"不是囤积产品后待价而沽的意思，而是类似线下实体店的卖货玩法：先花钱进一批货放在店里，然后慢慢卖。

自己囤货开网店的流程，以淘宝个人店为例：

注册淘宝个人店铺→进货→为产品拍照/拍视频→发布到店铺→装修店铺→推广运营

销售→联系快递发货→买家收货→交易完成，评价。

囤货最大的好处是现货。货在自己手上，很多重要因素可控，比如货品质量、图片或视频的色差（针对有可能产生色差的产品）、定价、促销活动、快递物流选择、发货时效等，可控环节越多，售后反馈到产品或店铺上的数据表现会越好。

很多网店的售后问题皆因售前准备不足或细节处理不到位导致，提前预判可以预防售后问题的发生，有利于提升店铺综合数据，比如好评率、退换货、纠纷退款率、DSR动态评分等，数据表现越好，在很多流量竞争渠道就容易脱颖而出，甚至有些流量竞争渠道入口的门槛就是数据指标的具体值，比如报名参加活动"天天特卖-淘宝特价版新人专区"，部分指标如"近半年店铺 DSR 评分三项指标分别不得低于 4.6，卖家信用等级一钻及以上"等。

如果你已经学会流量运营技术（本书第二篇内容），建议再提升货品运营能力（见"第3章 电商运营之人、货、场"），对做大店铺的帮助会非常大，也非常重要。什么是产品运营能力呢？简单理解就是在你手上永远不缺货，或者什么时候卖多少，自己心中有数。

1.5.2 什么是分销

分销在经济学中是建立销售渠道的意思。如图 1-5 所示，是线下传统的代理分销模式，比如厂家或品牌方找一个全国总代理→全国总代理找多个省级代理→省级代理找多个市级代理→市级代理找区级/县级代理→区级/县级代理直接开门店，面向消费者零售。大品牌甚至有不同国家的代理。

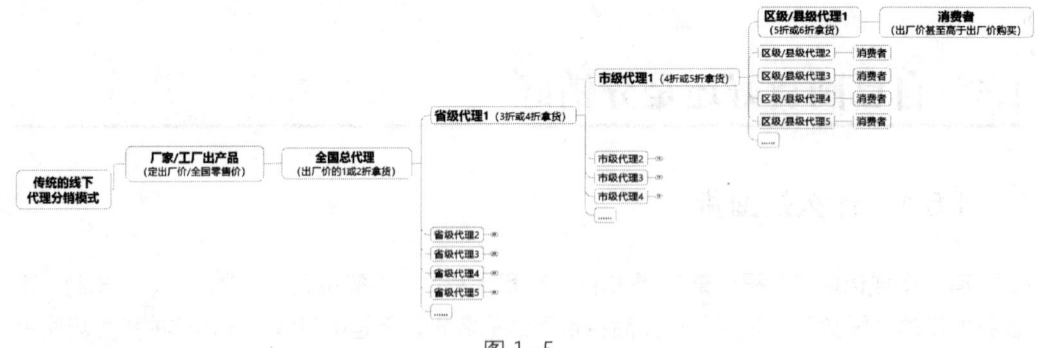

图 1-5

以前互联网不发达，地域性很明显，产品铺货至全国，代理分销模式效果很不错，也容易建立产品渠道的价格壁垒。

现在一台计算机、一部手机就能买尽天下好货，产品价格变得愈发透明，特别是阿里巴巴采购批发平台与淘宝、天猫零售平台珠联璧合，使网络上产品的销售渠道更精简，将传统的多级分销直接压缩成两级或三级分销：厂家/代理商→淘宝、天猫零售卖家→消费者，如图1-6所示。

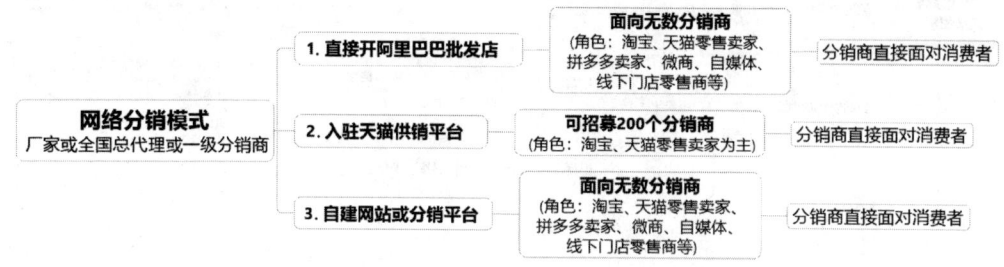

图 1-6

这里讲的"分销"是针对零售分销商而言的，成为厂家或全国总代理或一级分销商的代理直接面对消费者，通过网店零售产品。

在网络上，整个过程全部通过"技术"实现，在计算机或手机上操作，无须东奔西走。

网络分销模式还有一种叫法为"一件代发"，其运营流程如下：

找到供货商达成合作→供货商提供产品数据包→自己整理数据包并发布至网店内→买家在店内下单购买→自己去供货商处下单进货，填写买家收货地址和电话信息等→供货商联系快递发货并提供快递单号→凭供货商提供的快递单号到自己店内为买家发货→买家收到产品并确认收货，完成交易→最后再去供货商处确认收货，完成交易。

不同平台完成这个流程的具体步骤会有些许不同，如图1-7所示，是淘宝个人卖家从阿里巴巴淘货源频道分销产品的流程图解，第一步，成功创建淘宝个人店铺后，会有一个淘宝网的卖家账号，第二步，在阿里巴巴的淘货源频道找到心仪的供货商和产品后，直接用第一步的账号登录，单击"一件铺货"按钮可将产品传到淘宝店铺，非常方便。

建议在阿里巴巴或天猫供销平台寻找供货商，整个流程由平台担保交易，不容易上当受骗。

从整个流程可看出，分销的缺点是交易环节中自己对货品质量、供货商发货速度等关键环节把控性不强。如果产品质量不行、发货速度慢，后续退换货、中差评、动态评分过低等问题纷至沓来，令人头痛，所以花点心思选择靠谱的供货商非常重要。

此外，分销一件代发与囤货相比，不需为产品拍照/拍视频，不囤货，资金压力小，可自由选择卖什么，没销售额压力，可随心发挥，这些都是其优点。

适合自己的才是最好的，建议从自身实际情况出发选择囤货或分销。

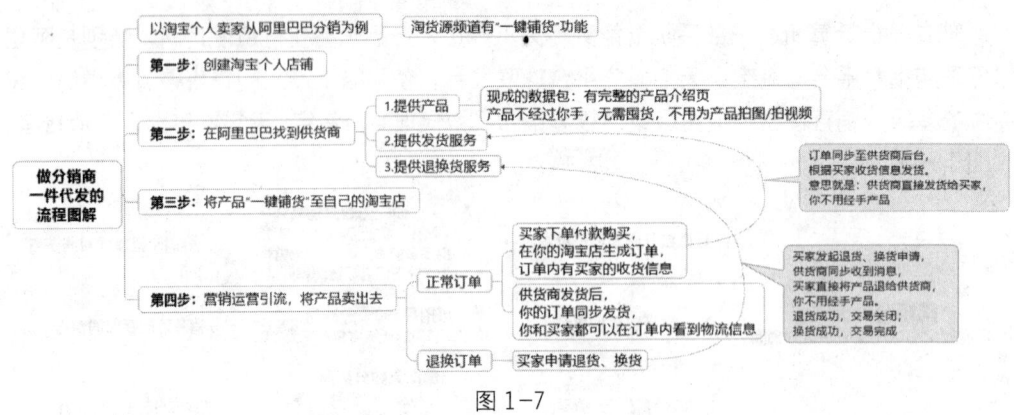

图 1-7

1.5.3 卖什么最赚钱

在网店卖的东西可以有很多，比如涵盖吃穿住用行的各类产品、基于需求的各种服务、不同领域的专业技术等，是否赚钱，不仅要看销售额减去所有成本后的利润，还要看销售数量与持续销售的时间。

比如，单价 300 元的智能手环，每一件成本总和为 170 元，一个月销售 500 件，总利润为 6.5 万元；单价 30 元的抽纸（1 箱装 30 包），每一箱成本总和为 26 元，一个月销售 5 万件，总利润为 20 万元。

再比如，季节性明显、周期短的脐橙，鲜果每年 10 月底至 1 月才有，量少、可持续销售时间短，即使单价高，总利润也比不过那些单价低、单件利润低但一年四季可卖的产品。

所以，卖什么最赚钱，需理性看待。

建议：时间、资金、精力有限的读者，选择卖那些单价高、利润高的产品，即使每月销售数量不多，利润也可观。如果是有货源优势的读者，撸起袖子加油干，想方设法提高销量，自然不愁赚钱。

1.5.4 什么最好卖

任何一件产品，为其付费的都是人。因此，最好卖的产品=需求匹配（+复购率高），把产品卖给需要的人最容易成功。

什么是需求匹配？

例子 1：狗粮，目标人群 → 养狗的个人、团体、宠物店等。如果把狗粮推荐给从不养狗或讨厌狗的人，很难成交。

例子 2：中小男童外套，目标人群 → 4 至 12 岁的男童。但是小孩子没有购买能力，因此这类产品的目标购买力决策人群是家长。

例子 3：老人鞋，目标人群 → 上了年纪的老年人，比如 60 至 90 岁。然而老年人很少自己网购，多数是儿女买来孝敬父母的，目标购买力决策人群是有经济能力的儿女。

类似的例子还有很多。由此可见，产品好不好卖的关键问题是对目标人群进行需求匹配或刺激需求。

除了需求匹配，还有一个要素——可利用资源量。这是什么意思呢？举个例子，成人用品属于利润很大的产品，但它可利用的渠道很窄，如果在淘宝开店卖，必须是类目专营，发布宝贝时所有图片也必须先审核，然而平台的各种推广渠道都不能用，比如直通车、淘宝客、钻展，各种活动也不能报名，比如天天特卖、淘金币、淘抢购、聚划算等，因为这类产品有特殊管理要求，平台不会推荐。去阿里巴巴以外的网站推广，也是一样的道理。

建议：如果你手上有货，将主要精力放在两方面：一是研究目标人群、目标购买力决策人群，分析如何用产品匹配其需求或刺激需求；二是从现有推广渠道中筛选出适合产品的渠道。

如果你还没有确定卖什么，可以先熟悉货源渠道，再确定推广渠道和资源，最后选产品类别。

1.5.5 5 种常用的货源渠道

第一种：1688 采购批发网

其隶属于阿里巴巴，面向全球，是世界级的采购批发平台，众多生产企业、批发企业、大集团等都汇聚于此。很多网店零售卖家、线下实体店卖家、微商等都从这里进货（推荐）。

第二种：天猫供销平台

持有品牌权利人授权文件的供应商才能入驻，入驻的供货商都要经过平台严格筛选和资质审核，在这里做分销商靠谱。此外，还有一个好处是所有分销产品与卖家中心对接，后续订单操作便捷（推荐）。

第三种：在淘宝网的站内搜索供货商

启动浏览器，输入淘宝首页网址并打开，在顶部搜索框中输入关键词，比如"女装代理"，在搜索结果中按需选择。用这种方式寻找的供货商，由于缺乏第三方监管，需多留心，以防被骗。

第四种：第三方的代理网站、代理软件等

有些公司或企业会创建独立的网站或App，用于分销商会员进货和发货，找到这些靠谱的网站也是不错的选择之一。

已经知道网址的网站或App，直接打开即可；不知道网址的网站或 App，可以从网上搜索查询，比如在百度搜索"男装一件代发"，在搜索结果中按需选择。这种方式适合有丰富上网经验的读者，新手不推荐，如果无法辨别网站真伪，容易上当受骗。

第五种：线下批发市场、货源聚集地、产业带等

如果你所在地就是所需产品的原产地，不必舍近求远。如果不清楚自家附近有没有所需产品，也可以去 1688 平台上看，比如图 1-8 是 1688 平台上的产业带汇总，除了产业带，像源头工厂、不同区域的档口等，都有迹可循。

图 1-8

1.5.6　可靠供货商的 6 个要素

第一，供货商自己要懂"网店视觉语言"

网上卖货就是卖视觉，这一点已经被无数卖家印证。"网店视觉语言"体现在产品实拍图、宝贝详情描述页、店铺装修、店内运营策略、推广视觉等方面，如果供货商在这些方面如鱼得水，你跟着他们做，在网店内功优化（店铺装修优化、产品详情优化、店内运营策略）这块不会太差，无须自己摸索，只需复制他们的成功经验即可。除非你有这方面的技术，否则，在产品视觉呈现上掉链子，你的网店将举步维艰。

第二，供货商的运营重点包含一件代发且近期出货率还可以

前文讲过一件代发的本质：供货商直接发货给买家，自己不经手产品和快递。如果你选择的供货商没有这块业务或者出货率较低，让供货商给你发散件。一方面，他们可能存在业务不熟的情况，致使你的发货速度没保障；另一方面，需要你自己承担的各种成本会较高，比如一个月出货 3000 件的供货商，快递成本更低，给代理的拿货价会更低。反之，出货量低，各项成本高，实际上就会分摊给分销商。

第三，供货商的发货速度优于同行，与分销商之间的退货、退款纠纷率低于同行

尤其是不经手产品与快递的分销商，选供货商就是选坚实的后盾，如果发货速度慢，退货、退款纠纷率高，势必导致买家将积怨全部发泄到你的网店，若各项数据指标越来越差，按前文讲的"赛马机制"争资源，你将步步落后，失去各种优势。

第四，供货商的实力

懂运营的分销商+有实力的供货商=牢靠的合作伙伴。双方互利互惠，是一种合作共赢的关系。如果你有能力运营很多场大规模的销售活动，供货商拿得出货，能及时高效地配合你，一切都能顺利进行，有销售能力的运营人员最怕没货卖。即使你当前不是特别擅长销售，也要思维先行，想到这一层。

前不久，一个做分销的学员就遇到这种情况，他已经成功报名一场 20 天后的活动，预计活动 48 小时能出货 500 件，因为报名前没与供货商沟通，成功报名后再去沟通，被告知当前有货，但 20 天后无法保证。搞得非常被动，骑虎难下。平台任何活动都有提前量，这个学员一是吃亏在没提前与供货商沟通，二是没准备 Plan B（B 计划）。

第五，供货商的服务能力

开网店的卖家圈一直流行一句话"买家虐我千百遍，我待买家如初恋"。换个角度讲，分销商与供货商之间除了合作关系，还有一层买卖关系。如果供货商耐心、细致、专业、及时地响应分销商的合理诉求，及时解决问题与纠纷，分销商会轻松很多。

第六，货品正规+质量保证（最重要）

"奸商""唯利是图"等文字非常刺眼，被打上这样的标签，只要是正常人，在道德层面会非常难受。

如果你把网店当作事业，建议在确定供货商前，有必要考察其产品质量，特别是有些产品，一旦出事，责任很大，有些人即使是连带责任也承担不起后果。

重要总结：供货与分销，就像招聘与应聘，是双向选择，一旦遇上对的人，请珍惜。

你知道了货源渠道，也学会了如何筛选可靠供货商的技巧，接下来是确定推广渠道、推广资源以及选定具体的产品类别，继续往后看。

1.6 重新审视自己，找准切入点和定位

1.6.1 重新审视自己

这个点偏"鸡汤"，下面简单聊一聊。

人生短短几十载，历经求学、事业、爱情、婚姻等，不如意十之八九。每一个人的不同人生阶段有不同的活法，做着自己喜欢或不喜欢的事情。喜欢者，心旷神怡，乐此不疲；不喜欢者，心情忧郁，浅尝辄止。

相信大多数人都想活成自己希望的样子，无奈在现实面前不得不屈从。所以，人生需要不断地进行自我调整，因为社会在不断变化，今天会的，明天不一定会；今天喜欢的，明天不一定喜欢；今天能胜任的，明天不一定能胜任……

比尔·盖茨曾在一次访谈中说，"我之所以能够成功，那是因为我执着地做好两件事：一件是我十分专注于自己所从事的工作，另一件是我时刻关注着行业发展的动态。"作为普通人，我们可以没有战略家的眼光，但是，至少要学会以专家的眼光去审视自己。

笔者认识一位男士，农村出身，家庭条件不好，初中毕业后没继续上学，一是家里经济条件不允许，二是成绩不好，自己放弃了。为了糊口，年纪又小，只能先去县城里的理发店当学徒，父母希望他踏实本分地好好学，将来能养活自己，可惜好景不长，不到两年，他觉得做理发师没出息，又去了饭店当服务员，也没做多久。

18岁那年应征入伍去当兵，两年后复员回家，还是找不到像样的工作，当过送餐员、快递员、汽车修理工，还在工地干过，又蹉跎过了三年。

年华易逝，他自己也会慌张，回顾已经过去的8年时光，一事无成，再往后可能连一个像样的女朋友都找不到。后来他调整了心态，选择重新回到理发店，他说，与之前所有做过的工作相比，他觉得干理发还算是干净体面的工作。

他觉得命运对他的安排就是做理发师，既然这样，就把理发这件事做好。于是，他从内心爱上了这份工作，并立志要成为最优秀的理发师。7年后，30岁的他真的做到了，凭借一技之长，不但让自己活得滋润，抱得美人归，生了个大胖儿子，还有能力孝敬父母。

现在他已经拥有3家理发店，手下带着20来号人做着喜欢的事。

一个人想做成一件事情，要学会从4个角度审视自己，即把自己分别置身于一件事情、一个职位、一家企业、一个行业中，在这四个场景中坚持做想做的事。这样，你才能准确地为自己定位，才能让自己与工作、职位、行业恰如其分地结合起来。

事实证明，只有这样的人才更容易变得出众，更容易成功。当你用心+专注的时候，你的爆发力会惊人，连你自己都会惊叹。

回到开网店这件事情上，既然决定去做了，不管兼职还是全职，请喜欢它并专注于此。当你专注于此时，尽量避免走弯路。

1.6.2 找准切入点

前文说过，竞争无处不在，"正视竞争"必须从心态上准备好。

现在说的"切入点"主要是指：卖什么。

前文分析了"什么最好卖？"答案是：需求匹配（+复购率高）+ 可利用资源量大的产品。

如果你手上已经有产品，且不能改变，不管开了淘宝店还是天猫店，关注的重心是"如何卖"，继续往后看更多运营引流技法。

如果你是新手、新店或老店新开的情况，还没定卖什么，选品时请在"什么最好卖"的基础上，再综合参考以下建议：

货源不对，努力白费，货源选错危害大，不少店铺死于此。

危害一： 浪费时间、精力、金钱。

货源选择好坏决定店铺成长的快慢，也决定店铺的成败。趁现在，思考之后再做出选择。

笔者诊断过的因货源选错导致巨大浪费的店铺不下200个，比如下面这个学员，在淘宝开的个人店，卖手机数据线，从1688平台进货，采用分销模式，共上架了26个产品，销售均价为30元左右，店铺开了5个多月，每个月零星成交几单，大部分时间处于不开张的状态，用直通车推广，第一个月每天定投160元左右，花了4000多元，转化率非常低，直言亏不起，从第二个月起没敢再开直通车，不开直通车后更没流量了。在笔者诊断前他咨询的是"流量问题"，问笔者如何提高店铺流量。

诊断后，笔者告诉他：他的店铺本质不是流量问题，而是选品问题。手机数据线这类产品如果没有绝对的货源优势和价格优势，不要去碰，建议换类目和产品。

理由："数据线"对应的类目基本上被天猫店铺"霸屏"，不管是PC端网页搜索结果还是手机端"手机淘宝"App中的搜索结果，甚至是直通车、淘宝客、智钻（原钻石展位）等付费推广的展位，排在前几页的全是天猫店铺的产品，并且别人家的成交量要么几千件，要么几万件，优质评论、买家秀、动态评分等数据都非常好看，数据的羊群效应导致新买家蜂拥而至，多数目标人群被抢走、瓜分。

淘宝个人卖家甚至淘宝企业卖家，新店做这个产品非常难突围，因为新手、新店不管在价格、视觉、运营技术、运营手段、资金实力、货源实力、产品数据、店铺数据等方面都无法超越，从剩余不多的目标人群中再努力说服其购买，显然很吃力，典型的费力不讨好。

听完笔者的诊断建议，他第一时间换了类目，现在做高中生和大学生路线的小清新服装，通过直播+社群的方式，每月稳定出单300件左右，已经逐渐步入正轨。

试错不可怕，可怕的是在错误的路上越走越远。有一个成语叫"量力而行"，这里的"量力"除了指资金实力，更多的是指货源行业和品类的选择能力。除了举例的数据线类，3C数码类、电器类也有类似问题，非天猫店铺，请勿轻易尝试。有些行业有特殊的资质要求和管理规范，不管是进入门槛还是运营门槛都很高。

危害二：被投诉盗图，处罚扣分；售假被处罚，甚至封店。

"城门失火，殃及池鱼"是做分销的卖家或者不参与产品拍摄的卖家必需时刻记住的一条警示语。

被投诉盗图而收到知识产权类处罚，虽然是一般违规，不算严重，但对于销量、评价数量可观的产品，处罚后将直接删除产品页面，很多有经验的卖家也直呼"伤不起"。卖家都知道，一件产品积累的销量、评价对其持续销售甚至销量爆发有着至关重要的作用，一旦被删除，无法恢复，损失很惨重。

什么情况容易收到盗图处罚呢？如何应对？

做分销商，产品的所有图片来源于供货商，如果供货商的图片来源不正，比如抄袭、未获得授权等，你使用时也名不正、言不顺，一旦被追责，跑不掉。建议确定供货商时，一定问清楚图片、视频等来源和版权归属，能授权使用最好，特别是品牌产品，一旦出现盗图处罚，可以请供货商辅助提供凭证申诉。

自己实拍，有产品图拍摄原片（用手机、相机或其他设备拍摄成像后未经任何修改的原片），一定记得保存归档（建议至少保存到产品下架不再销售后再删除），一旦发生被投诉的情况，可以上传原片申诉，免于处罚，也可以申请加入阿里巴巴的八载实拍保护，避免别人盗你的图。

什么情况容易收到售假处罚呢？如何应对？

先说售假的严重性：售假属于严重违规。平台将视情节严重程度采取查封账户、关闭店铺、店铺监管、限制发货、限制发布产品、限制登录网站、限制使用阿里旺旺、限制发送站内信、延长交易超时、店铺屏蔽及全店产品搜索降权、全店或单个产品监管、产品发布资质管控、限制发布特定属性产品、限制产品发布数量等处理措施。

为进一步保障买家权利，平台有权对出售假冒产品的卖家采取支付宝账户强制措施，包括但不限于取消收款功能、取消提现功能、禁止余额支付、交易账期延长等。

容易收到售假处罚的情形：1．出售假冒注册商标产品（指未经注册商标权人许可，在相同产品上使用相同商标的产品）；2．出售盗版产品（指未经著作权人许可，复制其作品的图书、电子书、音像作品和软件）。

应对方案：1．熟知平台售假处罚规则（查看淘宝规则频道网址和天猫规则频道网址），避免踩坑；2．从正规渠道进货；3．切勿明知故犯。

危害三： 质量不行、服务差，导致中差评、动态评分低，影响店铺综合数据。

网店经营与实体门店经营有本质区别：

实体门店的消费者地域性明显，需要上门选购、面对面沟通、亲身体验产品或服务，很多产品售后不退不换，没有无理由退换，售后与消费者交集少，没有打分评价体系。

网店面向的买家来自全国各地甚至世界各地，售前通过网店、产品详情页宣传产品，售中通过千牛、QQ、微信等工具与买家沟通，售后利用快递或物流将产品送往买家所在地，买家付款后至收到产品前，资金由支付宝担保交易，确保买卖双方权益，买家收到产品后不满意可以退换，交易成功后可以对卖家宝贝与描述相符、卖家服务态度、物流服务的质量进行打分，卖家开店签署消费者保障服务，每一笔订单自交易成功起有 15 天保障期，有问题时买家可以申请售后，产生纠纷由淘宝、天猫小二介入调解。

也就是说，在淘宝、天猫开网店，有一套非常完整的信用评价体系，全部通过技术实现，产品质量不行、服务态度不好、物流发货速度慢、派件员态度不好等，买家都可以通过评价、打分的形式进行反馈，最终体现到你的产品详情页和网店。

所以，开网店，心态非常重要，先了解并熟悉整个交易流程，然后从选品开始把控货品质量，在后面每一个环节做好服务。

危害四： 选错货，各种恶性循环，深受打击，开店半途而废。

如果货品质量不好，买家的评价不会好，DSR 动态评分会比同行低，中差评会增多，退货退款率、纠纷退款率上升。数据不好所带来的后续影响持续发酵，官方活动无法报名参加、推广工具无法使用、流量获取渠道越来越窄、新买家越来越少、老买家弃店不再回购……各种恶性循环，逐渐导致店铺倒闭。

货品质量是根本，高、中、低端各有定位，不强求质优价廉，最起码售价与质量等值。

建议新手不要碰以下 5 类产品

1．除非有货源优势开天猫店，否则不要选被天猫店"霸屏"的类目。比如前文提及的 3C 数码类、家电类（厨房电器、大家电、生活电器），还有像影音电器类目、奶粉/辅食/营养品、OTC 药品/医疗器械等。

2．除非有自运营销货渠道，否则不要选游戏话费类、成人用品类。这两类都属于专营类目，也就是说，一个店内除了它不能卖别的，有准入门槛且推广资源非常有限，没有自运营引流能力，寸步难行。

3．除非有线下门店，否则不要选生活服务类。比如本地化生活服务、餐饮美食卡券、电影/演出/体育赛事、房产/租房/新房/二手房/委托服务、购物提货券、理财、网络店铺代金/优惠券、鲜花速递/花卉仿真/绿植园艺、消费卡等。

4．除非具备相应的专业知识且已有经验积累，否则不要选太专业的品类。比如需要专业人工安装的墙纸壁纸、宠物活体、绿植类、机械设备类、家装灯饰光源、农机/农具/农膜、农用物资、畜牧/养殖物资等。

5．除非有货源优势、资金实力，否则不要选大件、高价值的品类。比如大件的办公用品、家具等，包装成本高、运输成本高，退换货成本高且麻烦；高价值的金银细软、奢侈品、大品牌等。高价值的产品起点高、门槛高，几乎都开天猫店或淘宝企业店，不适合淘宝个人店。

新手开店，除了上述 5 类产品，还有很多可以选择的细分类目，本书第 3 章会以案例的形式教大家确定具体产品。

1.6.3　定位可以帮你脱颖而出

定位就是从自身实际出发，把对的产品卖给对的人，将有限的精力服务于对的人群。货有三六九等，面向不同消费层级的人群，在"选品"定位时请参考以下四点：

1．切忌贪大求全。

2．认清自己的能力和实力，切忌盲目。

3．产品和人群需求对上了，做起来才轻松。

4．在具体做之前，有目的的思考+可落地的规划更容易成功。

第 2 章
电商运营的"道"与"术"

切入正题之前，笔者先给大家简单讲一个生活中孩子上学的例子。

孩子在完成九年义务教育之后考入高中，通过高中三年的学习考入理想的大学，可以说高中三年后的高考是每一个孩子最重要的人生转折点之一。所以，几乎每一所高中都会在新生入学的第一学期举行入学典礼。

在入学典礼上，高一的年级主任会讲：第一学期何时期中考试、期末考试；有什么竞赛、比赛，具体的时间安排；有几次何种范围、何种级别的活动，比如运动会、校庆、迎新晚会；有没有常规的训练演习，比如开学军训、地震逃生演习、火警逃生演习等。

之后，高一各班的班主任、科任教师会配合学校的学期计划制订周、月、季度教学任务计划，定期组织学生考试；配合学校的比赛、活动等安排，提前组织学生学习、排练。

每一名高一新生要做的事情为：服从学校、老师的安排，好好学习，完成学习任务和其他活动。

高中三年，每一个学期，从学校领导到学生，有规划、有落地执行，按部就班，大部分学生都能如愿考上理想的大学。

回到电商网店运营，道理与之类似，希望你的思维从一开始就上升到"高一年级主任"的层面，主动规划网店运营方向，然后有条理地执行，而非停滞在"学生"层面，被动等待接受。当然，上面的例子侧重说明思考问题的逻辑，如果拥有团队，你甚至可以继续上升到"校长"层面。

开网店是一个不断遇到问题、解决问题的过程，提前预知、预判、预防，比出了问题再亡羊补牢好得多。

本章将分别讲解电商运营的本质、电商运营之"道"与"术"和电商与全网营销；教大家在动手做之前思维先行，不打无把握之仗。

2.1 电商运营的本质——基于产品运营人性和需求

观察一个事物必须全方位观察，仅仅看一个角度、一个层面是不够的。本节从六个角度剖析电商运营的本质。

2.1.1 现状：产能过剩，供大于求，竞争激烈

产能是指生产产品的能力，产能过剩是指如果生产产品的能力饱和，生产出来的产品将超出社会的需要。几年前，市场追求人无我有；现在，市场追求人有我新、人有我潮。

供小于求，卖家在交易中占主导地位，这时为卖方市场，卖家有更多话语权；供大于求，买家在交易中占主导地位，这时为买方市场，话语权又到了买家手上。产能过剩导致很多产品同质化严重，买家也就更挑剔。

几年前，中国网民数量逐年攀升，开网店的卖家相对较少，网上的产品也相对较少，简而言之：买家多、卖家少、产品少，网店卖家总体感受是生意好做。

现在，中国网民数量增长趋势放缓，但开网店的卖家越来越多，网上的产品也越来越多；智能手机崛起，无线时代玩法频繁出现，比如直播、短视频等占用网民太多上网时间；成规模的网购平台或渠道越来越多，比如京东、唯品会、拼多多、网易考拉、微商、微信小程序商店、公众号等。简而言之：在买家数量增长少的情况下，卖家、产品、购买渠道都在增多，随之的感受就是竞争大、生意难做。

2.1.2 买家的选择困难

站在卖家角度，觉得买家难找，生意难做，而站在买家角度，其实更痛苦：产品多、同质化严重、可以购买的渠道也多，选择异常困难，特别是"试错成本"太高。

举个例子，小王要买一件连衣裙，她首先要解决购买渠道的问题，其次解决从谁手上买的问题。

能买到连衣裙的渠道分为线上和线下，线上渠道如淘宝、天猫、京东、唯品会、拼多多、网易考拉、微信朋友圈、微信小程序商店、公众号网站、微博橱窗、今日头条小店、

抖音橱窗等；线下渠道如步行街商店、商场专柜等。

影响小王决定购买渠道的主要因素是：她平时的购物习惯。比如，她多年来只在线下品牌专柜购买，说服她到网上买会比较难，她即使到网上买，也会首选对应品牌的线上渠道。再或者说，她手机上只安装了一个"手机淘宝"App，已经习惯在淘宝购物，说服她去线下逛街或安装其他手机 App 也会比较难。请记住，"顺应习惯"比"说服改变习惯"轻松，并且"顺应习惯的销售"更容易成功。

假定小王到淘宝上购买连衣裙，如果她目的明确，非常清楚自己需要什么款式、材质、价位、在何种场合下穿着，那么，她会直奔能满足这些需求的店铺选购，旁人的意见较难改变她的决定。

如果小王目的不明确，她自己也不确定最后会买什么样的连衣裙，接下来她将面临巨大的选择困难。

比如通过淘宝站内搜索寻找，在淘宝网首页以"店铺"搜索关键词"女装"，搜索结果有超过 140 万家女装店，继续搜索关键词"连衣裙"，搜索结果有超过 100 万家相关店铺；再以"宝贝"搜索关键词"连衣裙"，搜索结果有几十万件，仅呈现出的结果就有 100 页，共超过 6000 件；如果稍微变换一下搜索关键词，比如"连衣裙 夏""连衣裙 新款"等，又会出来更多结果……

再比如，通过淘宝首页的类目引导寻找连衣裙，像聚划算、淘抢购、天猫超市、天天特卖、淘宝直播、哇喔视频、有好货、每日好店等，又要花费大量的时间进行筛选……

与小王有类似困扰的买家非常多，产品过剩，同质化严重，挑选困难，有时候好不容易精挑细选，到手后发现各种不如意……

买家的选择困难是谁造成的呢？笔者认为：一是市场竞争；二是最上游的生产商；三是卖家。

有需求的地方，就一定会有满足需求的方案出现；需求多的地方，竞争就大。类似的，需求量大，同质化的解决方案就会越来越多……这是人类社会进步不可避免的需求循环。

2.1.3 电商运营的本质

笔者从市场层面、买家角度展开现状问题，是希望你从根本上理性认识电商运营的本质：不是纯粹地运营产品，而是在产品的基础上运营人性和需求。

在物资匮乏的年代，只要有新东西出来，就很容易调动大家的积极性、获得认同；而在物资充裕且互联网发达的今天，从"有没有"向"好不好"跨越，买家见多识广，越来越有主见，越来越追求品质，越来越挑剔，让买家信任并买单，卖家需要做更多的事情。

2.1.4 将"流量思维"向"流量池思维"转变，培育"认知思维"

你可能会想"竞争这么大，买家这么难伺候，店铺能做起来吗？"

如果只提出问题，而不解决问题，肯定做不起来。想解决问题，就必须先搞清楚：什么是"流量思维"？什么是"流量池思维"？并且学会用"流量池思维"经营店铺，培育精准人群的"认知思维"，这不仅适用线上网店的生意，线下门店同样适用。

什么是流量

在实体经济时代，人们买东西都去街上，门店的流量就是街上的行人。

PC 互联网时代、移动互联网时代，人们通过计算机、便携式计算机、智能手机上网买东西，每一台设备对应一个 IP（Internet Protocol，简称 IP，意为互联网协议）地址，比如 115.152.50.100，一个独立的 IP 访问网店只产生一个 UV（Unique Visitor：独立访客）表示，网店的流量就是 UV 量。

什么是流量思维

线下，在人流量大的地方开实体门店，就是流量思维，因为人流量就是客流量。比如，大城市地铁站边的小吃街、火车站的商铺、校园内的小卖部等，这些地方人流量大，不用花太多心思寻找客流量，只需花心思在产品、成交、服务上。

线上，在访客量大的平台开网店，也是流量思维，因为平台的访客量大，能分到你店铺的访客量才会大。比如，去阿里巴巴采购批发平台开批发店，在淘宝、天猫、京东、拼多多等开零售店，它们是电商网购平台的代表，占据 90% 以上的网购流量。

流量思维的核心词是不断拉新；用大面积、多渠道的拉网式手法，拉来大量新客户源。比如 PC 互联网时代，整体互联网流量高速增长的几年，也是淘宝网店很好做的几年，当时的"爆款思维""店群模式"都是流量思维的产物，那时候新流量很好抓，动作快、脑子灵活的卖家通过大量拉新，快速卖爆某个产品，在售后回购这块很少深度运营，一个产品口碑不行了，换一个再来；一家店不行了，换家店重新开始……赚快钱、做一锤子买卖的人有很多。

流量思维就像一个漏斗，前拉后跑，可以赚到快钱，但不能持续，也没法沉淀客户。

什么是流量池思维

流量池思维的核心词是拉新、留存。与流量思维最明显的区别是"堵漏"，所以，必须有一个"容器"将属于你的客户"圈"起来，这个"容器"可以是 QQ、QQ 群、微信、微信群、公众号、千牛旺旺、旺旺群、钉钉、钉钉群、自有网站/App，甚至可以是自媒体社交平台，比如头条号、百家号、大鱼号、企鹅号、抖音、快手、火山等。

"流量池思维"也可以理解成"用户思维"，以用户为中心考虑问题，了解用户的痛点、心理感受、意见和建议，并将这些不断融入自己的产品设计、产品招商、营销推广、售后服务中去。

什么是认知思维

老卖家们经常说"网上的买家，忠诚度太低，经常朝三暮四，轻易就被同行、竞品拐走"，这背后的原因其实是他们不曾有意识地培育其"认知思维"。简单来说，就是他们没有给买家留下"强记忆"或者"非他们不可的理由"，说服力不强。

认知思维的核心词是回购、裂变。买家在已有购买体验的基础上，自发回购且帮你宣传。但是认知思维的培育非一朝一夕能完成，需花时间耕耘、沉淀。

举个例子：小张身处三线城市，卖土鸡蛋为生，经常在小区门口流动摆摊，1.5元一个，顾客大多是摆摊点附近的居民，下面细数三种卖鸡蛋的思维区别：

"流量思维"的卖法：不同小区，不论新老顾客，没有区别，每天有人买就正常卖；几个月下来，哪些是新顾客、哪些是老顾客，小张根本分不清；累积了多少顾客，也不知道；每天能卖多少鸡蛋，心里没底，靠运气。

"流量池思维"的卖法：每天把每一个购买或意向顾客全部加上个人微信并分别备注，把不同摆摊点的好友拉进不同的群；需要新鲜鸡蛋的，在微信上或群里吼一嗓子，没时间买的，可以约定时间送货上门。几个月下来，与顾客之间的距离拉近，凡是摆摊点对应的小区住户都在小张的圈子里，每天能卖多少鸡蛋心中有数。

"培育认知思维"的卖法：在"流量池思维"卖法的基础上，强化品质，1.5元一个的土鸡蛋可能比超市还贵，因此小张把培育顾客认知的重点放在"土鸡蛋的真实性和品质"上，在微信群和朋友圈定期晒图、晒小视频，让老顾客参与反馈、评价。长此以往，潜在顾客会尝试购买，已经购买的顾客认同产品品质会自发推荐，形成裂变；小张再收集整理不同需求，不定期搞活动回馈顾客。

这就是典型的"流量池思维"+"培育认知思维"的社群玩法，不管是线上网店生意，还是线下门店生意，都适用。只有思维到了这个层面，才能指导后续的执行落地。

2.1.5 学会缩小而非放大竞争

小张用"流量池思维+培育认知思维的社群玩法"卖鸡蛋，这是一个典型的缩小竞争的案例。将目标人群与竞争环境分隔开，不容易陷入低价恶性竞争，并且利润空间会更大。比如小张流动摆摊卖鸡蛋，竞争环境是小区附近的超市、菜场、生鲜店等，小张将顾客拉进自己的微信，先入为主+隔离，顾客接收到的都是小张卖鸡蛋的信息，有购买需求时，会优先考虑小张。

再比如，当下很流行的一种缩小竞争的玩法——朋友圈卖货（非"轰炸"模式的微商朋友圈信息）。举个例子：

拿出手机，打开"手机淘宝"App，在顶部搜索框中搜索关键词"真空收纳袋"，部分搜索结果如图2-1左图所示，由于同类竞品多，卖家们不得不拼价格、拼款式、拼质量、拼卖点、拼视觉、拼货源、拼运营引流技术，竞争异常激烈；而图2-1中图也是真空收纳袋产品，区别是出现在微信朋友圈里，整个朋友圈信息从上往下只有它一个，再无别的竞品，通过"短视频+图文详情"在客户心里"种草"，以"0元下单+货到付款"的形式促成交易，将目标人群圈在卖家自己营造的产品氛围里，性价比高，风险低，非常容易刺激买家"冲动"购买。

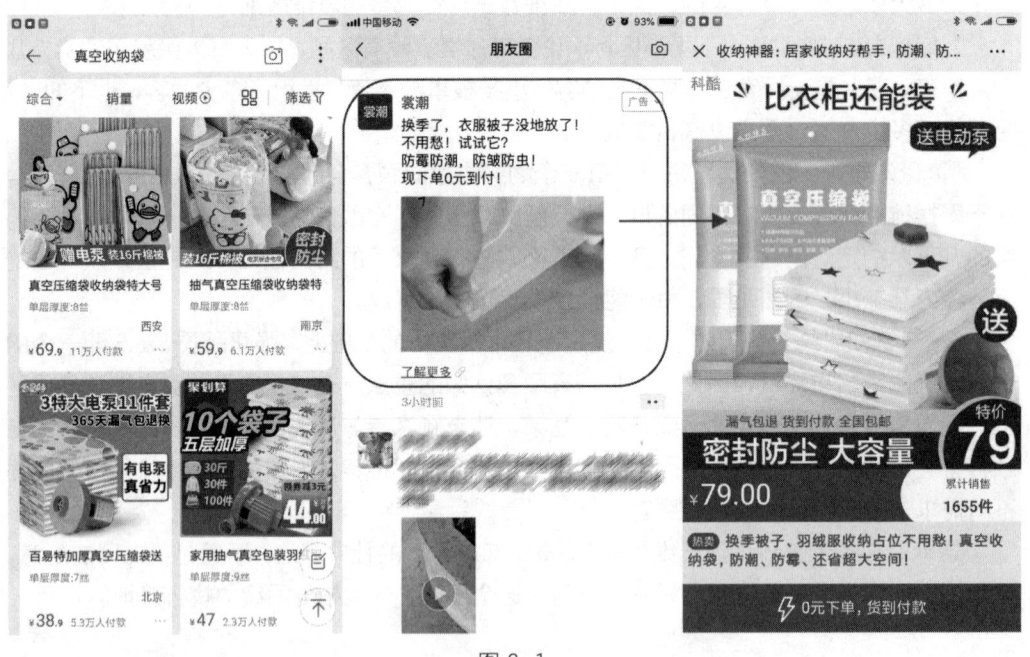

图 2-1

这种玩法背后需要技术，在第7章会深入讲解。

除了学会"缩小竞争的思维"，继续学会从以下三个维度缩小竞争，胜算更大。

人群定位

人，因性别不同，分男、女；因年龄不同，分为未成年人、青年人、中年人、老年人。

每一类产品被制造出来，都有其适用对象，有些产品的适用人群与最终购买决策人群不同。因此，有货源的读者，侧重研究产品对应的适用人群和购买决策人群；暂无货源的读者，在选择货源前先分析适用人群和购买决策人群，因为人群基数决定了产品今后的销售规模。

比如，我国已经进入老龄化社会，2018年年末，全国60周岁以上人口是2.49亿，占总人口比例的17.9%，产品适用人群是这个年龄段的话，相对好做。再比如，开放二胎政策后，新生婴儿数量呈上升趋势，婴幼儿的人群基数逐渐增大，对应的产品也相对好做，要注意的是，婴幼儿不具备购买能力，购买决策人群是其长辈。

除了性别、年龄，分析目标人群的喜好度（如养生、收纳、数码、游戏、美妆、美食、运动、阅读、音乐等）、星座、终端（计算机或手机）偏好、地域分布、购买力等也有助于制订运营计划。

技巧：第一步，基于人群选品；第二步，挖掘目标人群的行为偏好；第三步，基于人群偏好挑选推广工具、推广渠道、制订运营计划，落地执行。不要想着做全天下人的生意，针对某一类人的生意更好做。

关于数据分析，推荐阿里巴巴系的两个数据分析工具：生意参谋、阿里指数，以及百度指数和百度热搜风云榜。

价格定位

简单理解就是产品的定价路线走低端、中端还是高端。通过数据分析，得出与价格定位的强关联因素有年龄、性别、职业、品牌、是否优惠等，如图2-2所示。这些因素有助于我们制定较为合理的销售价格。

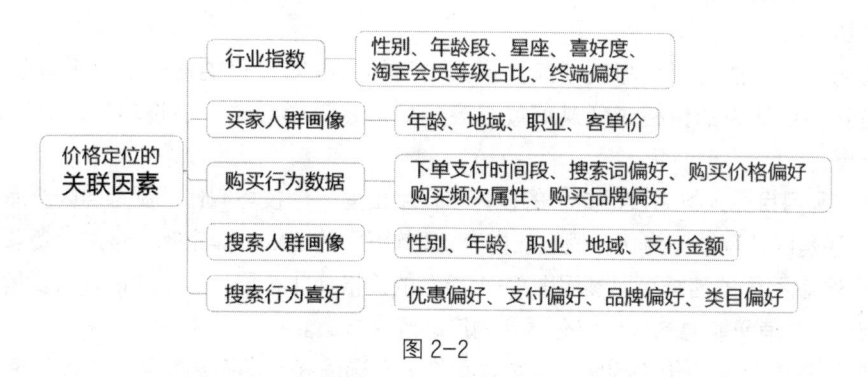

价格定位的关联因素：
- 行业指数：性别、年龄段、星座、喜好度、淘宝会员等级占比、终端偏好
- 买家人群画像：年龄、地域、职业、客单价
- 购买行为数据：下单支付时间段、搜索词偏好、购买价格偏好、购买频次属性、购买品牌偏好
- 搜索人群画像：性别、年龄、职业、地域、支付金额
- 搜索行为喜好：优惠偏好、支付偏好、品牌偏好、类目偏好

图 2-2

不同行业的不同产品，有不同的价格区间，推荐一个查询小技巧：在PC端启动浏览器，输入淘宝网网址，以"宝贝"搜索关键词，比如"墙纸"，在搜索结果页中查看价格区间，

如图 2-3 所示。0~22 元，51%的用户喜欢；22~90 元，42%的用户喜欢；90~310 元，6%的用户喜欢；310 元以上，0%的用户喜欢。

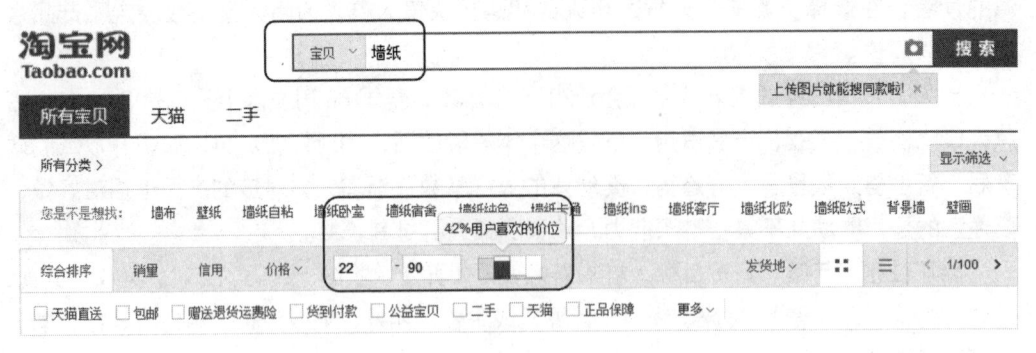

图 2-3

如果你在淘宝或天猫卖墙纸类的产品，店内有定价在"0~22 元"和"22~90 元"两个区间的产品，理论上可以覆盖 93%的目标人群。

"通过关键词的搜索结果查询价格区间"是非常实用的利用目标人群为产品定价的技巧。

为什么说是"利用目标人群"呢？因为在淘宝站内搜索的本质是通过大数据技术，将符合买家搜索意图（搜索意图=搜索的关键词，比如"墙纸"）的卖家产品（指标题、类目属性、符合发布规范、没有违规、有一定竞争力的优质产品）展示出来，比如有"墙纸"需求的人，才会搜索与"墙纸"相关的关键词，而搜索这些关键词呈现出来的产品都与"墙纸"相关。本书第二篇会讲站内搜索优化引流内容，其实也是利用了搜索的本质。

使用这个方法可以大概判断某类产品的目标人群对价格的接受度，很多品类的产品不是我们自认为的价格越低越好或越高越好。建议学会这个小技巧后，立即动手，去查一查。

从"利用目标人群为产品定价的技巧"衍生出另一个技巧叫作"制定店内产品的价格梯队"。还是以"墙纸"为例，假定店内有 38 款不同的墙纸，卖家想尽量广地覆盖目标人群，这 38 款不同的墙纸可以参照图 2-4 所示的价格梯队布局，这样的话，只要是目标人群进店，不同消费能力的人群都有适合的产品解决方案。

"制定店内产品的价格梯队"也可以看作一种选品和产品布局技巧。很多卖家苦恼于店内产品的购买转化率低，有时候除了"视觉呈现"或"促销策略"因素，"选品与店内产品布局"也是重要的影响因素，可能你的店内并没有适合买家的解决方案才导致目标人群流失。

当然，不同引流渠道的产品选择策略不同，定价策略也不同，"墙纸"的案例侧重从"淘宝站内搜索优化引流"的角度分析。

案例：墙纸	店内产品总数：38款			
价位与目标人群规模	0~22元，51%的用户喜欢；22~90元，42%的用户喜欢；90~310元，6%的用户喜欢；310元以上，0%的用户喜欢			
价格梯队布局	价格区间	产品用途	特点（目标人群分级）	数量(占比可自调)
	0~22元	引流款(覆盖51%用户)	优质低价，引流，微利	38*51%=19.38≈16款
	22~90元	利润款(覆盖42%用户)	优质中价，店内利润来源的中坚力量	38*42%=15.96≈14款
	90~310元	高端款(覆盖6%用户)	优质高价，盯住精准目标人群中具备中上消费能力的人群	38*6%=2.28≈5款
	310元以上	奢侈款(覆盖1%的用户)	优质奢侈价，高端消费能力人群	38*1%=0.38≈3款

图 2-4

影响淘宝站内搜索排序的因素有很多，如果想获得更多免费、优质、精准的搜索流量，除了使用"选品与价格布局"优化技巧，还要结合"标题关键词布局""上下架时间布局"等其他优化技巧，本书第二篇会深入讲解。

视觉风格定位

视觉风格包含四个方面：一是产品拍摄（核心，重要），比如通过场景、造型、模特等体现出与同行、竞品之间的差异；二是产品详情描述页的视觉呈现，含主图、主图视频、SKU 分类图、详情描述图等；三是 PC 端+手机端店铺装修的视觉呈现；四是产品发货的包装视觉，比如定制包装袋、飞机盒、礼盒等。建议将这四个方面的色彩尽量统一，加深买家对产品、店铺、品牌的记忆。

2.1.6 无效流量、泛流量与精准流量

当你透彻理解"流量池思维+培育认知思维+缩小竞争思维"后会发现，流量大小与转化率不一定成正比。流量小，不一定做不好。这里涉及三种流量概念。

第一种叫"无效流量"：也叫虚假流量、垃圾流量，比如利用软件刷出来的非真人访问产生的数据，对成交没有任何帮助。这类流量越大，对卖家造成的干扰和影响越大，成交转化率会很低，甚至没有。

第二种叫"泛流量"：都是真实的人访问的数据，但访问的人中真正有购买意图的比较

少,从而造成购买转化率低。比如新手卖家使用直通车推广,展现量很大,点击率很低,原因之一就是目标人群不精准,泛流量太多。

第三种叫"精准流量":很好理解,由目标人群、目标决策人群或已经购买过的人群访问产生的数据,此类流量越大越好。笔者有个学员是茶农,自己有一片茶场,他微信里只有400多个好友,但每年为其带去的销售额超过200万元;还有一个学员,学服装设计的,私人定制小众改良中国风旗袍,微淘粉丝不到3万,只要上新开直播,单场转化率可以做到20%左右。这都是精准流量的威力。

重要总结:
1. 电商运营的本质:是在产品的基础上运营人性和需求。
2. 顺应精准目标人群的习惯,解决他们的选择困难。
3. 透彻理解并学会"自建流量池+培育买家/顾客/粉丝的认知+缩小竞争"。
4. 非品牌认知度/美誉度广告推广,请尽量多地圈建"精准人群流量池"。

2.2 电商运营之"道"与"术"

"道"字在博大精深的汉语文化里有很多层含义,这里谈论的"道"是战略、方向、途径、指导思想的意思。

"术"是个多音字,也有多种含义,此处谈论的是技术、方法之意。

"道"与"术"的辩证关系如下:

老子说"有道无术,术尚可求也。有术无道,止于术"。

《孙子兵法》说"道为术之灵,术为道之体;以道统术,以术得道"。

庄子说"以道驭术,术必成。离道之术,术必衰"。

"道"解决原理问题,"术"解决技术问题;"道"解决长远问题,"术"解决当前问题;"道"解决系统问题,"术"解决局部问题。

道为本,术为末;本末有序,不可倒置。

2.2.1 电商运营之"道"——方向、战略

"流量运营"是与"产品运营""买家/粉丝运营"并列的能决定店铺"走多远、活多久"

的三大重要影响因素之一。

"流量运营"承上启下，位于"产品运营"和"买家/粉丝运营"之间，在用具体技术解决流量问题之前，非常有必要思前想后，有些必经之路绕不开，就像通过高考才有更大的机会考上名校。

如果做事之前不弄明白道理，就很容易在关键环节遇到瓶颈。比如，同样卖拖鞋、同样报名淘抢购，有的卖家敢 19.9 元报 5 万件库存，24 小时抢光，第二天再追加 1 万件爆款返场；而有的卖家只敢 29.9 元报 2000 件库存，并且 24 小时不一定卖得完。这背后的"道"实则是产品供应链、快递物流解决方案、流量解决方案等多方面的布局悬殊。

笔者建议你在做之前，先思考并解决图 2-5 中的五个问题。

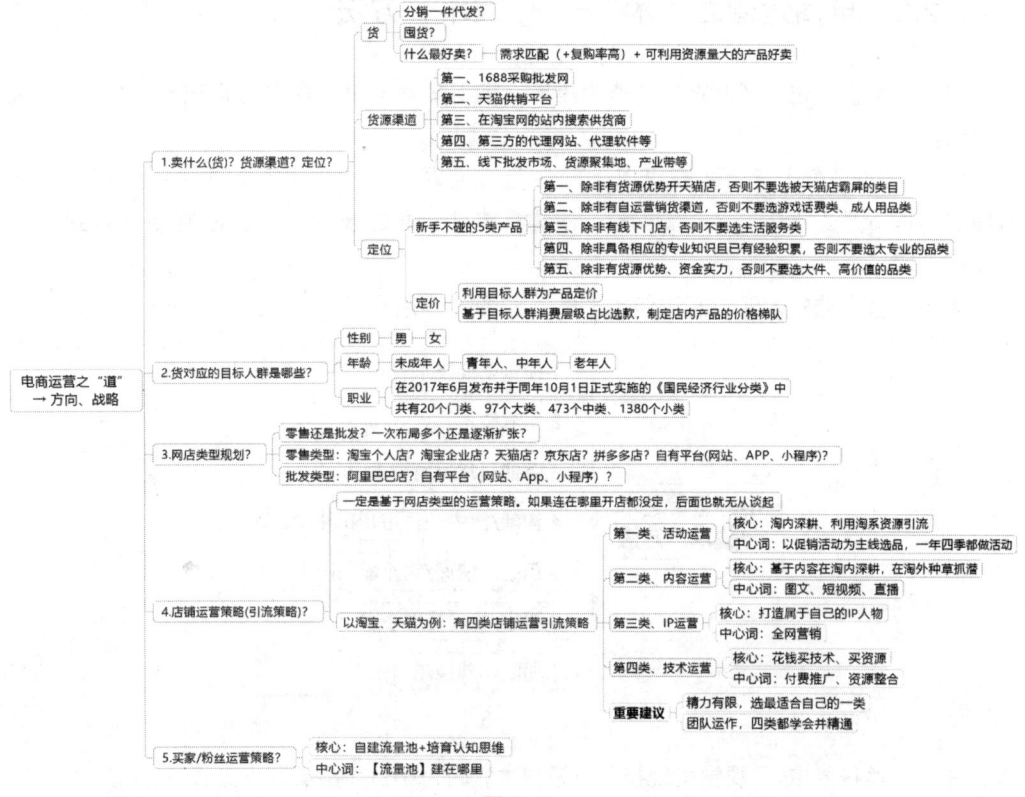

图 2-5

不管是新手、新店、老店新开一片茫然，还是已经开店遇到瓶颈，建议你先花一点时间静下来思考：你的"小目标"是什么？如何达成这个小目标？

比如到线上 1688 平台选供货商,从分销做起,类目选择童装,定位中大童(6~12岁),计划先开淘宝个人店,再开淘宝企业店、天猫店;目标为"1 年做到 2 皇冠,销量达 2 万件以上";童装可利用资源广,四类引流策略(活动运营、内容运营、IP 运营、技术运营)都适合,战略方向为"深耕淘内+淘外主流热门流量池自运营";利用微淘、淘宝群、微信、微信群等建立粉丝圈。

> **作业**:以图 2-5 中的五个问题为原型,比对自己的现状,找出答案并做出选择后,再往后看。

2.2.2　电商运营之"术"——战术、方法

定了小目标,也有了战略方向作为指导,接下来就是使用具体战术去落地执行,达成小目标。

线下实体门店卖货,买家可以上门体验。而网店卖货,买家无法亲手触摸,只能眼睛看、耳朵听。所以,作为卖家,必须懂技术,通过技术,让买家看到、听到后立即购买。

电商运营所需技术汇总起来包含七类,如图 2-6 所示。

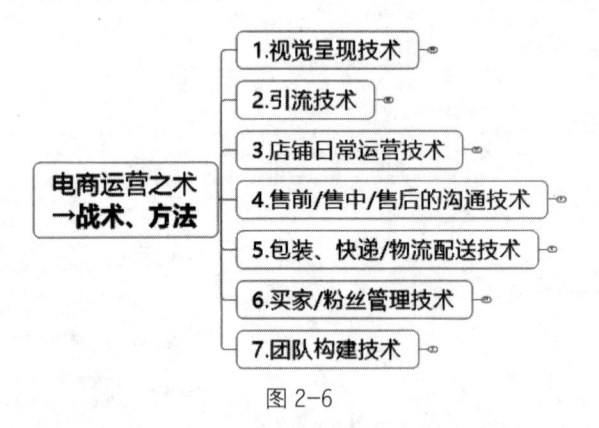

```
                    ┌─ 1.视觉呈现技术
                    ├─ 2.引流技术
电商运营之术         ├─ 3.店铺日常运营技术
→战术、方法      ─┤─ 4.售前/售中/售后的沟通技术
                    ├─ 5.包装、快递/物流配送技术
                    ├─ 6.买家/粉丝管理技术
                    └─ 7.团队构建技术
```

图 2-6

在这七类技术中,"视觉呈现技术"是根本,因为平台将买卖双方连接在一起,买家负责看、听、购买,平台和卖家负责展示产品。在当前互联网时代背景下,卖家可以通过图文、短视频、直播的形式将线下产品展示到线上平台,三种形式背后所需技术以及在淘宝/天猫适用场景如图 2-7 所示。

第 2 章 电商运营的"道"与"术"

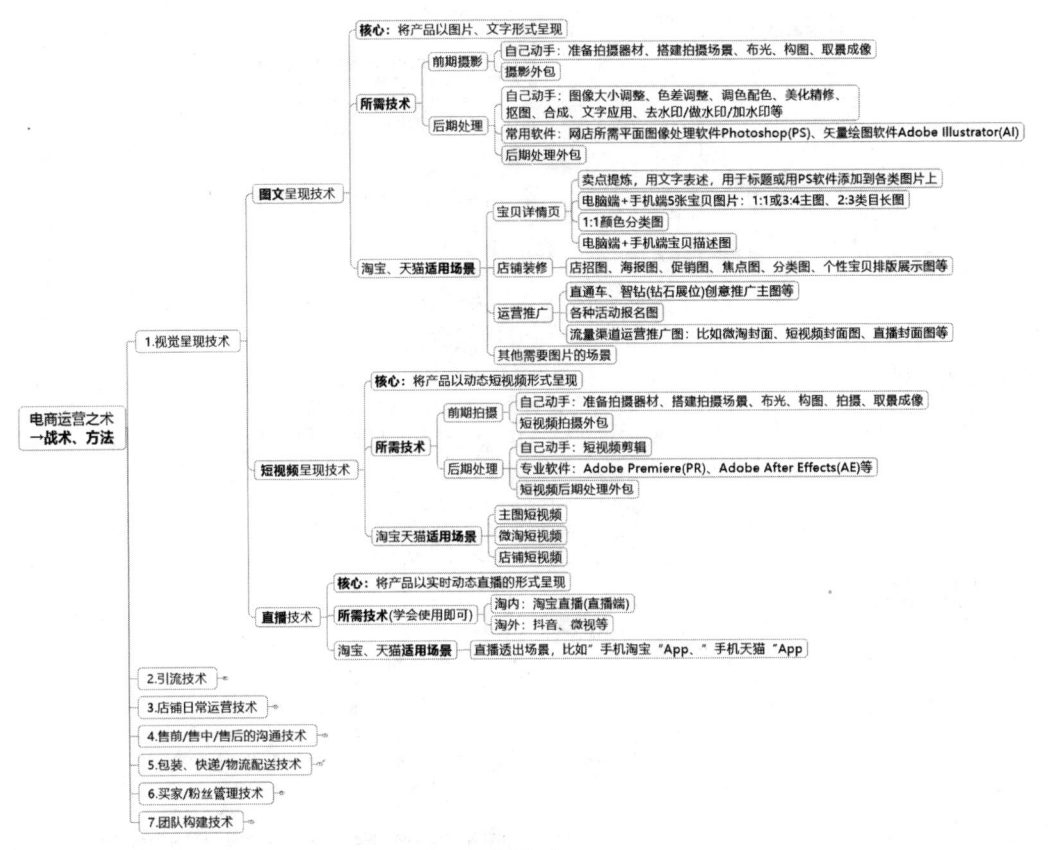

```
电商运营之术
→战术、方法
├─ 1.视觉呈现技术
│   ├─ 图文呈现技术
│   │   ├─ 核心：将产品以图片、文字形式呈现
│   │   ├─ 所需技术
│   │   │   ├─ 前期摄影
│   │   │   │   ├─ 自己动手：准备拍摄器材、搭建拍摄场景、布光、构图、取景成像
│   │   │   │   └─ 摄影外包
│   │   │   └─ 后期处理
│   │   │       ├─ 自己动手：图像大小调整、色差调整、调色配色、美化精修、抠图、合成、文字应用、去水印/做水印/加水印等
│   │   │       ├─ 常用软件：网店所需平面图像处理软件Photoshop(PS)、矢量绘图软件Adobe Illustrator(AI)
│   │   │       └─ 后期处理外包
│   │   └─ 淘宝、天猫适用场景
│   │       ├─ 宝贝详情页
│   │       │   ├─ 卖点提炼，用文字表述，用于标题或用PS软件添加到各类图片上
│   │       │   ├─ 电脑端+手机端5张宝贝图片：1:1或3:4主图、2:3类目长图
│   │       │   ├─ 1:1颜色分类图
│   │       │   └─ 电脑端+手机端宝贝描述图
│   │       ├─ 店铺装修：店招图、海报图、促销图、焦点图、分类图、个性宝贝排版展示图等
│   │       ├─ 运营推广
│   │       │   ├─ 直通车、智钻(钻石展位)创意推广主图等
│   │       │   └─ 各种活动报名图
│   │       ├─ 流量渠道运营推广图：比如微淘封面、短视频封面图、直播封面图等
│   │       └─ 其他需要图片的场景
│   ├─ 短视频呈现技术
│   │   ├─ 核心：将产品以动态短视频形式呈现
│   │   ├─ 所需技术
│   │   │   ├─ 前期拍摄
│   │   │   │   ├─ 自己动手：准备拍摄器材、搭建拍摄场景、布光、构图、拍摄、取景成像
│   │   │   │   └─ 短视频拍摄外包
│   │   │   └─ 后期处理
│   │   │       ├─ 自己动手：短视频剪辑
│   │   │       ├─ 专业软件：Adobe Premiere(PR)、Adobe After Effects(AE)等
│   │   │       └─ 短视频后期处理外包
│   │   └─ 淘宝天猫适用场景
│   │       ├─ 主图短视频
│   │       ├─ 微淘短视频
│   │       └─ 店铺短视频
│   └─ 直播技术
│       ├─ 核心：将产品以实时动态直播的形式呈现
│       ├─ 所需技术(学会使用即可)
│       │   ├─ 淘内：淘宝直播(直播端)
│       │   └─ 淘外：抖音、微视等
│       └─ 淘宝、天猫适用场景：直播透出场景，比如"手机淘宝"App、"手机天猫"App
├─ 2.引流技术
├─ 3.店铺日常运营技术
├─ 4.售前/售中/售后的沟通技术
├─ 5.包装、快递/物流配送技术
├─ 6.买家/粉丝管理技术
└─ 7.团队构建技术
```

图 2-7

本书篇幅有限，不展开讲摄影技术、修图技术、短视频剪辑技术，请学习笔者另外两本内容互补的书《Photoshop 淘宝天猫网店美工一本通：宝贝+装修+活动图片处理》《淘宝天猫网店美工一本通：Photoshop+Dreamweaver+短视频》或者添加笔者微信（1743647955，QQ 同号）学习视频教程。

"流量运营"即"流量获取技术"，是决定店铺能"走多远、活多久"的重要影响因素之一。电商流量运营应该着眼于整个互联网，可以在淘内深入运营，用淘内资源引流；也可以从淘外其他自带流量的网站引流，毕竟淘宝网只是众多网站中的一个；还可以基于产品或基于流量做全网营销，如图 2-8 所示。

当你深入理解引流技术的框架思维后会发现：关于引流方法，不是没选择，而是选择太多。不同卖家的资源、实力各不相同，不同产品最适合的引流渠道也不相同，本书第二篇会继续深入讲解将这些引流技术进行落地的操作步骤。

电商运营之术——战术、方法

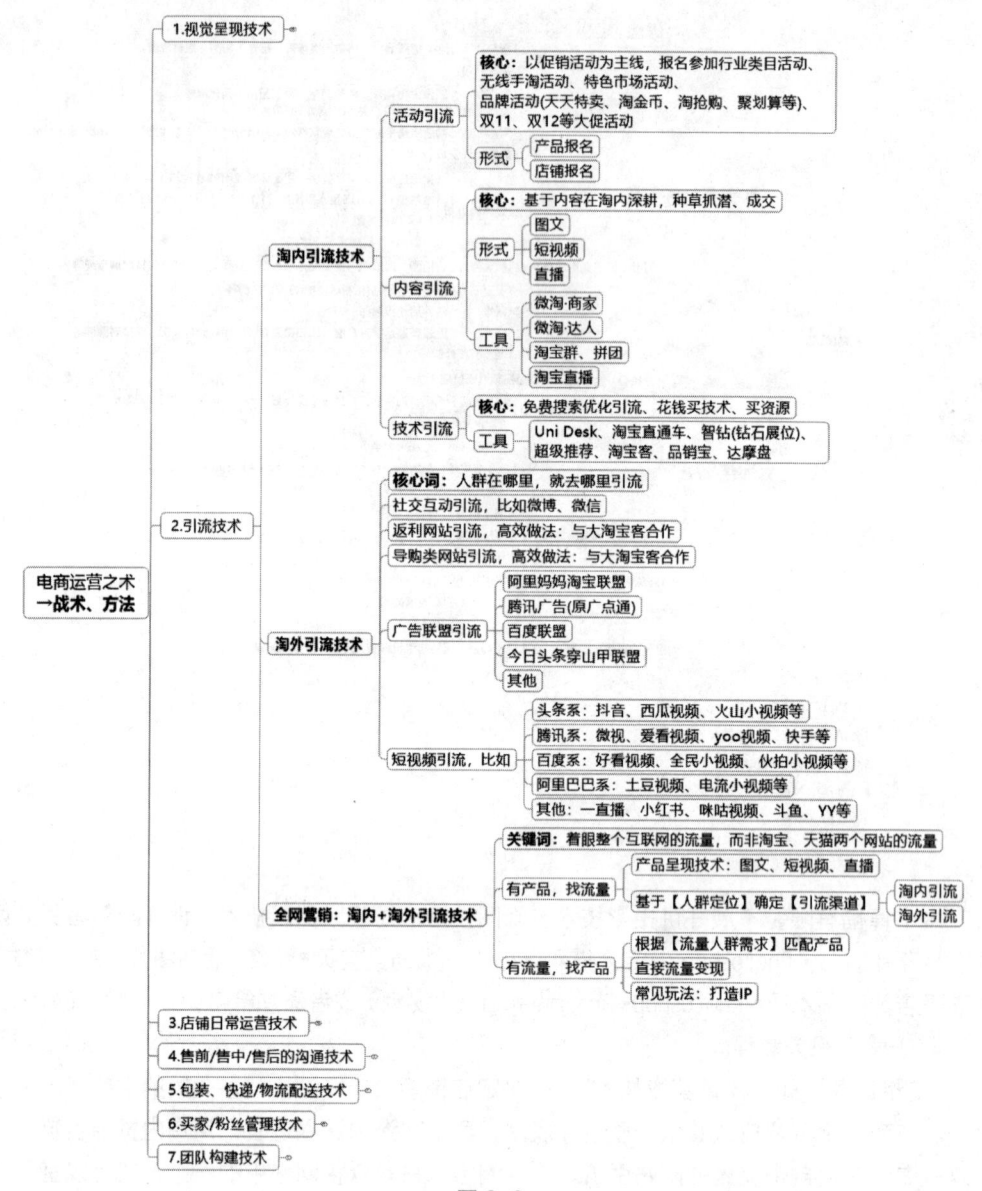

- **1. 视觉呈现技术**
- **2. 引流技术**
  - 淘内引流技术
    - 活动引流
      - 核心：以促销活动为主线，报名参加行业类目活动、无线手淘活动、特色市场活动、品牌活动（天天特卖、淘金币、淘抢购、聚划算等）、双11、双12等大促活动
      - 形式
        - 产品报名
        - 店铺报名
    - 内容引流
      - 核心：基于内容在淘内深耕，种草抓潜、成交
      - 形式
        - 图文
        - 短视频
        - 直播
      - 工具
        - 微淘·商家
        - 微淘·达人
        - 淘宝群、拼团
        - 淘宝直播
    - 技术引流
      - 核心：免费搜索优化引流、花钱买技术、买资源
      - 工具：Uni Desk、淘宝直通车、智钻（钻石展位）、超级推荐、淘宝客、品销宝、达摩盘
  - 淘外引流技术
    - 核心词：人群在哪里，就去哪里引流
    - 社交互动引流，比如微博、微信
    - 返利网站引流，高效做法：与大淘宝客合作
    - 导购类网站引流，高效做法：与大淘宝客合作
    - 广告联盟引流
      - 阿里妈妈淘宝联盟
      - 腾讯广告（原广点通）
      - 百度联盟
      - 今日头条穿山甲联盟
      - 其他
    - 短视频引流，比如
      - 头条系：抖音、西瓜视频、火山小视频等
      - 腾讯系：微视、爱看视频、yoo视频、快手等
      - 百度系：好看视频、全民小视频、伙拍小视频等
      - 阿里巴巴系：土豆视频、电流小视频等
      - 其他：一直播、小红书、咪咕视频、斗鱼、YY等
  - 全网营销：淘内+淘外引流技术
    - 关键词：着眼整个互联网的流量，而非淘宝、天猫两个网站的流量
    - 有产品，找流量
      - 产品呈现技术：图文、短视频、直播
      - 基于【人群定位】确定【引流渠道】
        - 淘内引流
        - 淘外引流
    - 有流量，找产品
      - 根据【流量人群需求】匹配产品
      - 直接流量变现
      - 常见玩法：打造IP
- **3. 店铺日常运营技术**
- **4. 售前/售中/售后的沟通技术**
- **5. 包装、快递/物流配送技术**
- **6. 买家/粉丝管理技术**
- **7. 团队构建技术**

图 2-8

网店在日常运营、售前/售中/售后的沟通、包装与物流、买家/粉丝管理和团队构建 5 个方面也需掌握不同的技术，如图 2-9 所示。你先记住这个框架，后续章节会陆续以案例的形式进行深入讲解。

第 2 章 电商运营的"道"与"术"

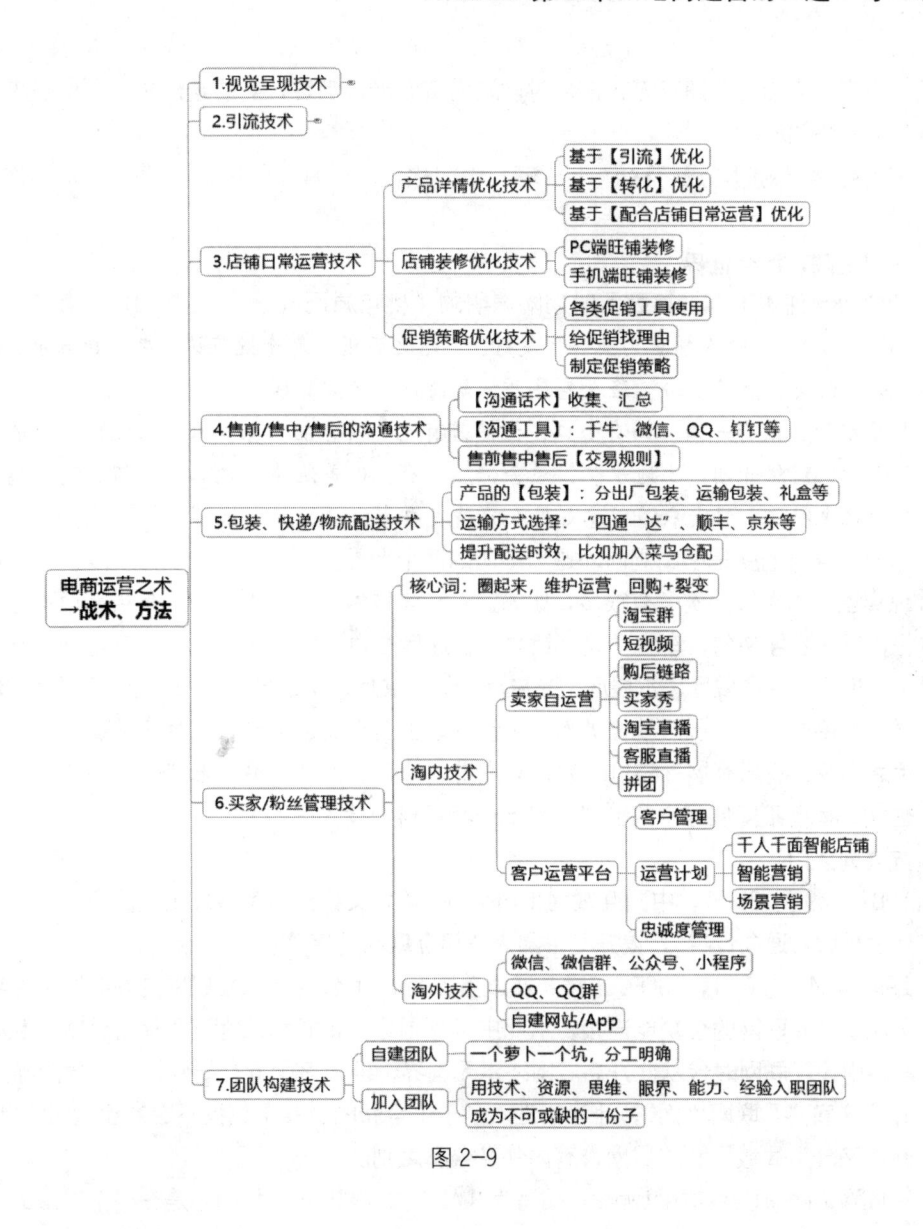

```
电商运营之术    1. 视觉呈现技术
→战术、方法    2. 引流技术
              3. 店铺日常运营技术 ── 产品详情优化技术 ── 基于【引流】优化
                                                    基于【转化】优化
                                                    基于【配合店铺日常运营】优化
                                  店铺装修优化技术 ── PC端旺铺装修
                                                    手机端旺铺装修
                                  促销策略优化技术 ── 各类促销工具使用
                                                    给促销找理由
                                                    制定促销策略
              4. 售前/售中/售后的沟通技术 ── 【沟通话术】收集、汇总
                                            【沟通工具】:千牛、微信、QQ、钉钉等
                                            售前售中售后【交易规则】
              5. 包装、快递/物流配送技术 ── 产品的【包装】:分出厂包装、运输包装、礼盒等
                                          运输方式选择:"四通一达"、顺丰、京东等
                                          提升配送时效,比如加入菜鸟仓配
              6. 买家/粉丝管理技术 ── 核心词:圈起来,维护运营,回购+裂变
                                    淘内技术 ── 卖家自运营 ── 淘宝群
                                                            短视频
                                                            购后链路
                                                            买家秀
                                                            淘宝直播
                                                            客服直播
                                                            拼团
                                              客户运营平台 ── 客户管理
                                                            运营计划 ── 千人千面智能店铺
                                                                        智能营销
                                                                        场景营销
                                                            忠诚度管理
                                    淘外技术 ── 微信、微信群、公众号、小程序
                                              QQ、QQ群
                                              自建网站/App
              7. 团队构建技术 ── 自建团队 ── 一个萝卜一个坑,分工明确
                                加入团队 ── 用技术、资源、思维、眼界、能力、经验入职团队
                                          成为不可或缺的一份子
```

图 2-9

2.3 电商与全网营销——卖家入淘与出淘

互联网浩瀚无垠,淘宝、天猫只是其中的两个网站,其将卖家们围在网站内,做网店

营销，将产品卖给更多消费者，很多时候站内资源无法满足，需要走出去，面向更多、更广的其他网络领域。

淘宝好似一扇门，进门称为"入淘"，出门称为"出淘"，门内门外各有乾坤，你需理解其深意。

一门之隔，两个世界

初中语文课本上有一篇魏晋时期陶渊明的《桃花源记》，一二自然段内容如下：

"晋太元中，武陵人捕鱼为业。缘溪行，忘路之远近。忽逢桃花林，夹岸数百步，中无杂树，芳草鲜美，落英缤纷，渔人甚异之，复前行，欲穷其林。

林尽水源，便得一山，山有小口，仿佛若有光。便舍船，从口入。初极狭，才通人。复行数十步，豁然开朗。土地平旷，屋舍俨然，有良田美池桑竹之属。阡陌交通，鸡犬相闻。其中往来种作，男女衣着，悉如外人。黄发垂髫，并怡然自乐。"

这两段描绘的就是小山洞内外迥然不同的两个世界。

现实生活中类似的例子有很多，比如武汉科学技术馆，馆大门外，是再普通不过的钢筋水泥，行人步履匆匆，车水马龙；馆内，含序厅在内，共 10 个展厅，其他九个展厅分别是宇宙展厅、生命展厅、水展厅、光展厅、信息展厅、交通展厅、数学展厅、儿童展厅、专题展厅。每进入一个展厅就像进入一个世界，上至天文、远至最初生命的诞生、久至地球诞生之初等，将所有展厅游览一遍，有震撼、惊叹、神奇、不可思议……

想切身体会不同展厅中的世界，需走进武汉科学技术馆的大门。

互联网之门

1987 年 9 月 20 日，中国互联网（Internet）之父钱天白教授发出我国第一封电子邮件"越过长城，通向世界"，揭开了中国人使用互联网的序幕。

1994 年 4 月 20 日，"NCFC 工程"通过美国 Sprint 公司连入互联网的 64K 国际专线开通，实现了与互联网的全功能连接，从此中国被国际上正式承认为真正拥有全功能互联网的国家，中国互联网时代从此开启。网络本无国界，但人有国界，导致网络也分国界。

开启这扇"互联网之门"，让我们进入了一个全新的、看不见摸不着的虚拟网络世界。

网络又分为局域网和广域网，有内外、公私之别。

局域网（Local Area Network，缩写为 LAN），又称内网、私网。是在一个局部的地理范围内（如一个学校、工厂或机关内），一般是方圆几千米以内，将各种计算机、外部设备和数据库等互相连接组成的计算机通信网。局域网是封闭型的，可以由办公室内的两台计算机组成，也可以由一个公司内的上千台计算机组成。

广域网（Wide Area Network，缩写为 WAN），又称外网、公网。是连接不同地区局域网或城域网计算机通信的远程网。通常跨越很大的物理范围，所覆盖的范围从几十公里到几千公里,它能连接多个地区、城市和国家,或横跨几个洲并能提供远距离通信,形成国际性的远程网络。广域网并不等同于互联网。

局域网或广域网也是不同的"门",有"钥匙"的人才能开启访问。

PC 端的信息之门——网站

网站(Website)是指在互联网上根据一定的规则,使用 HTML(标准通用标记语言下的一个应用)等工具制作的用于展示特定内容相关网页的集合。简单地说,网站是一种沟通工具,人们可以通过网站发布自己想要公开的资讯,或者利用网站提供相关的网络服务。人们可以通过网页浏览器访问网站,获取自己需要的资讯或者享受网络服务。

比如在计算机上想访问淘宝网,先打开浏览器,例如谷歌浏览器,再输入网址,就能浏览到上面千千万万的产品网页。

成千上万的独立网站是不同的房间,开启这些房门的钥匙就是网站的域名或 IP 地址。在计算机上每打开一个网站,就是开启一扇信息之门。

手机端的信息之门——App

智能手机上也有浏览器,利用手机上的浏览器也可以访问网站域名或 IP 地址。但是手机屏幕比计算机显示器屏幕小得多,适用于 PC 端的网页在手机端的访问体验很不好。

技术更新迭代,适用于智能手机的应用程序 App(Application 的缩写)应运而生。比如利用智能手机访问淘宝网,直接打开"手机淘宝"App 即可。在手机上打开一个 App,也是开启一扇信息之门。

封闭的圈子

不论是陶渊明的世外桃源,还是虚拟的网络世界,它们有一个共同特点:在被找到、开启、进入之前,相对外界来说,都是封闭的圈子,只是这些圈子的大小、内容迥异而已。每一个圈子,就是一个用户池。

回归到本节主题,不管电商营销也好,全网营销也罢,本质其实也是用户圈子营销,你要做的就是找到开启不同圈子的钥匙。只有融入圈子,熟悉圈子的环境,销售才能水到渠成。

IT 巨头们的圈子思维(流量池思维)

百度(B)、阿里巴巴(A)、腾讯(T)三大 IT 巨头(简称 BAT),无人不知无人不晓,在资本、技术和优惠政策的三重助力下,BAT 公司在多个垂直领域的市场占比越来越大。

笔者分别从三家公司的官网不完全统计出旗下产品矩阵,如图 2-10 所示。作为普通民众,可能每天反复接触和使用的都是这三家公司的产品,只要你用,你就在他们的流量池里。站在三家公司的角度,不同领域的"流量池大小"决定他们在该领域的"话语权"

和"影响力"。

以腾讯的微信为例,全球月活用户数突破10亿,每一个使用微信的用户都在腾讯的流量池里。2019年3月4日由微信、中国信通院、数字中国研究中心共同发布的"微信就业影响力报告"显示,微信拉动信息消费规模达2402亿元,自2014年以来年均增长超26%,占同期我国信息消费总额4.8%。

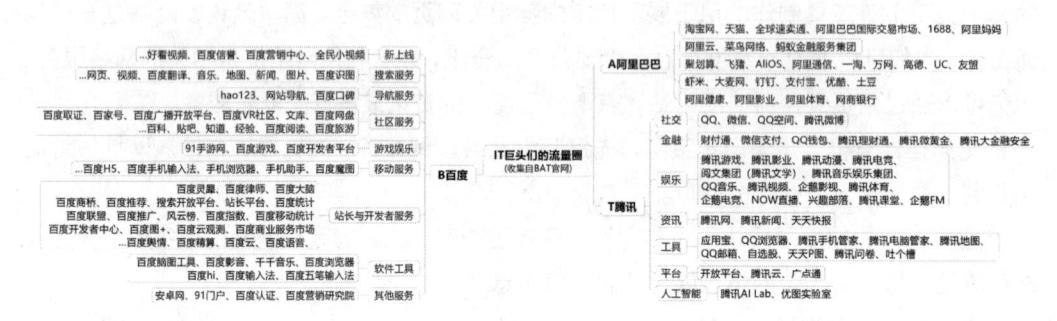

图 2-10

除了BAT公司,近两年还涌现了另一批现象级的"黑马",比如短视频领域的**抖音**、基于数据挖掘的推荐引擎**今日头条**、新电商(社交+电商)开创者**拼多多**等,他们也有一个共同点:圈住用户并霸占用户的上网时间。

上述就是IT巨头们的流量池思维,他们创建各种属于自己的封闭的用户圈子,然后给不同的圈子制定"游戏规则",想怎么玩,话语权在他们手上。

就像阿里巴巴,在中国互联网购物这块,圈建了最大的批发流量池(1688采购批发平台)和零售流量池淘宝、天猫,这三类网店的各种玩法,他们有绝对主导权和话语权,作为中小卖家,一旦"入圈",理解了这层逻辑,跟着"指挥棒"走即可。

电商卖家入淘,如何获取流量

"入淘"是指以卖家角色进入阿里巴巴旗下的流量池。本质是利用阿里巴巴的流量池销售自家产品。

阿里巴巴的流量池里有四类角色:一是阿里巴巴自身,提供平台、技术、整合资源;二是卖家,含个人、企业;三是入驻阿里巴巴的服务商,专为卖家服务;四是买家,大量的消费者。

卖家入淘获取流量的本质是利用阿里巴巴提供的平台、技术、资源,让来自全国各地甚至世界各地的买家购买自家产品。

所以,"电商卖家入淘,如何获取流量?"就变成了"卖家入淘,如何利用阿里巴巴的平台、技术、资源,让买家购买自家产品?"答案在本书第4、5、6章。

电商卖家出淘，如何获取流量

"出淘"是指要么在淘宝、天猫开店，但主要流量来源不是阿里巴巴的流量池，而是其他网站，比如腾讯系、百度系、今日头条系、网易系等。要么就是重构销售闭环，使用全网流量池为其导流，简单理解就是不在淘宝、天猫开店也可以卖货，比如自建网站，把流量导入网站，在自家网站上成交，完成交易闭环。再比如微信、公众号卖货等。

"卖家出淘，如何获取流量？"答案在本书第5至9章。

第 3 章
电商运营之人、货、场

不管技术与商业模式如何变革，零售的基本要素离不开"人、货、场"：人，指消费者；货，指交易的产品；场，指消费场景。

"人、货、场"是零售行业永恒的概念，并且在不同的市场时期，三者的关系也在随之改变。

在计划经济时代，物资匮乏，"货"毫无疑问排在第一位，供小于求，任何产品都容易被卖出。

改革开放以后，在社会主义市场经济体制的促进下，物资越来越丰富，也就是说，在市场经济时代，"货"的地位逐渐被"场"代替，传统的线下零售商只要占据"黄金地段"或"黄金商铺"，就不愁卖货。

在互联网时代，消费场景实现了爆发式增长，除了传统门店、卖场、档口、百货公司，现在还有大型的一站式购物中心、PC 互联网电商、移动互联网电商、智能电视支付等。未来，随着增强现实技术（Augmented Reality，简称 AR）、虚拟现实技术（Virtual Reality，简称 VR）与混合现实技术（Mixed Reality，简称 MR）的进一步成熟和发展，消费场景将实现真正的无处不在，所见即所得。因为科技进步，在大数据技术的助力下，原本平行不相交的线上零售与线下零售被千丝万缕地联系起来，逐渐步入"线上+线下"的新零售时代。

在新零售时代，会有越来越多的企业利用互联网和大数据技术，以实体门店、电子商务、移动互联网为核心，将线上与线下融合起来，实现产品、会员、交易、营销等数据的共融互通，为顾客提供跨渠道、无缝化的购物体验。"场"的地位再次被"人"替代，"货"和"场"都围绕"人"进行调整和布局，更加强调人的购物体验、配送效率。

回归到商业本质，淘宝、天猫网店也属于零售范畴，卖家应该追随"新零售时代"，重构自家网店的"人、货、场"，无限接近目标顾客的内心需求！"人、货、场"三者的价值已被重构，未来营销只能靠赢得"人心"。本章先通过案例深度剖析"为什么别人的产品可以月销上万件？"再从"人、货、场"三个角度讲解网店能做大、做强并持续盈利的技巧，最后汇总让新店、死店弯道超车并实现盈利的方法。

3.1 案例剖析：产品热卖，销售额突破 500 万元的秘密

淘宝、天猫网站各有十多个一级类目（女装男装、鞋类箱包、母婴用品、护肤彩妆、生鲜美食、珠宝配饰、家装建材、家居家纺、日用百货、汽车用品、手机数码、家电办公、运动户外、花鸟文娱、农资采购、生活服务等），分别代表十多个行业，每个类目都有非常多月销售几千几万件的产品，月销售额达几十万上百万元的产品也非常多，这就是我们常说的"爆款"。

下面通过案例，深度剖析为什么别人的产品可以月销上万件？下面来看看这些爆款是如何打造的。

启动浏览器，输入淘宝网的网址并打开，在顶部搜索框输入任意关键词，比如"车载香水"，在搜索结果中随意打开一个月销量 4.0 万+的产品详情页，如图 3-1 所示。通过页面可见数据估算：该产品月销量为 4.0 万+，产品均价为 26.5 元，月销售额达 106 万元+；累计销售 19.4 万件+，累计销售额达 514 万元+。

图 3-1

任何一件产品，想卖爆，一定绕不开"内功""流量""售后发货"三个重要环节，接下来笔者分别从以下三个维度进行剖析。

内部功课，简称"内功"

体现在两方面：一是"选品+供应链"能力，影响产品能卖多久；二是"视觉呈现+产品运营"能力，影响转化率和客单价。图3-2是该案例"车载香水"在选品和供应链两方面的核心要点。

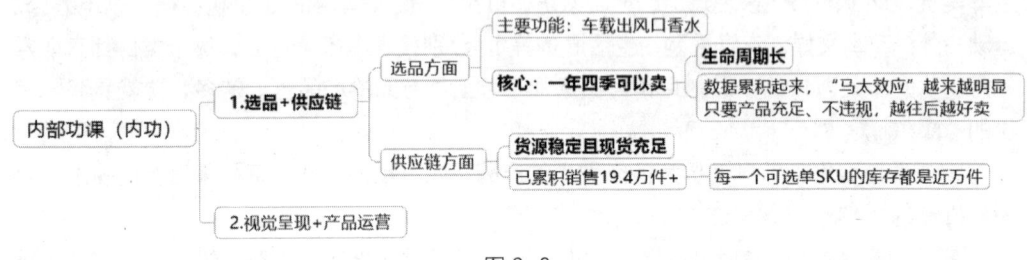

```
内部功课（内功）──┬── 1.选品+供应链 ──┬── 选品方面 ──┬── 主要功能：车载出风口香水
                  │                    │              └── 核心：一年四季可以卖 ── 生命周期长
                  │                    │                                          数据累积起来，"马太效应"越来越明显
                  │                    │                                          只要产品充足、不违规，越往后越好卖
                  │                    └── 供应链方面 ──┬── 货源稳定且现货充足
                  │                                      │   已累积销售19.4万件+
                  │                                      └── 每一个可选单SKU的库存都是近万件
                  └── 2.视觉呈现+产品运营
```

图 3-2

启发：如果你还没货源或现有货源不理想，建议选择季节性不明显、生命周期长、货源稳定的品类。

解决选品和供应链问题后，下一步是准备素材、熟悉网店发布产品规则，将产品信息上传到网店。淘宝、天猫与其他平台不同，每一个产品详情页分为PC端和手机端，因为早前只能通过计算机访问网页，现在还可以用智能手机（称为手机端）访问，由于PC端与手机端的技术不同，导致同一个产品在不同终端展示的效果不同。好在阿里巴巴的技术团队已经逐渐将两端尽量一致展示，作为卖家，学会对应技巧即可。

回到剖析的案例，其背后的美工人员或运营人员一定非常熟悉产品运营，因为这件产品从上往下细节优化比较到位，进可"攻"（遵守发布规则，优化类目、属性、标题、主图、主图视频等有利于扩大站内曝光渠道，获得更多流量），退可"守"（主图和主图视频"吸睛"，促销策略、攻心承诺、高清描述图、精炼文案等有利于成交转化），下面从12个角度打造"攻心详情页"，分别是：

1. 精准选对类目。不违规，增加产品曝光和搜索加权机会。
2. 优化标题关键词。增加目标人群通过站内关键词搜索找到产品的机会。
3. 精准填写类目属性。不违规，增加产品曝光和搜索加权机会。
4. 添加5张宝贝图片+主图小视频。主图小视频：侧重手机端展示、选用3∶4、时长54秒、长方形竖式；5张宝贝图片：因为添加了3∶4主图视频，所以5张宝贝图片尺寸与之匹配，设为750像素x1000像素。

5．先定比较高的一口价，再结合促销策略打折。一口价：198元；促销价：1个29元，2个58元，领取优惠券后可以再减5元。

6．结合促销策略填写SKU，并且同时添加文字和颜色分类图。PC端与手机端显示效果不同：PC端，图片与文字描述不同时出现，将鼠标光标移至图片上，浮出文字；手机端，图文同时出现，单击"颜色分类"展开完整内容。

7．熟练掌握产品促销工具的使用方法。标配工具为：限时打折、包邮。助攻工具为：公益宝贝、优惠券2件减5元、送天猫积分、送运费险退货无忧；买1件送价值28元的香棒10根，买2件送20根，多买多送；收藏/加入购物车，享优先发货（圈粉技巧）。

8．给买家更多服务保障。如正品保证、极速退款、赠运费险、7天无理由退换。

9．开通更多支付方式。除了常规的支付宝余额、网银，还开通了信用卡、快捷支付、蚂蚁花呗、余额宝。

10．开启买家秀+问大家，让买家说产品好。在卖家后台精选买家秀，进一步给新买家真实展示购后使用场景，让其不容错过优质低价。

11．添加关联推荐，增加店内其他产品的曝光和销售机会。在PC端与手机端分别添加关联推荐。

12．在详情页精心制作每张图、每段文字，如图3-3所示。

很多卖家抱怨"转化率低""客单价低"，请看完此案例后反问自己，"产品详情页是否做到极致优化？是否足够"攻心"？"

启发：先"道"后"术"，先知道如何打造"攻心"详情页，再去逐一实现。此案例中的12个角度你可以参考套用，直奔目标：打造"攻心"详情页，提升静默+询单转化率，提高客单价。

> **小贴士**：因本书篇幅有限，图3-3是剖析要素的精简版，高清完整版请先下载本书配套素材，再从本节配套素材文件夹内查看，文件名为"3.1 案例-车载香水深度剖析：爆款是怎么炼成的？.png"。

流量

在开门迎客前，选品也好，打造"攻心"详情页、装修店铺也罢，都是准备工作，为了让尽量多的买家进店后购买。如果万事俱备，买家没来，难免落得孤芳自赏的局面。

通过数据分析（使用"生意参谋"或第三方工具），该案例主要流量来源有五类：一、免费的PC端+手机端（侧重）自然搜索流量；二、淘宝客推广流量（日常营销计划佣金比例为15%，活动期间提高至15.1%）；三、直通车推广流量（侧重无线直通车）；四、官方活动；五、收藏/加入购物车人群回购及老顾客回购。

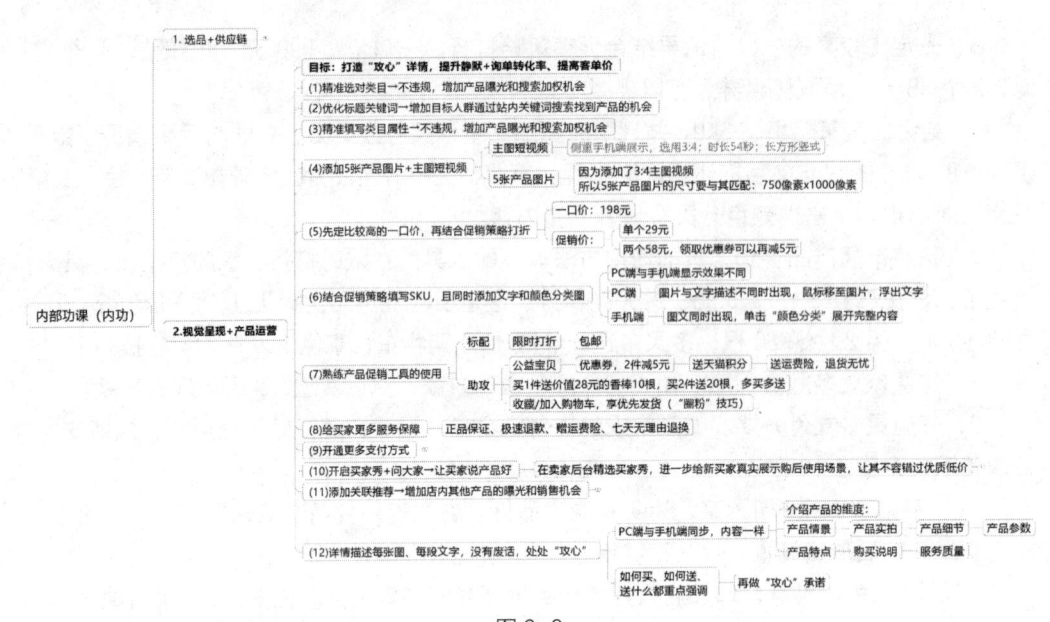

图 3-3

内部功课（内功）
- 1. 选品+供应链
- 2. 视觉呈现+产品运营

目标：打造"攻心"详情，提升静默+询单转化率、提高客单价

(1) 精准选对类目→不违规，增加产品曝光和搜索加权机会
(2) 优化标题关键词→增加目标人群通过站内关键词搜索找到产品的机会
(3) 精准填写类目属性→不违规，增加产品曝光和搜索加权机会
(4) 添加5张产品图片+主图短视频
　　主图短视频：侧重手机端展示，选用3:4；时长54秒；长方形完美
　　5张产品图片：因为添加了3:4主图短视频，所以5张产品图片的尺寸要与其匹配：750像素x1000像素
(5) 先定比较高的一口价，再结合促销策略打折
　　一口价：198元
　　促销价：单个29元；两个58元，领取优惠券可以再减5元
(6) 结合促销策略填写SKU，同时添加文字和颜色分类图
　　PC端与手机端显示效果不同
　　PC端：图片与文字描述不同时出现，鼠标移至图片，浮出文字
　　手机端：图文同时出现，单击"颜色分类"展开完整内容
(7) 熟练产品促销工具的使用
　　标配：限时打折、包邮
　　助攻：公益宝贝、优惠券 2件减5元、送天猫积分、送运费险 退货无忧；买1件送价值28元的香棒10根，买2件送20根，多买多送；收藏/加入购物车，享优先发货（"圈粉"技巧）
(8) 给买家更多服务保障——正品保证、极速退款、赠运费险、七天无理由退换
(9) 开通更多支付方式
(10) 开启买家秀+问大家→让买家说产品好——在卖家后台精选买家秀，进一步配新买家真实展示购后使用场景，让其不容错过优质低价
(11) 添加关联推荐→增加店内其他产品的曝光和销售机会
(12) 详情描述每张图、每段文字，没有废话，处处"攻心"
　　PC端与手机端同步，内容一样
　　介绍产品的维度：产品情景、产品实拍、产品细节、产品参数、产品特点、购买说明、服务质量
　　如何买、如何送、送什么都重点强调——再做"攻心"承诺

启发：能打造出爆款的网店，一定熟练掌握一种或多种引流手段。比如前文案例中的产品是以付费开直通车并拉升自然搜索为主、淘宝客为辅，数据起来后有目的、有规划地参加淘内各种官方活动。请自问：我熟练掌握哪些引流手段？

售后发货

"发货能力"非常影响网店能否形成良性循环，走得更远。

想象一下街口的红绿灯：一切顺利的时候，所有车辆按规定车道行驶，井然有序；当早晚出行高峰时遇上红绿灯信号紊乱，甚至堵车、抢道、吵架、追尾等，各种不好的事情会接踵而至，此起彼伏……

网店发货也是一样的道理。如果有本事销售几万件，却没能力及时、高效、不出错地发货出去，售后的退款率、退货率、动态评分等影响网店良性发展的重要数据会越来越难看，陷入恶性循环，甚至难以持续经营。

前文案例所在网店，选用中通快递，都是现货，在规则约定72小时内发货（99%以上的订单能做到当天购买当天发货，并且有物流信息），既在买家接受范围内又超出预期，加上在第一阶段严格把控产品质量和供应链，在产品累计销售19.4万件+以后，动态评分DSR（Detail 产品与描述相符、Seller 卖家服务态度、Rating 物流服务质量）三项依旧在 4.8 分以上，为网店持续经营、顺利报名参加官方活动等打下坚实的数据基础。

启发:"内功+引流+发货"是一个完整闭环,能厘清并解决每一个环节的问题,开网店打造爆款、月入 10 万元+并不难。

第 2 章有讲,电商运营所需技术汇总起来包含 7 项,我们分析的这个"车载香水"案例,仅从公开数据就能看出已经包含"视觉呈现、引流、店铺日常运营、客服沟通、包装快递"五项技术,如果进一步分析,会发现此案例背后的团队懂的、会的还有更多,所以你要做的就是学会这些技术。

作业: 使用相同思路剖析更多案例,特别是同行的,学习他们在产品运营方面的经验。

3.2 人——消费者,保障销售额的根本

在淘宝网独创的信用评价体系中,每笔交易完成后会有一个评价环节,买家可以对此笔交易进行 DSR 打分并给出好/中/差评,并且卖家店铺信誉级别与好/中/差评挂钩,好评加 1 分、中评不得分、差评减 1 分。4 到 250 个好评,属于心级店❤;251 到 10000 个好评,属于钻级店◆;10001 到 500000 个好评,属于蓝冠店♛;500001 个好评及以上就属于金冠店♛。

早几年不管是平台还是卖家,都很看重店铺信誉级别,特别是卖家,一方面觉得信誉级别越高越有面子;另一方面信誉级别越高,店内产品销量越高,越容易拿到推广资源。所以很多新卖家一开店,不是先想着如何选品、运营流量、提升服务,而是为了追逐信誉等级去"炒信刷单",因为"卖家店铺信誉级别=好评数量=交易成功且买卖双方互评笔数",所以稍微动点小心思,用些小办法就可以快速"上钻",但平台不允许不正当竞争,希望所有卖家诚信经营,在官方持续高压的打击下,钻空子、抱有侥幸心理的店铺"死了"(被处罚、被封店)一大片。

后来,越来越多的卖家意识到:如果开网店只一味追求店铺信誉级别,即使刷到蓝冠、金冠店级别(刷得越多,亏得越多,风险越大,随时可能被封店),但赚不到钱的话,也没有继续经营下去的意义和动力。

笔者讲这个点是想告诉你:把"打擦边球(比如虚假交易)""搞灰产(比如发布禁限售产品)"当作网店主业,并非长久之计,阿里巴巴能成为世界顶级互联网电商巨头,其技术实力也是首屈一指的。并且迄今为止,但凡能做到行业类目头部的,都是实实在在地卖

产品、服务消费者、与平台良好合作互利共赢的一批卖家。

虽然现在平台弱化了店铺信誉级别的重要性,但多数站内资源招商还是将其设为"门槛"之一,毕竟完整走过交易流程的次数越多,对网店规则越熟悉,处理各类问题也越熟练。接待过 100 个买家与接待过 10000 个买家在解决各类问题的经验上肯定有差距,从这个角度看,也代表了卖家的网店运营能力。

对网店来讲,独立访客数≥产品销售量(直接影响利润,一个买家可能购买多件产品)≥真实买家数(直接影响销量和信誉级别)。不可能 100 人看到同一件产品,这 100 人都会购买,要讲求一个购买转化率,计算公式为:转化率=(产生购买行为的买家数 / 所有到达网店的访客人数)× 100%。

所以既想赚钱又想提升店铺信誉级别,并且在科学定价的前提下,要想尽办法提升真实买家数量和每个买家的购买件数,并且在每笔交易完成后都得到好评。

上一节我们分析的案例"车载香水",累计售出 19.4 万件+,假定除去相同买家后独立买家人数有 15 万人,转化率为 2%(100 人看到后有 2 人购买),估算得出访客人数=150000/2%=7500000 人次,这是一个非常庞大的覆盖面。

由此引出另一个概念,叫作产品所对应的"目标人群基数"。基数越大,打造成爆款(月销上万件以上)的可能性越大;反之,很容易碰到销量瓶颈(一旦销量受限,与之对应的店铺信誉级别增长也相对变慢)。

车载香水的案例印证了这一点,并且它的销量还有继续上升的空间,因为其目标人群是机动车驾驶人及其家属,覆盖面超过 8 亿人,基数非常庞大。据公安部统计,2018 年全国新注册登记机动车 3172 万辆,机动车保有量已达 3.27 亿辆,其中汽车 2.4 亿辆,小型载客汽车首次突破 2 亿辆;机动车驾驶人突破 4 亿人,达 4.09 亿人,其中汽车驾驶人达 3.69 亿人;截至 2018 年年底,全国汽车保有量达 2.4 亿辆。

认清"目标人群基数"的概念之后,你的产品能做到何种量级,可以通过数据估算。上网搜一搜,有专门做各类统计的网站。

结合第 1 章讲的技巧,再将"什么最好卖"的公式补充一下:最好卖的产品=需求匹配(+复购率高)+ 可利用资源量大 + 目标人群基数大。车载香水的案例完全符合这个公式。

> **作业:**每个行业都有非常多的产品,但不是所有产品都具备热卖潜质,有运营基础的读者,本节的作业就是用公式去"套",分析你看中的产品是否具备热卖潜质。如果对于"可利用资源"(也就是推广资源)还不清楚,继续看完后面的内容再来完成这个作业。

3.3 货——持续赚钱的根本，6种靠谱的选品技巧

不懂运营的人都以为"流量"重要，而懂运营的人却一致认为"货"重要。本书1.6节已经汇总了选错货源的4大危害，并且给出建议新手不要碰的5类产品，如果你忘了的话，再回去复习几遍，深入理解后再看本节内容。

如果你手上有货且无法改变，请将主要精力放在两方面：一是研究目标人群、目标购买力决策人群，分析如何用产品匹配其需求或刺激需求，打造"攻心"详情页，提升转化率和客单价；二是想办法拓宽流量渠道，获取更多访客。

还没确定卖什么的读者，看完前几章内容后，先确定大方向，再使用本节技巧确定具体品类。

接下来以案例形式介绍6种实用的选品技巧。

1. 基于"目标人群基数"选品

简单理解：卖"受众多，需求大"的产品。

淘宝、天猫、1688首页左上角类目缩览如图3-4所示，在这些类目下对应产品的受众都是普通人，与前文2.1节介绍的"人群定位"相呼应，每一类产品被制造出来都有其适用对象，只是有些产品的适用人群与最终购买决策人群不同，比如宠物用品，买的是人，用的是宠物。

选品步骤：

第一步：确定是做男人还是女人的生意。人的性别分男、女，确定性别后，产品范围即可缩小近一半。比如确定专做女人的生意，与男人相关的生意可以暂不考虑。

第二步：确定年龄段。以女性为例，不同年龄段需求不同。

你可以选择某一个年龄区间的所有人群，比如0~18岁中所有性别为女的未成年人；也可以将0~18岁按人类的成长轨迹划分为更细致的年龄区间，再从中选择某一类人群，比如婴幼童（0~3岁）、小童（4~6岁，幼儿园）、中童（7~12岁，小学）、少年儿童（12~15岁，初中）、青少年（15~18岁，高中）。

第三步：看预期年龄段内有哪些产品。看的渠道有很多，建议优先从淘宝、天猫、1688平台上看，其次到互联网上其他渠道或线下批发市场看。

图 3-4

第四步：估算初定产品的人群基数。比较权威的数据可以参考国家统计局官网公开的人口普查公报，也可以查询生意参谋、阿里指数、百度指数等。

第五步：确定推广渠道，估算可利用资源量。这一步决定了产品的销售规模。

如图 3-5 所示为按"人群基数选品法"的五个步骤，从 1688 平台、淘宝、天猫中选出类目，以及根据平台规则和类目特点给出建议。

> 作业：先按五个步骤选出类目，再根据类目到 1688 平台查看具体的产品。
>
> 多去刻意练习一项技能：将目标人群置于现实生活中，全面分析他们的需求，然后把类目、产品与目标人群的需求匹配起来，一旦发现有潜力的产品，做好记录并与供货商洽谈供货事宜。

第 3 章　电商运营之人、货、场

图 3-5

> **小贴士**：选品时，推荐安装"1688 找货神器"，阿里巴巴官方出品，淘宝店主、跨境电商、小店批发必备工具，可以从亿级产品库中快速寻找到优质产品的供货商，只要是淘宝卖家，登录后可享受特价拿样包邮、复购折扣，可以在淘宝、天猫产品页查看其进货渠道，也可以查看该产品在淘宝上的销量等机密数据。

2. 基于"复购率"选品

重复购买率简称复购率，指消费者对产品或服务的重复购买次数。复购率越高，说明产品越受欢迎，买家越认可，持续为卖家带来的利益更大。

举例：

卖一个鸡蛋能赚 2 毛钱，一个买家一般一次买 10 个鸡蛋，如果同一个买家一个月可能买 50 个鸡蛋，一年共买 600 个鸡蛋，能为卖家带来 120 元的利润。

卖一个精美的文具盒能赚 20 元，但买家可能半年甚至一年才买一个，即使一年买 2

个，才为卖家带来 40 元的利润。

选品时，可以只考虑复购率，也可以结合人群基数考虑。

建议：

如果选择复购率低的产品，要么人群基数大，要么单价高，否则容易赔本赚吆喝。比如羽绒服，一般一个买家每年冬天只买 1 件，如果人群基数不大，质量上乘，价格定高点，利润高点，即使只卖几百件，也能赚钱。如果人群基数大，质优价廉，甚至能赚得更多。

复购率高的产品多数有个共同点：消耗快，几乎天天都要用。比如蔬菜水果、蛋类肉类、海鲜水产、粮油米面、茶叶烟酒、零食、其他消耗品（如一次性用品），但这些产品有的准入资质要求高，有的配送成本高，除非有货源优势、渠道优势（线上线下均可），以及有一定的资金实力，否则不建议新手做。

3. 基于"推广资源量"选品

推广资源其实很好理解，前文 1.5 节举过一个成人用品例子，虽然暴利，但淘内和淘外没有平台、网站可以明目张胆地大肆推荐，注定它只能低调、小范围传播。

互联网就像一张虚拟的大网，如果你想通过这张网将自家产品或服务触达最多的网民，就需借助依附在这张大网上的各种资源，而使用每一种资源都有门槛或条件。

你也可以把互联网想象成中国的高速铁路网或高速公路网，比如在实习期内的新手司机开车上高速公路时必须有 3 年以上驾龄的司机陪同，必须粘贴或悬挂实习标志；在我国大部分高速公路不允许摩托车通行……这些是利用高速公路资源的门槛。再比如，乘坐火车前往不同城市，必须实名购票，不能携带易燃易爆等妨碍公共安全和卫生的物品……这些是利用铁路资源的门槛。

回到网店的推广资源，道理一样，比如阿里妈妈旗下 7 大营销平台（Uni Desk、淘宝/天猫直通车、智钻、超级推荐、淘宝客、品销宝、达摩盘）各有准入门槛，不是卖家的所有产品想用就能用。

小结：

你要知道有哪些推广资源；

这些推广资源各自优势是什么，擅长什么；

你选的产品能利用哪些资源。

关于具体的推广资源有哪些，本节不讲，第二篇会有案例进行深入介绍。

> **小贴士**：1. 推广资源量相对较多的类目：服装鞋包、手机数码、家用电器、美妆饰品、母婴用品、零食坚果特产、运动户外等。
> 2. 推广资源量比较少的类目：OTC 药品/医疗器械/计生用品、保健食品/膳食营养补充食品、游戏话费、文化玩乐、生活服务、汽车摩托、农用物资等。
> 上述类目是粗略的不完全统计结果，在天猫商家中心、淘宝卖家中心还有更细致的类目划分，有些产品虽然在资源多的一级类目下，但所处二级或三级类目匹配的资源却比较少，需区别对待。

4. 基于"流量渠道"选品

什么是"流量渠道"？比如：

报名参加淘抢购活动，买家从淘抢购平台看到产品并购买，流量渠道就是淘抢购。

买家在"手机淘宝"App 里搜索关键词，找到产品并购买，流量渠道就是站内搜索。

买家在"手机淘宝"App 的"哇喔视频"内看完一条短视频，然后进店购买产品，流量渠道就是哇喔视频。

买家通过直播间购买产品，流量渠道就是直播间。

买家看完微信朋友圈信息购买产品，流量渠道就是微信及其朋友圈。

买家在微博里看到产品并购买，流量渠道就是新浪微博。

买家在抖音里看完短视频，通过橱窗推荐最终购买产品，流量渠道就是抖音。

……

类似的例子非常多。

不同渠道的人群属性不同，比如淘内的天天特卖，主打优质低价甚至超低特惠价，面向的人群多数对价格比较敏感，售价为低于 9.9 元、9.9 元、低于 19.9 元、19.9 元的产品很好卖，售价为 29.9 元、39.9 元、59.9 元的产品已经比较难卖了，如果把一个售价为一两百元甚至几百元的产品去报名参加天天特卖活动，就是典型的选品与流量渠道调性不符问题，先不说买家会不会掏钱，系统自动审核或淘宝小二人工审核就可能过不去。

小结：

基于流量渠道选品，要点一、摸清投放渠道的人群调性；要点二、分析拟定投放渠道内以往成功的案例，总结经验；要点三、挑选符合流量渠道调性和玩法的产品去投放推广；要点四、一个店里可以布局多个不同产品到多个渠道引流。本书第二篇有案例进行深入介绍。

5. 基于"流量池"选品

前文第 2 章简单介绍了互联网 IT 巨头们的流量池思维，并建议你向巨头们学习，圈建属于自己的流量池，从旧的"流量思维"向新的"流量池思维"转变，培育客户的"认知思维"。

当前电商中关于流量池的玩法有两种：一种是"先圈人后卖货"，另一种是"边卖货边圈人"。

"先圈人后卖货"的核心是把一种类型的人聚集起来，根据这些人的需求匹配产品。这种玩法适合没有固定产品的读者，只要有人，不管线下还是线上都能玩得转。

线下的例子比如：把当地宠物爱好者们聚集起来（用微信、微信群、QQ、QQ群等），卖宠物用品、药品；把当地喜欢跳广场舞的大妈们聚集起来，卖衣服、鞋子、帽子、眼镜、围巾等；把当地餐饮店的老板们聚集起来，提供食材等；把当地学生的家长们聚集起来，卖学习用品、服装鞋帽等；把当地上班族聚集起来，提供工作餐、咖啡饮料、旅游策划……

线上的例子比如：做淘宝客的，把很多网民圈建起来，发送各种产品优惠券；很多自媒体人，制作某个领域的媒体内容吸引该领域的网民成为粉丝，再基于粉丝需求销售服务或产品……

"边卖货边圈人"的核心是利用现有产品或服务把目标人群和意向人群聚集起来，边销售边维护。适合已有产品的读者，线上网店、线下实体店都适用。比如，非常多的卖家都在做的事，让买家关注店铺成为微淘粉丝、购买产品后成为店铺会员、加微信成为好友、关注公众号成为粉丝……

手上有粉丝，并且活跃粉丝多，销售就比较容易。

6. 基于"销货手段"选品

销货手段也称为卖货手段，与销售场景相关，分为三类：一是纯线上，利用互联网技术卖货；二是纯线下，利用人脉、门店、渠道等卖货；三是结合线上和线下，利用互联网技术+线下资源卖货。其区别在于做地域生意或全国生意，甚至多国生意。

只要有销货手段，从哪里进货是次要的，可以从网上进货线下卖，也可以线下进货网上卖。

与其他选品方法相比，这种选品方法的格局和范围更大一些，因为它没有局限于网店，而是销售战场在哪，货就指向哪。

基于销售场景选品的案例有很多，比如：

① 通过直播卖货。网上有很多直播平台，有些可以直接卖货，比如淘宝直播；有些不能，但可以用橱窗推荐的形式卖货，比如抖音。你可以专注某一个直播平台，也可以多平台同时经营。

② 通过短视频卖货。当前可以上传短视频的平台也非常多，可以在内容里插入产品链接并实现跳转购买的是淘宝短视频；其他平台的操作会复杂一些，大多是先上传短视频，

通过内容引导粉丝加微信或关注公众号，然后在微信或公众号里成交或转到淘宝店成交。

③ 通过网店卖货。知名度高的网店如淘宝店、天猫店、阿里巴巴批发店、京东店、拼多多店、微店等，可以在一个平台开多家店，也可以在多个平台开多家店。

④ 通过微信卖货。形式多样，比如微信好友一对一卖货；再比如通过腾讯广告将产品推广到目标人群的微信朋友圈，做一个产品展示页，拍下后货到付款，如图3-6所示是笔者随机翻到的一个微信朋友圈化妆品案例。

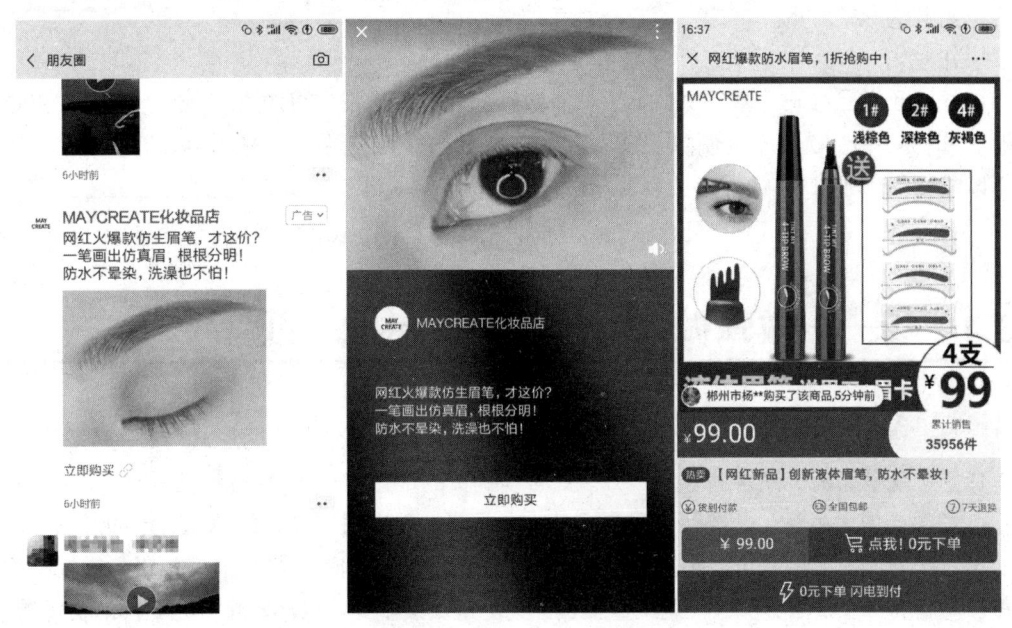

图 3-6

这也是一种缩小竞争的玩法，我们在第2章讲过，同样的产品去淘宝、天猫找，有更多、更便宜的大品牌，但在微信朋友圈没有竞品供买家比较，只要视觉方面足够"攻心"，价格合理，定位的人群较精准，就比较好卖。当然，这种玩法涉及一些后端技术，我们在第7章会深入讲解。

⑤ 通过代理渠道卖货。线上比较成熟且有保障的是1688平台一件代发和天猫供销平台。此外，还有一种模式：你有货或者能拿到出厂一手货源，然后去网上的直播、短视频平台找那种与产品人群匹配的达人、主播，他们有粉丝，与其合作共赢，有点像传统的线下分级代理，但又不完全是，你的角色是供货商，达人主播是你的代理分销商，达人主播的粉丝是消费者，你学会分账就行。

⑥ 线上进货线下卖。网上进货有很多优势，比如跳出地域限制，本地没有，外地可能

有；产品种类丰富，即使同一种产品也可以找到更质优价廉的；可选择的优质供货商、厂家更多，总能甄选出更优秀的供货商、厂家。

前文 1.3 节举过一个例子，笔者的一个学员是学校老师，利用群体优势卖货，很成功。现在讲的就是这种玩法，但有一定的门槛，如果你身处一个大的群体或者身边、附近就有，比如学校、大工厂园区、大集团大公司聚集区等，这些地方的共同特点是一类人比较集中且人数多，这时就可以针对人群需求在网上选择质优价廉或符合人群消费层级的产品，以社群团购的形式出货。

小结：

这 6 种选品技巧（基于"目标人群基数""复购率""推广资源量""流量渠道""流量池""销货手段"选品）更偏向"战略"层面，思维先行，想到了才能做到，有些方法还需辅以具体的"战术"，请继续往后看。

3.4 场——做强做大的根本：流量池之战

"场"是指消费场景。站在买家角度，消费场景就是能买到东西的地方；站在卖家角度，消费场景就是能铺货销售的地方，每一处可以铺货的地方就是一个流量池圈子。

如果想做大生意，就要找到尽量多的消费场景，并在每一处场景中让自己的产品脱颖而出。比如上一节讲基于"销货手段"选品时列举了 6 种消费场景：直播卖货、短视频卖货、网店卖货、微信卖货、代理渠道卖货、线上进货线下卖。当然，除了这 6 种消费场景，还有很多其他消费场景，比如自媒体自运营销货、自媒体合作销货、自建平台销货（网站、App、小程序）等。精力有限的卖家，先专注一种消费场景，再慢慢扩大；有能力的卖家，一次布局多种场景。

不管专注一种还是布局多种消费场景跻身头部，都是流量池中的份额之争，比如到淘宝开店卖女装，目前淘宝有 150 多万家女装店，若能跃进前 20%，就能从 80% 的市场份额中瓜分到更多属于你的那份；否则只能从 20% 的市场份额中与 80% 的卖家竞争。二八定律到哪儿都适用。

不同的铺货场景是不同的流量池圈子，既然是圈子，里面就有不同的角色，你要找准自己的角色定位，融入圈子或主宰圈子。比如淘宝、天猫网店有四类角色：一是平台、二是卖家、三是卖家服务商、四是买家，卖家服务商为卖家服务，卖家与平台一起为买家服务。如果你是淘宝卖家，要做的就是融入这个圈子，与平台一起服务好买家。当然，你也可以自建网站、App、小程序等，形成自己的流量池，主宰圈子。

道理很简单，也容易理解，争流量池中的份额：要么学会融入圈子，站在拥有大量流量池的"巨人"的肩膀上，争取属于自己的那一份；要么自建流量池，主宰圈子。

竞争，自然不能只靠嘴巴说，要动脑筋，用策略和技术去竞争，特别是互联网电商，虽说是拼细节，本质却是拼技术和实力。

3.5 店铺运营选对赛道，实现弯道超车

店铺运营包含产品运营、内功视觉运营、流量运营、数据运营、粉丝运营、内容运营等。有一定规模的网店，建议分工明确，专人专事，团队协作，网店团队架构如图3-7所示。新手开店，不要想得太复杂，选对产品，做好内功和引流，售后维护好粉丝，定一个小目标，坚定不移地执行即可。

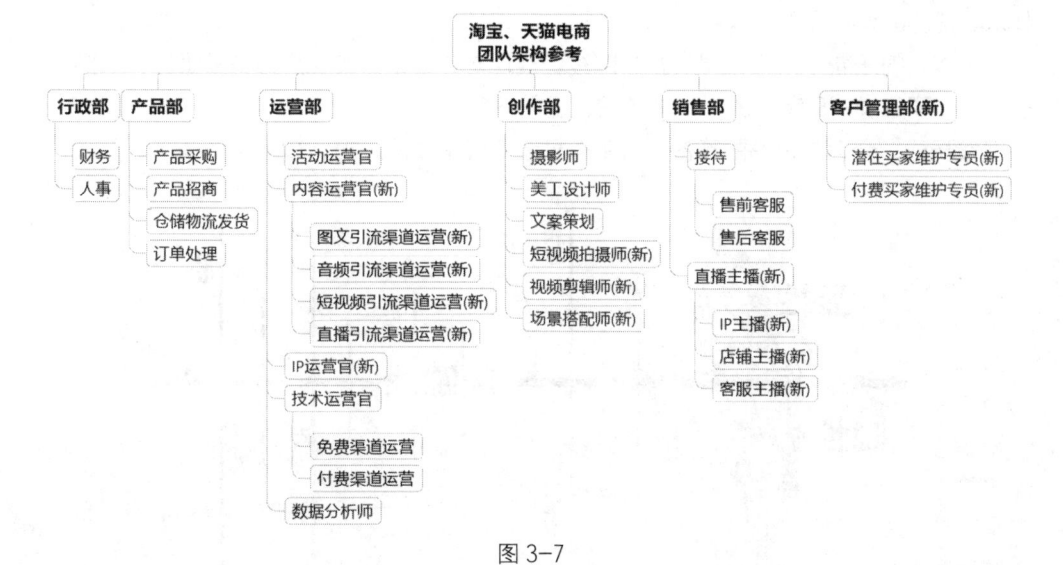

图 3-7

新手、新店、老店新开，有两个重要难点：一是整店综合运营能力差；二是计划性差，网店运营重要环节的主次分不清。

鉴于此，建议你分四步去做：

第一步、定目标。原则：计划定远一点（季度、半年、一年），努力能达到。

第二步、选品。产品不对,努力白费。前文已经讲了很多关于选品的技巧与注意事项,看完后结合自身实际情况,确定品类即可。建议选品环节多花点时间,磨刀不误砍柴工。

第三步、流量运营。货再好,卖不出去也白费,很多人不缺货,缺流量,所以,新手要把大部分精力放在运营流量上。本书第 4 至 7 章会深入讲解四种引流技法。

第四步、买家/粉丝运营。前文讲过流量池思维,先想到,再制定战略去做到,在售前抓住潜在粉丝、吸引粉丝,在售中和售后留住粉丝、维护粉丝,详情请看第 8 章。

当你懂得多,摆在你面前的选择才会多,此时根据自身情况选用最合适的即可。反之,什么也不懂,只能两眼一抹黑。所以,本书所有内容请反复琢磨,理解透彻后再去操作。思维先行,赢在起跑线,实现弯道超车!

回到开网店,怎样才能赢在起跑线呢?

前文 3.1 节剖析了车载香水的案例,站在分析数据的角度看,别人一个产品"月销量 4 万件+、月销售额 106 万元+、累计销量 19.4 万件+、累计销售额 514 万元+",这是非常令人羡慕的数据;而站在卖家运营的角度看,产品销售 500 万元背后是精心谋划与资金、技术等资源的大量投入。

所以,对于新手而言,想赢在起跑线,实现弯道超车,实现产品销量爆发,不要只看表象,而要分析表象背后的玩法与逻辑,提前筹备。

懂玩法、会套路,提前筹备,才更有机会实现销量的爆发,道理如图 3-8 所示。

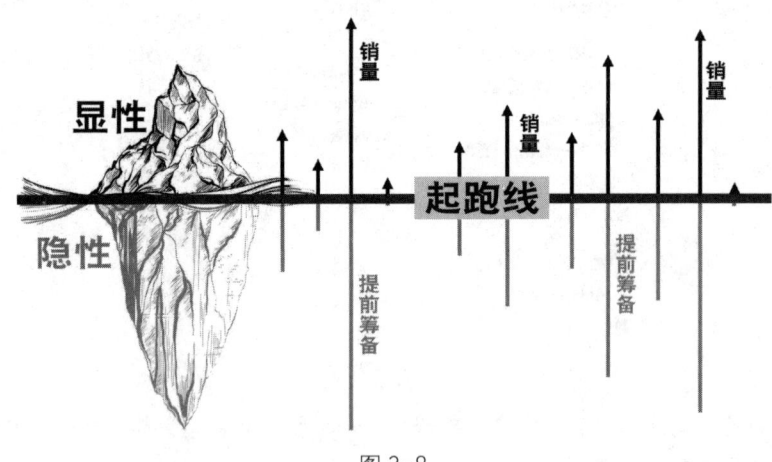

图 3-8

前文 1.2 节讲过,淘内竞争无处不在,不同的竞争场景是不同的流量获取渠道,不同渠道有不同的玩法和规则,凡是可以被量化、能统计出数据的竞争场景一定会通过"赛马机制"分配资源。

记住一个万变不离其宗的核心要点：淘宝、天猫平台+卖家+卖家服务商+买家，是"一条绳上的蚂蚱"，四方合作互利共荣，作为卖家，只要做的事情既能迎合平台，又能让买家满意，就能做大做强！

"让买家满意"最重要的因素是产品，前文已讲。"迎合平台"与引流渠道、引流方式相关，对应的玩法、细节各不相同，具体技术、操作详解请看后续章节。

第二篇
4种最新的网店运营实操技法+粉丝运营

  互联网态势瞬息万变，淘宝卖家、天猫商家颇有"内忧外患"之感：

  对内：淘宝直播、微淘、短视频、淘宝群、内容化店铺、客服号、品牌号等全新的产品和工具频出，在完全没摸清楚玩法的情况下，网店的运营方式已经从运营"流量"转为运营"人"。从"营销拉动成交"转为"会员精细化运营带动复购和黏性"，从单一产品转为IP、内容、产品多元化运营。好似一夜之间，淘宝、天猫的整个玩法全变了。

  对外：新的消费场景、购物入口如雨后春笋般层出不穷，如拼多多、抖音、快手、小红书，以及微信及其朋友圈、公众号、小程序等，消费者网购的注意力被转移、分散，淘宝、天猫内部的玩法还没弄明白，外面的世界更看不懂！

  是的，你急需跳出烦琐复杂的局面，一次性解决这些问题！

  当下，不管是淘内运营，还是全网营销，网店运营的核心万变不离其宗：从公域"种草、抓潜、拉新"→转至私域存起来（自建流量池），然后转化成交→进一步建立信任、增强黏性、提升复购率。

  本篇主要介绍活动运营+内容运营+IP运营+技术"霸屏"的实操技巧，以及如何做粉丝运营，手把手教会你圈建自家流量池，构建运营闭环（源源不断引流+信任成交+持续回购+裂变传播）。

  运营圈流传一句话：不要在一种引流渠道上"吊"死，也不要重度依赖付费流量，更不要让别人决定你能不能赚到钱！学完本篇所有内容后，你会发现不是没方法，而是方法太多！有实力、有能力的卖家可以全面开花，"霸屏"互联网；精力有限的卖家，可以精研其中的一两种方法，做大后再扩大布局。

第 4 章
日销千件的活动运营

有一种玩法叫活动运营

以促销活动为主线，网店或产品一年四季都在参加各种不同的促销活动。

淘宝、天猫网店有 5 种活动类型：第一种、全网大促，如 618、双 11、双 12 等；第二种、特色市场品牌活动，如天天特卖（原天天特价）、淘金币、淘抢购、聚划算等；第三种、行业类目活动，比如 38 女王节、家装节、春茶节、电器节等；第四种、"手机淘宝"活动，比如微淘主题内容活动；第五种、店铺活动，卖家根据自己的情况，创造理由做的促销活动，比如周年庆、会员粉丝节、老板结婚等。

前 4 种是淘宝、天猫官方汇聚资源，主导运营，符合条件的卖家报名参加；第五种是卖家自己组织的，完全由卖家主导。

官方活动的威力，遍地日销千件

这里的官方活动侧重指日常品牌活动，像天天特卖、淘抢购、聚划算这三大千亿级流量平台，都是由淘宝、天猫官方主导运营的，此外还有像阿里试用、淘金币、全球购、极有家等，这些活动频率较高，每个月都有，同一个店铺可以挑选不同产品参加多个不同活动，即使同一个产品在同一个活动的"疲劳期"内也可以参加多场活动（"疲劳期"是指卖家在一段时间内可参加活动的次数，比如淘抢购活动的疲劳期是 1 个卖家在 1 个自然月内最多可以参加 6 次活动）。而像 618、双 11、双 12 这样的全网大促活动一年只有 1 次，准备不充分的话，不一定能参加。类目活动则是在行业范围内，按日历节气组织的，频率不高，行业不符不能参加。关于店铺活动，缺乏流量运营能力的卖家，即使天天做，效果也难免令人不满意。

如果打算店铺运营走活动路线，参加日常品牌活动是重点，最好的情况是根据营销日历，全年 4 种类型的活动都参加。

现在打开"手机淘宝"App，进入聚划算、淘抢购等频道界面，看看正在参加活动的产品，销量千件以上的产品比比皆是。但凡能玩转官方活动运营的卖家，日销千件、月销上万件是常态。

你有没有本事日销千件

活动运营是一场有能力者的游戏！需调动并打通店铺运营的各个关节。如果你想日销千件，现在隔绝骚扰，认真学习本章内容，笔者将教会你活动运营的规划与落地执行。

学会之后，已经具备条件的读者，抓紧规划布局执行，为店铺扩充活动运营流量；暂不具备活动报名条件的读者，想想自己有哪些优势，尽量创造条件参加活动。

活动运营的"筹码"和流程

想参加官方活动，手上必须有"筹码"，这个筹码首先是网店，其次是产品。淘宝、天猫的任何一场官方活动，卖家报名后，第一道门槛是系统自动审核网店的各项指标，满足条件的，进入第二道门槛，系统自动审核产品指标，满足条件的网店才能进入活动详情填写界面，最后一道门槛是小二人工审核，小二会看卖家是否严格按规范和要求填写相关内容，并结合卖家的网店与产品的综合数据去判断填报的产品是否有潜力、竞争力，以及看卖家综合运营能力如何，最终决定是否通过（注意：有些官方活动的终审已由人工审核变更为系统自动审核，请以活动填报界面的提示为准）。

简而言之，网店数据指标（DSR 动态评分、退款率、纠纷退款率、退货率、30 天成交件数、成交金额、实物占比、好评率等）与产品指标（7 天或 14 天销量、30 天最低价、好评率、纠纷退款率、收藏量、加入购物车件数等）是能否顺利通过活动报名的关键。

活动流程：

1．注册网店（网店类型不同，可以参加的活动范围不同，比如淘宝店不能参加聚划算，天猫店才能）。有些活动有开店时长限制，即使还不知道卖什么，也最好先把网店注册了再说。

2．发布产品（网店主营类目和产品所在精准类目会限制可参加的活动范围；有些类目可以参加很多活动，有些类目一个也不能参加，再次证明选品的重要性）。

3．熟悉活动招商规则（为报名活动做准备）。

4．按要求填报产品，然后系统自动审核+小二人工审核，通过后上线参加活动；未通过的，卖家需重新填报。

4.1 日销千件资深运营推荐：活动选品技巧

大量淘宝卖家、天猫商家的活动运营现状：
根本不知道还可以通过活动引流！
从来没想过做活动！
知道可以做活动，但不知道如何下手！
参加过小型活动，效果非常不好，导致其放弃参加所有活动！
不知道淘宝、天猫平台上的活动也分类型、分级别！

尝试过报名活动，但过不了门槛！

好不容易，通过第一道门槛（网店与产品通过审核），始终通不过第二道门槛（人工审核或终审）！

……

事在人为，去做了才知道能不能行。

很多卖家有实力、资金、资源，但缺乏运营技术和经验，因此做之前，必须先分析自家产品适不适合走活动运营（以促销为主线，一年四季都在做活动）路线，切忌盲目跟风。如果不适合，建议尽早更换运营策略。

接下来，笔者从四个维度手把手教你活动选品。

4.1.1　两步看准适合走活动运营路线的产品类目

搞清楚淘宝、天猫的行业类目

目的：熟悉产品的类目划分，为填报活动信息打基础。

淘宝、天猫是两个不同的网站，行业类目划分稍有差异，在计算机的浏览器中输入淘宝或天猫网址看到的分类，或通过"手机淘宝""手机天猫"App 访问看到的分类，称为"前台类目"。使用卖家账号登录卖家中心，在"发布宝贝"界面看到的分类称为"后台类目"，仅卖家可见。前台和后台类目如图 4-1 所示。

图 4-1

第 4 章 日销千件的活动运营

重要提醒：填报活动均以"后台类目"为准。

> **作业 1.** 分别访问淘宝、天猫的 PC 端和手机端，查看前台类目；
> **作业 2.** 登录自家网店的卖家中心，在"宝贝管理"中查看自家产品所在类目。

查看适合走活动路线的产品及类目

以官方运营的品牌日常活动为例，图 4-2 是天天特卖、淘金币、淘抢购、聚划算平台支持报名的一级类目。

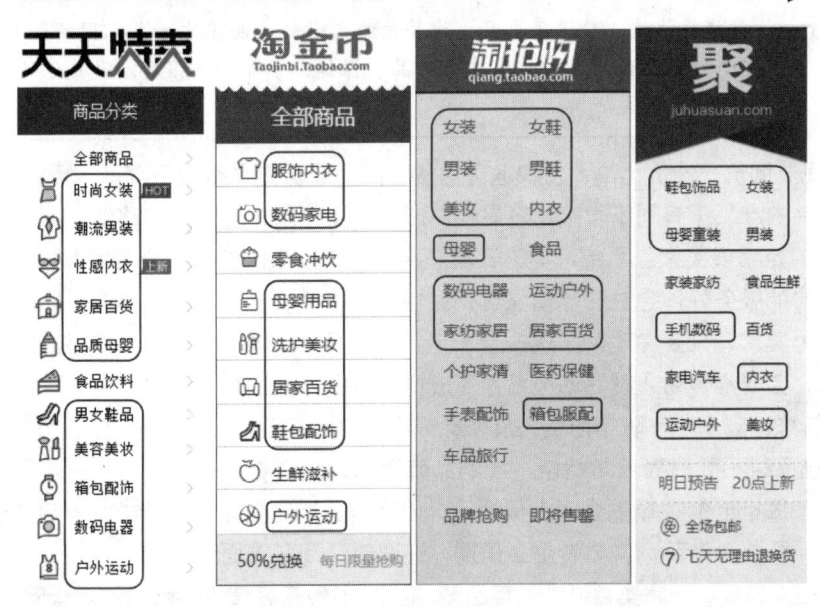

图 4-2

重要提醒：被越多活动支持的类目，提高对应产品销量的概率越大，越有可能成为爆款。如果你卖的产品在这些类目范围，恭喜，适合走活动运营路线。

有些类目是完全不能参加任何官方活动的，比如主营一级类目为"消费卡，购物提货券，餐饮美食，移动/联通/电信充值中心，手机号码/套餐/增值业务，网络游戏点卡，腾讯QQ专区，装修设计/施工/监理，装修服务，生活娱乐充值，景点门票/演艺演出/周边游，特价酒店/特色客栈/公寓旅馆，度假线路/签证送关/旅游服务"的网店，这些多数是虚拟产品；并且对"网店实物交易占比"也有要求，有些活动要求占比在 90%及以上。

> **作业 3.** 分别访问以上 4 个平台，查看不同类目下的活动产品，提前感受一下成功通过活动报名的产品是什么样的。当然，除了前文罗列的 4 个平台，还有很多平台，查看其入口：淘宝网首页→页面右上角的"网站导航"→"特色市场"。

重要技巧：

走活动运营路线，选品的 4 大原则如下：

1．选"三观"正（世界观、价值观、人生观）、用户基数大的产品。比如男装女装、男鞋女鞋、母婴美妆、运动户外、数码电器等类目下的产品，99%的活动都支持报名，可用资源多，可以从小型活动开始逐渐过渡到大型活动。

> **小贴士：** 与黄赌毒沾边、禁限售类目、难登大雅之堂的产品（比如成人用品类）、有违反广告法风险的类目（比如减肥产品、保健品）等禁止报名活动，你的网店也尽量不要卖这些产品。

2．优质低价、性价比高、发快递可送货上门而非自提（有利于买家，更容易成交），并且是小件的产品（有利于卖家，容易控制成本）更适合走活动运营路线。

官方肯定希望买家、平台、卖家三赢。平台挑选出来的产品符合买家需求，易成交，卖家各方面的服务好，会进一步增强客户黏性，买家就会经常复购，这是一个良性发展的生态。作为卖家，只要你理解了这一层，用数据（具体是哪些数据，继续往后看）展示自己的优秀，会非常容易通过活动报名，完成打造月销万件的爆款。

3．新鲜、应季（非陈年旧货，反季除外）、时效性强的产品更受平台欢迎。

4．选品时不要只看日常特色市场的品牌活动，还要看远一点，分析产品所在类目能否顺利参加每年至少 3 场的全网大促活动，以及能否有尽量多的机会参加类目活动。也就是说，选品既要看类目，又要看生命周期，还要看活动覆盖面。

例子 1：凉席，所属类目"床上用品 > 凉席/竹席/藤席/草席/牛皮席"，全网大促活动、品牌日常活动、类目活动、无线手淘活动、店铺活动都适合，体积小、重量轻，能发快递，但生命周期较短，仅夏季适用，其他季节不适合销售，不利于销售数据的积累，需提前筹备才有机会参加全网的 618 年中大促，双 11、双 12 大促活动因季节原因无缘参加。

例子 2：电推剪、储物罐、烧水壶，这三类产品对应类目适合大多数活动，体积小、重量轻，能发快递，并且生命周期长，从发布上架开始，一年四季都可以卖。销售数据积累起来后，会越来越好卖，更容易打造成爆款。如果你还没确定卖什么，可以按这两个例子的思路去选品。

小结： 店内销售的产品不可能只有一个，如果生命周期短，选品时要考虑衔接问题，别卖完下架后没货可卖；若生命周期长，也要考虑布局产品梯队，切忌内耗，站在提升客单价的角度，建议产品间互补，如功能互补、主营类目下的子类目互补都是效果极好的方式。

"功能互补"好理解，什么是"主营类目下的子类目互补"呢？

举例："女装/女士精品"是主营一级类目，其子类目有很多，如 T 恤、半身裙、背心吊带、衬衫、大码女装、短外套、风衣、婚纱/旗袍/礼服、裤子等。如果店内有 30 款产品，建议不要全是 T 恤或衬衫，这样买家搭配购买的概率较低，也不好做促销推荐。如果既有 T 恤，又有吊带背心、衬衫、半身裙、裤子，这样按穿搭的思路去做关联推荐，买家很容易一次买多件，这就是"主营类目下的子类目产品互补"。此外，从搜索优化的角度看，标题关键词布局的覆盖面更广，更有利于搜索引流。

4.1.2　两步确认自家网店和产品能否报名活动

淘宝、天猫将不同行业的产品划到不同类目，类目也分多级，比如"汽车用品/电子/清洗/改装（一级主营类目）＞汽车用品/内饰品（二级子目录）＞汽车香水/净化/降温剂（三级子目录）＞汽车香水香薰（四级子目录）"，有些产品所在的一级类目可以报名参加活动，但最终的子类目却不能。

因此，通过以下两步可以确认自家产品能否报名参加活动：

第一步：找到官方活动报名后台，熟悉活动招商规则，查看参加活动对网店和产品的具体要求。

通用统一入口：淘营销，使用卖家账号登录。这是官方营销活动中心，全网大促活动、特色市场品牌活动、类目活动、"手机淘宝"App 活动等报名入口都在里面。

第二步：单击查看具体活动的报名界面，让网页自动检测是否满足条件，不满足的会有原因提示。比如"淘抢购商家自运营产品活动"报名要求，如图 4-3 所示。

这一步很重要，一定要多花时间去看，因为活动有级别，一般情况下级别越高的活动要求越高，很多网店的产品不是一上来就满足条件，先去了解报名条件是什么，做到心中有数，将不满足的条件整理记录，然后合理规划，满足条件后再来报名。

重要提醒：

1．一定要去看每一个官方活动的商家报名中心，因为只有去看了，才知道自家网店或产品有没有资格参加、能参加哪些活动。没有资格、不满足条件的活动，提前记录原因，尽量创造条件参加。

2．活动运营是有能力者的游戏，提前规划尤为重要，先去了解规则、玩法，看已经在参加活动的产品和网店，一方面能帮助自己认清自身实力和水平，另一方面可以帮助自己找准思路。

淘宝商家 | 淘抢购-商家自运营

提示 不符合活动报名规则，原因见表格中您的资质栏描述

规则分类	规则内容	你的资质
近半年店铺三项DSR评分均值	近半年店铺DSR评分三项指标均值不得低于4.7（开店不足半年的自开店之日起算）；主营一级类目为保险的店铺除外	1、您的店铺三项均值DSR为0分
实物交易占比	除主营一级类目为"消费卡，购物提货券，餐饮美食，移动/联通/电信充值中心，手机号码/套餐/增值业务，网络游戏点卡，腾讯QQ专区，装修设计/施工/监理，装修服务，生活娱乐充值，票点门票/演艺演出/周边游，特价酒店/特色客栈/公寓旅馆，度假线路/签证送关/旅游服务"的店铺外，其他店铺的实物交易占比须在95%及以上	1、您的店铺实物交易占比60.25%
近半年店铺描述与相符DSR	近半年店铺DSR评分三项指标分别不得低于4.6（开店不足半年的自开店之日起算）；主营一级类目为保险、特价酒店/特色客栈/公寓旅馆的店铺除外	1、您的店铺宝贝描述与相符DSR为0分
近半年店铺物流服务DSR	近半年店铺DSR评分三项指标分别不得低于4.6（开店不足半年的自开店之日起算）；主营一级类目为保险、特价酒店/特色客栈/公寓旅馆的店铺除外	1、您的店铺发货速度DSR为0分
半年正常计分的评论数	半年正常计分评论数200件	卖家半年动态评价数:0.0个
近半年商家服务态度DSR	近半年店铺DSR评分三项指标分别不得低于4.6（开店不足半年的自开店之日起算）；主营一级类目为保险、特价酒店/特色客栈/公寓旅馆的店铺除外	1、您的店铺服务态度DSR为0分
星级标准	卖家信用等级：三钻及以上	1、您的店铺没有星级
消保协议	淘宝店铺须支持淘宝消费者保障服务	1、您的店铺不支持消费者保障计划
近730天（含）C类扣分	淘宝店铺近730天（含）存在出售假冒商品扣分（含0分），将被限制参加营销平台活动	您的店铺不存在出售假冒商品扣分。
近90天A类（虚假交易除外）扣分	店铺因违反《淘宝规则》、《天猫规则》、《天猫国际服务条款规则》、《飞猪规则》导致出现以下情形的，将被限制参加营销平台活动：近90天一般违规（虚假交易除外）扣分达12分	1、您的店铺近90天无一般违规扣分。
近30天淘抢购订单未发货金额退款率	除主营类目为女士内衣/男士内衣/家居服，箱包皮具/箱饰女包/男包的，近30天淘抢购订单未发货金额退款率不超过40%，其他店铺近30天淘抢购订单未发货金额退款率不超过30%。	1、近30天淘抢购未发货退款率:0%
近30天店铺纠纷退款率	店铺近30天纠纷退款率必须小于0.1%	1、您的店铺近30天的纠纷退款率为0%
近90天店铺订单金额退款率	主营一级类目为男装，女装/女士精品的店铺，近90天店铺订单金额退款率不超过40%，其他店铺的近90天店铺订单金额退款率不超过30%	店铺近90天金额退款率:0%
近730天虚假交易A类扣分	店铺因违反《淘宝规则》、《天猫规则》、《天猫国际服务条款规则》、《飞猪规则》导致出现以下情形的，将被限制参加营销平台活动：近730天（含）虚假交易一般违规扣分达48分	1、您的店铺近730天无虚假交易A类扣分。
近90天虚假交易A类扣分	店铺因违反《淘宝规则》、《天猫规则》、《天猫国际服务条款规则》、《飞猪规则》导致出现以下情形的，将被限制参加营销平台活动：近90天（含）存在虚假交易一般违规扣	1、您的店铺近90天无虚假交易A类扣分。
近30天淘抢购订单金额退款率	除主营类目为女装/女士精品的，近30天淘抢购订单金额退款率不超过40%，其他店铺近30天淘抢购订单金额退款率不超过30%。	1、近30天淘抢购退款率:0%
大促虚假交易	报名店铺在近30天的营销平台活动大促中不得存在虚假交易行为	1、不存在
近90天B类（虚假交易除外）扣分	店铺因违反《淘宝规则》、《天猫规则》、《天猫国际服务条款规则》、《飞猪规则》导致出现以下情形的，将被限制参加营销平台活动：近90天（含）严重违规（虚假交易除外）扣分（不含0分）；	1、您的店铺近90天无严重违规扣分。
近365天B类（虚假交易除外）扣分	店铺因违反《淘宝规则》、《天猫规则》、《天猫国际服务条款规则》、《飞猪规则》导致出现以下情形的，将被限制参加营销平台活动：近365天（含）严重违规（虚假交易除外）扣分达12分	1、您的店铺近365天无严重违规扣分。
开店时长	开店时间：90天及以上	1、您的店铺开店时长2943.0天

图 4-3

> **小贴士**：活动运营必须搞清楚三个概念：
> 1. "卖家中心"，管理自己网店的后台，仅卖家可见。卖家中心首页左侧的"营销中心"还有更多活动报名入口，比如淘抢购、众筹、拼团、直播通等。卖家中心是很多入口的汇总，要多花时间分别点开了解。
> 2. "活动报名后台"，管理活动进展的后台，仅卖家可见。从淘营销进去的后台多数都是活动报名后台。
> 3. "活动平台"，即成功报名的产品展示给所有买家看的位置，比如之前罗列的天天特卖、淘金币、淘抢购、聚划算。

4.1.3 顺利通过报名的关键：摸清不同平台的活动调性与人群属性

前文简单介绍过赛马机制，在淘内，只要是可以被量化、能统计出数据的竞争场景，一定是胜出者获得更多资源，活动运营便是如此。除了要搞清楚哪些类目的产品能报名参加活动、具体规则、玩法，还要摸清平台的活动调性以及人群属性。好比追求女生，女生想要香水，你送榴莲；女生想要飘逸的连衣裙，你送东北大花棉袄……需求不对口，报名的产品不容易通过。

首先是三大千亿级流量平台天天特卖、淘抢购、聚划算的定位、调性、人群属性，如图 4-4 所示。建议看完这张图后再把前文的"作业 3"做一遍。

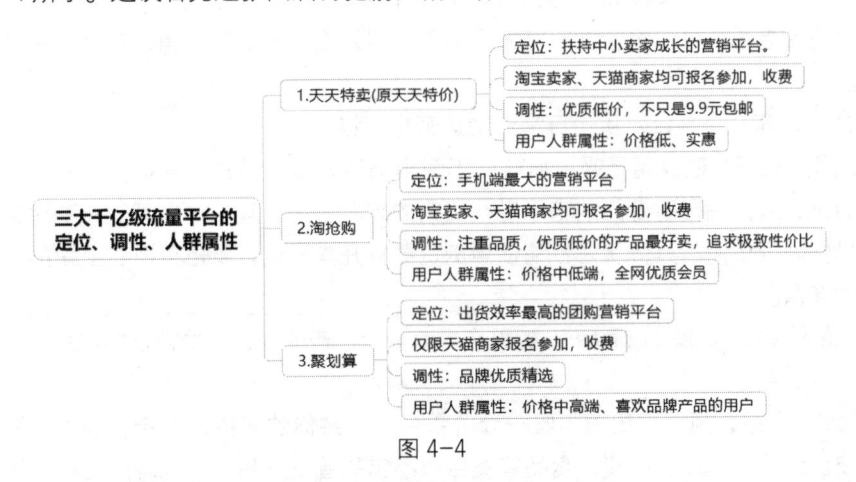

三大千亿级流量平台的定位、调性、人群属性

1.天天特卖（原天天特价）
- 定位：扶持中小卖家成长的营销平台。
- 淘宝卖家、天猫商家均可报名参加，收费
- 调性：优质低价，不只是9.9元包邮
- 用户人群属性：价格低、实惠

2.淘抢购
- 定位：手机端最大的营销平台
- 淘宝卖家、天猫商家均可报名参加，收费
- 调性：注重品质，优质低价的产品最好卖，追求极致性价比
- 用户人群属性：价格中低端，全网优质会员

3.聚划算
- 定位：出货效率最高的团购营销平台
- 仅限天猫商家报名参加，收费
- 调性：品牌优质精选
- 用户人群属性：价格中高端，喜欢品牌产品的用户

图 4-4

其次是全网会员积分营销平台淘金币的定位及玩法，如图 4-5 所示。所有注册了淘宝、天猫的会员，只要账户有淘金币，都可以在购买产品时用于抵扣现金，100 淘金币=1 元人民币。

对卖家来讲，淘金币是一个功能强大的营销工具，店内玩法是先用"全店金币抵扣"工具赚金币，再用花金币工具把金币花出去（提醒：花金币的工具有5种，如图4-5所示，如果后期官方有变化，请关注淘金币后台）。店内玩法主要是卖家"私域"阵地，如产品详情页、淘宝群、店铺短视频、PC端店铺和手机端店铺展示等。

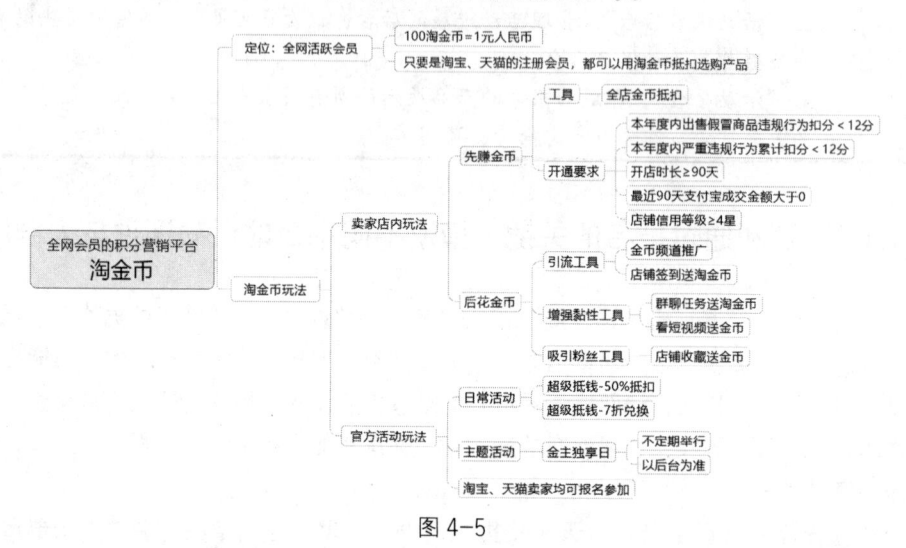

```
全网会员的积分营销平台          定位：全网活跃会员 ── 100淘金币=1元人民币
淘金币                                              只要是淘宝、天猫的注册会员，都可以用淘金币抵扣选购产品
   │
   └── 淘金币玩法 ── 卖家店内玩法 ── 先赚金币 ── 工具 ── 全店金币抵扣
                 │              │         └── 开通要求 ── 本年度内出售假冒商品违规行为扣分＜12分
                 │              │                    ├── 本年度内严重违规行为累计扣分＜12分
                 │              │                    ├── 开店时长≥90天
                 │              │                    ├── 最近90天支付宝成交金额大于0
                 │              │                    └── 店铺信用等级≥4星
                 │              └── 后花金币 ── 引流工具 ── 金币频道推广
                 │                         │           └── 店铺签到送淘金币
                 │                         ├── 增强黏性工具 ── 群聊任务送淘金币
                 │                         │              └── 看短视频送金币
                 │                         └── 吸引粉丝工具 ── 店铺收藏送金币
                 └── 官方活动玩法 ── 日常活动 ── 超级抵钱-50%抵扣
                               │          └── 超级抵钱-7折兑换
                               ├── 主题活动 ── 金主独享日 ── 不定期举行
                               │                       └── 以后台为准
                               └── 淘宝、天猫卖家均可报名参加
```

图 4-5

淘金币也有官方活动玩法，分为日常活动和主题活动，满足条件的淘宝卖家、天猫商家都可以在淘金币后台报名参加。官方活动玩法展示在"公域"渠道，帮助卖家从店外获取流量。

此外，还有几个平台，用于日常活动运营也不错：

1．阿里试用，建议用于吸引粉丝，因为申请免费试用品的买家都需要关注（关注即收藏）店铺，卖家后台有专门的基于潜在买家的定向营销工具，这也算是一种比较经济的获客工具。阿里试用的具体玩法：请使用浏览器打开其网址，单击页面右上角的"商家报名"查看详情。

2．品牌清仓（品牌Outlets），如果店内有清仓、清库存、反季销售的产品，可以报名参加。

3．淘宝众筹，阿里巴巴旗下唯一众筹平台，如果你的店铺在影音、公益、图书、娱乐、科技、设计、动漫、游戏、食品等类目有不错的首发产品，可以考虑在这个平台报名参加。

4．极有家，阿里巴巴旗下一站式家装家居电商平台，如果你的产品属于这个范围，可以报名参加。

当然，除了以上这些，还有很多针对类目行业的活动，请随时关注淘营销后台和卖家中心。

活动运营重要玩法推荐：

淘宝店铺（个人、企业），建议主攻：阿里试用→天天特卖→淘金币→淘抢购。

天猫店铺，建议主攻：阿里试用→天天特卖→淘金币→淘抢购→聚划算。

从左往右，难度递增。如果是新手卖家，没有太多活动运营经验，建议按推荐的顺序依次规划报名。只要成功参加过几场小型活动，大型活动就能轻松应对。

每一个官方平台都有其运营节奏，比如天天特卖的日常产品、支付宝小程序的5折拼团和精选拼团、极致爆款9.9元包邮、极致爆款特价王等，如果要做活动运营，就要调整时间，迎合每一场官方活动的时间节奏。

每一个官方平台会跟据一年四季、中西方重要节日开启不同的主题活动，比如临近双11时，各品牌活动都会有针对双11的主题活动。

作为卖家、运营专员，你要做的就是布局店内产品，一年四季按节奏报名参加不同场次的活动。

重要提醒：

官方活动都是顺利通过三道审核（店铺机审+产品机审+小二人审/二次机审）后，才能成功展现出来。

系统自动审核环节没有人为干预，所需条件就在那里，用技术自动检测，马上就有结果，通过就是通过，不通过就是不通过，不过的原因会列出来。若第一次不通过后能做到再次满足条件，等做到了再来报名；若不能做到，就换一个活动类型或者换个时间，下次再来。

人工小二审核或二次机审是在"店铺机审+产品机审"的基础上，将你的产品进行横向（同行）和纵向（跨行）比较，有潜力、有竞争力、店铺综合运营能力强的卖家容易通过。

4.1.4 案例解析：活动选品步骤实操

案例：女装卖家参加天天特卖活动。

1. 看天天特卖平台成功参加的女装产品有哪些，做好数据记录。

首先了解平台：PC端天天特卖按价格将所有产品分为3档：9.9元包邮（0元<价格≤9.9元）、39元生活（9.9元<价格≤39元）、69元时尚（39元<价格）。在"手机淘宝"App内，天天特卖的女装频道按子类目细分，包含套装、大码女装、休闲裤、裙装、T恤、打底裤、短外套、牛仔裤、衬衫、毛衣针织、卫衣、妈妈装。

然后记录数据：创建一个 Excel 表格，记录每一个子类目的产品数量、活动促销价、日常销售价、参加活动的日期、活动销量、活动促销策略、其他对自己重要的点（比如活动主图、卖点文案、详情页设计要点、同期引流手段等）。

这一点非常重要，关注同类目同行的选品，有助于拓展选品思路，汇总经验；关注跨行类目，特别是互补类目，比如内衣、女鞋等，可以吸收跨行产品的流量，因为买家在天天特卖平台可能同时买很多种产品。成功通过二审时所依据的指标也包含这一点。

重要建议：如果打算长期参加，最好制度化，定期收集数据。有些季节性明显的类目（比如女装），一年四季的活动选品区别较大。身为运营专员，收集、整理、分析数据是必备技能，数据结论可以辅助你做出更加正确的选品决策，为活动定价、制定促销策略等方面提供更多数据参考。

2. 重新审视自己，研究店内现有产品中有没有适合报名的。如果有，重点思考如何策划一场能卖爆的活动（本章后面几节将深入讲解），既然做了，就充分准备；如果没有，通过第一步的数据收集和分析，发现商机，重新挑选产品，创造条件后报名活动。

3. 做基础数据，报名参加活动。如果从出售中的产品里挑选报名，只要符合上述"四大选品原则"且通过店铺和产品自动审核，直接进入下一步，严格按要求填写活动产品的相关信息即可，特别是活动主图、活动价、活动库存、促销策略、详情描述图。如果是全新的产品，建议发布后，做一些基础销量评价再去报名。

4. 顺利通过活动报名后，关注系统通知，做好活动上线准备。活动上线后，做好售前和售中买家接待，提升询单转化率。售后及时发货，维护买家。

有些产品天时地利人和，仅利用平台流量就能卖爆，而大多数产品，仅靠平台流量远远不够，需自己注入流量，此时考验流量运营能力的时候到了。

5. 活动结束后，总结、复盘，再次报名活动。

核心经验：天天特卖平台对买家来讲，"质优价廉+超低价"是最大的诱惑因素，能做到这一点，转化率会相对高很多。像 9.9 元包邮、15.8 元包邮这种，统称为"引流款"，利润较低甚至略微亏本，因此一定要做好店内产品布局，提升客单价，具体技巧如在买家咨询过程中推荐关联款、通过促销策略提升购买件数等。

你可能会问：利润太低，赚不了多少钱，还折腾什么？

比如卖一单赚 1 元，卖 1 万单赚 1 万元，确实都是辛苦钱，但你仔细想想：1 万单就是 1 万个实实在在的买家，做好后端维护，新品上架马上就可以打造爆款；再者，通过官方平台销售，不会存在虚假交易风险，被处罚降权的概率低；如果选品得当、售后"好评+带字带图带短视频评论+DSR 评分"维护得当，一次活动结束后会有非常好的数据基础，后面提价销售，参加其他活动，都会一顺百顺。

有远见的运营人员或老板会偷着乐,成功运营活动的"获客成本"比其他付费推广要便宜得多。

> **小贴士**:
> 1. 在以上 5 个步骤中,第一步最重要,收集、整理、分析数据可以辅助你做出更加正确的决策,如果缺少这一步,选品难免盲目。
> 2. 天天特卖规则升级,由小二人工审核升级为系统自动二审,系统会自动检测产品的视觉呈现效果(图片格式、宽高尺寸、清晰度、排版设计、构图、卖点呈现等)。买家购买产品也会重点看视觉呈现效果,所以第一步收集数据时,也要重点参考同行是如何诠释卖点的,看别人的图片是如何拍摄、构图、排版的。在后期设计制作时,不仅要满足活动要求,从视觉上也要证明自己的实力,还要抓住买家的心,促成购买。
> 3. 建议大家学会后举一反三,此案例的步骤也适用于其他类目。

4.2 全年活动节奏规划,助你快速完成销售目标

"凡事预则立,不预则废!"对于活动运营,临时抱佛脚,一定行不通!

4.2.1 提前量法则

品牌日常活动规模越大,报名门槛越高,比如聚划算,不是说你有钱、有产品,马上就可以参加,各行业类目的"大佬"有很多,不缺钱的也有很多。想参加活动?不好意思,请排队!提前报名、提前排期,便是提前量(当然,如果足够有实力,成为聚划算的 KA (KeyAccount,指关键客户、重点客户)商家,可享受报名优先审核、优先排期)。

历年双 11、双 12 这样的全网大促活动的筹备期长达半年甚至更久,大致时间段如图 4-6 所示。作为卖家,如果想在主会场报名期间顺利通过,必须在活动前好好维护 DSR 动态评分、销量、销售额、好评等数据,不违规,特别是严重违规,否则根本没有机会。这也是为什么很多新卖家临近活动了才想要参加,实际上已经没有机会的原因。提前筹备就是活动运营的提前量法则。

提前量法则的适用范围不局限于聚划算、双 11、双 12,淘宝、天猫网店的五种活动类型(全网大促活动、特色市场品牌活动、行业类目活动、无线手淘活动、商家店铺活动)也适用。

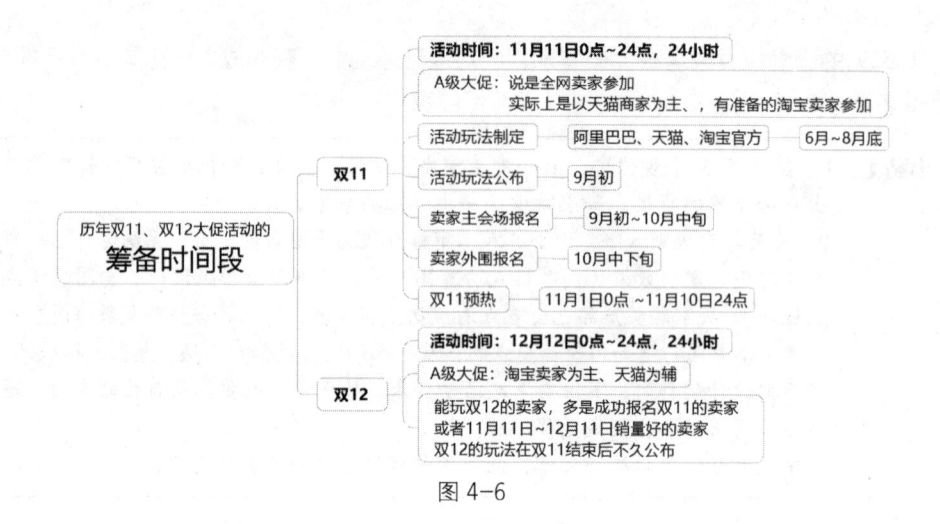

```
                                    ┌─ 活动时间：11月11日0点~24点，24小时
                                    ├─ A级大促： 说是全网卖家参加
                                    │           实际上是以天猫商家为主，有准备的淘宝卖家参加
                          ┌─ 双11 ──┼─ 活动玩法制定 ── 阿里巴巴、天猫、淘宝官方 ── 6月~8月底
                          │         ├─ 活动玩法公布 ── 9月初
历年双11、双12大促活动的  │         ├─ 卖家主会场报名 ── 9月初~10月中旬
      筹备时间段 ─────────┤         ├─ 卖家外围报名 ── 10月中下旬
                          │         └─ 双11预热 ── 11月1日0点~11月10日24点
                          │
                          └─ 双12 ──┬─ 活动时间：12月12日0点~24点，24小时
                                    ├─ A级大促：淘宝卖家为主、天猫为辅
                                    └─ 能玩双12的卖家，多是成功报名双11的卖家
                                       或者11月11日~12月11日销量好的卖家
                                       双12的玩法在双11结束后不久公布
```

图 4-6

4.2.2 需要提前筹备什么

建议从以下 6 个方面筹备：

1．注册店铺。手续齐全的话（所需材料查看入口：淘宝卖家在计算机上启动浏览器，输入淘宝网址并打开，单击页面右上角的"我要开店"；天猫商家在计算机上输入天猫网址并打开，依次单击页面右上角的"商家支持"－"商家入驻"），完成淘宝店铺注册需 2 个工作日左右，完成天猫店铺注册需 8 个工作日左右。

很多活动有开店时长 90 天（从注册成功并激活店铺那一刻算起）的要求，建议先把店铺注册下来，或者直接买店。已经正常开店的，忽略此环节。

2．分析市场、活动平台、自己的优势和劣势，收集、整理、分析数据（参考前文"女装卖家参加天天特卖活动"的例子）。

3．解决货源。已有货源的，忽略此环节。还未确定货源的读者，建议先参照前文"4 大选品原则"，再重点关注货源的稳定性，尽量让货源可控。若是本地货源，尽量上门查看产品质量；异地货源，尽量先看样品。

货源是根本，因为后面做的所有事情都围着它转，特别是活动报名的库存数量较多时，一旦出了问题，比如供货商没货可发、延迟发货，造成买家投诉维权、退换纠纷等，不好的数据会全部反映到你的网店上，影响久远。一定要能做主的人亲自确认货源问题，笔者有个卖童装的学员，为了货源，举家迁往浙江湖州织里镇，后来年销售额做到上千万元，多次跻身类目 TOP 50。

此外，报名活动的库存数量越多，对资金要求越高。比如免费的天天特卖活动，报名

500 件现货，只需准备 500 件的进货资金；而像淘抢购、聚划算这类付费活动，除了库存数量的货值，还需缴纳保证金、技术服务费等。也就是说，活动期间筹备所需的资金比平时多，少则几万元，多则几十万，甚至几百万元。

关于货款，推荐以下两个解决方案：

一是有资金但不充裕的情况，可与供货商洽谈，尽量压低进货价且晚点付货款。

网店的活动周期一般是固定的，比如 24、48、72 小时，从发货到签收，有些买家会主动确认收货，周期为 3~7 天；即使买家没有主动确认收货，系统也会自动确认，平时默认为 10 天，像双 11 的全网大促活动会延期 10~15 天。也就是说，平时的回款周期为 7~20 天，全网大促活动期间为 10~30 天。只要网店信誉好，没有违规，可以在卖家中心利用在途订单贷款，提前回款，也可以在网商银行信用贷款，提前了解并熟悉这些规则，就能与供货商约定明确的还款时间。快递费也可以月结或季度结，减轻资金压力。

> **小贴士**：1. 网店支付宝担保交易流程：卖家发布产品确保上架和出售中→买家拍下产品创建订单→买家付款到支付宝（付给支付宝公司而非付给卖家）→卖家发货→买家确认收货（钱从支付宝公司转到卖家的支付宝账户），交易完成（买家收货，卖家收钱）→评价打分。
> 2. 淘宝、天猫订单状态解析如图 4-7 所示，什么能做，什么不能做，尽量心中有数。将售后问题提前预判，能有效预防。

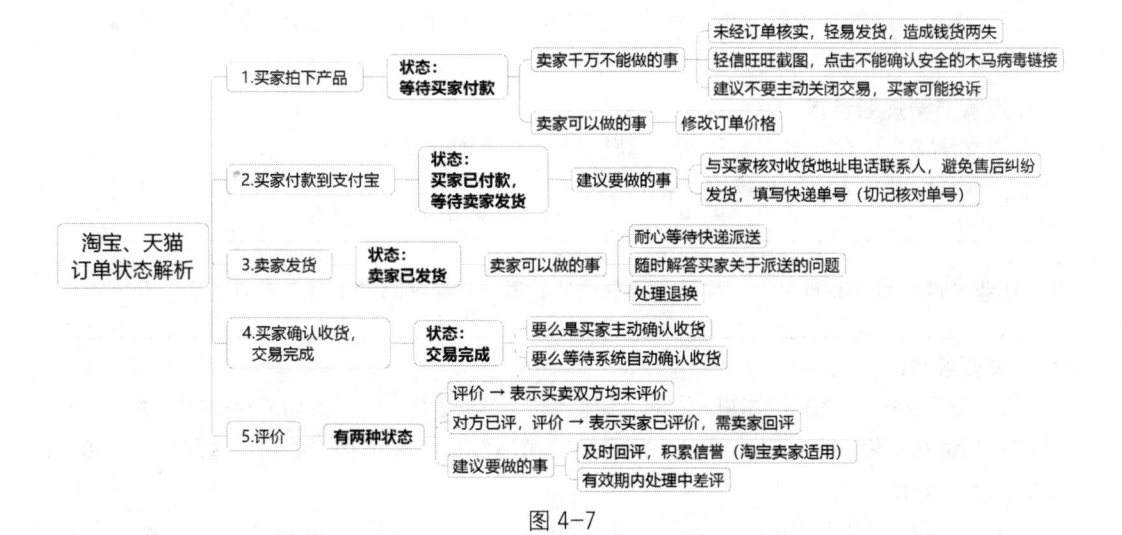

图 4-7

二是没有启动资金，但有活动运营技术和经验，可以找厂家的老板、决策者洽谈合作，互利共赢。

4．用半天至 2 天的时间，制订一份全年活动运营计划，明确方向，比如一年大概做多少次活动，每一次活动要达到什么目的等。

5．用半天左右的时间，写一份完整的活动策划方案，将活动细节流程化、制度化（详见"4.3 实操：一场完整的活动策划与实施细节"）。

6．按计划落地执行，具体时间差异大，快则三五天，慢则半个月。

重要经验：切记，任何一场活动，产品是重中之重。建议每一场活动，三项内部功课必须做足，分别是产品优化（主图、主图视频、SKU 分类图、价格、详情描述、关联推荐等）、店铺装修优化（PC 端+手机端）、促销策略优化（提升客单价、询单转化率、静默转化率）、活动布点（PC 端+手机端店铺和全店的产品详情页，扩大活动影响力）。

4.2.3　全年活动运营计划

准备工作：

1．搞清楚官方全年不同类型活动的节奏和时间节点，参照本节配套素材文件夹内的"4.2 淘宝天猫全年活动时间节点.png"，有全年的活动清单。

2．确定自己的准备期。也就是 4.2.2 节提到的"提前筹备的 6 个方面事情"需要多少时间。"

运营节奏规划步骤：

以文胸卖家为例，其"全年活动运营计划"的写作步骤如图 4-8 所示，第三步是重要环节，把确定参加的活动标注到营销日历上。

作业：以你的产品为原型，按图 4-8 的步骤，写一份全年活动运营节奏计划表。

重要经验：

1．在有好货（货品质量好+活动定位明确）的前提下，任何活动的核心指标为：销售件数、销售额、好评率、动态评分。为了良性循环参加更多场次的活动，这几个核心指标需时刻维护到位。

2．写计划不是最终目的，执行才是。因此在写完计划后，去执行才能见成效。

第 4 章 日销千件的活动运营

图 4-8

4.3 实操：一场完整的活动策划方案与实施细节

为什么别人可以日销千件？

凭别人提前精心筹划与准备！

凭别人提前规划店铺活动，不是临近活动才说要做！

凭别人对各种官方活动的玩法非常熟悉！

凭别人能独立制订活动运营计划！

凭别人敢想、敢做、执行力强、解决问题的能力强！

你呢？去做了吗？做到了吗？

上一节制订了全年活动运营计划，大方向清楚了，接下来从小事做起、从眼前做起，逐步将计划落到实处。

一年可能要参加 50 场活动，第一场活动尤为重要，只要第一场活动顺利，后面的活动直接复制经验即可。第一场活动从计划开始，一场完整的活动策划方案应该包含活动前准备、活动进行中、活动结束后三个阶段的细节。

4.3.1 活动前准备

明确活动目的、类型、级别、投入资源量

任何一场活动，一定有目的，比如店内产品清仓？产品上新？打造爆款产品？促销？粉丝、会员福利？有什么人生大事？有什么紧急事件？要临时关门几天？紧急甩货？确定此次活动的目的。

活动类型有五种，确定此次活动是哪种类型（全网大促、类目活动、中西方重要节日活动、品牌日常活动、店内活动）。

最高级别的活动全网卖家参加，其次是多数类目可参加的品牌日常活动，再次是类目活动，最后是卖家自己的店铺活动。活动级别不同，投入的资源量不同，应对策略也不同。

多数促销活动时间不长，如 24 小时、48 小时、72 小时，但提前报名或筹备的时间不同，有 7 天、14 天、一个月，甚至更久。明确活动周期，有利于卖家掌握主动性。

你想做多大？预期的规模有多大？比如卖 300 件与 3000 件产品需投入的资源量有着本质区别，规模越大，调用的资源越多，越考验自身的实力。

小结：

分别反问自己上述几个问题，每一个问题在心中都有答案后，继续往下看。

充分了解活动的规则、玩法、报名门槛

虽然不同活动的玩法不一样，但总体分为"不看别人脸色自己做主型"和"借别人地盘用别人资源型"两类。

第一类，不看别人脸色自己做主型，即店内所有活动自己说了算。推荐两种玩法：玩法一、按自己的节奏开展活动，不用考虑平台、类目，只要想做活动，随时开始；玩法二、蹭大环境的热度做活动，比如双 11 要来了，不用理会平台的活动规则、无须报名，只管掐好时间，订购打折、优惠券等促销工具，使用一样的理由做活动即可（注意：官方促销标签不能随便使用，比如"聚划算"标签只能真正参加聚划算活动才能使用），这种类型非常适合"私域流量"富足的卖家。

第二类，借别人地盘用别人资源型，最典型的就是报名参加需要排期的活动，要提前熟悉玩法，算好日子去报名。

需提前报名排期的活动及查看入口如图 4-9 所示，它们的优点是平台主导运营，官方有大量的流量、优质买家，你凭本事进去抓；缺点是使用赛马机制分配资源、对手多且强大、平台看实力和潜力、需要你随时待命配合、要等排期等。

第 4 章 日销千件的活动运营

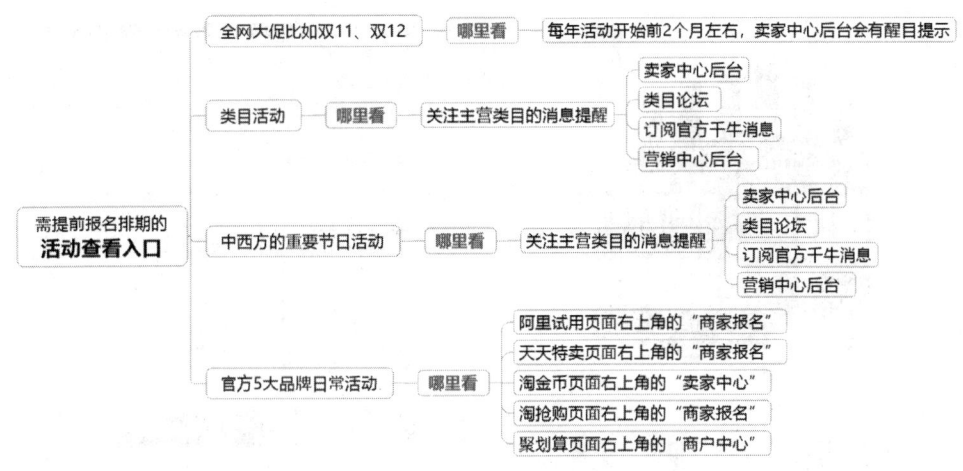

```
                         ┌─ 全网大促比如双11、双12 ─── 哪里看 ─── 每年活动开始前2个月左右，卖家中心后台会有醒目提示
                         │                                              ┌─ 卖家中心后台
                         │                                              │  类目论坛
                         ├─ 类目活动 ─── 哪里看 ─── 关注主营类目的消息提醒 ┤  订阅官方千牛消息
                         │                                              └─ 营销中心后台
需提前报名排期的          │                                              ┌─ 卖家中心后台
活动查看入口  ────────────┤                                              │  类目论坛
                         ├─ 中西方的重要节日活动 ── 哪里看 ─ 关注主营类目的消息提醒 ┤ 订阅官方千牛消息
                         │                                              └─ 营销中心后台
                         │                                              ┌─ 阿里试用页面右上角的"商家报名"
                         │                                              │  天天特卖页面右上角的"商家报名"
                         └─ 官方5大品牌日常活动 ─── 哪里看 ─────────────┤  淘金币页面右上角的"卖家中心"
                                                                        │  淘抢购页面右上角的"商家报名"
                                                                        └─ 聚划算页面右上角的"商户中心"
```

图 4-9

重要经验：

充分准备，熟知规则和玩法，提前确定要参加活动的日期，提前备货，提前做基础数据。

匹配活动的选品、备货、供应链

关于活动选品：

如果从出售中的产品选择，切记不要随便打折并且是很低的折扣，因为很多活动的价格只能低于 30 天内或 15 天内的最低价，系统会自动检测判断。定一个比较高的一口价，然后针对不同促销活动，定不同的折扣，新买家根本看不出来，卖家可以实现利润最大化。这就是为什么 10 个产品中有 9 个在打折，这是一口价与销售价总是不同的原因。

如果现有产品中没有适合参加活动的，可以发布全新产品去报名。而全新发布的产品想顺利通过报名，最重要的是基础数据。虽然不同活动的具体要求不同，但可以抓几个核心指标，店铺数据包含 DSR 动态评分（只要不低于 4.6 分，多数活动都能上，个别活动甚至放宽到不低于 4.5 分）、是否违规（一般在违规处罚期结束后可以，严重违规不行），个别活动还有 30 天内全店成交额限制；活动产品数据包含 30 天/15 天最低价、14 天/7 天的销量（通过销量增长趋势可以判断其爆发潜力）。

如果是发布新品并去报名，避免不了"做数据"，侧重维护以上指标，能大大提升报名通过率。

关于活动备货：

单 SKU，指下单购买时，"颜色分类"只有一个必选项，如图 4-10 所示。这一类产品的备货技巧很简单，按活动库存要求设置即可，比如报名 100 件，后台设置库存为 100 件就好了。

图 4-10

多 SKU，指下单购买时，有多个可选项，如图 4-11 所示。服装类目都有"颜色分类"和"尺码"两个选项。多 SKU 的产品备货稍微复杂一些，有产品运营经验的卖家，可以根据数据分析结果（比如收藏量、加入购物车件数、买家偏好、已购买 SKU 分布等）辅助备货。

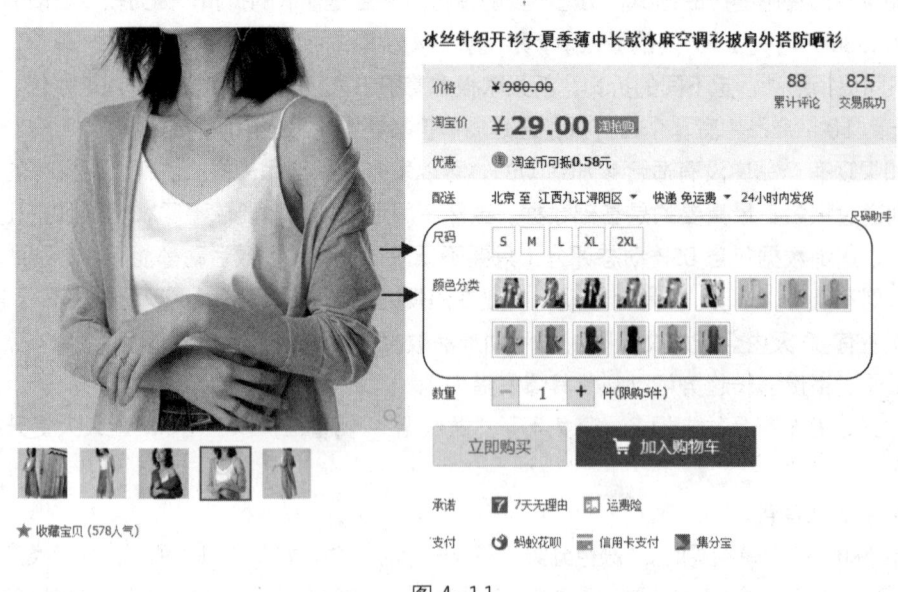

图 4-11

第 4 章　日销千件的活动运营

如果是第一次为活动产品备货，又遇上多 SKU，则需要一定的技巧。下面来看一个淘抢购活动产品案例"男士背心"，如图 4-12 所示。

基础信息：

四种尺码：L、XL、2XL、3XL

三种颜色：黑、白、灰

产品数量：3 x 4 = 12 款

备货前思考：12 款均匀备货？还是将畅销颜色、畅销尺码区别备货？

该卖家的备货技巧：

先确定促销策略"3 件 27.9 元"，再将 3 种颜色分成 10 种组合（1 黑 1 白 1 灰、3 个灰、3 个黑、3 个白、1 黑 2 灰、1 灰 2 白、2 黑 1 灰、1 黑 2 白、2 灰 1 白、2 黑 1 白），买家只需拍下 1 种组合，到手是 3 件。

巧妙之处：将批发拿货的方式完美融合到零售中，10 种组合分别得出黑（1+3+1+2+1+2）、白（1+3+2+2+1+1）、灰（1+3+2+1+1+2）各 10 件，能最大限度地避免缺码、断码情况的发生。

对于多色多码的产品，在批发拿货时，一般不支持挑码，一手货需要全码，比如白色一手货=L、XL、2XL、3XL 四个码。

如果你遇到类似的情况，该案例可供参考。当然，你更了解你的产品，具体备货方式，需结合自身实际情况，综合考虑多方面的因素。

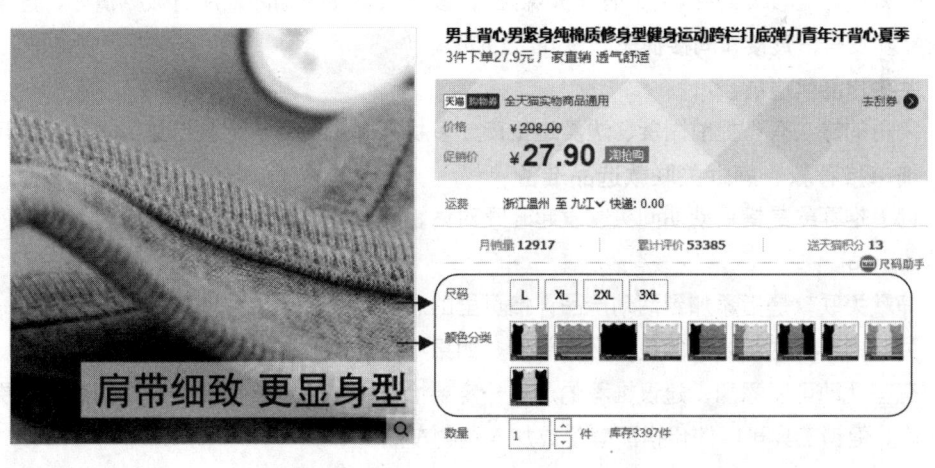

图 4-12

重要经验：

1．报名活动产品的 SKU 怎么组合，应该提前规划好。引导买家按规划的路线购买，能实时掌握主动权。

2．为了提升客单价，多数时候要用促销策略，比如上述案例"27.9元3件包邮"的利润比"9.9元1件包邮"的利润高得多。

3．多SKU的产品，提前规划好颜色分类，可以提前预包装，提升售后发货速度，以及提升买家购后满意度。

4．现在的官方活动，多数是填报的库存售完就自动下架，并且活动结束前库存锁定，无法再次编辑上架。为了不浪费流量，卖家可以提前发布一个与活动产品一模一样的全新链接，一旦活动产品下架，立即上架新链接，虽然只在自己店铺展示，但也能争取一些"活动余温"带来的销量。

5．建议卖家在发布任何一个全新的产品前，要规划好它的运营路线，控制它的生命周期，这样可以将可能发生的损失降至最低。

比如很多新手卖家考虑不周，产品各项参数随意填写，后来觉得不对，想重新再改，如果无销量无评论，即使删除后重新发布也没什么影响，可一旦修改之前有销量、有评论、有权重、有排名的产品的参数，万一改错，会导致产品降权、被违规处罚，损失很大。

笔者有学员遇到过这种情况，产品累计销售1300多件，动态评分、好评率、买家秀、评论等数据都很漂亮，报名淘抢购的前一天，增加了一个SKU，因文字描述不恰当，导致系统检测到有"修改类目+SKU有作弊嫌疑"，该产品直接被删除，所有数据清零，连申诉的机会都没有，直接和间接损失超过60万元！

关于产品供应链：

常用的方法有：提前囤货、边卖边生产、多找几个供货商。根据自身实际情况选用。

询单推荐款、静默关联款选品准备

询单推荐款是指活动期间买家发起旺旺对话，在咨询活动产品相关问题时，推荐的店内其他产品。

静默关联款是指添加到活动产品详情页里的店内其他产品。

关联推荐款的主要目的是提升客单价。如果不考虑这个因素，这一项可以忽略。

有些活动可以添加，建议推荐的产品一定要恰当，比活动产品更实惠或功能互补更容易成功。促销工具可以使用搭配套餐或加入购物车满减等。

有些活动不能添加，此时可以在活动产品上下功夫，尽量让买家购买更多的件数，推荐多用促销策略。比如第三件0元，买3件只收2件的钱，订购"满就减"工具可以实现；再比如2件68元，一个颜色分类里面包含2件，只需买1件，到手2件等。

发布与活动相关的所有产品并做极致优化

发布产品入口：卖家中心-宝贝管理-发布宝贝。

活动产品：报名前，极致优化产品的每一项参数，打造"攻心"详情页；报名时，严格按活动要求填写相关参数。尽量"接住"每一个流量，提升购买转化率。

非活动产品：含静默关联款和询单推荐款。优化标准：1．与活动关联性大；2．性价比高；3．极致优化，打造"攻心"详情页。

按活动要求填报信息

需要报名的活动及查看入口在图 4-9 中已经列举，按活动要求填报的信息包含：参加活动的产品选择、期望开始的时间、库存、活动封面图、店铺封面图、活动价格、活动玩法（比如第二件 0 元、第二件半价）等。

按活动要求填报信息，从技术角度看，比较关键的是视觉呈现能力，所以美工专员在制作活动图、详情描述图、海报图之前，最好多借鉴平台上已经参加的产品案例，避免闭门造车。

通过报名审核后，按要求设置相关参数

提交活动报名申请后，最重要的事情是等通知。不管有没有通过，一定会有消息通知，比如千牛旺旺系统消息、站内信、手机短信；KA 卖家更有 VIP 待遇，如小二对接、电话联系等。

如果顺利通过，会提示下一步如何做，切记多读几遍，理解了再按要求设置参数。有些卖家第一次参加活动就通过了报名，非常兴奋和紧张，没看清楚或没正确理解规则就去操作，结果导致设置错误而被取消活动资格。

不同活动在通过报名后要做的事情不一样，有些活动会在正式开始时锁定价格、库存、详情描述，活动期间无法修改。所以切记仔细核对，能改的时候及时改，反复确认，多找几个人确认，一定要避免因设置失误而导致的巨大损失。特别是库存填报几千件的，多一个或少一个零，差别巨大；价格前移或后移一个小数点，要么亏大了，要么销量惨淡。

PC 端+手机端店铺装修同步优化

装修优化的目的：活动告知，活动布点，最大限度地宣传活动，为活动导流。

PC 端旺铺活动期间装修优化侧重点如图 4-13 所示，全店通用的店铺页头、首页、活动产品详情页是重中之重。手机端旺铺比 PC 端旺铺相对简单，侧重装修首页和活动产品的详情页即可。

活动结束之后，记得撤换内容。

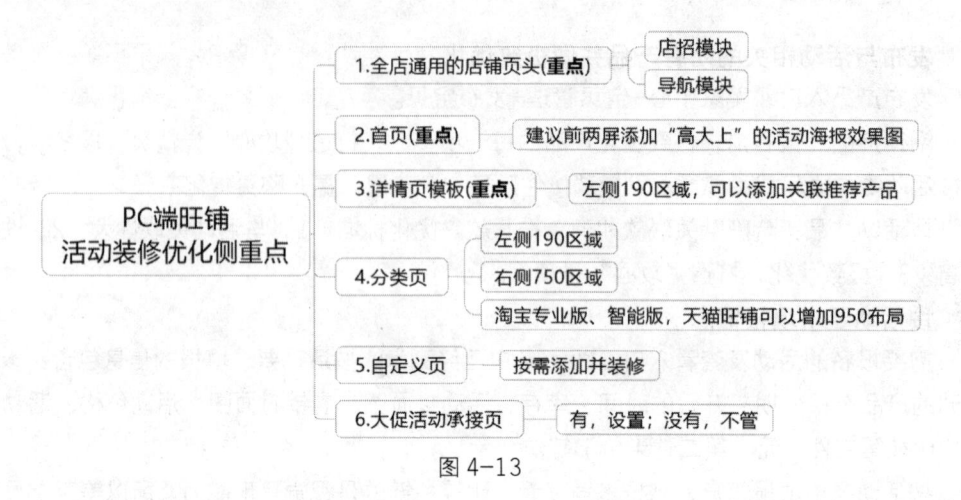

```
                                    ┌─ 店招模块
                 ┌─ 1.全店通用的店铺页头(重点) ─┤
                 │                  └─ 导航模块
                 │
                 ├─ 2.首页(重点) ─── 建议前两屏添加"高大上"的活动海报效果图
                 │
                 ├─ 3.详情页模板(重点) ─── 左侧190区域,可以添加关联推荐产品
 PC端旺铺        │
 活动装修优化侧重点┤              ┌─ 左侧190区域
                 ├─ 4.分类页 ─────┤─ 右侧750区域
                 │                └─ 淘宝专业版、智能版,天猫旺铺可以增加950布局
                 │
                 ├─ 5.自定义页 ─── 按需添加并装修
                 │
                 └─ 6.大促活动承接页 ─── 有,设置;没有,不管
```

图 4-13

未通过报名审核,应对技巧

影响顺利通过活动报名的重要因素如图 4-14 所示,前文讲过官方活动要通过三道审核,第一道、店铺机审,自动检测店铺相关数据是否满足条件;第二道、产品机审,自动检测产品是否满足条件;第三道、小二人工审核,看视觉、竞争力、潜力、综合实力。

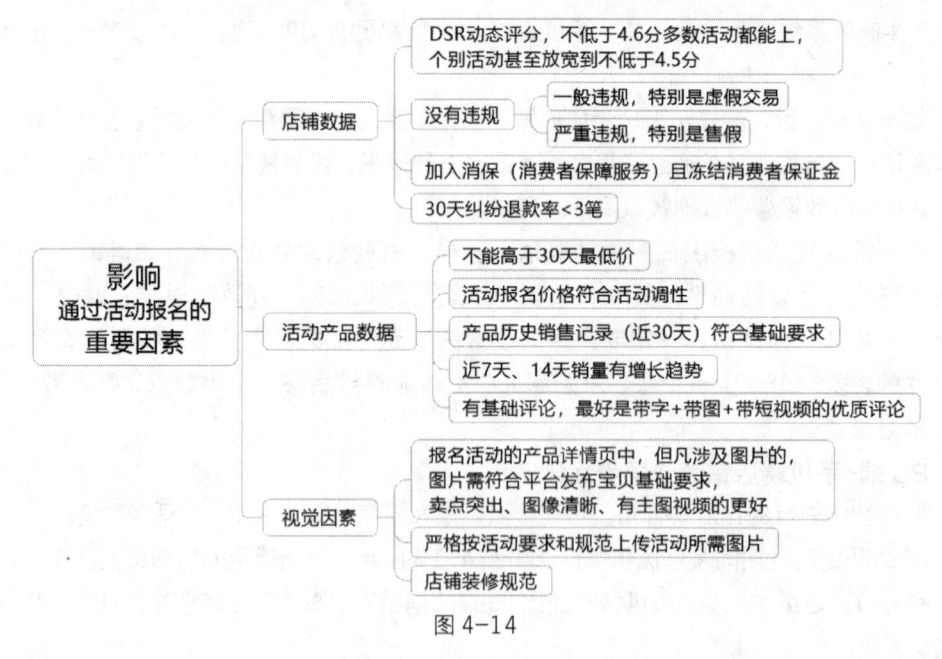

```
                       ┌─ DSR动态评分,不低于4.6分多数活动都能上,
                       │   个别活动甚至放宽到不低于4.5分
                       │                    ┌─ 一般违规,特别是虚假交易
              ┌─ 店铺数据 ─┤─ 没有违规 ─┤
              │        │                    └─ 严重违规,特别是售假
              │        ├─ 加入消保(消费者保障服务)且冻结消费者保证金
              │        └─ 30天纠纷退款率<3笔
              │
              │            ┌─ 不能高于30天最低价
 影响         │            ├─ 活动报名价格符合活动调性
 通过活动报名的 ┤─ 活动产品数据 ┤─ 产品历史销售记录(近30天)符合基础要求
 重要因素      │            ├─ 近7天、14天销量有增长趋势
              │            └─ 有基础评论,最好是带字+带图+带短视频的优质评论
              │
              │            ┌─ 报名活动的产品详情页中,但凡涉及图片的,
              │            │   图片需符合平台发布宝贝基础要求,
              └─ 视觉因素 ─┤   卖点突出、图像清晰、有主图视频的更好
                           ├─ 严格按活动要求和规范上传活动所需图片
                           └─ 店铺装修规范
```

图 4-14

前两道审核不通过,一定有原因,不符合的会标示红色,打×。一项一项查看,看能

不能通过修改后满足审核要求。如果能，修改后满足条件，再来报名；如果不能，思考是否继续参加此项活动，不参加的话，换其他活动。或者弃店，换另一个店铺，满足条件后继续报名。

小二人工审核不通过，有两种情况：一是有精确原因的审核不通过，需要咬文嚼字地分析系统消息提醒不通过的原因，然后第一时间修改，确认没问题了再提交审核；二是比较笼统地提示审核不通过，比如综合竞争力不足，说明这次活动没希望了。卖家可以重新调整后，换一个时间再报名。

活动预热以及为活动制定导流方案

活动预热：行话也称"蓄水"，类似宣传造势，影响力越大，销量越好。预热一般看四项指标：新增收藏店铺数、活动产品新增收藏数、加入购物车件数和加入购物车金额。

预热时间：有长有短，以活动要求为准。有些活动官方不要求预热，但卖家可以自己做。

预热目的：被尽量多的人看到，提升成交件数和金额。

活动导流方案也很重要，个别活动仅凭借官方流量就能卖爆，而多数活动不能，小二评估卖家的综合能力之一就是流量运营能力，官方也希望卖家除了依托平台流量，也要有自己为活动导流的能力。

导流方案一般包含导流渠道和导流时效性，如图4-15所示。

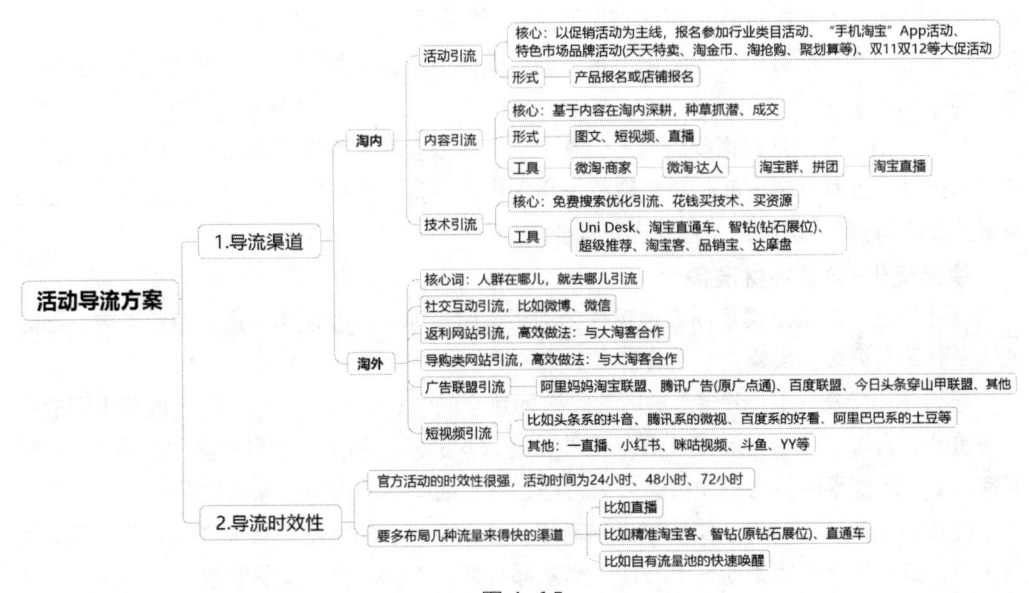

图 4-15

重要提醒：
1. 渠道分为三类：免费、付费、自运营（自建"流量池"）。
2. 免费和自运营渠道多数需时间积累；付费渠道的有些工具需要花钱。

重要经验：
1. 全局控制能力稍差的读者，建议从适合自己的渠道开始，逐渐扩大。
2. 有能力的团队，可以提前布局多渠道引流，活动时汇聚所有资源，为活动预热导流。
3. 有些渠道流量来得慢，有些渠道流量来得快，只有布局多渠道引流，才能找到匹配自己店铺最佳的流量来源渠道组合。

划重点：预热导流的两个数据指标"曝光展现"和"转化率"直接决定产品在当次活动能卖爆的程度。

活动所需人员配置+客服培训

首先明确：活动规模决定你的人员配置。如果只是小型活动，一两个人就能搞定；如果报名的库存有上千件，需重构团队配置。

常规简易的电商团队配置：店长（统管全局）、运营推广（负责流量）、美工（负责视觉）、客服（售前、售后接待）、仓库（制单、打单、分拣、预包装）。

大型活动讲究分工明确、协调配合，建议在客服和仓库岗位上增派人手。客服需在大促前集中培训，内容包含：开通千牛子账号并设置相应权限、千牛的各种功能及设置，特别是各类话术（比如售前话术、询单推荐话术、静默订单主动联系的话术）、活动全流程告知、关于活动产品所有的专业知识（含活动产品详情、活动关联产品、活动关联的套餐产品）等。

另外，活动期间是否需要轮班？像在双11时很多卖家都在通宵工作。如果客服人手不够怎么办？推荐解决方案：一是熟练使用千牛店小蜜；二是客服外包（从卖家服务市场挑选正规服务商）。切记，外包的客服也要培训。

快递优化+包装耗材准备

关于快递：产品从卖家所在地运往全国买家所在地，一般使用快递，目前国内、国际的快递公司有很多，大家自主选择。

建议中小卖家：1. 考虑派送时效，选网点全的快递公司；全国不同区域与不同的多家快递公司合作。2. 考虑派送范围，有些快递公司的网点不全，不到乡镇村的网点多，需买家自提；可能平时只与一家快递公司合作，活动期间要考虑与多家快递合作。

建议月销量较大的淘宝卖家或天猫商家：加入菜鸟仓配网络，具体详情请登录菜鸟官网了解，像聚划算里销量动辄上万件的卖家都有菜鸟入仓，物流发货时效非常有保障。

关于包装耗材：需加固包装的品类含电器、生鲜、美妆、液体、快消品、大家电、家装、大件办公用品、易碎品等；需保密发货的品类有成人、计生、除虫等。这些类目下的产品需更多包装耗材。

耗材分为包装耗材（纸箱、纸盒、飞机盒、打包封装胶带等）和办公耗材（计算机、打印机、打印纸、墨盒等），在1688采购批发网上什么都买得到，量大的话，批发购买更节约成本。

关于上网设备和电：需要如计算机、智能手机、网线等设备；设备运行需要电，突然停电、断电怎么办？最尴尬的是全世界有电，你没电；最倒霉的是你万事俱备准备大干一场，结果片区停电。所以，即使没有发电机，但万一停电，你要有解决方案。

请牢记：淘宝、天猫官方出错的概率很低，你出错的概率很高，事无巨细，提前想到并准备解决方案，活动开始后才能一切顺利。

准备B计划：突发情况的预判与应对

最"费心"的情况是：万事俱备，只欠东风，结果东风迟迟不来。

划重点1：排查可能突发哪些情况。

不同行业、不同卖家的突发情况不一样，建议按活动流程把本节前面内容再梳理一遍，对号入座，挨个检查并详细记录在每一个环节中可能会遇到哪些问题，并想出至少一种或者多种解决方案。

划重点2：售后问题前置预判处理。

第一步：理解售后问题对店铺的影响。

在当前评价规则中，买家可以对淘宝店铺做出好中差评+DSR动态评分；天猫店默认好评，没有中差评，但可以对DSR进行评分。

动态评分三项：D描述相符（基于产品，卖家的详情描述页是否与实物相符）、S服务态度（基于卖家的服务，交易全程客服沟通的态度，未有旺旺对话但提供侧面的服务，比如付款后立即发送收货信息提醒核对、提醒收件、给出售后问题处理方案等）、R物流服务（派送时效、快递员派送态度、物流有问题时卖家的处理时效和态度）。

总体来讲：售后的重点是维护买家满意度。产品如实描述+卖家服务态度好+快递派送及时，快递小哥服务态度好，就容易赢得买家的"好评+全5分"。反之，纠纷退款率、退款率、中差评多、低于5分的评分多，会拉低店铺综合数据，影响后续新买家对店铺的印象，影响其他产品销售、活动报名、推广工具的使用等。

第二步：清楚知道有哪些售后问题以及对应的解决方案。

在交易流程中，买家可以申请退货退款的节点有三个：

1．"买家已付款"，退款原因及解决方法如图4-16所示。
2．"卖家已发货"，买家申请未收到货退款，退款原因及解决方法如图4-17所示。

买家已付款 退款原因及解决方案

- **原因1：不想要了/拍错了** — 解决方法
  - 先联系买家
  - 搞清楚原因再处理
    - 买家取消退款申请，继续发货
    - 买家不取消申请，同意退款

- **原因2：缺货** — 解决方法
  - 合理备货
  - 不能在默认时效48小时内发货的，在详情页内标明为"预售"
  - 联系买家
    - 买家取消退款申请，继续发货
    - 买家不取消申请，同意退款

- **原因3：未按约定时间发货** — 解决方法
  - 检查运费模板设置的发货时间，选一个比较弹性的时间，比如72小时
  - 默认要求48小时内发货
  - 销量大了，一是解决产品供应，二要在快递、预包装、包装方面提升发货速度
  - 销量大+缺乏经验+第一次，可以在详情页内"打预防针"：告知原因，预计多少天内发货
  - 案例：
    - 天猫精灵智能音箱月销件数为100万+
    - 买家付款后会第一时间告知20天内发货
    - 实际上，卖家背后准备充分，产品充足
    - 菜鸟分仓发货，正常时效内送达
    - 超出买家预期
    - 售后获得"好评+5分"非常容易

- **原因4：协商一致退款** — 解决方法
  - 先联系买家
  - 搞清楚原因再处理
    - 买家取消退款申请，继续发货
    - 买家不取消申请，同意退款

- **原因5：买家个人原因** — 解决方法
  - 先联系买家
  - 搞清楚原因再处理
    - 买家取消退款申请，继续发货
    - 买家不取消申请，同意退款

- **其他** — 解决方法
  - 先联系买家
  - 搞清楚原因再处理

图 4-16

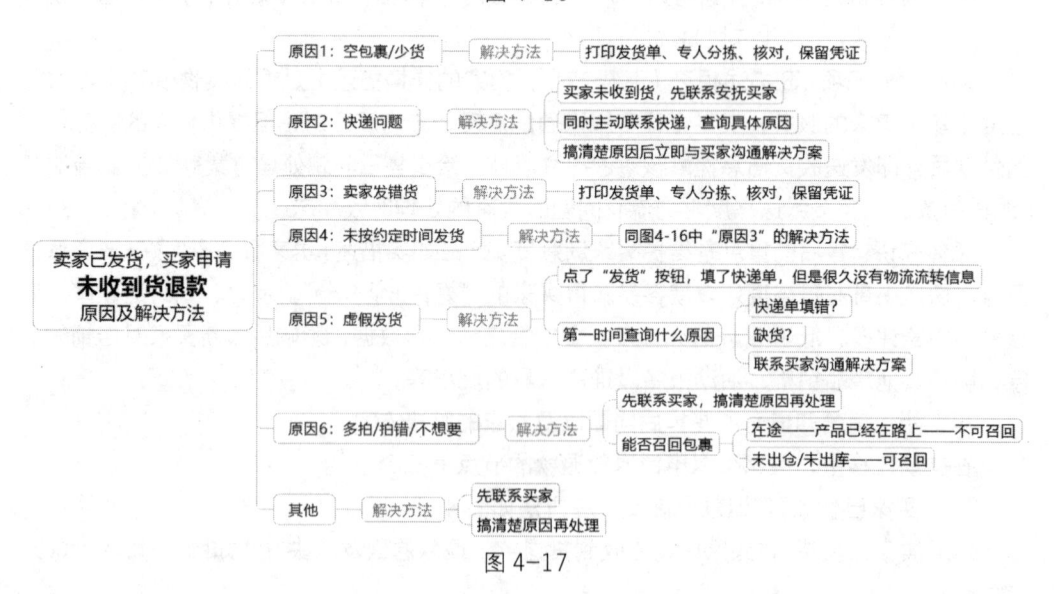

卖家已发货，买家申请未收到货退款 原因及解决方法

- **原因1：空包裹/少货** — 解决方法
  - 打印发货单、专人分拣、核对，保留凭证

- **原因2：快递问题** — 解决方法
  - 买家未收到货，先联系安抚买家
  - 同时主动联系快递，查询具体原因
  - 搞清楚原因后立即与买家沟通解决方案

- **原因3：卖家发错货** — 解决方法
  - 打印发货单、专人分拣、核对，保留凭证

- **原因4：未按约定时间发货** — 解决方法
  - 同图4-16中"原因3"的解决方法

- **原因5：虚假发货** — 解决方法
  - 点了"发货"按钮，填了快递单，但是很久没有物流流转信息
  - 第一时间查询什么原因
    - 快递单填错？
    - 缺货？
    - 联系买家沟通解决方案

- **原因6：多拍/拍错/不想要** — 解决方法
  - 先联系买家，搞清楚原因再处理
  - 能否召回包裹
    - 在途——产品已经在路上——不可召回
    - 未出仓/未出库——可召回

- **其他** — 解决方法
  - 先联系买家
  - 搞清楚原因再处理

图 4-17

3. "卖家已发货",买家申请已收到货退款,原因及解决方案如图4-18所示。

```
卖家已发货,买家申请
已收到货退款
原因及解决方法
├─ 原因1:尺寸不符 ─ 解决方法
│   以"女士内衣/男士内衣/家居服"为例:(类目不同,退款原因有所不同,类似处理即可)
│   ├─ 在详情描述中切记要非常清楚地标明尺码信息、尺寸测量方法
│   ├─ 在详情描述中暗示或提醒买家,拿不准的咨询客服,注意保留聊天记录
│   └─ 不要发错货
├─ 原因2:材质面料不符 ─ 解决方法 ─ 如实描述
├─ 原因3:工艺/手艺问题 ─ 解决方法
│   ├─ 如实描述
│   └─ 瑕疵说明
├─ 原因4:颜色、款式、吊牌等描述不符 ─ 解决方法
│   ├─ 发错货导致 ─ 打印发货单、专人分拣、核对,保留凭证
│   └─ 卖仿货的 ─ 在详情页中不要出现吊牌
├─ 原因5:发货问题 ─ 解决方法
│   ├─ 先联系买家
│   └─ 搞清楚原因再处理
├─ 原因6:效果不好/不喜欢 ─ 解决方法
│   ├─ 先联系买家
│   └─ 搞清楚原因再处理
├─ 原因7:认为是假货 ─ 解决方法
│   ├─ 售假:严重违规、处罚严重
│   ├─ 买家退款理由认为是假货,需提供检测凭证
│   └─ 卖家最好有正品证明 ─ 先联系买家、搞清楚原因再处理
└─ 其他 ─ 解决方法
    ├─ 先联系买家
    └─ 搞清楚原因再处理
```

图 4-18

4.3.2 活动进行中

活动前该准备的、该想到的都准备了、想到了,接下来,在活动开始后,最重要的一件事是收集问题。建议按岗位角色划分。

在活动进行中,除了保障基础设施(电、网络、计算机、智能手机、打印机等)的正常运行外,售前客服是最关键的,准备阶段的培训内容该派上用场了。

建议:每一个客服,边接待买家,边用文档把买家的每一个问题记录下来,在活动结束后由专人进行汇总,整理成快捷短语和自动回复。如果活动期间人手有限,精力不够,也可以在活动结束后由专人到子账号后台的"监控查询–聊天记录"中汇总问题。因为这些是买家对你的产品或服务最真实的反馈,其他地方借鉴不到。

陆续有付款的订单,售后客服或仓库人员可以开始打单、分拣、包装,联系快递公司取件、发货。订单量大的,建议按之前准备的方案入仓菜鸟网络,其智能化、流程规范、发错货的概率很低,由此产生的售后问题也相对较少。

在活动期间，需随时待命的人员：

店长：控制协调全局，有问题及时处理，确保活动顺利完成。

运营推广人员：补流量。

美工人员：随时调整和处理详情页、装修店铺相关的视觉图片，比如双11当天24小时是按时段修改和调整宣传资料的。

4.3.3 活动结束后

活动结束后，卖家应当复盘分析，准备下一场活动。

复盘分析的目的：找出做得好、做得不好的点，便于下次完善改进。分析数据的方向，如图4-19所示。

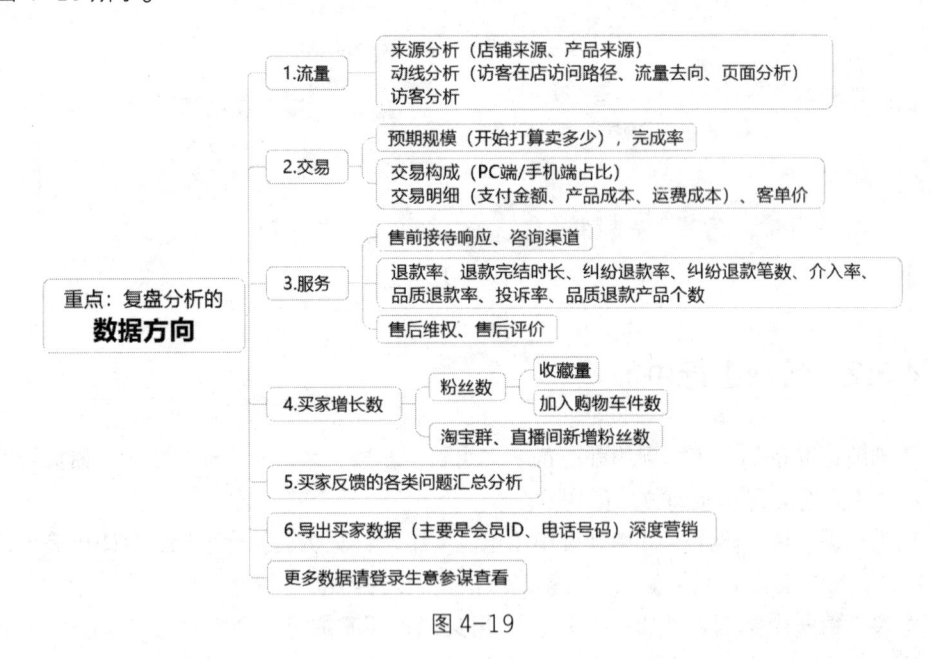

重点：复盘分析的**数据方向**

1. 流量
   - 来源分析（店铺来源、产品来源）
   - 动线分析（访客在店访问路径、流量去向、页面分析）
   - 访客分析

2. 交易
   - 预期规模（开始打算卖多少），完成率
   - 交易构成（PC端/手机端占比）
   - 交易明细（支付金额、产品成本、运费成本）、客单价

3. 服务
   - 售前接待响应、咨询渠道
   - 退款率、退款完结时长、纠纷退款率、纠纷退款笔数、介入率、品质退款率、投诉率、品质退款产品个数
   - 售后维权、售后评价

4. 买家增长数
   - 粉丝数
     - 收藏量
     - 加入购物车件数
   - 淘宝群、直播间新增粉丝数

5. 买家反馈的各类问题汇总分析

6. 导出买家数据（主要是会员ID、电话号码）深度营销

更多数据请登录生意参谋查看

图 4-19

小结：

活动成功的必备四要素：1．产品（库存、选品）、2．流量（多渠道流量获取能力）、3．转化（产品"攻心"详情页、关联推荐、促销策略、装修布点优化）、4．售后流量池（买家长期维护管理）。

当你成功玩转一次活动后，就能持续玩转10次、100次活动。

4.4 超值经验：官方 5 大日常品牌活动运营技巧

本节要讲的官方 5 大日常品牌活动是指淘宝、天猫主导运营，每个月都有的阿里试用、天天特卖、淘金币、淘抢购、聚划算。

想要玩转官方活动，先要吃透赛马机制！

赛马机制是马太效应的升级版，淘宝、天猫有十多个行业、超过 1000 万个卖家、13 亿多种产品，想在有限的、流量超级大的资源位展现，有能力者才能参加。

> **小贴士**：马太效应（Matthew Effect）是指强者愈强、弱者愈弱的现象，是社会学家和经济学家们常用的术语，反映社会两极分化的现象。

阿里试用→天天特卖→淘金币→淘抢购→聚划算，从左往右对店铺整体的要求越来越高，并且平台首页的资源位、每天上线的产品坑位有限，典型的"粥少僧多"，非规定行业/类目不能参加，遵守规则、懂玩法、有一定能力的卖家才有机会去竞争。

建议大家重视第一次官方活动，因为这是一次向平台和官方小二证明自身实力的机会，如果第一次参加就能把资源最大化利用（最直接的数据指标：坑位产出值，简称"坑产"），下次会给你更多机会！淘抢购中的"爆款返场"就是最直接的例子。

4.4.1 阿里试用

阿里试用卖家报名门槛+玩法

简介：阿里试用是全国最大的网上免费试用中心，也是最专业的试客分享平台。其聚集了上百万个试用机会以及大量消费者对各类产品最全面、真实、客观的试用体验报告，为消费者提供购买决策建议。

试用中心作为集用户营销、活动营销、口碑营销、产品营销为一体的营销导购平台，为数百万卖家提升了品牌价值与影响力。

卖家：从 PC 端的网页免费报名，展示到其官方平台。

买家：使用"手机淘宝"或"手机天猫"App 免费申请试用品，申请成功后可免费获得试用品，需提交试用报告，申请流程如图 4-20 所示。

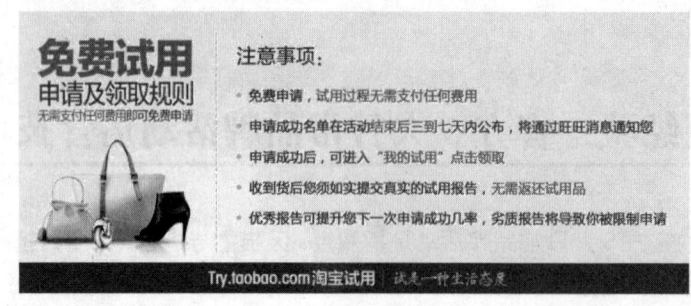

图 4-20

商家利益+试用流程+报名条件如图 4-21 所示。成功报名后活动产品的展示渠道：PC 端展示到网页；手机端在最新版的"手机淘宝"App 内查看，入口为依次点击"首页-我的频道-更多-生活服务-U 先试用"（单击"关注"，可以直接在首页"我的频道"列表中展示）。

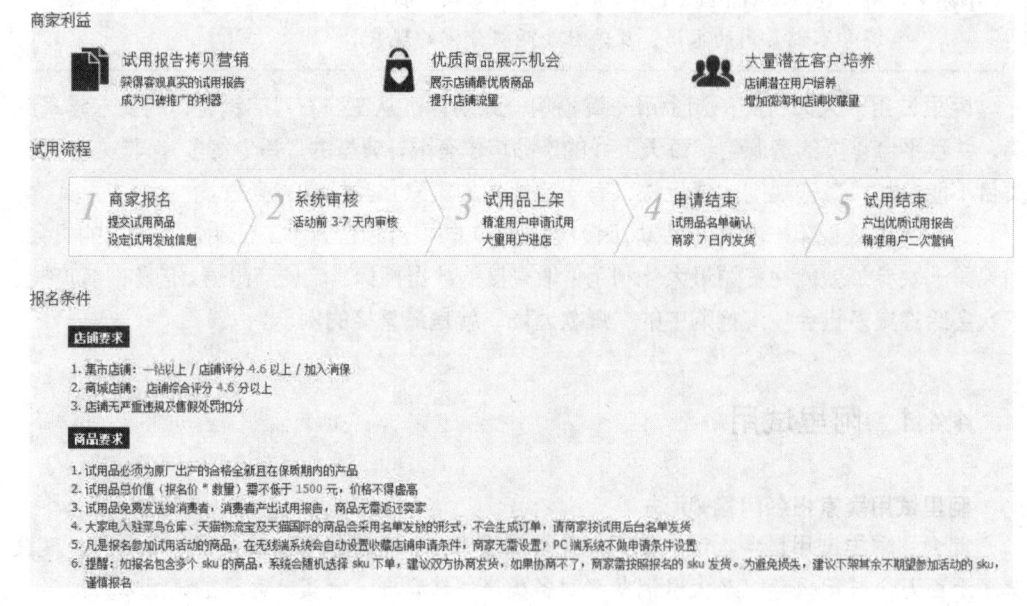

图 4-21

报名入口：

在 PC 端的浏览器打开阿里试用官网，使用卖家账号登录，依次单击页面右侧"商家报名-我要报名试用-报名免费试用"。

第一步：选择排期；第二步：填写报名信息；第三步：等待审核。

如果你是类目 Top100 的卖家，可以加入旺旺群联系志愿者入驻。

温馨提示：

审核不通过的卖家会在活动开始前一周左右收到审核失败的通知，通过审核的卖家会在活动开始前 3 天收到旺旺弹窗消息并且试用品状态将变成待上架。

通过审核的卖家请务必注意以下事项：

1．在活动开始前始终保持店铺为符合报名条件的状态，且始终保持产品为上架状态；
2．在活动开始前 1 天完成所有产品的信息设置；
3．系统会在活动开始前再次检查你的店铺和产品状态是否正常，以及产品的信息设置是否正确，存在异常的卖家，可能会被处罚或者取消活动资格。

常见问题答疑：

问题 1：参加试用活动，提供的产品是免费送给试用者吗？

答：是的。活动结束后，你必须按照试用者名单免费并包邮发放试用品，不退回。即卖家承担所有试用品费用，包括邮费！

问题 2：免费试用报名审核通过后我该做什么？

答：请做好以下六件事：

1．请根据店铺情况自行在店铺首页悬挂试用中心 Logo；在参加试用活动的产品详情页的"宝贝描述"中以置顶的方式悬挂试用中心 Banner。
2．确认报名产品链接无误。
3．产品保持上架状态，不能下架。
4．与报名时的原价一致，不能修改价格（不包括第三方促销软件设置的折扣价调整）。
5．请自觉遵守免费试用规则，认真按照资料设置。
6．系统检查时间为活动开始前 1 天的 11：00、13：30、14：30、15：30 及 16：30，请务必在活动前 1 个工作日的 11 点之前设置好所有信息。如果你不按要求设置，导致活动按错误信息上线，后果由你自行承担。

问题 3：免费试用活动结束后，我该做什么？在哪里查看试用者名单？

答：目前免费试用已经实现系统化审核（本地生活除外），试用品活动结束后 2～4 天内卖家会收到系统审核的成功试用者名单。

确认试用者名单后，使用你报名时填写的卖家账号登录试用中心首页，依次单击"商家入口-已结束的试用"，就可以查看到试用者名单（试用者名单出来后不可变更）。

最终名单出来之后，你需要在试用论坛的"商家发货单公布"版块以"贴子"形式公布试用发货名单等信息，标题格式为：【产品名】发货单查询，内容请以会员旺旺 ID+快递+发货单号的形式公布，请不要公开会员的真实信息。

在收到试用者名单后，需在一周内完成发货，有特殊情况请说明。如果有试用者使用不同旺旺小号同时申请成功了同一款产品，可以反馈给客服，客服将与试用小二核实，如果属实，将对试用者旺旺 ID 进行拉黑处理。

如果无法联系到申请成功的会员，请在公布发货单号"贴子"上注明联系不到的原因，并暂不发货，等其主动联系你后再进行补发，一个月内无法联系到的会员则视为其自动放弃权利，请在公布发货名单中公示说明。

免费试用带来的巨大后端价值

价值一：快速吸引粉丝，圈建精准"流量池"，精准定向营销。

申请试用的买家（也称"试客"）有五个特点：一是申请试用的买家都是实名认证的淘宝、天猫会员；二是活跃客户；三是申请免费试用必须收藏卖家店铺（收藏店铺=店铺粉丝=精准流量池）；四是必须填写真实的收货地址、电话等信息；五是他们都是产品潜在成交人群。这些人不是"僵尸粉"，也不是使用软件注册的假号，后续可以继续做精准定向营销。

精准定向营销的意思是：知道买家是谁？知道他们在哪，喜欢什么？卖家掌握主动权，能比较准确地传达想传达的信息！具体做法，比如群发短信、群发优惠券、定向优惠（打折、满减、包邮）等。

卖家做免费试用活动，最重要的一点是增加店铺粉丝数，运营微淘或淘宝直播，店铺粉丝数是一个"硬指标"，使用这种方法可以快速、安全地满足条件。

价值二：增加店铺流量，增加店内其他产品的售出机会。

价值三：在产品详情页内展示试用报告，对新买家有非常重要的引导作用！

成功申请的试客们被要求写出真实、全面、优质的试用报告，将长期留存在官方平台，是极好的口碑推广渠道。

价值四：卖家报名免费试用活动，只需提供总价值大于 1500 元的试用品（报名价 × 数量），与其他付费推广活动相比，投入产出比很划算。

4.4.2 天天特卖

天天特卖是淘宝、天猫官方三大千亿级流量平台之一，是淘宝卖家、天猫商家做低价爆款产品比较重要的平台。成功报名产品的展示渠道：PC 端入口在天天特卖官网；手机端入口主要在"手机淘宝" App 首页、"手机淘宝特价版" App 首页、"支付宝" App 首页等。

天天特卖活动报名门槛和流程

第一步：启动浏览器，打开天天特卖官网，单击页面右上角"商家报名"按钮，进入活动报名后台，如图 4-22 所示。选择希望参加的具体活动，比如"天天特卖-极致爆款-特价王"，单击"去报名"按钮。

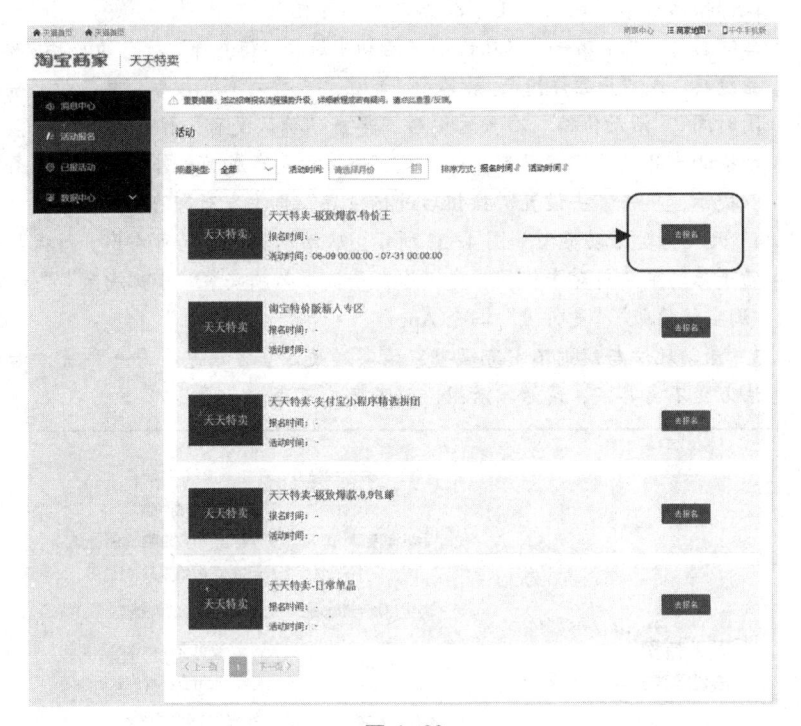

图 4-22

第二步：按页面提示依次完成以下 4 或 5 项内容：1．了解活动详情和招商规则（第一步是店铺审核，符合条件的进入下一步；不符合的，止步）→2．填写基本信息（第二步是产品审核，有符合条件的产品+选择"期望开团时间"后，进入下一步；没有符合条件的，止步）→3．提交产品（填写库存、活动价等）→4．玩法设置（比如第二件半价、第二件 0 元等，个别活动没有的，无须设置）→5．完成报名。

> 小贴士：1．虽然买家可以在计算机或手机上看到活动产品，但是建议卖家在计算机上操作报名，特别是活动相关图片的设计、制作、上传等，在计算机上操作不易出错。
> 2．天天特卖目前只有初审（一审），没有终审（二审）上。初审通过后就可以去发布活动，发布完成后，等待活动正式上线即可。
> 3．通过天天特卖活动初审后，有 2 种发布方式：卖家自行发布和系统自动发布。

系统自动发布：卖家若未自行发布，系统会自动发布。注意：日常的特价活动会在活动开始前一天15:00由系统自动发布，但是部分大促特价活动除外，建议你报名后尽快优化SKU、价格及主图等信息。

卖家自行发布：第一步、在已报名活动中选择"待发布"状态的产品，单击"产品编辑"或"产品详情"；第二步、单击"我要发布"按钮；第三步、确认"开团时间""活动价格"准确无误后，单击"确认发布"按钮；第四步、系统自动检测产品是否正确设置，符合发布条件，发布成功；若不符合发布条件，按照提示，单击"去设置"按钮后进行设置，再次发布即可。

4. 天天特卖活动类型如图4-23所示。从活动类型布局可看出，新版天天特卖的子活动主要针对手机端；建议你在手机上必须安装"手机淘宝""手机天猫""淘宝特价版""支付宝"四个App。

5. 活动玩法与规则不定期调整，请实时关注官方消息。每一种官方活动的玩法万变不离其宗，请活学活用，以不变应万变。

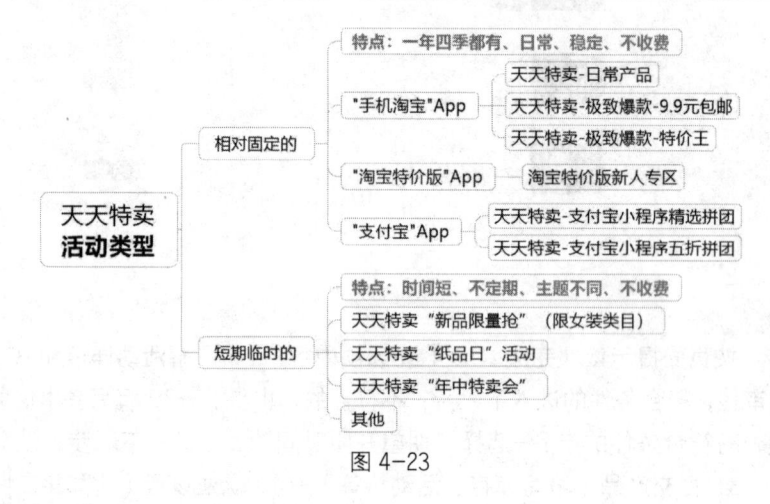

```
                              ┌─ 特点：一年四季都有、日常、稳定、不收费
                              │
                              │                    ┌─ 天天特卖-日常产品
                              │   ┌─ "手机淘宝"App ─┼─ 天天特卖-极致爆款-9.9元包邮
                              │   │                └─ 天天特卖-极致爆款-特价王
                   ┌─ 相对固定的 ─┤
                   │          │   ├─ "淘宝特价版"App ── 淘宝特价版新人专区
                   │          │   │
                   │          │   │                ┌─ 天天特卖-支付宝小程序精选拼团
  天天特卖          │          └─ "支付宝"App ─────┤
  活动类型 ────────┤                               └─ 天天特卖-支付宝小程序五折拼团
                   │
                   │          ┌─ 特点：时间短、不定期、主题不同、不收费
                   │          │
                   │          ├─ 天天特卖"新品限量抢"（限女装类目）
                   └─ 短期临时的 ┤
                              ├─ 天天特卖"纸品日"活动
                              │
                              ├─ 天天特卖"年中特卖会"
                              │
                              └─ 其他
```

图 4-23

重要提醒：

通过天天特卖初审（一审）后，具体操作权限如下：

【活动价】：1. 从活动审核通过到活动开始前，只能降低价格，不能调高价格；2. 活动中，不能修改价格。

【产品日常销售价】：在活动开始前不限制修改，但建议不要低于最低价要求，否则会影响活动的顺利进行；修改不当，可能被取消活动资格。

【产品库存】：只能增加，必须大于活动库存（即活动报名库存）。

【活动库存】：1. 从初核通过后到发布前，只能增加库存；2. 从发布活动产品后到活动结束，不能修改库存。

【主图】：在发布后不能改。

【详情页】：可以修改。

【活动标题】：不能修改，利益点等字段可以修改（标题不再需要增加"天天特卖"四个字）。

【邮费】：邮费由系统自动设置，不需要卖家设置。关于运费：除特殊类目产品，其他报名产品必须支持包邮。包邮是指由卖家承担从卖家处首次发货到买家处的除香港、澳门、台湾、偏远地区（指新疆、内蒙古、西藏、甘肃、青海、宁夏）以外的所有省、直辖市和自治区的运费。

【第三方软件】：建议不要同时设置。比如从卖家服务市场订购的打折促销工具。

【活动利益点】：可以修改。

【限购数量】：不能修改。

【SKU】：活动发布后，不可以增加/删除SKU。

初审通过后，在发布前请仔细、多次核对各项参数，确认无误后再发布。温馨提醒：官方活动规则不定期更新，请及时关注，以官方公告为准。

99%通过活动报名的三个小技巧

在天天特卖规则改版前，初审（即店铺和产品自动审核）后是小二人工审核；改版后，在最新规则下没有小二人工审核，初审通过后就可以发布活动，发布完成后，等待活动正式上线即可。

以"天天特卖-极致爆款-9.9元包邮"为例，其报名步骤如图4-24所示，99%通过活动报名的小技巧建立在"顺利通过店铺审核+产品审核"的基础上（即顺利通过图4-24中的第1、第2步），主要用在进入第3（产品提交）、第4（玩法设置）步，直至顺利完成报名+成功通过初审+成功发布活动产品，最后等待活动开始。

如果前两步的自动审核都过不了，建议满足基础条件后再来报名。

天天特卖-极致爆款-9.9元包邮
活动时间：06-09 00:00:00 至 07-31 00:00:00

① 了解详情　② 填写基本信息　③ 商品提交　④ 玩法设置　⑤ 完成报名

图4-24

因此，能否顺利参加活动，就从原来的"能否通过第二道人工审核"变成了"能否顺利完成活动报名的5个步骤"。

技巧一：熟读"天天特卖"各子活动的招商标准。 跟着官方指挥，避免做无用功。在报名前一定要看，否则容易出错，导致活动报名失败，特别是库存（有些类目要求不低于1000件、3000件，甚至更多）、疲劳期等。比如：

1．1个卖家在1个自然月内最多可以参加5次极致爆款活动（含极致爆款-特价王、极致爆款-9.9元包邮），每次活动最多可报名1个产品。

2．1个产品在1个自然月内最多可以参加3次极致爆款活动（含极致爆款-特价王、极致爆款-9.9元包邮）。

3．从产品报名开始到活动结束前，产品不允许重复报名。在此期间，若审核未通过或活动取消，可以再次报名。

4．单个频道、区块或大型活动如有特殊招商规则的，使用特殊招商规则。

技巧二：了解规则改版前人工审核活动产品的思考逻辑。 如图4-25所示，因为规则改版后，这个环节交给了大数据，由系统自动分析并筛选，结论更精准、公正。建议卖家理解后，提前做功课，精选报名产品。

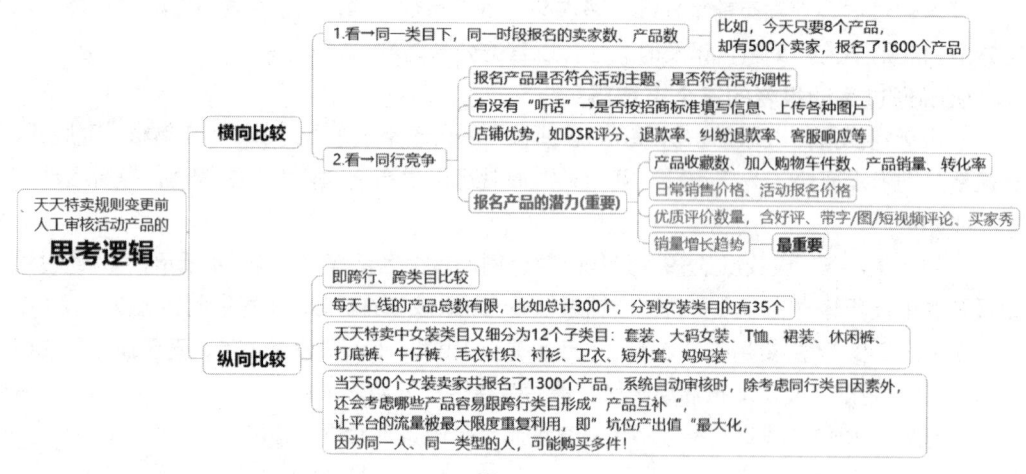

图 4-25

比如"天天特卖-极致爆款-9.9元包邮"的审核维度：

1．报名卖家及产品符合当前活动的场景要求。

2．报名产品从产品日常销售、潜力等综合维度考量：包括但不限于产品成交额、店铺主营类目的日销排名等维度。

3．店铺主要从店铺日常销售、店铺营销平台表现、是否为淘宝超值优选入驻卖家等综合维度进行筛选，包括但不限于近30天店铺成交件数等维度。

4．同时会参考店铺三项 DSR、纠纷退款率、诚信经营等体现店铺服务和质量水平的指标维度。

5．优先审核开通阿里妈妈淘客抵扣的产品。

除以上的各项审核标准，天天特卖也将根据具体的经营和业务需要，新增或调整相应的审核标准并以届时报名活动的具体信息为准。

技巧三、做报名时段内的产品销量增长趋势运营。

报名时间：开团前 15 天至开团前 0 天；

开团时间：产品没有预热，开团时间为活动当天 0 点，展示时间为 72 小时。

具体步骤：

第一步：确定期望开团时间。比如期望当月 27 日开团，假定今天为 11 日，可以在 11 至 26 日中的任意一天报名 27 日 0 点开始的活动，持续时间为 27 日 0 点～29 日 24 点。

第二步：确定报名的时间（非常重要，直接影响通过率）。

如果是已经发布的产品，选择已有带字评论的产品去报名，具体报名时间建议在 19 到 24 日报名，并确保"报名前 7 天+报名当天"，报名产品的销量属于递增状态。比如 21 日去报名，那么 14 到 21 日让该产品的销量递增，一天比一天卖得多（订单状态为：买家已付款）。

如果是新品，建议提前 14 天发布，提前 7 天销量递增，做门槛销量+评论（比如 5 笔）；报名前 7 天+报名当天，继续递增销量；比如 27 日开团，可以在 11 日发布，发布当天"破零"（打破零销量），12 到 18 日销量递增并逐渐有交易完成且评价的订单，如果确定 21 日报名，在 19 到 21 日继续递增销量。

> **小贴士：** 在审核的"潜规则"中，会优先审核开通阿里妈妈淘客抵扣的产品，所以在确定具体报名日子前，可以先开通淘宝客推广。

天天特卖活动的选品、定价、转化技巧

关于选品：记住一点，参加天天特卖活动"质优价廉+超低价"是最极致的诱惑因素，活动价格很重要。因此，一定要做好店内产品布局。

关于定价：利润=销售额-成本。

成本有些是一次性投入的，有些是长期弹性投入的，图 4-26 是简化版的网店成本分析。意思就是，为产品定价时，最好考虑到各种成本，避免一次活动结束后亏得"体无完肤"，毕竟天天特卖的活动产品利润相对较低，以走量为主。

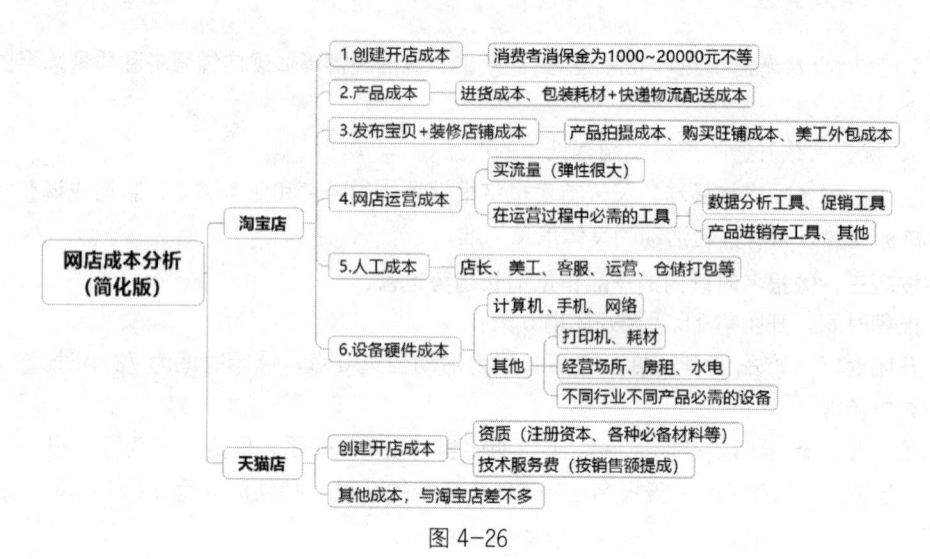

```
网店成本分析（简化版）
├── 淘宝店
│   ├── 1. 创建开店成本 —— 消费者消保金为1000~20000元不等
│   ├── 2. 产品成本 —— 进货成本、包装耗材+快递物流配送成本
│   ├── 3. 发布宝贝+装修店铺成本 —— 产品拍摄成本、购买旺铺成本、美工外包成本
│   ├── 4. 网店运营成本
│   │   ├── 买流量（弹性很大）
│   │   └── 在运营过程中必需的工具 —— 数据分析工具、促销工具；产品进销存工具、其他
│   ├── 5. 人工成本 —— 店长、美工、客服、运营、仓储打包等
│   └── 6. 设备硬件成本
│       ├── 计算机、手机、网络
│       └── 其他 —— 打印机、耗材；经营场所、房租、水电；不同行业不同产品必需的设备
└── 天猫店
    ├── 创建开店成本 —— 资质（注册资本、各种必备材料等）；技术服务费（按销售额提成）
    └── 其他成本，与淘宝店差不多
```

图 4-26

除非你的某个产品只为某次活动而存在，不考虑其他因素，否则请科学定价。同一个产品，让不同买家看到不同价格的定价技巧如下：

1．分析哪些地方会消耗利润，并列举写出来。

2．为产品制定一个统一的一口价，比如 1198 元。

3．为每一个消耗利润的渠道制定一个成交价。这一步最关键，需要使用不同的促销工具，比如从淘宝直播间看到产品的买家，给他发一张 600 元的优惠券，原价 1198 元的产品用券后到手价为 598 元，不是直播间来的买家没有优惠。

关于网店常用的促销工具，请继续看下一节"4.5 提升转化常用的 8 类促销工具及促销策略"。

> **小贴士**：为了更好地服务天天特卖商家和消费者，丰富平台玩法，以及提升流量承接效率，天天特卖将于 2019 年 6 月 25 日开始启动收费机制。
> **收费范围**：适用于所有报名参加天天特卖活动并审核通过的淘宝卖家或天猫商家。
> **收费订单范围**：
> 1．消费者通过天天特卖平台，在活动期间在频道内加入购物车或通过频道进入产品详情页后进行加入购物车后购买或立即购买产生的有效订单。
> 2．消费者通过天天特卖平台举办的营销活动，将活动产品加入购物车后且在活动期间内购买或立即购买产生的有效订单。
> 3．消费者通过天天特卖合作渠道（如支付宝每日必抢等渠道）将天天特卖活动产品加入购物车后且在活动时间内购买或立即购买产生的有效订单。

第 4 章　日销千件的活动运营

> **收费模式**：实时划扣软件服务费（不包含保底费用和封顶费用）的收费模式。活动开始后，天天特卖交易订单在消费者确认收货时，将会扣除一定比例的款项到天天特卖专用收费支付宝账户，实时进行划扣。实时划扣软件服务费计算方式=消费者确认收货的金额×软件服务费率。
>
> 不同类目的收费标准不同，详见本节配套素材文件夹内的"4.4 天天特卖业务收费公告.png"。

关于转化：参加活动的产品有两个重要的转化率：点击转化率和购买转化率。

点击转化率是指天天特卖平台展示出你的活动产品后，被买家点击的概率，其影响因素和提升方法如图 4-27 所示。

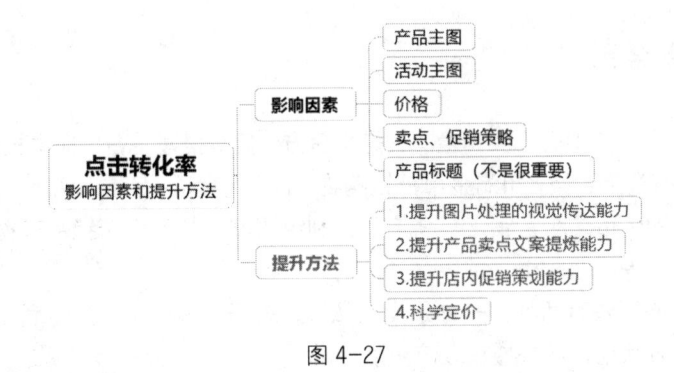

点击转化率
影响因素和提升方法

- 影响因素
  - 产品主图
  - 活动主图
  - 价格
  - 卖点、促销策略
  - 产品标题（不是很重要）
- 提升方法
  - 1.提升图片处理的视觉传达能力
  - 2.提升产品卖点文案提炼能力
  - 3.提升店内促销策划能力
  - 4.科学定价

图 4-27

购买转化率是指买家点击进你的活动产品详情页后购买的概率，又分静默购买转化率和询单购买转化率，其各自影响因素和提升方法如图 4-28 所示。

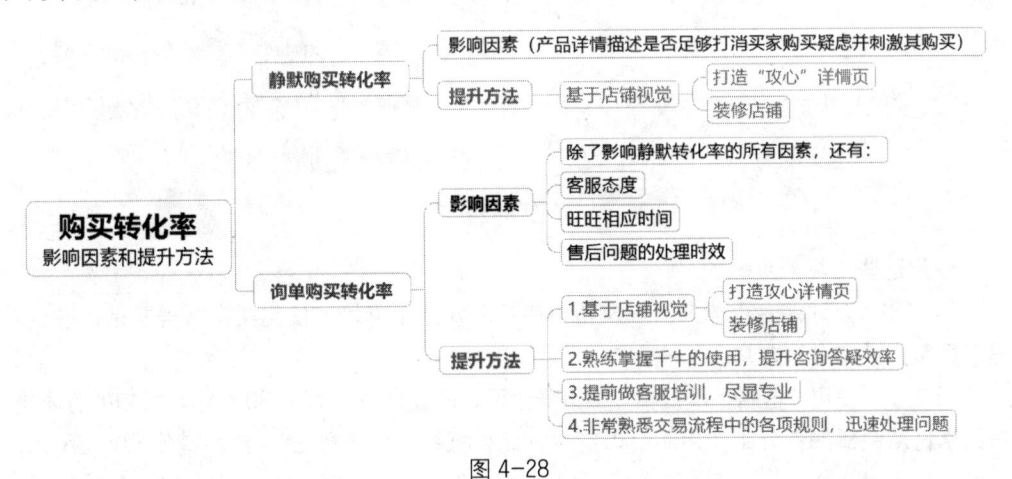

购买转化率
影响因素和提升方法

- 静默购买转化率
  - 影响因素（产品详情描述是否足够打消买家购买疑虑并刺激其购买）
  - 提升方法
    - 基于店铺视觉
    - 打造"攻心"详情页
    - 装修店铺
- 询单购买转化率
  - 影响因素
    - 除了影响静默转化率的所有因素，还有：
    - 客服态度
    - 旺旺相应时间
    - 售后问题的处理时效
  - 提升方法
    - 1.基于店铺视觉
      - 打造攻心详情页
      - 装修店铺
    - 2.熟练掌握千牛的使用，提升咨询答疑效率
    - 3.提前做客服培训，尽显专业
    - 4.非常熟悉交易流程中的各项规则，迅速处理问题

图 4-28

小结：

关于"转化"，本质是考验店铺的"内功"，特别是店铺视觉（图片、卖点文案、短视频等）呈现能力。

> **小贴士：** 本书因篇幅有限，不展开讲。打造"攻心"详情页的视觉呈现技术、店铺装修技术、摄影技术、修图技术、短视频剪辑技术，请翻阅学习笔者另外两本内容互补的书《Photoshop 淘宝天猫网店美工一本通：宝贝+装修+活动图片处理》《淘宝天猫网店美工一本通：Photoshop+Dreamweaver+短视频》或者添加笔者微信（QQ 同号：1743647955）学习视频教程。

4.4.3 淘金币

在淘金币营销平台中有三类角色：一是平台方，负责搭建平台、提供技术、制定规则；二是买家，即所有淘宝会员，用淘金币抵钱购物，100 淘金币=1 元人民币；三是淘宝卖家、天猫商家，使用淘金币这个营销工具将产品让利给买家，从而为店铺带来粉丝、流量、销量，提升买家黏性等。

淘金币的核心玩法有两种：一种是卖家私域，属于店内玩法，先赚后花；另一种是报名平台举办的官方活动，从公域获取流量。

淘金币店内"先赚后花"玩法详解

卖家赚金币和花金币的工具如图 4-29 所示。

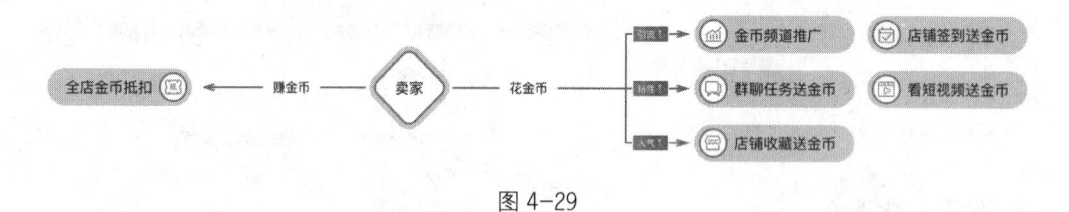

图 4-29

使用这些工具的步骤如下：

第一步：开通淘金币账户。在浏览器中打开淘金币网址，使用卖家账号登录，按页面提示免费开通淘金币账户。

第二步：使用"全店金币抵扣"工具赚金币，设置界面如图 4-30 所示。抵扣的意思是：按买家付款金额的百分比使用淘金币支付，比如抵扣比例选择 2%，产品销售价为 58 元，买家实际支付金额=（58-58×2%）元+（58×2%×100）个淘金币=56.84 元+116 个淘金币。

特别注意：

1．抵扣比例越大，所需淘金币数量越多，能参加的买家越少。如果希望参加的买家更多，尽量选 2%或 5%的抵扣比例。

2．对于销量不大的卖家，使用"全店金币抵扣"工具赚淘金币的速度比较慢；如果希望快速积累淘金币，可以使用图 4-30 中的"充红包得金币"工具，充值前请仔细阅读规则，因为淘金币不支持现金兑换，能接受的话再去操作。

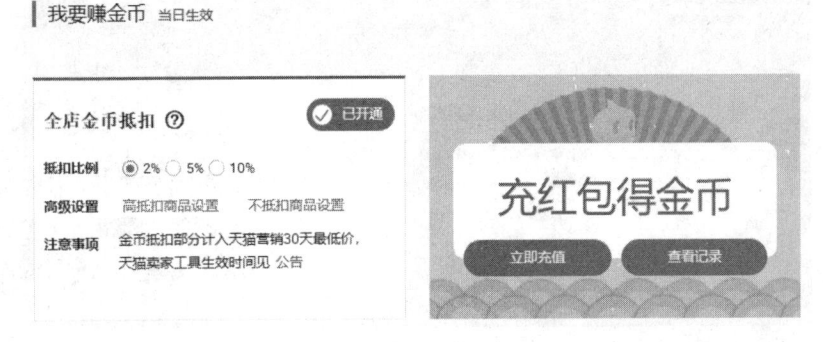

图 4-30

3．淘金币营销工具以前是淘宝卖家专属的，后来才开放给天猫商家使用，如果你是天猫商家，请注意，淘金币抵扣会计入天猫店、天猫营销平台的最低成交价，如果设置了淘金币抵扣的产品后面要参加其他活动，比如淘抢购，请核算好价格，合理定价后再选择抵扣比例，否则可能无法参加活动或者导致亏本。该工具一旦设置成功，实时生效。

4．开通条件：已经开通淘金币账号；本年度内出售假冒产品（C 类）扣分＜12 分；本年度内严重违规（B 类）扣分＜12 分；开店时长≥90 天；最近 90 天支付宝成交金额＞0元；店铺信用等级≥4 星。

第三步：花淘金币。花金币的工具有很多，设置界面如图 4-31 所示，可以全部开通，也可以只开通其中的一部分。"卖家金币赠送"是新功能，如果积累一段时间后账户内金币太多花不完，可以赠送给别的卖家，也可以私下交易卖给别的卖家。

淘金币官方活动报名玩法

当前淘金币官方活动有两个：

一是超级抵钱（日常活动）。

核心价值：卖家通过产品售价的 50%抵扣，累积产品销量和权重，同时有机会获得淘金币分成奖励！

玩法：系统将锁定一定货值的产品，进行 50%金币抵扣；其余报名库存都按照产品正常活动价及抵扣比例销售；当产品的 5 折兑货值销售超过 1000 元时，该产品可跻身到尖货专区售卖，能获得更集中的流量。

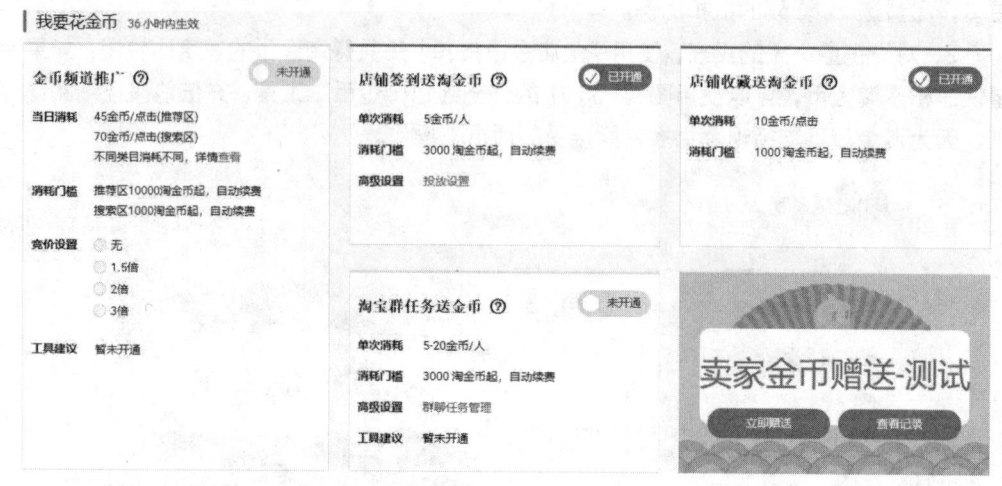

图 4-31

展示位置：淘金币频道的超级抵钱栏目。

二是金主专享日（主题活动）。

核心价值：淘金币每月针对淘金币金主组织的大型营销活动。卖家可报名 20%抵扣或 99%高额抵扣，为店铺引流，并快速赚取淘金币！

玩法：每月 26 日，在线一天！买家可双倍抵扣，能获得更多实惠，平台还补贴淘金币！

展示位置：淘金币频道的顶部通栏。

不管是日常活动还是主题活动，各自的活动时间、报名时间各不相同，请到淘金币后台查看，以界面提示为准，报名流程如图 4-32 所示。

图 4-32

报名入口：启动浏览器，输入并打开淘金币网址，使用卖家账号登录后，依次单击"商家报名-金币招商"。

报名步骤：

1．选定日期，选定活动类型，单击"立即报名"按钮。

2．仔细阅读"活动信息与公告"，理解透彻后，单击页面底部的"确认报名"按钮。

3．严格按照提示，填写报名产品信息，特别是活动产品相关的图片设计制作，活动图片相关规则模板详见本章配套素材文件夹内的"4.4 淘金币报名活动图片整体规则"。

重要提醒：所有淘宝官方的活动，其具体规则、玩法细节一定会更新、变化！你要做的是随时关注官方后台动态，及时跟上官方的节奏！

4.4.4 淘抢购

淘抢购是淘宝手机端最大的营销平台，官方资源扶持和推广力度都很大，日销千件的案例比比皆是，对淘宝卖家而言，是顶级的日常活动。天猫商家也可以报名参加。

流量为千亿级，相对应的，竞争异常激烈，对整店综合运营能力要求更高。在后台报名时，会自动检测店铺主营类目，并自动呈现可报名的活动类型。所以一开始类目、产品选错，越往后资源越少，连尝试参加活动的机会都没有。

淘抢购日常类目：女装、女鞋、男装、男鞋、美妆、内衣、母婴、食品、数码电器、运动户外、家纺家居、居家百货、个护家清、医药保健、手表配饰、箱包服配。

成功报名的产品，PC 端展示渠道在淘抢购首页；手机端展示渠道在"手机淘宝"App 首页。

淘抢购门槛及报名流程详解

淘抢购门槛：

详见淘抢购招商规则官方网址。

卖家报名入口：

启动浏览器，输入并打开淘抢购网址，使用卖家账号登录，单击页面右上角的"商家报名"按钮；在新开页面中，继续单击页面右上角的"我要报名"按钮，选择活动类型，进行报名。重要建议：活动报名在计算机上操作，最好不要在手机上报名。

报名流程：

1．报名。当日可参加报名 8 到 13 天后的淘抢购活动。步骤：阅读招商规则；每月关注卖家门户活动日历，了解活动计划；进入报名后台，选择对应的类目活动入口，单击"报名"按钮；按照要求规范填写报名信息，提交报名。

2. 审核。审核时间：日常情况在活动开始前3天完成审核，其他活动产品最晚在活动前1天完成审核。可在淘抢购商家中心的"报名管理"中查看到产品的审核状态。审核不通过的，会显示不通过的原因。

3. 缴费。缴费时间：通过产品审核后，卖家缴纳费用。淘抢购产品类活动会收取技术服务费，详细收费规范请见本章配套素材文件夹内的"4.4 淘抢购收费规范（新）.png"。

4. 发布。发布时间：系统会在活动前三天进行产品发布，需要收费的业务，只有在缴费后才能发布产品。如果是在发布后缴费，卖家还需进行手动发布。建议审核通过后第一时间完成支付，不要错过预热时间。

产品发布后才能看到活动的排期时间。注意：有时因报名情况或活动需要，产品的实际排期日期及时间可能会有调整，以后台提示的最新时间为准。

5. 预热。预热时间：产品类活动（如日常产品活动、今日必抢、抢洋货、抢大牌等）预热开始时间为活动前1天的20点。品牌抢购从活动前1天的0点开始预热。

6. 上线。目前产品类活动全天共18个场次：分别为0点场、7点场、8点场、9点场、10点场、11点场、12点场、13点场、14点场、15点场、16点场、17点场、18点场、19点场、20点场、21点场、22点场、23点场，活动销售时间为24小时。活动开始后，请为买家提供优质服务，遵守淘抢购活动卖家管理细则。

淘抢购营销工具详解

重要通知：平台于2018年5月24日开始正式实行平行满减规则，聚划算、淘抢购、天天特卖、品牌闪购等任何满减、满折优惠（包含下单立减）都加入新的平行满减规则。

请卖家仔细查看规则详情，避免过度让利的风险！详见本章配套素材文件夹内的"【官方】卖家必读《平行门槛计算规则》视频讲解.mp4"。

当前淘抢购活动的营销工具有三个：

1. 产品优惠券：提升预热效果的产品券。条件：产品活动排期后可设置；费用：无费用；简介：在活动预热阶段领取，或卖家自主发放的优惠券，供产品类型活动使用。详细设置步骤详见本节配套素材文件夹内的"4.4 淘抢购【产品优惠券】功能详解.png"。

2. 整点抢优惠：在开抢的短时间内引爆成交。条件：在产品活动排期后可设置；费用：无费用；简介：在满减基础上结合时间特点进行升级，实现了限时买立减的功能，目前产品类型活动均可用。详细设置步骤详见本节配套素材文件夹内的"4.4 淘抢购【整点抢】优惠营销工具详解.png"。

3. 聚人气红包：通过互动传播实现拉新引流的社交营销工具。条件：在产品活动及品牌抢购活动排期后可设置；费用：无费用；简介：锁定意向购买客户，同时借助意向购买客户的社交圈关系，是通过红包来额外触达更多站外潜在客户的优惠方式。详细设置步骤详见本节配套素材文件夹内的"4.4 淘抢购"站外引流"营销工具【聚人气红包】详解.png"。

4.4.5 聚划算

聚划算是出货效率最高的团购营销平台之一，2016 年与天猫合并，现在只有天猫商家才能参加聚划算。

如果你是老板、店长，或从零成长到天猫商家，关于活动运营，笔者能教给你的已经不多了，因为聚划算的每场活动，说白了就是比每一场小型活动的规模更大一点的活动，从"活动玩法"这个角度看，已经没有更多的"套路"，主要是对你自身实力和能力的层次要求更高。所以本章所有内容请看懂并深入执行，做大淘宝店、入驻天猫店、参加聚划算，指日可待！

如果你只是电商团队中的一环，比如担任美工或运营岗位，建议系统学习笔者的 VIP 课程或者全套图书（购买咨询请加微信/QQ 同号 1743647955），提升自己的价值，快速成长。

聚划算报名入口

启动浏览器，打开聚划算官网，使用天猫卖家账号登录，单击页面右上角的"商户中心"按钮，继续单击"我要报名"按钮，报名界面如图 4-33 所示。

聚划算报名门槛：

详见招商规则官方网址。

聚划算参聚类型

1．产品团：限时特惠的体验式营销模式。核心价值：绝佳的爆款营销渠道和超低的客户获取成本方式，快速、规模化地获取新客户；玩法特色：坑位数多，参聚概率相对较大，主团展示，流量稳定。

2．品牌团：基于品牌限时折扣的营销模式。核心价值：品牌规模化出货，快速抢占市场份额，提升品牌认知度；玩法特色："浅库存"，多款型的品牌折扣。

3．聚名品：精准定位"中高端消费人群"的营销模式。核心价值：以"轻奢、潮流、快时尚"为核心定位，帮助卖家快速成长；特色玩法：聚集高端品牌，灵活的佣金收费方式，具有产品团、品牌团多种活动玩法。

4．聚新品：全网新品首发第一站。核心价值：快速引爆新品类及新产品，快速积累新客户群体，形成良好的口碑传播；玩法特色：根据新产品评级确定置顶，卖家需提供新产品的营销方案。

图 4-33

5．竞拍团：中小卖家快速参加的营销模式。核心价值：采用全流程系统审核，维度丰富，中小卖家参加的机会大；通过市场化的竞价方式，竞拍费用可以反映参加意愿，使卖家掌握更多参加的主动权。

聚划算营销工具

1．预热发券：60%的卖家选择，提升预热效果；使用阶段为"预热期间"，在产品发布前免费设置。

2．淘宝客推广：40%的卖家选择，提升外部流量；使用阶段为"产品开团前设置，针对所有参加的产品起作用"，按设置佣金比例付费给淘宝客。

3．更多工具：100%的卖家选择，提升参加的转化率；使用阶段为"全部参加的模式"，参加全程免费设置。

官方5大日常品牌活动运营的重要总结：

阿里试用→天天特卖→淘金币→淘抢购→聚划算，从左往右对店铺整体的要求越来越高。

举个例子：汽车从静止到动起来，需一挡起步，给它一个足够大的推力，一旦汽车动起来，后面需要的推力越来越小，但速度越来越快。

活动运营也是类似的道理，如果淘宝卖家想健康地把店铺运转起来，推动其运转起来的核心因素是几个基础指标的数据要求：开店 90 天以上+淘宝店铺信誉 1 钻以上+DSR4.6 分以上+无违规被限制参加营销活动+活动产品的基础销量评论；天猫商家：DSR4.6 分以上+无违规被限制参加营销活动+活动产品的基础销量评论。

再次强调选品的重要性，一开始选错，后面步步错，可用资源越来越少。

正确的做法：先梳理平台资源、全网营销资源，再确定大品类，最后确定品类细分下的具体产品。

预祝大卖！

4.5　提升转化常用的 8 类促销工具及促销策略

现在网购的买家都被"惯"坏了，卖家不促销，产品就卖不出去。

关于人性，人群为什么聚集？

原因 1．与自身利益相关

原因 2．好奇、猎奇、凑热闹、看热闹

原因 3．追求茶余饭后的谈资

原因 4．赶时髦、担心落伍

原因 5．不得不做、不得不去

原因 6．攀比、炫耀

原因 7．发生不好的事情后抱团取暖

原因 8．其他（会议、相聚等）

基于人性，淘宝、天猫做了什么？一年内，几乎每一个月都有活动和促销！比如 4.2 节中提到的"淘宝、天猫全年活动时间节点"，就是一年内各种促销的理由，比如三八妇女节到了，女人们有理由为了自己买东西了；端午节到了，有理由买粽子了；六一儿童节到了，孩子们有理由要礼物了……

促销目的：吸引聚焦眼球，制造话题，卖货。

经常搞活动导致的后果：买家被惯坏，不搞活动认为卖家有毛病，别家都在搞活动，难道你店里不搞活动吗？

所以身为卖家，你要学会搞活动：活动规模有大有小，促销也可以找理由、讲策略，指挥买家跟你走。

4.5.1 淘宝卖家、天猫商家常用的 8 类促销工具

全国包邮与限区包邮
包邮意味着：卖家承担运费。
全国包邮，是指产品从发货地至全国各地，运费卖家出。
限区包邮，是指包邮的省市，卖家出运费，不包邮的省市，买家出运费。
实现这种全国不同地区收取不同运费的工具叫"运费模板"，所有卖家免费使用。
设置入口：卖家中心-物流管理-物流工具-运费模板设置。
设置包邮对卖家的好处：
一是提升搜索权重，设置全国包邮会有"包邮"打标，当买家通过搜索查找产品时，比如在淘宝内以宝贝搜索关键词"手机支架"，搜索结果的"综合排序"内有"包邮"选项，勾选后被打标的产品会优先展示，如图 4-34 所示。

图 4-34

二是买家不出运费,促成下单付款更容易。

包邮已经是促销的标配。在运营模板中也有促销功能,按需设置。

公益宝贝

卖家自愿参与。

公益宝贝是指每销售一笔,向"公益宝贝计划"捐赠一定金额,所有捐款都会直接进入公益机构的支付宝账户。"公益宝贝计划"是阿里巴巴发起的爱心卖家大家庭公益宝贝计划,卖家自愿参与。

设置公益宝贝对卖家的好处:提升搜索权重,有"公益宝贝"打标,当买家通过搜索查找产品时,比如在淘宝内以宝贝搜索关键词"绿萝",搜索结果的"综合排序"内有"公益宝贝"选项,勾选后被打标的产品会优先展示,如图4-35所示。

图 4-35

加入公益宝贝计划的步骤:

第一步:先成功发布宝贝,再从"卖家中心-宝贝管理-出售中的宝贝"勾选希望参加公益计划的产品，单击"设置公益"按钮。

第二步：完成与支付宝《公益宝贝代扣协议》的签约。

第三步：阅读协议，勾选"同意参加"。

第四步：选择公益项目。目前分为三类：第1类，教育教学（爱心包裹贫困儿童关爱行动）；第2类，扶贫助弱（"焕新"乐园——低保家庭儿童关爱）；第3类，疾病/灾害救助（贫困顶梁柱重病救助行动）。如有变更，以网页展示为准。

第五步：选择捐款方式。有两种方式：第1种，按成交额百分比捐款，分为"响应'千三公益'倡议，捐赠比例为0.3%（人民币）"和"自定义捐赠百分比，？%（人民币）"；当爱心宝贝成交后，会捐赠成交金额的百分比给指定的慈善机构。第2种，按指定金额捐款，选择固定金额（人民币）：0.02元、0.1元、1元；当公益宝贝成交后，会捐赠固定金额给指定的慈善机构。

第六步：选择是否在详情页中显示公益信息。

第七步：单击"确定"按钮，完成设置。

完整的设置界面详见本章配套素材文件夹内的"4.5公益宝贝计划设置界面.png"。

优惠券

付费工具。

优惠券的主要作用是抵扣现金，属于现金抵用券，是当下淘宝卖家、天猫商家使用频率最高的促销工具之一。

使用场景：买家领券后在购买产品时自动减现金。

优惠券的使用逻辑：

1．卖家订购优惠券工具（推荐订购官方的工具，有些渠道必须使用官方的工具，比如手机店铺中的优惠券模块等；卖家服务市场也有第三方服务商的工具，按需选用）。

2．创建店铺优惠券、产品优惠券，生成领取地址。

3．发放给买家领取。

4．买家购买产品时自动减现金。

订购入口和步骤：

1．启动浏览器，输入并打开卖家服务中心网址，使用卖家账号登录，搜索"优惠券"，订购界面如图4-36所示。

2．单击"立即购买"按钮，完成付款。新卖家可以免费试用15天，一季度起订。

3．成功订购后，在"卖家中心-已订购的应用-优惠券"界面，创建店铺优惠券或产品优惠券，生成链接，作为备用。

第 4 章　日销千件的活动运营　123

图 4-36

产品宝（原限时打折）

付费工具。

产品宝是原官方的"限时打折"促销工具，主要功能是让产品呈现折扣价，具体呈现效果如图 4-37 所示。

订购入口和步骤：

淘宝官方产品宝订购入口：卖家中心-营销中心-店铺营销工具-促销优惠-产品宝-马上订购。

建议：官方的产品宝功能单一，可以考虑使用第三方多功能合一的软件，它与优惠券不同，非官方的工具也可以使用。

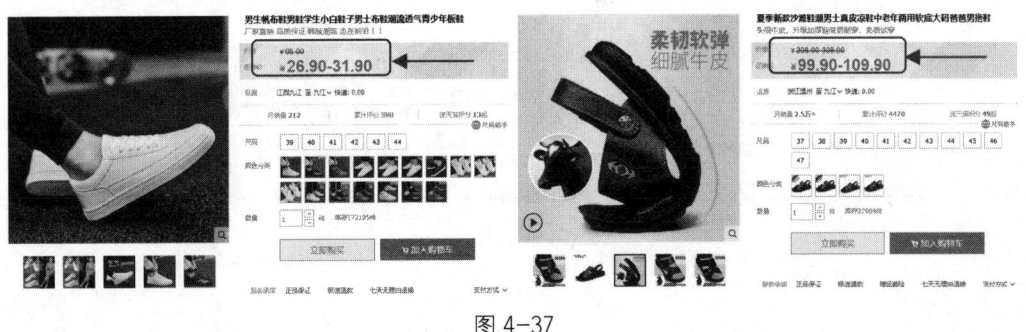

图 4-37

第三方类似功能工具的订购入口：打开服务市场网址，搜索"限时打折"，按需选用。

不管是官方的工具，还是第三方服务商的工具，成功订购后从"卖家中心-我订购的应用-已订购应用"中查看使用。

搭配宝(原搭配套餐)

付费工具。

搭配宝原名"搭配套餐",官方出品的促销工具,将几种产品组合在一起设置为套餐销售,通过促销套餐可以让买家一次性购买更多的产品。

卖家可以利用搭配套餐提升店铺销售业绩、提高店铺购买转化率、提升销售笔数、增加产品曝光力度等,节约人力成本。特别是淘宝卖家,利用该工具可以促使买家一次性购买多个产品,可以成倍增加店铺信誉。

官方订购入口:卖家中心–营销中心–店铺营销工具–搭配宝。成功订购后其使用方法详见本章配套素材文件夹内的"4.5 搭配宝更新相关+设置使用详解教程.png"。

重要提醒:部分类目不支持该工具,具体详见图 4-38,请勿订购。

分类	新搭配宝不允许设置主产品规则	新搭配宝不允许设置子产品规则
一、无法购买	1. 产品状态:小二下架、删除、屏蔽产品;	1. 产品状态:仓库中、小二下架、删除、屏蔽产品;
二、优惠不生效	2. 虚拟类目产品;	2. 虚拟类目商品;
	3. 秒杀产品;	3. 秒杀产品;
	4. 拍卖产品;	4. 拍卖产品;
三、特殊业务类型	5. 医药馆外站交易产品;	5. 医药馆外站交易产品;
	6. COD(货到付款)渠道优惠产品(普通产品通过活动页面设置 COD 渠道优惠,不限制);	6. COD(货到付款)渠道优惠产品(普通产品通过活动页面设置 COD 渠道优惠,不限制);
	7. 美妆小样;	/
	8. 部分汽车类目	8. 部分汽车类目
四、特殊产品类型	9. 不能加入购物车的产品(旅游、酒店、机票、积分加钱购、电子兑换券之类自动发货的产品等);	9. 不能加入购物车的产品(旅游、酒店、机票、积分加钱购、电子兑换券之类自动发货的产品等)
	10. 跨店铺优惠产品;	10. 跨店铺优惠产品;
	11. 其他 -> 搭配类目;	11. 其他 -> 搭配类目
	12. 其他 -> 赠品类目;	/

图 4-38

店铺宝(原满就减)

付费工具。

店铺宝,由官方原"满就减(送)"升级更名而来,属于店铺级别的优惠促销工具,支持创建部分产品或全店产品的满减、满折、满包邮、满送权益、满送赠品等营销活动。

官方订购入口：卖家中心-营销中心-店铺营销工具-店铺宝。成功订购后，其使用步骤详见本节配套素材文件夹内的"4.5店铺宝使用教程.png"。

店铺宝与产品宝一样，可以订购官方的，也可以从卖家服务市场订购第三方服务商的，按需选用。另外，"第八类客户运营平台"中也有与店铺宝、产品宝类似的功能，卖家免费使用，你可以对比功能后，按需选用。

划重点：官方与第三方的工具各有优劣，至于具体订购哪种，你自己决定。对于非必需的促销工具，笔者建议使用官方的，因为官方的优势在于自有资源的串联和关联，比方说手机端一些资源位的展示与推送，只能是官方的促销工具关联才能被展示，第三方服务商的工具没有权限。

淘金币抵扣

淘金币店内玩法的赚金币工具"全店金币抵扣"在前文"4.4.3淘金币"中介绍过，此处不再赘述设置入口和步骤。卖家为产品设置淘金币抵扣后在详情页的浮现场景如图4-39所示。

图 4-39

店铺 VIP（客户运营平台）

免费使用。

客户运营平台有会员卡功能，是卖家精细化运营店铺粉丝、会员的必备工具之一。

入口：卖家中心-营销中心-客户运营平台，或者直接输入网址，使用卖家账号登录。

客户管理平台核心功能如图 4-40 所示，建议登录后台查看具体设置，很简单，看一遍就会。

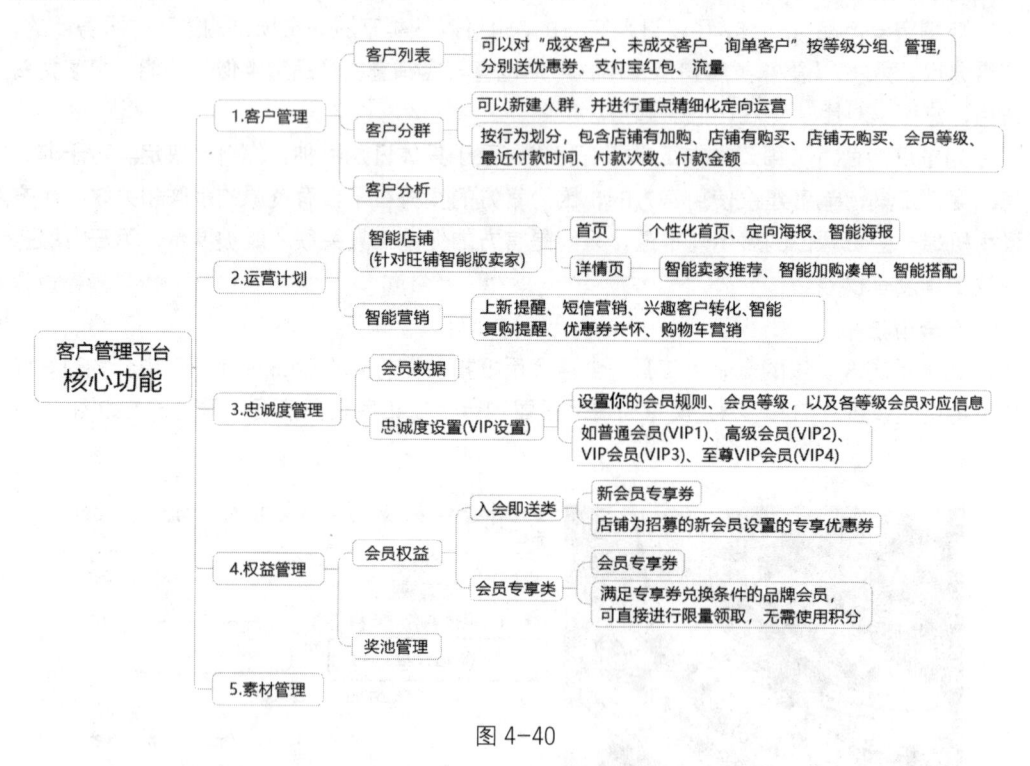

```
客户管理平台
核心功能
├─ 1.客户管理
│    ├─ 客户列表 —— 可以对"成交客户、未成交客户、询单客户"按等级分组、管理，分别送优惠券、支付宝红包、流量
│    ├─ 客户分群 —— 可以新建人群，并进行重点精细化定向运营
│    └─ 客户分析 —— 按行为划分，包含店铺有加购、店铺有购买、店铺无购买、会员等级、最近付款时间、付款次数、付款金额
├─ 2.运营计划
│    ├─ 智能店铺（针对旺铺智能版卖家）
│    │       ├─ 首页 —— 个性化首页、定向海报、智能海报
│    │       └─ 详情页 —— 智能卖家推荐、智能加购凑单、智能搭配
│    └─ 智能营销 —— 上新提醒、短信营销、兴趣客户转化、智能复购提醒、优惠券关怀、购物车营销
├─ 3.忠诚度管理
│    ├─ 会员数据
│    └─ 忠诚度设置(VIP设置) —— 设置你的会员规则、会员等级，以及各等级会员对应信息
│                              如普通会员(VIP1)、高级会员(VIP2)、VIP会员(VIP3)、至尊VIP会员(VIP4)
├─ 4.权益管理
│    ├─ 会员权益
│    │     ├─ 入会即送类 —— 新会员专享券 —— 店铺为招募的新会员设置的专享优惠券
│    │     └─ 会员专享类 —— 会员专享券 —— 满足专享券兑换条件的品牌会员，可直接进行限量领取，无需使用积分
│    └─ 奖池管理
└─ 5.素材管理
```

图 4-40

4.5.2 促销理由+促销策略

你要学会给促销找理由

任何一场促销，无论级别、规模，一定要有促销理由，并且是符合逻辑、看起来有一定真实性的理由！

前文罗列出了人群聚集的 8 种原因，平时人们做什么事情都喜欢找个理由，理由是人们做事的动机和目的。

在判断一个人的行为时，往往要看这种行为背后的目的。比如，有人突然对你特别好，你会下意识去想为什么，是不是对你有所求？

有卖家做促销，你也会想为什么会促销？是产品快要过期？生意不好？还是为了打开市场？只有当我们确定了背后的理由，才会对一个人的行为、一个卖家的销售活动做出正确的判断。

对于促销理由来说，越合理、越充分，也就越容易建立起买家对我们的信任。

常用的促销理由（重点）

第一类：节日促销。1．中国传统节日：元旦、春节、端午节、中秋节等；2．外来节日：情人节、感恩节、圣诞节等；3．特殊有纪念意义的节日：劳动节、教师节、国庆节等；4．人造购物狂欢节：双11、双12、618等。

第二类：特殊纪念日。比如新店开业、店庆、品牌成立XX年、公司或者品牌获得某个殊荣的纪念日等。

第三类：基于产品的促销。比如新货上市、清理库存、内部采购会、小区团购、换季等。

第四类：人造理由。比如人生四大喜：久旱逢甘雨，他乡遇故知，洞房花烛夜，金榜题名时；人生四大悲：少年丧父母，中年丧配偶，老年丧独子，少子无良师。

第五类：随淘宝、天猫平台的促销，比如38女王节、狂暑季、家装节、家电节等。

促销应该有时效，每一次促销一定要有非常明确的时效，过期应及时更换物料。

促销目的：我们多数时候是为了卖货，也可以是为了扩充买家数据，还可以是通常不打折的品牌产品为了提升会员复购率而针对内部会员的促销。

学会制定促销策略

促销策略（promotion tactics）是一种促进产品销售的谋略和方法，其有各种不同的形式。比如按照买家在购买活动中心理状态的变化适时展示产品，用来刺激买家的购买欲望或激发买家的购买兴趣，或强化产品的综合印象以促进买家的购买行为。

9大促销策略（偏书面，理解即可）如下：

1．供其所需，即千方百计地满足买家的需求，做到"雪中送炭""雨中送伞"，这是最根本的促销策略；

2．激其所欲，即激发买家的潜在需求，以打开产品的销路；

3．投其所好，即了解并针对买家的兴趣和爱好，组织生产与销售活动；

4．适其所向，即努力适应消费市场的消费动向；

5．补其所缺，即瞄准市场产品脱销的"空挡"，积极组织销售活动；

6．释其所疑，即采取有效措施排除买家对新产品的怀疑心理，努力树立产品信誉；

7．解其所难，即大商场采取的导购措施，以方便买家选购；

8．出其不意，即以出其不意的宣传策略推销产品，以达到惊人的效果；

9．振其所欲，即利用买家在生活中不断产生的消费欲望来促进销售。

对卖家来讲，有很多促销工具，很多时候为了把产品卖出去，会把多种促销工具组合起来使用,比如图 4-41 中的男鞋同时使用了限时打折、淘金币抵扣、店铺红包、店铺优惠券、跨店满减、包邮共六种促销工具,给买家营造出"非常划算,不容错过"的感觉,进而促成交易。

像"包邮+优惠券+限时打折+淘金币抵扣"是最常见的促销工具组合策略。

图 4-41

下面再列举几个优惠组合的例子:

案例 1,冰丝安全裤:

原价 58 元,限时打折 29 元——使用限时打折工具。

包邮——使用运费模板工具,设置卖家包邮。

买一送一,送同款,颜色随意选——SKU 技巧,拍 1 件到手 2 件。

满 69 元立减 10 元——使用满减工具。

送运费险——开通卖家运费险(入口:卖家中心-客户服务-消费者保障服务)。

案例 2,反季羽绒服:

原价 1999 元,限时打折 248 元——使用限时打折工具。

领 80 元优惠券,到手价 168 元——使用优惠券工具。

包邮——使用运费模板工具,设置卖家包邮。

案例 3，手撕面包 1kg：

原价 75 元，限时打折 28.9 元——使用限时打折工具。

包邮——使用运费模板工具，设置卖家包邮。

退货赔运费——开通卖家运费险（入口：卖家中心-客户服务-消费者保障服务）。

前 2000 份 5 折——使用满减工具。

前 60 分钟 18.9 元——使用限时打折工具。

重要提醒：

淘宝、天猫常用的优惠层级分为三类：产品级优惠、店铺级优惠、跨店级优惠，并且促销工具种类较多，很多卖家由于缺乏促销运营经验，经常在工具的设置环节发生错误，导致重大损失。因此，为了避免过度让利，官方出台了"平行式门槛"规则，该规则计算定义如图 4-42 所示。

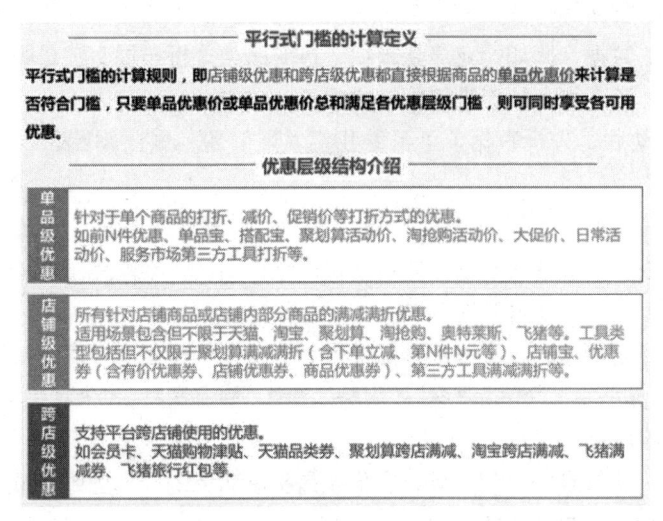

```
─────────── 平行式门槛的计算定义 ───────────
平行式门槛的计算规则，即店铺级优惠和跨店级优惠都直接根据商品的单品优惠价来计算是
否符合门槛，只要单品优惠价或单品优惠价总和满足各优惠层级门槛，则可同时享受各可用
优惠。
─────────── 优惠层级结构介绍 ───────────
单品    针对于单个商品的打折、减价、促销价等打折方式的优惠。
级优惠  如前N件优惠、单品宝、搭配宝、聚划算活动价、淘抢购活动价、大促价、日常活
        动价、服务市场第三方工具打折等。

店铺    所有针对店铺商品或店铺内部分商品的满减满折优惠。
级优惠  适用场景包含但不限于天猫、淘宝、聚划算、淘抢购、奥特莱斯、飞猪等。工具类
        型包括但不仅限于聚划算满减满折（含下单立减、第N件N元等）、店铺宝、优惠
        券（含有价优惠券、店铺优惠券、商品优惠券）、第三方工具满减满折等。

跨店    支持平台跨店铺使用的优惠。
级优惠  如会员卡、天猫购物津贴、天猫品类券、聚划算跨店满减、淘宝跨店满减、飞猪满
        减券、飞猪旅行红包等。
```

图 4-42

因篇幅有限，规则解析及案例，详见本章配套素材文件夹内的"4.5 在"平行式门槛"规则下，卖家设置优惠时如何避免过度让利.png"。

> **小贴士：** 日常店铺红包、收藏送店铺红包，已于 2017 年 6 月 30 日全面下线。现在优惠券的功能可以替代店铺红包的功能，建议选择优惠券工具进行优惠操作。
> 目前仅在参加活动的过程中有部分活动需设置店铺红包，如 618、双 11、双 12、年货节等，具体设置方法，请参考具体活动的设置要求。

4.6 同样的产品，为什么有的人卖得好，有的人卖不出去

参加官方活动，自己店铺的数据漂亮，借助官方资源很容易卖爆。想卖得好，先找出影响销量的因素，再一一预防和解决。

若费尽心力通过了活动报名，但销量不好，难免令人懊恼！笔者通过分析大量案例和汇总多年运营经验，得出如下主要影响活动销量的四个因素：

一、流量不足；二、有流量转化不足；三、源头选品问题，活动产品没优势；四、坑产低，"赛马"失利。

流量不足的解决方案

两手抓：一手抓活动前多渠道流量布局，大多数参加淘抢购、聚划算的卖家，会使用直通车、淘宝客、智钻等付费推广工具为活动导流；另一手抓活动中生意参谋的数据和卖家营销活动中心的数据，比如行业流量预估、行业品类分析布局、流量渠道数据分析、品类数据监控分析、竞店和竞品流量结构与分析等。

活动中和活动后，分析数据，可帮助我们发现问题、做出判断，以便及时采取适当的行动。

关于流量渠道：前文"4.3 实操：一场完整的活动策划方案与实施细节"中已有介绍，如遗忘，再看几遍。参加任何一场官方活动，记住一句话：不能完全依赖平台流量，平台的人群是对平台忠诚，而不是对你忠诚。

关于数据：淘宝卖家、天猫商家标配的数据分析工具是生意参谋，其"标准包"免费订购使用，"数据作战室""市场洞察""服务洞察""物流洞察""流量纵横""品类罗盘"等功能在付费订购后可用。

数据可以作为决策参考，用得好，它们就是卖家店铺的"千里眼、顺风耳"。

有流量，但转化不足的解决方案

原因1：主图、详情描述优化不到位，导致静默转化率低。

解决方法：优化主图，打造匹配活动的"攻心"详情描述，提炼精准、合理的促销策略。

原因2：客服业务不熟练，工具不会用，导致询单转化率低。

解决方法：提前培训。

原因3：活动结果，收藏、加入购物车件数少，详情布点没做或不合理。

解决方法：装修店铺时科学布点。

关于转化问题，前文很多地方提到过，关于视觉呈现能力的体现，如打造"攻心"详情页的视觉呈现技术、店铺装修技术、摄影技术、修图技术、短视频剪辑技术，请翻阅学习笔者另外两本内容互补的书《Photoshop 淘宝天猫网店美工一本通：宝贝+装修+活动图片处理》《淘宝天猫网店美工一本通：Photoshop+Dreamweaver+短视频》，或者添加老师微信（QQ 同号：1743647955）学习视频教程。

源头选品问题的解决方案

活动成败在选品→选品成败在数据分析→回顾前文"4.1 日销千件资深运营推荐：活动选品技巧"。

"坑产"低，"赛马"失利的解决方案

坑位产出值简称"坑产"，是平台考验活动产品最重要的指标之一。比如这次活动报名了 2000 件库存，活动结束后只卖了 500 件，"坑产"低，一方面会导致，在活动进行中"库存进度条"消耗太慢，会被消耗快的产品挤掉，坑位排名会掉到靠后位置，越靠后，被买家看到购买的概率越低；另一方面会导致，活动产生的各项数据被淘宝小二看到，说明你的流量布局能力、转化能力不足，如不改善，以后做活动会越来越难。

本章讲了很多技巧，说到极简，实则是"选品+流量布局+转化"三方面的能力考验。所以，"坑产"低、"赛马"失利最好的解决方法就是将本章的内容深入学会并执行到位。

另外，有些卖家参加活动后一计算，不赚钱。其原因有二：

原因 1：成本控制不足。比如别人的产品成本为 4 元参加 9.9 元全国包邮活动，你的产品成本为 8 元参加 9.9 元全国包邮活动，不亏本才怪。

解决方法：如果整店走活动运营路线，每一场活动都能盈利，必须有解决货源供应链的能力。

原因 2：关联推荐不到位或根本没做。前文已经讲过道理。

解决方法：想提升客单价，必须做询单推荐，必须做促销策略。

4.7 盘活一场活动的核心玩法

完整活动流程：

1．分析数据、分析平台→2．选品、备货→3．发布产品、报名活动→4．通过报名，上线销售，客服接待→5．售后发货→6．处理售后问题。

活动流程中各环节所需技术：

1. 分析数据、分析平台：需要收集和总结各类数据，常用工具为 Excel、生意参谋等。需要非常熟悉官方各活动平台的网址。

2. 选品、备货：有些活动不允许多 SKU，有些活动允许，按活动要求选品，结合数据并分析，为不同 SKU 备库存。一般也用 Excel 制表。

3. 发布产品、报名活动：必须精通卖家中心发布产品的全流程，并深度优化标题、类目、属性、上下架、、主图、主图视频、颜色分类 SKU 图、PC 端+手机端详情描述图、运费模板、关联推荐等；还需熟悉活动报名的规则，熟练掌握活动报名所需图片的设计制作技巧。图片大多使用 Photoshop 软件处理，涉及店铺装修排版多使用 Dreamweaver 软件。

4. 通过报名，上线销售，客服接待：按活动要求设置宝贝，修改标题、库存、其他折扣标签、主图，在详情中添加活动标识，店铺装修，悬挂 Banner；客服接待，熟练掌握甚至精通千牛 PC 端+手机端的各种功能。

5. 售后发货：选哪一家或者哪几家快递，一定要提前到线下门店洽谈。

6. 处理售后问题：避免低动态评分、中差评、纠纷退换；对淘宝交易流程、交易规则非常精通。

走活动运营路线，不同店铺的实际情况不同，盘活一场活动的核心玩法如下：

1. 店铺指标不足，过不了一审（机审）。

解决方法：

要么换新店（最好直系亲属的账号，要有远见，要白纸黑字约法三章）；

要么达标后再来申报活动，分析原因、做数据，具体原因具体分析。

要么购店：要考虑的细节有很多，要三思而行。

再次劝诫：不要严重违规。

2. 产品指标不足，过不了机审。

解决方法：根据活动所需条件，维护数据（销量、评论、DSR 评分）。

3. 通过了机审，通不过二审。

解决方法：

没严格按规则填报，比如活动图、活动文案、活动库存、活动价格等，在填写前要多次仔细阅读规则要求。

小二或系统看数据，产品潜力不够、不符合调性、竞争力不够，这些都说明综合实力不够，请再把本章内容反复多看几遍，理解后再去执行。关于竞争力，如果同一时间节点有其他同行参加活动，避开同行竞争，换一个时间再报。

第 5 章

内容运营（图文+短视频+直播）

互联网信息的"载体"变迁

以前，家庭配备台式计算机对大多数普通百姓来讲，价格昂贵，受限于台式计算机的普及，互联网信息获取渠道多为网吧。而那时网上内容少、资源少、信息相对闭塞，上网以玩游戏、聊天为主，购物则以线下门店为主，信息获取以电视、报纸为主。那时即使能接触计算机，网速也非常慢，下载东西几乎按小时计算。

那时没有微博、微信，有 QQ，交流方式以打电话、发短信、聊 QQ 为主，写信也是一种常态。大部分人用的是索尼、爱立信、诺基亚等品牌的键盘手机，其主要功能仅是打电话、发短信，能上网的手机在那时绝对是数一数二的高端机，使用起来是非常奢侈的，因为网络流量按"兆"计算，流量很贵。那时买手机、交话费主要在营业厅办理。

现在，由于通信技术突飞猛进，从 2G 时代到 5G 时代，上网速度"一日千里"，可以上网的载体也是五花八门，如台式计算机、便携式计算机、智能手机、智能手环、智能音箱、汽车、电视、空调、洗衣机、电饭煲、扫地机器人、空气净化器、无人机等。互联网+科技的进步，让我们足不出户可知晓全球动态，一部智能手机就能完成网络购物、订餐、支付等很多事情。以前不敢想的，现在都已成为现实。

多样化的网购消费场景

电商 1.0 时代，消费者大多使用台式计算机、便携式计算机上网，对于网络购物，首选淘宝、天猫、京东；电商 2.0 时代（移动互联网时代），使用一部智能手机就能走遍全国，新的消费场景、购物入口如雨后春笋般层出不穷，比如拼多多、抖音、快手、小红书、微信、朋友圈、公众号、小程序、微博等，消费者网购的注意力被转移、分散。

以前，因为技术限制，卖家只能通过图片、文字在 PC 端平台展示店铺和产品；现在，随着移动互联网时代的发展，手机端平台的技术也日新月异，利用图文、短视频、直播等方式在智能手机上展示网店和产品的技术壁垒已被突破，消费者喜欢更新鲜、丰富、多元化的玩法。

对淘宝卖家、天猫商家而言，网购入口变化太快，玩法太多，又该如何运营网店呢？

电商内容运营的黄金时代

早在2014年，阿里巴巴就在战略部署手机端淘宝，时至今日，"手机淘宝""手机天猫"App的各项技术已趋于完善，最新版的"手机淘宝"App将首屏以下的内容全部改成了信息流，视频化是重点。淘宝官方也表示过：未来，淘宝很可能90%的内容都由视频来承载。

当然，整个淘宝的内容生态不仅只有短视频，还有图文和直播，身为卖家，应该以开放的心态拥抱这些趋势和变化，"内容运营的车轮"已行至脚下，不抓紧学习和利用这些新技术，迟早会被碾压和淘汰！

电商的进化其实就是流量分配和运营方式的变化，内容运营的核心是把"私域流量池"打造出来，借助淘宝的各项工具、技术，把"公域流量"逐渐转到"私域"存起来，通过复购、维护老客户等手段构建自己的流量池，进而实现持续变现。

本章将深度剖析当下淘内、淘外的内容运营技术和玩法，手把手教你构建属于自家店铺的流量池。

从运营流量到运营内容

传统的电商运营，以数据推广为主，结合促销活动（秒杀、满赠、满减、折扣、免单等）达成销量目标。但"促销"不是"营销"！

现在，不管做不做活动，"包邮+打折"几乎是产品发布后的标配，即使卖家愿意亏本出售，但消费者被培养的习惯是始终等待"折扣更低"的那一天。除非你的店铺走第4章讲的活动运营路线，一年四季总有理由促销，始终能通过参加促销活动提升销量；否则，短期、阶段性的促销活动不足以支撑全店常年的销售任务，因为任何一次促销活动都有时效，时效一过，要有别的方式持续引流、刺激消费。

很多店铺只是把活动运营作为店铺的引流手段之一，而"促销"也算是传统运营模式之一，对于那些品牌产品、品牌店铺而言，这种模式不利于长期发展，短时间内难以传递品牌精神，消费者忠诚度低、黏性低，一旦涨价，产品很难卖得动。

淘宝在"无线化"和"智能化"两方面下了很大功夫，甚至对"淘宝运营"的概念进行了重新定义：通过淘宝直播、微淘、短视频、淘宝群、内容化店铺、客服号等产品与工具，淘宝正从运营"流量"转为运营"人"，从"营销拉动成交"转为"会员精细化运营带动复购和黏性"，从单一产品转为IP、内容、产品多元化运营。

内容运营是"攻心"，立体、多维度地攻占消费者的心智。卖家要做的就是结合自身实际情况，及时调整运营方向和策略，多发掘一些适合自家店铺的引流渠道。

第 5 章 内容运营（图文+短视频+直播）

内容运营的本质

内容运营是大势所趋，原因如下：

1．淘宝网自 2003 年 5 月创立至今，其主流消费人群由"60 后、70 后、80 后"变成更年轻的"85 后、90 后、00 后"，每一代人的见识和消费习惯不同。

2．我国 GDP 逐年增长，在以前物资匮乏的年代，追求"人无我有、人有我优"，现在物资丰富，追求"人有我新、人有我潮、人有我私人订制"。说俗一点，就是老百姓有钱了，日子越过越好了，要买好的。

3．互联网越来越发达，科技让普通百姓也能享受到技术带来的各种便利，信息不再掌握在小部分人手里，人们的见识越来越广。

4．在"新零售时代"，从销售产品转向服务消费者，原来以"图片+文字"为主的产品详情页展示模式已不再满足普通百姓日新月异的消费需求，买家从消费产品发展到消费精神，店铺从流量为王发展到粉丝为王。

电商平台的现状：产品同质化严重，同款、仿款越来越多，一度盗版、假货盛行……消费者想买一个东西，选择越来越难，刷单、刷好评等现象让买卖双方的信任越来越难建立。

消费者希望：有人帮其缩短挑选时间、节省挑选成本，还希望选购产品的方式花样多、有个性、更容易，更希望在购物时享受尊贵待遇。

鉴于此，全新的内容运营模式满足了多方需求，身为卖家，内容运营的本质其实就是利用新的技术或方法（微淘、淘宝短视频、直播、淘宝群、客服号、品牌号等）改变运营玩法（从运营流量转为运营内容）而已。

私域？公域？

很多时候，不能埋头赶路，还要抬头看天。只有方向对了，做的事情才不会出大错。"战略"指引方向，"战术"指导落地执行。当淘宝卖家、天猫商家侧重店铺内容化运营时，在淘内一定会反复看到、听到两个词——私域、公域。

私域：是指卖家自运营阵地，比如卖家店铺内、产品详情页、自建的淘宝群、微淘、商家直播间等。简单理解，就是仅在卖家店铺内或周边展现。私域是卖家自己的舞台，运营已有的粉丝。

公域：是指更广阔的淘内资源位，比如"手机淘宝"App 的搜索结果页、淘宝直播、哇喔视频、猜你喜欢、微淘推荐等官方场景。公域是优秀卖家的舞台，平台会给优秀卖家的内容更多展现机会，从而获得更多新流量、新粉丝。

私域是基础，做好了，才有机会进入公域。进入到公域的内容，有好的表现的话，会给你更多资源和流量倾斜。所以这是一个循环。

5.1 如何使用"图文内容"卖货

在淘内,内容运营包含三方面:图文内容、短视频、直播。它们可以关联产品或店铺,直接引导买家到店购买,成交转化率更高。

重要提醒:淘内的内容运营基于手机端,也就是说,卖家制作出来的图文、短视频、直播等内容主要在手机端传播。

本节将讲解如何使用"图文内容"卖货。

5.1.1 原来你是这样的"图文内容"

可能在你的脑海里,图文内容就是普通的文章+图片,实则不是。淘内的图文内容玩法更丰富,图 5-1 是笔者从"手机淘宝"App 中"有好货"和"淘宝头条"频道随意截取的界面,因为淘宝本身就是购物网站,所以其站内的图文内容有天然的产品推荐优势,在文章内可以关联具体的产品链接,真正实现了"边看边买"。

图 5-1

> **作业**：拿出手机，从应用商店下载安装"手机淘宝"App，打开后从"有好货"和"淘宝头条"频道查看更多内容。把自己当成买家，看这些内容是如何吸引你到产品付款界面的。

5.1.2 淘内图文专享的"公域"流量渠道

优质图文内容发布后会有机会被推荐到"有好货""每日好店""淘宝头条"等官方"公域"频道，从而获得大量曝光，它们在"手机淘宝"App 首页有非常醒目的常驻入口，如图 5-2 所示。还有"必买清单"频道，其入口为："我的淘宝-我的频道-特色主题-必买清单"，以及"爱逛街"频道。

数以亿计的买家从"手机淘宝"App 首页被分流到这些优质内容导购频道，进而促成产品成交。

图 5-2

此外，图文内容在"手机淘宝"App 最集中、最重要的一个入口便是其底部常驻菜单之一的"微淘"，如图 5-3 所示。这也是绝佳的官方"公域"流量渠道，能被推荐展示到此，店铺或产品会被大量曝光和吸引更多粉丝。

图 5-3

当然，除了上述渠道，阿里巴巴全系有超过 100 多个内容消费频道，优质内容均有机会被大量推荐。

那么，问题来了：

身为卖家，怎么发图文内容呢？

怎么才有机会被推荐到上述的"公域"流量渠道呢？

5.1.3 淘内图文运营的角色与受众

在淘内，最重要的图文内容运营工具是"微淘"，即阿里创作平台。

哪些人可以使用微淘？

微淘有三种账号类型，分别对应三类人群。

微淘号·商家：以商家为主体，提供私域内容推送、公域内容投稿、店铺内容互动及粉丝运营能力，以及商家全链路内容推广服务。

微淘号·达人：以生产原创内容的个人、自媒体、知名媒体、导购网站、热门应用等为主体，提供角色认证、能力评估、内容生产引导、私域自运营、数据分析等全面的创作服务，以及提供与品牌、商家的内容交易服务。

品牌号：以知名品牌商为主体，提供内容生产、内容管理、内容投放等创作服务，以及品牌全链路内容交易服务。

商家、达人、品牌商生产内容，阿里创作平台负责内容分发，内容受众便是亿万网民。

5.1.4 卖家必学图文运营技术

解决以下三个问题，可独立运营微淘：

问题一：如何利用"微淘"这个工具发布图文内容？

答：成为开店卖家且店铺状态正常，则自动生成微淘号·商家，操作方法如图 5-4 所示。

图 5-4

第一步，登录微淘内容发布后台。有两种方式：第一种，使用卖家账号登录卖家中心，依次单击"自运营中心-发微淘"；第二种，在浏览器输入微淘网址并打开，使用卖家账号登录，依次单击"创作-发微淘"。

第二步，选择一种内容类型，比如"店铺上新"，单击"立即创作"按钮，根据页面提示填写内容并发布。

> **小贴士**：1. 每个店铺每天可发布内容总数有限，请勿随意乱发，避免浪费资源或违反规则被处罚。
> 2.《阿里内容创作管理规则》详见本章配套素材文件夹内的"5.1 阿里创作平台管理规则.png"。
> 3."微淘号等级"是对卖家内容创作或内容组织能力、粉丝运营能力、账号健康度等进行综合评估的价值体系，主要通过微淘号商家指数对账号价值进行识别和判断，划分卖家等级。提升账号等级可以获得相关的权益和功能，并有可能获取更多公域流量等平台奖励。
> 系统每周三会自动更新指数，满足指数要求的卖家即可直接晋升至对应等级。查询入口：微淘后台"账号-商家号成长-商家号等级/微淘商家号等级"。

问题二：什么样的图文内容才能被推荐到官方"公域"渠道？

答：卖家成功发布的微淘内容，会优先展示到自家店铺内。如果想被推荐到微淘公域，以获取更多流量，需符合微淘公域推荐内容的标准。

标题规范：

1．符合基本语言规范：不能有错字、漏字、多字；
2．客观正向：不以夸张的噱头吸引消费者，杜绝低俗、媚俗、庸俗；
3．整洁、明快、有亮点：废话少，直接切入主题亮点，不用太多无用的形容词；
4．口语化：符合现代人轻量阅读的习惯，使用生动轻松的语言风格，减少晦涩的描述。

导语规范：

1．精简概括文章核心，阐述主题，点出全文亮点；
2．不使用《中华人民共和国广告法》违禁词语，如"最""第一""全国级"等。

图片规范：

1．清晰正规：不能有扭曲、拉伸、马赛克、"牛皮癣"等影响阅读的干扰因素；
2．中心突出：图片能突出主题核心，亮点一目了然；
3．吸引人：图片精美、有亮点，减少图库素材图、漫画、普通产品图的使用。

选品规范：

第5章 内容运营（图文+短视频+直播）

符合营销规则：产品符合淘宝和天猫的各项营销规则。

图片锚点规范：

1．准确有物：锚点准确打在图片核心要素上；

2．规整美观：一张搭配图上的锚点不能打太多，不能影响阅读；

3．锚点标签易于阅读：锚点配文字数建议9字以下，言简意赅，言之有物，让人有点击的冲动。

正文规范：

1．格式美观：不能有大面积空行或重复文字，段落之间排版美观，易于阅读；

2．言之有物：开门见山，能快速表达观点，不要有太多无用的形容词；

3．生动有趣：符合现代人轻量阅读的习惯，使用生动轻松的语言风格，减少晦涩的描述。

有下述情形的，不会被推荐：

1．明星、搞笑类内容，不建议发布。

利用明星或搞笑等话题的微淘内容看起来点击量会相对较高，但这样的内容转化率很低，也无法塑造店铺在消费者心中的形象。

2．文字内容过于简单。话题使用不当、内容或图片重复，不建议发布。

适当的文字内容可以帮助消费者抓住信息重点，消费者在阅读内容时首先会看文字中的关键词再决定是否继续阅读，过多的话题标签或过于简单的文字内容都不利于消费者获取该条微淘的信息。

当前，微淘后台可以发布的类型分为：店铺上新、好货种草、主题清单、洋淘秀（原买家秀）、粉丝福利、图文教程（长文章）、店铺动态、短视频、转发。每一种类型在"手机淘宝"App 的"微淘"内都有非常多优秀案例可供借鉴，如果不知道标题、导语、内容等具体怎么写，现在拿出手机，多翻阅查看。

> **小贴士**：1. 不管是微淘后台可发布的类型，还是微淘内容推荐规范，都可能更新调整，请随时关注官方消息，以官方公布为准。
>
> 2. 根据笔者多年经验，官方大刀阔斧改版这个工具的频率很低，多数时候是微调，因此，抓住整体框架和微淘运营的核心，先做好私域，提升账号等级和活跃度，再逐渐从公域（投稿+内容推荐）引流，吸引粉丝，以不变应万变。
>
> 3. 在"阿里创作平台·商家号白皮书"中详述了发布微淘的"内容封面图基础质量要求""种草内容创作标题指引""种草图片生产指引"，因本书篇幅有限，这些内容详见本章配套素材文件夹内的文件。这些内容请一定要查看，提前知晓官方需要什么，然后去做，被推荐的概率会高很多，否则费时、费力摸不清方向。此外，在白皮书中还有更多关于微淘运营的技巧和案例，官方网址也在本章配套素材文件夹内。

问题三：如何才能长期稳定地生产内容？

答："微淘·商家号"运营建立在店铺的基础上。正常经营的店铺，才能长期、稳定地生产内容。

在微淘后台可以发布的内容类型（店铺上新、好货种草、主题清单、洋淘秀、粉丝福利、图文教程、店铺动态、短视频、转发）可以统称为"卖家种草型内容"，是指从卖家真实的店铺经营心得出发，以账号本人视角（店铺经营者视角），创作出能体现店铺"个人魅力"的内容，拉近店铺和粉丝的距离，为粉丝提供有价值的信息，引导粉丝"种草"。

简单来说：卖家利用微淘输出内容，传递店铺自身的魅力和人情味，让粉丝找到归属感，信任店铺、信任产品，进而长期购买产品。

微淘内容按属性划分为：产品类、互动类、资讯类、导购类。创作内容前，需提前做好以下三项准备：

第一项，定位。像产品定位一样，首先给微淘内容进行定位，比如你家是卖女装的，微淘内容就应该与店铺经营类目相符；其次，给店铺一定的"人设"，比如把店铺老板包装成一个角色，取个能让粉丝记住的"昵称"，再确定接下来的文字风格，比如活泼的、幽默的、文艺的……

第二项，制定内容更新的节奏和方向。比如新店每天最多可以发布3篇内容，是每天发满3篇呢，还是每天发1篇或2篇，还有每天什么时段发。良好的更新节奏可以帮助卖家强化"人设"，根据店内产品的上新、热销、促销、清仓等节奏，有计划地创作微淘内容，循序渐进地吸引粉丝→沉淀粉丝→激活粉丝。

第三项，将内容数据和粉丝数据的整理和分析纳入日常工作计划，如果没提前想到，后期制作内容的方向可能偏离初衷，费力不讨好。在店铺初期写"种草"内容时，需通过产品的收藏、关注吸引基础粉丝；有一定粉丝基础后，需关注粉丝的活跃度，如果内容阅读少、互动少，可能是粉丝不感兴趣，需及时对内容进行优化。公域投稿的内容也需及时关注反馈，及时修改调整。

划重点：微淘内容最关键的一个作用是将买家的决策往成交方向引导。不管买家在"私域"还是"公域"看到内容，他们在做出购买决策的前、中、后期思考的问题是不同的，如图5-5所示。作为卖家，如果你创作出的内容中包含买家问题的解决方案，那么吸引他们关注店铺成为粉丝或销售产品自然就水到渠成。

优秀的"种草"内容对拉近卖家与粉丝的距离、提升粉丝黏性、维护粉丝关系有至关重要的作用，不同类目创作内容的方向有共性、也有个性，比如服装类目产品或系列服装的穿搭推荐更受欢迎，美妆类目的妆容或护肤教程更受欢迎，相关案例和运营技巧详见本章配套素材文件夹内的"5.1 微淘种草内容创作辅导（商家号）.png"。

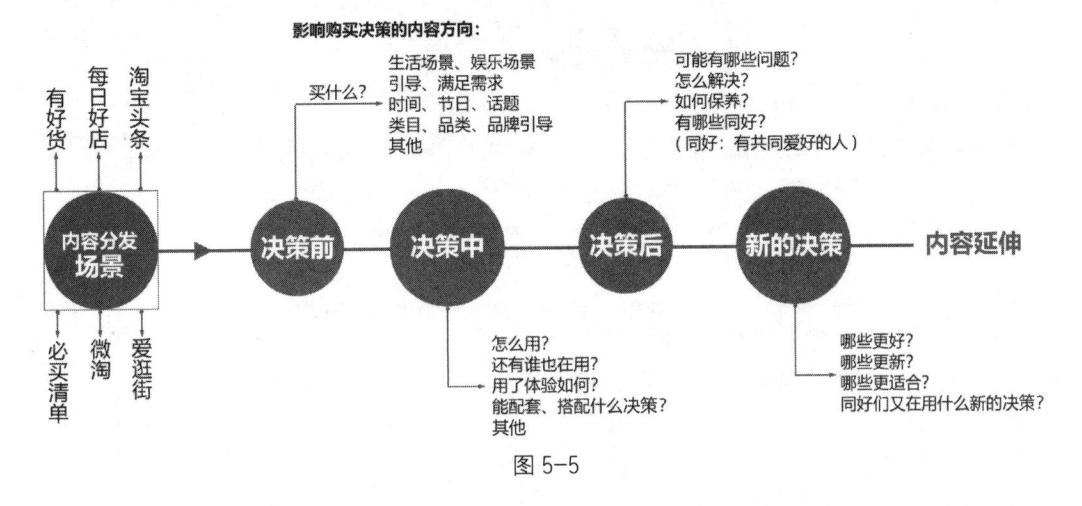

影响购买决策的内容方向：

```
                    买什么？        生活场景、娱乐场景              可能有哪些问题？
                                  引导、满足需求                怎么解决？
                                  时间、节日、话题              如何保养？
                                  类目、品类、品牌引导          有哪些同好？
                                  其他                        （同好：有共同爱好的人）

有 每 淘
好 日 宝
货 好 头
   店 条
    ┌─────┐       ○           ○            ○            ○         
    │内容 │  →   决策前   →   决策中    →   决策后   →   新的决策  →  内容延伸
    │分发 │
    │场景 │
    └─────┘
必 微 爱                  怎么用？                    哪些更好？
买 淘 逛                  还有谁也在用？              哪些更新？
清    街                  用了体验如何？              哪些更适合？
单                        能配套、搭配什么决策？      同好们又在用什么新的决策？
                          其他
```

图 5-5

> **小贴士**：
> 1. 店铺粉丝通过日积月累才容易达到从量变到质变的效果，所以微淘的内容更新要坚持。微淘粉丝分为健康、沉默、异常三种，有一千个健康粉丝与有十万个健康粉丝，带来的运营效果完全不在一个量级。
>
> 前文讲过，有些流量渠道的流量来得比较慢，微淘流量就是其中之一，因为真实有效的精准粉丝要靠日常内容积累，通过软件刷的都是异常粉丝，迟早会被处罚，还无法带来真实产品成交。如果希望在参加大促活动时，利用微淘粉丝快速导流，必须提前运营微淘内容。
>
> 2. 微淘内容变现链路：卖家创作内容（关联店铺链接/产品链接）→发布到私域或推荐到公域→消费者看到内容：收藏并关注店铺/产品，成为潜在意向买家；或者从产品页下单付款购买。因此，微淘内容最终目的是：一方面是让原本不知道你家的消费者成为意向买家或正式成交买家；另一方面是让已经成为买家的老客户，再次回购。
>
> 3. 有些卖家会说：自己能力有限，无法持续输出优质内容。那么，你可以先开通淘宝客推广，然后寻找有能力输出内容的达人合作，让他们帮你推广。
> 开通淘宝客推广的入口：卖家中心-营销中心-我要推广-淘宝客。
> 寻找微淘达人的入口：阿里V人物-图文，如图5-6所示。

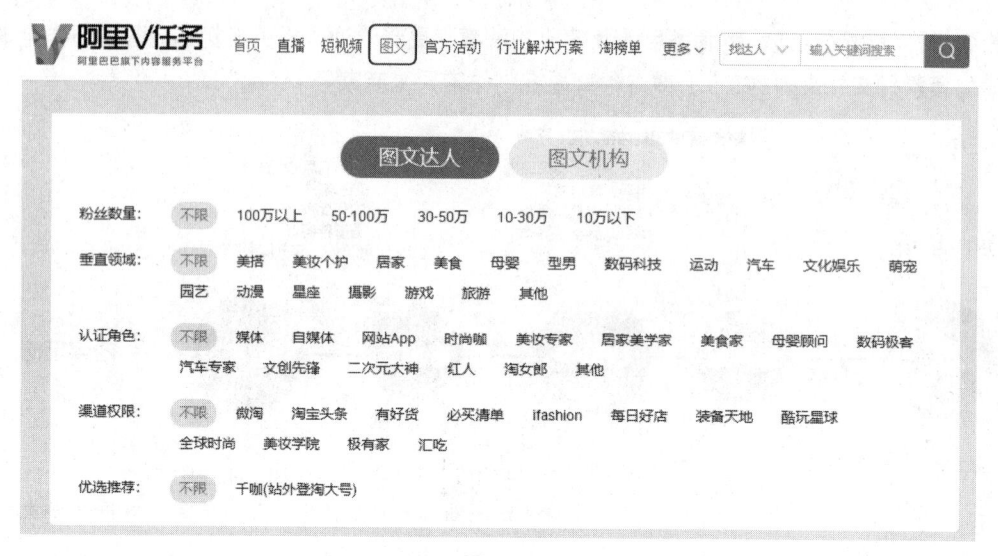

图 5-6

5.2 火遍全国的"短视频营销"

利用互联网销售产品的技术不断更新迭代,在电商 1.0 时代,因为技术限制,多数产品只能通过文字、图片呈现,偏扁平化;4G 网络和 5G 网络的移动互联网时代,称为电商 2.0 时代,立体、动态呈现产品将变得更轻松和容易,最直接的体现就是短视频技术、视频直播技术。

5.2.1 "短视频+"风口与淘内短视频的优势

智能手机的普及、移动互联网的发展、云计算技术的成熟等,促进了短视频的普及,加上中国整体网民的增长已经由 PC 端网民增长转移到移动端网民增长,间接推动了短视频行业的高速发展。

"短视频+"正在移动互联网的风口上,是大趋势

短视频+电商、短视频+知识问答、短视频+音乐、短视频+资讯、短视频+社交、短视频+美食推荐、短视频+招聘、短视频+在线租赁等,逐渐成为新的业态。自 2016 年以来,短视频行业持续升温，不论平台、资本还是用户，各方的热情都从未减退。

短视频在变现方面："短视频+电商"在淘宝、天猫有天然优势。

早在淘宝短视频业务上线之初，其负责人就明确表示：淘宝提供的是碎片化、泛导购、互动性强的实用型消费类短视频。简单来讲，淘宝短视频与消费、购物有很强的联系，是奔着产品成交去的。

在 2019 年淘宝会员自运营卖家峰会上，淘宝自运营负责人介绍：淘宝会继续加大对自运营的投入，将有三大升级方向，一是化繁为简，加大产品投入，降低卖家成本；二是化零为整，加强自运营产品矩阵的聚合能力，让卖家自运营的效率再上一个台阶；三是扶优放大，持续升级数据洞察和优质卖家的激励机制。

技术层面："手机淘宝" App 已经全面升级改版，实现 60%以上的内容化呈现；升级后的"手机淘宝" App 将提供整体的产品运营体系、数据驱动，以及内容营销场景的重新梳理。新版的"手机淘宝" App 将首屏以下的内容全部改成了信息流，视频化是重点，淘宝官方也曾表示：未来，淘宝很可能 90%的内容都由视频承载。

卖家要做的就是围绕这些内容运营体系，输出（或购买）优质内容，实现与淘内买家的品牌全域营销。

电商 1.0 时代，扁平化产品呈现，谁能最快速度、最短时间吸引买家眼球、促成转化，谁就是王！

电商 2.0 时代，立体、真实、多维度的产品呈现，谁能用内容抢占最多买家的最久时间，谁在淘内的生命力就越强！

"种草→培育→拔草"，将是未来三五年间，电商"内容运营"的常态！

淘内短视频的优势

1．拉新。为店铺引流。

2．强转化。影响购买决策，提升转化。

3．粉丝黏性高。培养粉丝忠诚度，增强粉丝黏性。

其实，历经这么多年，电商卖货的"运营根本"一直没变：拉新→转化→留住→二次转化。只是每个时期有新的技术诞生，每个时期买家的喜好会发生改变，卖家要做的就是顺应改变，使用新技术、新手段去重复循环"拉新→转化→留住→二次转化"这个过程。

现在的新技术、新手段就是：短视频内容运营！

淘内短视频生产与分发逻辑

卖家、达人、PGC（Professionally-generated Content，专业生产内容）、UGC（User-generated Content，用户生产内容）生产短视频，在"私域"展示或投稿至"公域"展示，覆盖全域消费者，其分发逻辑如图 5-7 所示。

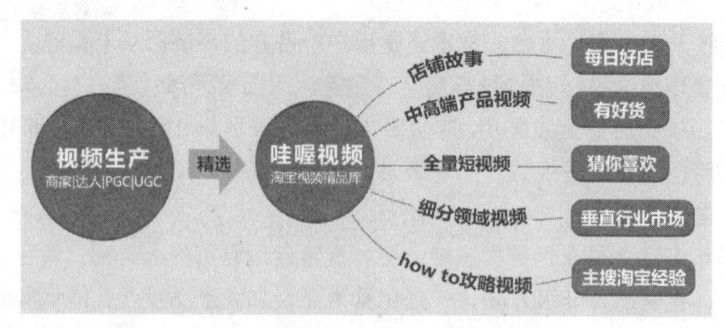

图 5-7

买家看短视频购物的路径

作为卖家,不仅要搞清楚后端"平台与卖家内容"之间的分发机制,还要搞清楚买家在淘内是如何被不同资源位上的短视频影响,进而购买产品的!

"手机淘宝"App 首页主要包含两类场景:导购型场景和搜索型场景。当买家打开其首页,会被不同场景的不同内容引导至不同卖家的店铺或产品详情页,最终产生购买行为。买家从"公域"看见短视频到最终购买产品的流转路径如图 5-8 所示。

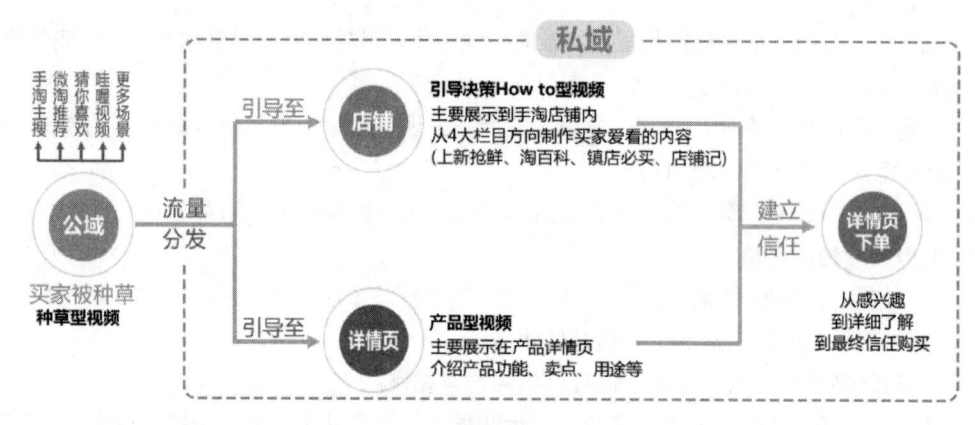

图 5-8

卖家制作短视频,然后投稿到"公域",最终目的也是希望短视频从"公域"吸引更多买家进到自家店铺或产品页面,促成交易。推荐运营短视频,主要原因是:与图文相比,它在拉近买家距离、营造立体空间感、真实感方面更具优势,大大缩短了买家信任产品的时间!从图 5-8 的流量分发和引导路径也能看出,在不同场景下推荐不同类型的短视频,使渐进式刺激购买的效果更佳。

当然,内容运营含图文、短视频、直播,建议有能力的卖家三项内容同时做,覆盖面更广。

短视频运营经验：在公域"种草"，吸引粉丝；在私域培育、"拔草"，维护粉丝。

身为卖家，需熟练掌握不同类型短视频的玩法。

5.2.2 淘内4类卖家短视频类型的运营技术

当前，卖家短视频分为4类：第一类、4大栏目的短视频（发布后可推送至私域，满足条件后可投稿至公域）；第二类、主图视频（发布后展示在产品详情页，满足条件后可投稿至公域，在"主搜"展示）；第三类、微淘视频（发布后在私域展示，满足条件后可投稿至公域）；第四类、店铺视频（发布后展示到卖家手机端的店铺）。

4大栏目短视频

2019年以前，平台给卖家的内容运营工具比较多，卖家的困惑也很多，比如：

1．工具太多、标准不同、比较零散，自己制作的有趣内容型短视频无阵地承载，前台没有固定的透出渠道。

2．想获取更多公域流量，但主图视频投稿至公域难，大促玩法多，投稿也难。

3．多数卖家精力有限，没法统一规划运营短视频；

4．卖家对短视频的流量大不大、是否透出都不确定，不敢投入太多。

为此，平台做出了改造升级，将多种工具打通，推出4大栏目，帮助卖家有计划、系统性地运营短视频。

4大栏目分别是：上新抢鲜、淘百科、镇店必买、店铺记。这些栏目是卖家内容型短视频的运营阵地，卖家根据官方栏目的内容方向，可以系列化、持续性地更新短视频内容。

发布栏目内容的同时可推送微淘、群聊、客服号等粉丝触达通道。私域数据表现满足基础要求的短视频，可流转至哇哦视频、行业频道、猜你喜欢等公域场景，以获取更多的流量和新粉丝！

官方对4大栏目的定位如图5-9所示，卖家根据栏目内容定位，选择适合自己类目和店铺定位的栏目，无特殊情况，每个卖家最多能开通2档栏目。

卖家开通4大栏目的条件：

当卖家的"短视频层级"达到V3~V4后，可在"卖家中心-店铺管理-素材中心-视频"中看到栏目入口，如图5-10所示。

卖家短视频分级标准：V0→总分200以下；V1→201~400分；V2→401~600分；V3→601~800分；V4→801~1000分。分值的计算方式若有更新，请以官方公示为准。

栏目名称	上新抢鲜	淘百科	镇店必买	店铺记
栏目内容定位	通过一个视频推荐本次上新主打的多款产品，结合视频专享优惠、新品视频早鸟价等	围绕产品的知识、百科内容	店铺尖货、爆款、营销活动款盘点推荐 与营销活动、店铺优惠强结合	个性店长、店铺故事、品牌故事、VLOG等人格化品牌化内容
消费者心智	最新潮货+新款限时优惠	发现好玩的神器产品 掌握生活小技能	店铺最值得买最优惠的都在这里	深入了解店铺/品牌，发现"我"喜爱的生活方式
适合的卖家类型	上新频次高，SKU多品牌新品发布	产品与生活日常关联性强，可基于一类知识产出系列化内容 对于视频有刚需的品类（例如家具安装）	上新频次不高，经常有打折促销或参与平台营销活动的卖家	红人店铺 特色卖家 品牌商家 强粉丝运营的卖家
分类标签（发布时请选择正确标签）	时尚街拍、设计理念、商品展示、明星推荐、前沿资讯	搭配攻略、深度测评、开箱体验、消费百科、真人改造、技能教程	店长推荐、主题盘点、线下探店	VLOG、产地溯源、才艺秀、情景剧场、生产工艺、店铺故事

图 5-9

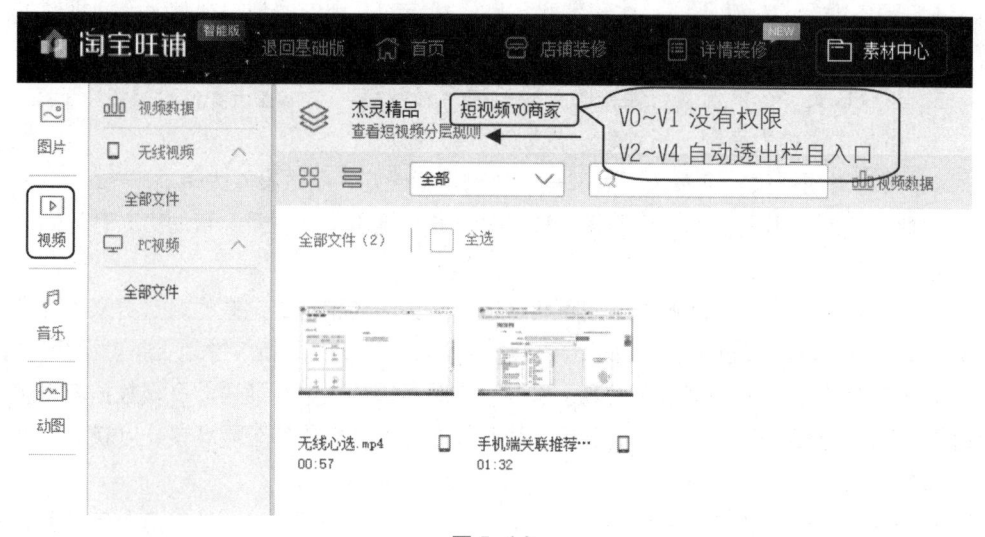

图 5-10

卖家分级权益：

1．当卖家达到 V2 等级时，具备将私域短视频向公域投稿的资格：根据资格验证推送针对某些短视频的投稿入口。

2．当卖家达到 V3 等级时：

① 根据资格验证推送针对某些短视频的投稿入口；

② 在素材中心开放主图视频的投稿入口，将卖家素材库中的短视频进行素材编辑后无

须资格验证,可直接进行公域投稿且优先审核,审核通过后投放到公域。

3. 当卖家达到 V4 等级时:

① 根据资格验证推送针对某些视频的投稿入口;

② 在素材中心开放短视频的直接投稿入口,将卖家素材库中的短视频进行素材编辑后无须资格验证,可直接进行公域投稿且优先审核,审核通过后投放到公域。

③ 开通绿色快速通道,可直接上传新视频到投稿的入口,且优先审核投放。

4 大栏目的内容要求、发布规范、运营要求等详见"淘宝短视频内容质量标准平台",参照标准制作的短视频更有机会获得官方渠道的大力推荐。

主图视频

你可能会问"新店或者刚开始运营短视频,等级是 V0,如何快速提升等级呢?"

"私域"短视频运营好了,才有机会被推荐到"公域",而"私域"运营最关键的工具就是"主图视频"。

"主图视频"是指发布产品时填写的一项参数,如图 5-11 所示。虽然"主图视频"在详情填写界面没有加*,属于选填项,但其重要性有赶超"PC 端产品图片"之势,建议卖家都添加。

图 5-11

主图视频添加在产品详情页,有 3 种比例,分别是 1:1、16:9、3:4,其时长、内容等规范如图 5-12 所示。

添加主图视频的好处多多:

好处 1:产品表达形式升级,更有助于成交转化。

主图位置,从图片到视频,对买家在产品详情页的停留时长有明显提升;视频可以比图片更形象、立体、真实地展示产品,能大幅度提升产品成交转化率。

好处 2:"猜你喜欢"透出主图视频,添加视频的点击率比不添加视频的点击率高出 3%。

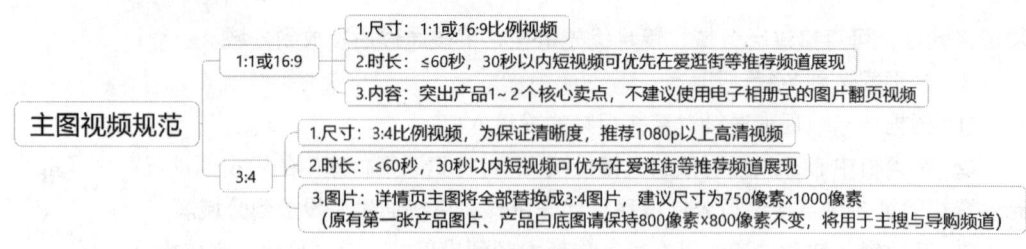

主图视频规范
- 1:1或16:9
  - 1.尺寸：1:1或16:9比例视频
  - 2.时长：≤60秒，30秒以内短视频可优先在爱逛街等推荐频道展现
  - 3.内容：突出产品1~2个核心卖点，不建议使用电子相册式的图片翻页视频
- 3:4
  - 1.尺寸：3:4比例视频，为保证清晰度，推荐1080p以上高清视频
  - 2.时长：≤60秒，30秒以内短视频可优先在爱逛街等推荐频道展现
  - 3.图片：详情页主图将全部替换成3:4图片，建议尺寸为750像素×1000像素（原有第一张产品图片、产品白底图请保持800像素×800像素不变，将用于主搜与导购频道）

图 5-12

在"手机淘宝"App 首页的"猜你喜欢"里已渗透了很多产品主图视频，在 WI-FI 环境下产品的主图视频可自动播放（无声音），经过数据验证，单个产品有主图视频的点击量比只有图片展示的产品的点击量高出约 3%，建议爆款产品放主图视频，点击效果更好。

好处 3：更多公域渠道透出

优质的主图视频可以进行信息补充，投稿至公域渠道后，能获取更多公域免费流量，以及获得更多新粉丝。

好处 4：主图视频进入"手淘搜索"

在"手机淘宝"App 首页顶部的搜索框中输入任意关键词，比如"套装两件套 洋气"，在搜索结果页顶部的重要位置多了一个"视频"选项，如图 5-13 所示。单击"视频"选项进入视频列表页，以视频流的方式呈现，买家可以上下滑动来浏览视频。

图 5-13

只要满足买家搜索的关键词的视频数≥3个,对应的产品主图视频就会被展现出来。

对卖家来说,官方在"主搜"这样的重要阵地上开启短视频赛道,意味着在店铺中添加了优质主图短视频的产品都有上主搜展示的机会。

提升卖家短视频等级的运营建议:

1. 运营重点:添加主图视频,这是提升卖家短视频等级的必备基础。

2. 主图视频内容要求:展现产品的外观、功能、细节、多SKU、模特展示等。注意把握整体节奏,头5秒镜头要有卖点,能快速吸引买家点击并看完整个视频。

3. 重要数据指标:

(1)主图视频的数量和质量直接影响卖家等级提升,等级越高,卖家享受到的权益越多。

(2)优质视频数据指标参考:私域的播放W(Video View)次数、完整播放W次数。

(3)视频在私域的转化效果(在视频中加入营销标签、引导性文案等能提高转化率)。

主图视频"私域转公域"的流转路径:

主图视频能否透出到公域,与"卖家短视频层级"相关,图5-14是不同等级的卖家发布主图视频后,流转到公域的路径。也就是说:任何一个主图视频都要经过系统审核这一关。

建议大家:要么不发布主图视频,要么就按能被推荐到公域的标准去制作主图视频。优质的主图视频一旦积累起漂亮的数据(视频数量、私域播放W次数、完整播放W次数、在私域的转化率等),后续爆发力惊人。

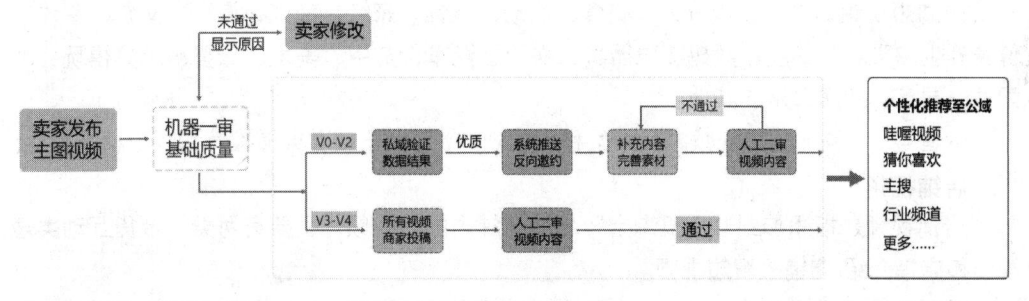

图5-14

微淘视频

"微淘"不仅是图文内容运营主阵地,也是短视频运营阵地之一。发布入口:使用卖家账号登录微淘后台,依次单击"发微淘-短视频",在新开页面中,按提示依次从上往下填写内容,最后单击"发布"按钮。

微淘短视频的规范包含标题、主视频、封面图、五秒贴片视频,其通用规范如图5-15

所示。若有更新，请以微淘后台提示为准。

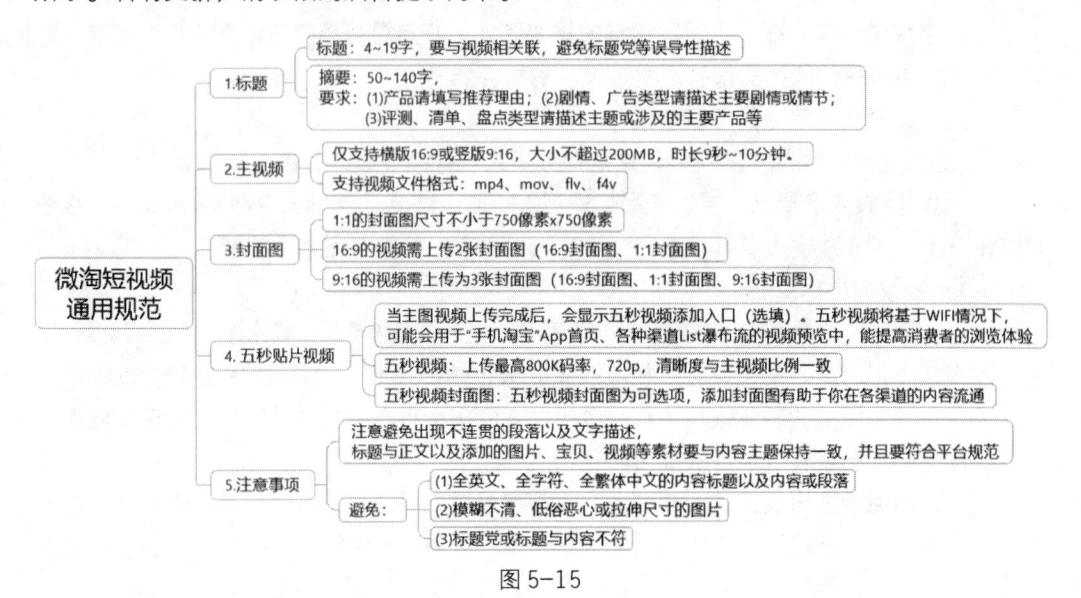

```
                    ┌─ 1.标题 ─┬─ 标题：4~19字，要与视频相关联，避免标题党等误导性描述
                    │         │   摘要：50~140字，
                    │         └─  要求：(1)产品请填写推荐理由；(2)剧情、广告类型请描述主要剧情或情节；
                    │                   (3)评测、清单、盘点类型请描述主题或涉及的主要产品等
                    │
                    ├─ 2.主视频 ─┬─ 仅支持横版16:9或竖版9:16，大小不超过200MB，时长9秒~10分钟。
                    │           └─ 支持视频文件格式：mp4、mov、flv、f4v
                    │
微淘短视频 ──┤─ 3.封面图 ─┬─ 1:1的封面图尺寸不小于750像素x750像素
通用规范      │           ├─ 16:9的视频需上传2张封面图（16:9封面图、1:1封面图）
                    │           └─ 9:16的视频需上传3张封面图（16:9封面图、1:1封面图、9:16封面图）
                    │
                    ├─ 4.五秒贴片视频 ─┬─ 当主图视频上传完成后，会显示五秒视频添加入口（选填）。五秒视频将基于WIFI情况下，
                    │                 │   可能会用于"手机淘宝"App首页、各种渠道List瀑布流的视频预览中，能提高消费者的浏览体验
                    │                 ├─ 五秒视频：上传最高800K码率，720p，清晰度与主视频比例一致
                    │                 └─ 五秒视频封面图：五秒视频封面图为可选项，添加封面图有助于你在各渠道的内容流通
                    │
                    └─ 5.注意事项 ─┬─ 注意避免出现不连贯的段落以及文字描述，
                                   │   标题与正文以及添加的图片、宝贝、视频等素材要与内容主题保持一致，并且要符合平台规范
                                   └─ 避免：(1)全英文、全字符、全繁体中文的内容标题以及内容或段落
                                           (2)模糊不清、低俗恶心或拉伸尺寸的图片
                                           (3)标题党或标题与内容不符
```

图 5-15

微淘短视频的内容类型分为：深度评测、技能教程、开箱体验、真人改造、才艺秀、生产工艺、搭配攻略、主题清单、资讯百科、时尚街拍、生活记录、产地溯源、线下探店、情景剧场、店铺故事、产品展示、其他。

微淘短视频的内容领域分为：美食、运动、服饰、家装、萌宠、旅行、文创、手作、健康养生、彩妆、护肤、数码、电器、二次元、汽车、美甲、美发、母婴、玩具模玩、3C配件、园艺、家居日用、其他。

运营经验：精准的短视频内容类型和领域划分，有助于精准渠道推荐和吸引精准粉丝。

店铺视频

店铺视频是指添加到"手机淘宝"App 店铺内的短视频，主要有两类：带货互动类短视频和店铺介绍/店铺故事短视频。

带货互动类短视频的添加入口有两个：一是"手机淘宝"App 的店铺首页-图文类-视频模块；二是"手机淘宝"App 的视频（合辑）页-带货视频，如图 5-16 所示。

规范：视频最小尺寸为 640 像素 x360 像素；长度在 2 分钟以内。

店铺介绍/店铺故事短视频的添加入口："手机淘宝"App 的店铺印象页-店铺介绍模块、店铺故事模块，如图 5-17 所示。

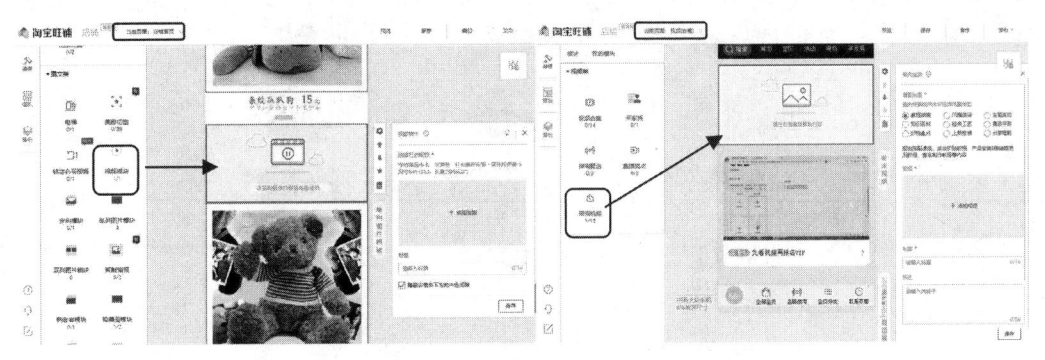

第 5 章 内容运营（图文+短视频+直播） 153

图 5-16

图 5-17

5.2.3 全域短视频运营之内容布局技巧

建议卖家根据买家的购物阶段，在购前、购中、购后制作不同类型的短视频内容，如图 5-18 所示。每个阶段的目的都不同。

种草型短视频

目的：以"种草"为主、获取流量、吸引粉丝、维护粉丝。

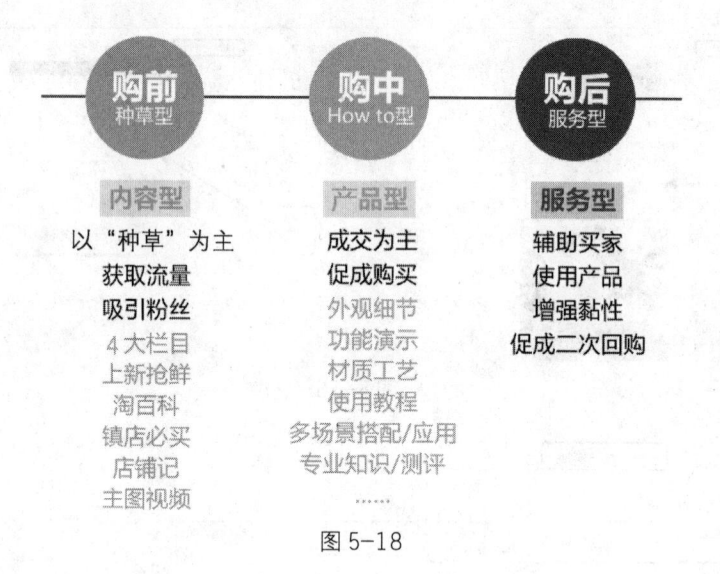

```
       购前              购中              购后
      种草型           How to 型          服务型

       内容型            产品型            服务型
     以"种草"为主       成交为主          辅助买家
       获取流量         促成购买          使用产品
       吸引粉丝         外观细节          增强黏性
       4 大栏目         功能演示       促成二次回购
       上新抢鲜         材质工艺
        淘百科          使用教程
       镇店必买      多场景搭配/应用
        店铺记        专业知识/测评
       主图视频           ……
```

图 5-18

内容方向：导购推荐、猎奇、食品制作、搭配指南、品牌宣传、店铺故事等。

使用场景：4 大栏目、官方内容导购频道、微淘、店铺-视频等。

拍摄要点：画面感、内容可看性、猎奇、节奏、音乐。

注意事项：时刻关注内容与买家之间的联系，能够促进店铺粉丝增长、增强粉丝黏性；内容栏目化、长期稳定输出，在内容与内容、内容与产品之间做好关联。建议在视频中加入口播、字母等，用来下单或进店。

How to 型短视频

目的：获取流量、进一步促进信任、促成交易、粉丝运营、购后服务维护。

内容方向：教程、指南、测评、生活技巧、百科常识等。

使用场景：首页主搜、产品详情页、微淘、粉丝群、客服服务过程中等。

拍摄要点：视频小百科，内容实用，可以帮助买家进一步了解产品的使用、安装、质量、材质等信息，最好配合讲解、文字解释、实景演示等。

注意事项：与目标人群的生活场景、使用场景、喜好等结合。

服务型短视频

目的：从公域、私域吸引关注，促成购买，以成交为主。

内容方向：产品的卖点表达，给对的人群对的感觉，刺激购买需求，促成下单。

使用场景：主图视频。

拍摄要点：展现产品的外观、功能、细节、多 SKU、模特展示等，注意整体结构上的节奏把握，视频前五秒要有卖点，能吸引点击，要计算推荐短视频的完播率。

注意事项：要符合主图视频的机审和人工审核标准。

5.2.4　如何拍摄、制作短视频——小白、懒人速成技巧

看完前几节，我们清楚了哪些场景需要哪些类型的短视频，各自的制作标准也已心中有数，接下来就是动手去拍摄、制作短视频。

拍摄短视频要准备什么

笔者建议从四个方面准备：1．拍摄器材（手机或专业器材）；2．拍摄场景（自己搭建或租用）；3．布景布光道具（网购或租用）；4．拍摄对象（产品或模特）。

几乎所有支持拍照的智能手机都支持录制视频，所以短视频也完全可以使用手机拍摄。在网店视觉呈现中图片是必需的，而现在短视频是大势所趋，建议一个场景制作两套视觉效果，一套图片，一套短视频。

当然，实力和需求不同，对效果的追求也不同。除了使用手机拍摄，其他专业摄影器材按需选用。

如何拍出能带货的短视频

电商类短视频与消费、购物有很强的联系，最后都希望转化粉丝购买产品。因此，任何一个发布到店铺的短视频，目的性一定要非常明确：要么种草、要么促进成交、要么服务和维护粉丝。想达到这样的效果，前期拍摄+后期剪辑，缺一不可。

关于前期拍摄，虽然大框架（拍摄器材+场景+布光道具+拍摄对象）类似，但是细化到不同类目、不同用途的短视频又有非常鲜明的特性，因本书篇幅有限，不展开讲摄影技术、修图技术，请翻阅学习笔者另外两本内容互补的书《Photoshop 淘宝天猫网店美工一本通：宝贝+装修+活动图片处理》《淘宝天猫网店美工一本通：Photoshop+Dreamweaver+短视频》。

关于视频剪辑，目前有两种方法：一种是先拍摄后剪辑；另一种是边拍摄边剪辑。

第一种先拍摄后剪辑的方式更灵活，但对后期剪辑软件的使用要求较高。步骤一般是先确定短视频内容方向，再分镜头拍摄，最后使用软件拼接合成。

常用的剪辑软件有 AE（Adobe After Effects）、Pr（Adobe Premiere）、EDIUS 等，适合在计算机上操作。如果想在手机上操作，可以到"应用商店"搜索"视频剪辑"等关键词，有专门在手机上使用的剪辑软件，按需选用。

关于剪辑软件的使用，本书不讲，如果感兴趣可以联系笔者（微信/QQ 同号：1743647955）推荐视频课程。

第二种边拍边剪辑的方式适合新手,阿里巴巴官方为广大卖家开发了一款短视频拍摄剪辑软件"淘拍",在计算机和手机上都可以使用。

计算机上的"淘拍"不支持拍摄,仅支持已有视频编辑,先上传,再创建。步骤如下:

❶ 启动浏览器(推荐谷歌浏览器,兼容性好),输入"淘拍"电脑版官方网址,使用卖家账号登录,进入淘拍主页面,如图5-19所示。单击"片段素材",再单击"+上传视频"按钮。

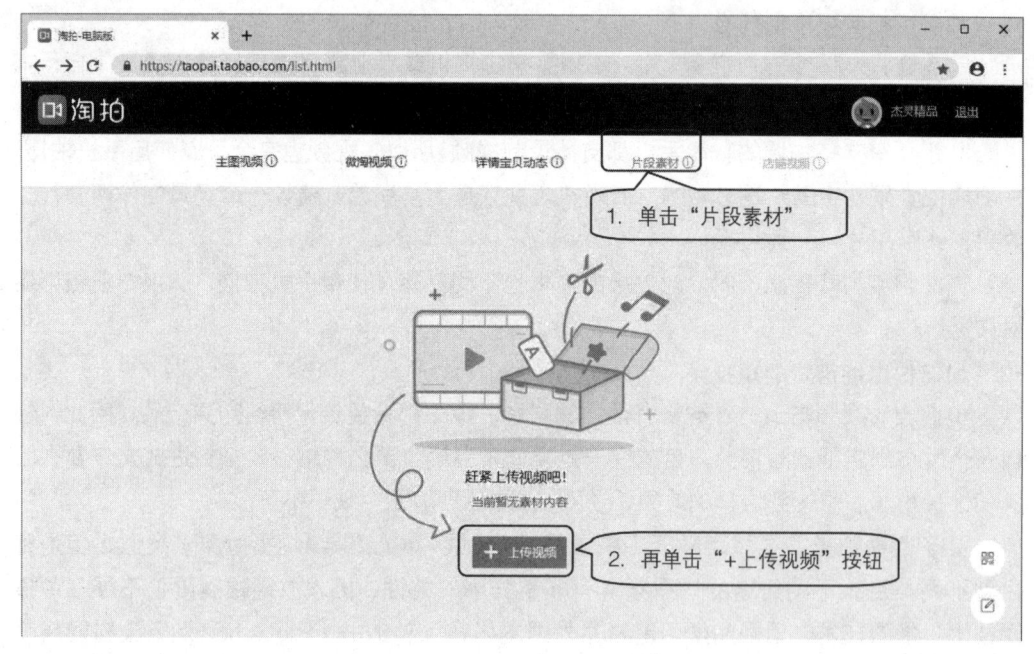

图 5-19

❷ 设置"素材标签",单击"上传"按钮,上传事先拍摄好的视频素材,如图5-20所示。

要求:大小在200MB以内、360p以上、时长小于5分钟;支持wmv、avi、mpg、mpeg、3gp、mov、mp4、flv、f4v、m4v、m2t、mts、rmvb、vob、mkv等格式。

淘拍免费提供2GB素材存储空间,请合理利用。

❸ 回到淘拍主页面,创建视频。以创建主图视频为例,如图5-21所示。单击"主图视频",再单击"+创建视频"按钮,在弹窗中填写"视频名称",修改"类目",选择"比例",最后单击"创建视频"按钮。

第 5 章 内容运营（图文+短视频+直播） 157

图 5-20

图 5-21

❹ 编辑主图视频。填写"标签"，添加"片段素材"，完成后单击"预览"按钮，没问

题后"存为草稿"或"发布",如图 5-22 所示。至此,主图视频创建完成。

另外两类"微淘视频"和"详情宝贝动态"的创建步骤与其类似,请自行练习。

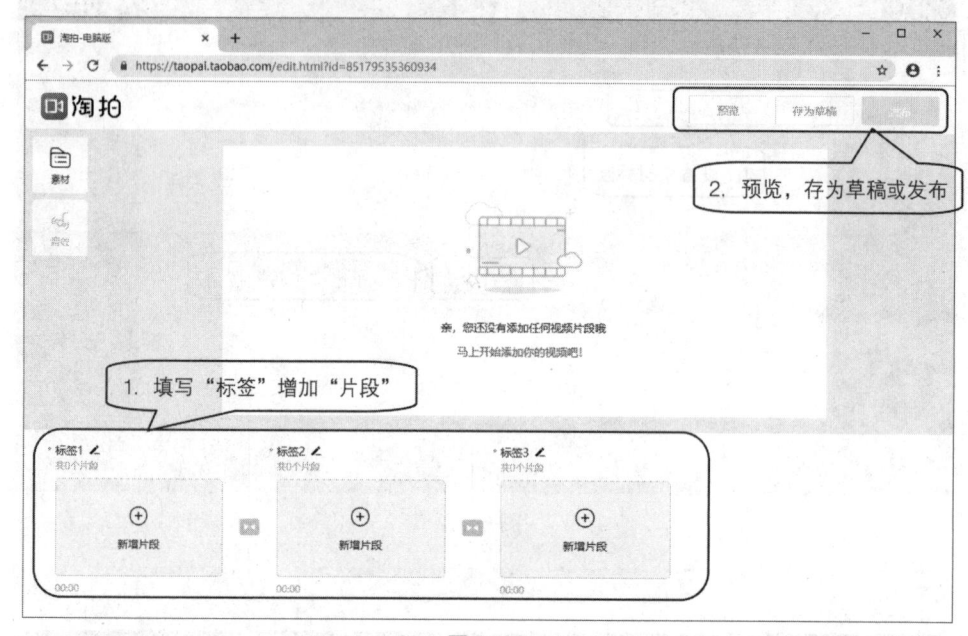

图 5-22

手机端淘拍使用步骤:

❶ 在手机上下载并安装"千牛"App。方法 1,启动浏览器,输入其官方网址并打开,扫码下载并安装手机版;方法 2,在手机"应用商店"搜索"千牛",然后下载并安装。

❷ 启动"千牛"App,使用卖家账号登录,在"工作台"的"我的应用"中单击"淘拍探索版",如图 5-23 所示。以创建主图视频为例,单击"宝贝主图"按钮,选择主图视频的创建形式,按界面提示完成即可。如果第一次使用千牛,并且"我的应用"中没有"淘拍探索版"的话,单击"+"按钮添加,在新开页面中依次单击"分类-短视频",打开"淘拍探索版"。

单击"宝贝主图"后,有三种主图视频拍摄形式:

第一种"自由拍摄",也就是边拍边剪辑,单击"自由拍摄"按钮,按提示完成拍摄、裁剪、添加音乐、滤镜、字幕等。

第二种"视频模板拍摄",即利用脚本拍摄,软件内置了一些免费的脚本,如图 5-23 中的"电脑耗材数码配件"的主图视频,单击进去,然后在弹出页面中单击"立即使用"按钮,按下图提示将脚本中的内容替换成自己的,最后保存即可。

第 5 章 内容运营（图文+短视频+直播）

使用脚本最关键的是前期布景、布光、拍摄手法，否则就会出现脚本案例高端、大气、上档次，你自己拍出来的效果低端、粗俗、无内涵。本书配套文件中免费送的"短视频拍摄技巧+大量精品案例"一定要去看，技巧都在里面。

第三种"本地视频剪辑"，适用于已经拍好并保存在手机上的视频，直接选出来剪辑，添加音乐、字幕等，按提示操作即可。

三种方式按需选用。一定要打开千牛，亲自动手操作练习。使用淘拍创建"微淘视频""店铺看点视频"的操作步骤与其类似。

图 5-23

能带货的短视频具备的特质

短视频不像文章的阅读时间长，创作者可以慢慢铺垫，甚至讲一个故事，最后才介绍产品。淘内多数场景的短视频要求时长在 60 秒内，甚至 30 秒内，这个时间很短，没有太多时间给创作者铺垫，也没有那么多时间给买家慢慢去了解产品。

要想短时间内吸引关注，视频内容的节奏就要更快，每一个卖点或想传达的观点必须更加紧凑，最好是"开篇即高潮"，所以能带货的短视频必须有更精准的卖点呈现和卖点表述。

如果你没做过短视频，肯定毫无逻辑，也没有任何思路，因此，你急需先看大量优秀案例（打开"手机淘宝"App 查看），学习别人如何布景、构图、取景拍摄、分段拍摄、阐述和呈现卖点等。这个步骤不能少，否则你离做出能带货的短视频还有差距！

5.3 势不可当的实力卖货玩法"淘宝直播"

网络直播大致分为两类：

一类是在网上提供电视信号的观看，例如各类体育比赛和文艺活动的直播，这类直播原理是将电视（模拟）信号通过采集，转换为数字信号输入计算机，实时上传网站供人观看，相当于"网络电视"。

另一类是一种新兴的网络社交方式，在现场架设独立的信号采集设备（音频+视频）导入导播端（导播设备或平台），再通过网络将其上传至服务器，发布至网址供人观看。这类网络直播较前者的最大区别在于直播的自主性，独立可控的音视频采集可以为政务公开会议、教育考试培训、产品发布会、产品知识介绍、产品销售等进行网络直播。

当然，"网络直播技术"对于普通百姓来讲太高深，也不是本节知识的侧重点。笔者要讲的是利用"网络直播技术"在网店销售产品、与粉丝互动等有利于网店走货的淘宝直播玩法。

"淘宝直播"是阿里巴巴推出的直播平台，定位于"消费类直播"，消费者可边看边买。阿里巴巴提供技术和平台，帮助卖家从运营"流量"转为运营"人"，在直播间的"场子"里，通过生动直观的展示，实现人与产品的更优匹配。

在 PC 端可访问"淘宝直播"官网；手机端访问入口，一是"手机淘宝" App 首页的"淘宝直播"，二是"淘宝直播" App。

目前，"淘宝直播"形成了以普通卖家、达人、UGC 直播机构、专业 PGC 内容制作团队、卖家服务商、农村直播（简称村播）机构等多个类型的主播阵营，每天提供数万场直播。为买家提供服装搭配、美妆教学、运动建议、美食体验、海外购物、亲子攻略等不同类型的直播内容。内容涵盖潮搭美妆、珠宝饰品、美食生鲜、运动健身、母婴育儿、生活家居、健康咨询、在线教育、音乐旅行等领域，仍在不断扩展。

2018 年双 11 前夕，淘宝直播在海宁皮革城举办的一场名为"秋冬大赏"的活动上，300 余名淘主播引导成交金额达 4.95 亿元。其中，排名最高的主播，单场直播成交金额达到了惊人的 1.5 亿元。

产业带直播的试水在 2018 年双 12 期间得到了更淋漓尽致的展现：连续 12 天，淘宝直播深入湖州织里童装城、海宁皮革城、四川农副产品基地、南通叠石桥家纺城、河南镇平珠宝基地等八大产业带，到原产地为买家寻找优质产品。数据显示，产业带的整体成交额在淘宝直播的带动下大幅增长，2018 年 12 月 1 日到 9 日期间，总计成交产品超过 400 万件，销售额较日常平均增长 2 倍多。其中，南通叠石桥家纺城的产业带直播更是让店铺销售额比平时增长超过 500%，而在常熟产业带举办的双 12 预热男装直播日专场，一举拿下了超过 1000 万元的销售额。

　　淘宝官方曾表示："淘宝直播已经可以带来年度千亿元级别的成交额，已经不是点缀，而是未来商业模式的主流。"淘宝内容生态资深总监闻仲在接受媒体采访时也表示："伴随着内容价值的不断放大，未来三年，淘宝直播将带动 5000 亿元规模的成交额"。

　　在过去的两年中，淘宝的流量风口由图文内容转移到短视频，由短视频转移到网红直播，再由网红直播转移到店铺直播。每一次风口的转移，都产生了全新的流量入口变化，也让最先抓住风口、敢于尝试的卖家享受到了巨大的流量红利。

　　你是继续观望别人年入几十万元、几百万元、几千万元？还是现在着手玩起来，日进斗金？

　　大趋势已了解，各种直播销售数据看得热血沸腾，下面笔者将逐一拆解淘宝直播的具体玩法，助你日进斗金。

5.3.1　淘宝直播的核心玩法揭秘

　　淘宝直播是一种新的引流渠道，也是一个工具，目前有 3 个终端，分别是两个手机 App "淘宝主播""淘宝直播"和一个 PC 客户端，以及一个网页主播后台。

　　以下六类人群满足条件可免费开通使用。

　　第一类，成功开店且满足一定条件的淘宝卖家、天猫商家免费入驻。

　　目前，淘宝直播支持淘宝、天猫大部分行业的卖家免费申请，个别特殊行业除外，详见本章配套素材文件夹内的"淘宝直播间不得推广的类目.png"。

　　淘宝卖家要同时满足以下条件，方可免费申请"淘宝直播发布权限"：

　　1．淘宝个人店铺信誉满足一钻及一钻以上（淘宝企业店铺不受限）；

　　2．主营类目在线产品数≥5 个，近 30 天店铺销量≥3 笔，且近 90 天店铺成交金额≥1000 元；

　　3．卖家要符合《淘宝网营销活动规则》；

　　4．本自然年度内不存在出售假冒产品违规的行为；

　　5．本自然年度内未因发布违禁信息或假冒材质的严重违规行为扣分满 6 分及以上；

　　6．卖家具有一定的客户运营能力。

天猫商家要符合《天猫营销活动基准规则》，方可申请"淘宝直播发布权限"。

淘宝卖家、天猫商家申请"淘宝直播发布权限"的入口和步骤如下：

第一步：在手机"应用商店"中搜索名为"淘宝主播"的App并下载安装。

第二步：打开"淘宝主播"App，使用卖家账号登录，依次单击"发布"－"创建直播"－"商家入驻通道"按钮，如图 5-24 所示。系统将自动确认店铺的类目及各项资质，符合后会进入下一个考试环节。基础规则的考试认证，考试 90 分及以上即可开通权限。

考试共 20 题，题目及答案详见本章配套文件夹内的"卖家开通直播的考试题目及答案"，按序对照答题可帮助你顺利通过考试。

图 5-24

第二类，达人入驻。 即个人主播，注册淘宝网的买家账号且未开店。

使用手机下载并安装"淘宝主播"App，使用买家账号登录，依次单击"发布"－"创建直播"－"达人入驻通道"按钮。

开通条件如下（入驻未通过，页面会显示出具体未通过原因）：

1．登录的淘宝账号需已通过支付宝实名认证，并已经注册为淘宝达人。

2．达人账号等级达到 L2（若等级不够，可以通过发布微淘图文和短视频提升）。

3．准备一分钟以内本人出镜的高质量视频，能够体现较好的控场能力、表达能力（即

第 5 章 内容运营（图文+短视频+直播）

口齿流利、思路清晰）、现场表现能力（即粉丝互动性强），不要仅限于自我介绍。

注意：如果既开通了店铺，又入驻了淘宝达人，建议通过卖家身份入驻，卖家主播和达人主播这两种身份，不需要切换，实际也不影响，比如通过卖家身份开通直播后，想要通过达人身份直播，将店铺释放（下架店内所有产品，没有进行中的交易，所有过往订单没有在 15 天消费者保障期内、没有未完结的纠纷订单）即可，不需要切换。

第三类，经纪公司，以机构名义入驻。

MCN 机构后台入驻资质、要求的条款较多，详见本章配套素材文件夹内的"【2019 新版】淘宝直播 MCN 合作伙伴（UGC 直播机构）招募说明.docx"。

第四类，专业内容制作团队入驻。

入驻资质、要求的条款较多，详见本章配套素材文件夹内的"【2019 版】淘宝直播-PGC 入驻规范流程说明.docx"。

第五类，卖家服务商入驻。

入驻资质、要求的条款较多，详见本章配套素材文件夹内的"淘宝直播卖家服务商规则（试行）.docx"。

第六类，村播达人或村播机构入驻。

入驻资质、要求的条款较多，详见本章配套素材文件夹内的"淘宝直播-村播入驻规范（2019 年 4 月试行）.docx"。

> **小贴士**：以不同类型身份入驻淘宝直播的资质、要求等细则条款可能更新，请以官方公示为准。

"淘宝直播"仅是一个引流工具而已，要玩转它并为自己带来效益，除了要搞清楚自己能不能使用，还要摸透它的核心引流玩法。主要有两种：

玩法一，卖家店铺自播，卖自家的产品。

以开店卖家身份免费申请开通直播权限，有自己的直播间，卖自家的产品，粉丝累计在自家店铺的账号上，随时随地，想播就播。

卖家自己运营直播，有两个非常关键的因素：一是直播发布权限，二是直播浮现权限。

直播发布权限：是淘宝直播的基础权限，开通后可使用淘宝直播进行直播，并可在"私域"场景展现，如自家微淘、淘宝店铺首页、天猫店铺首页、已经关注或收藏店铺的粉丝和进到私域场景的新粉丝可见。

直播浮现权限：拥有此权限，可在公域渠道展示，如"手机淘宝"App 首页的"淘宝直播"频道。在公域渠道展现，意味着有机会吸引大量粉丝，是卖家做直播运营必须争取的权限。

天猫商家只要满足条件，顺利开通"直播发布权限"，默认拥有"直播浮现权限"，可在"手机淘宝"App 首页的"淘宝直播"频道浮现。

淘宝卖家直播浮现权开通标准公告（试运行）如下：

如符合以下条件，淘宝直播每月 25 日左右会开通直播浮现权。关于浮现权，请以中控台是否有无浮现标识为准。

一、有直播发布权限；

二、开通标准：1. 月开播场次≥8 场；2. 月开播天数≥8 天；3. 经验分≥3000 分；4. 店铺要求符合《淘宝网营销活动规则》，本自然年度内未因发布违禁信息或假冒材质的严重违规行为扣分满 6 分及以上，本自然年度内不存在出售假冒产品违规的行为，店铺未涉及廉正调查。

月度为上月 18 日到次月 18 日之间，每月 25 日进行公示。

重要经验：卖家自己开直播的两大核心要素如下。

第一，粉丝基数 + 粉丝增量 + 精准粉丝量。

比如在开通直播发布权限前已经有 1 万粉丝，在发布直播后可以利用这 1 万粉丝去争取直播浮现权，进而吸引更多新粉丝，让"直播引流"这架马车跑起来。如果没有基础粉丝，建议先通过其他方式（微淘图文运营、短视频运营等）吸引第一批原始粉丝，再去开通直播。再就是，推广出去的所有内容的定位尽量与店内的产品定位一致，这样粉丝群才精准，转化率才会高。

第二，转化能力。直播仅是获取流量并实现流量变现的工具而已，其终极目的是要卖出去产品，想转化好，主播的控场能力强、产品本身经得起考验才是硬道理。有些直播间才几十、几百人看，成交转化率就高达 20%、30%；而有些直播间几千、几万、几十万人看，转化率才几个点。细节很重要。

重要问题答疑：卖家想开通直播发布权限，但条件不符，要不要找人代开通直播权限？

官方重要说明：直播是重要的赋能卖家的私域工具，免费开通，免费使用！卖家开通直播权限从来不收费，以前没收过费，未来也不会收费！请大家杜绝一切"权限黄牛、权限骗子、权限倒卖户"，官方将严厉打击一切以违规方式开通直播权限的账号，一经发现卖家的店铺账号有违规操作或"刷粉"等行为，将立即永久取消直播权限。

再次强调：找人代开通直播权限，自担违规风险；费用高昂，少则几千元，多则上万元；时间久，没保障；交易有风险，出现问题后退款难；即使侥幸开通权限，没能力做好直播也白费。

再次建议：如果新店不能开通直播权限的话，先搞清楚具体原因，改进完善后再来开通，最好不要投机取巧。

玩法二，卖家找达人或机构直播，卖自家的产品。

俗话说"术业有专攻"，如果看好这个流量风口，但没能力或不想自己做，或某些时间段兼顾不了，都可以找人合作，借别人的主播和直播间，卖自家的产品。

官方已经为需求方和服务方搭建好桥梁，就是"阿里V任务"，如图5-25所示。

需求方：目前支持店铺、品牌号和内容服务商三种身份申请开通，成功开通后，可以在阿里V任务平台购买内容服务。

服务方：目前支持创作者、机构和媒体三种身份申请开通，成功开通后，可以在阿里V任务平台提供内容创作及推广等服务，赚取任务酬劳。

图5-25

需求方入驻资质：

1．未因虚假交易被限制参加营销活动。

2．未因出售假冒产品被限制参加日常营销活动。

3．未因在活动中扰乱市场秩序被限制参加营销活动：店铺在活动中不得存在利用非正当手段扰乱市场秩序的行为，包含但不仅限于虚构交易、虚构加入购物车数量、虚构收藏数量等行为。

4．店铺服务态度需在4.6分及以上，店铺物流服务需在4.6分及以上。

5．近30天纠纷退款笔数小于3笔，近30天纠纷退款率行业倍比不超过5倍。

6．店铺未涉及廉正调查。

7．要求店铺具有一定的综合竞争力。

8．未因严重违规行为被限制参加营销活动。

9．未因一般违规行为被限制参加营销活动。

10．不在搜索全店屏蔽处罚期。

11．卖家店铺信用等级需在1钻至5金冠之间。

以服务方身份入驻要求：

1．阿里V任务支持以下账号入驻为服务方：

以机构身份入驻，入驻后可以发布机构专用的营销套餐等报价，可以为客户提供整合营销服务，交付任务时，可以交付旗下达人的作品。

以创作者身份入驻，入驻后可以按照当前的等级、创作者类型发布图文、直播、视频类的报价，交付的内容仅限于创作者本身创作的内容。

直播和视频PGC栏目入驻，请联系相关团队，一旦开通权限，将会自动拥有V任务的入驻权限。

2．以机构身份入驻要求：

如果入驻为机构，需在淘宝机构后台提交申请（已开通的略过），入驻完成后，使用登录机构后台的账号即可登录阿里V任务，机构信息等入驻后会自动识别。

3．以创作者身份入驻要求：

所有L2等级以上的创作者均可以入驻阿里V任务；也就是使用达人账号登录"阿里·创作平台"，依次单击页面左侧的"账号"－"达人成长"，在展示的界面中查看。

以下两类情况的达人也可以入驻阿里V任务，分别是：

等级不达标但拥有直播浮现权的达人。查看是否有直播浮现权，可以访问淘宝直播后台，然后单击页面右上角的"我的权限"后进行查看。

等级不达标但拥有淘宝短视频渠道权限的达人，查看是否有淘宝短视频渠道权限，可以使用达人账号登录"阿里·创作平台"，依次单击页面左侧的"投稿"－"频道投稿"，在展示的界面中查看。

> **小贴士** 关于需求和服务还有很多细节问题，比如作为需求方如何找到合适的创作者？如何下单？如何管理订单？若发生退款，如何查看退款去向？作为服务方入驻后如何缴纳保证金？主页面如何装修？如何发布直播报价？如何接单？如何交付任务？因本书篇幅有限，此处不展开细述，详见"阿里V任务说明文档"。

5.3.2 如何发起一场淘宝直播

三步完成淘宝直播发布
第一步：淘宝个人店、淘宝企业店或天猫店已成功开通淘宝直播发布权限。
第二步：发布直播前的硬件准备。
使用计算机直播：
若存在下述场景，推荐下载"淘宝直播 PC 客户端"，使用计算机直播。

1．当使用手机直播时，如果无线网络不稳定，换成淘宝直播的 PC 客户端，可以使用有线网络直播，网络会更加稳定，能有效避免直播过程中的卡顿。

2．在直播过程中，希望对画面或音频进行加工，增加更多趣味元素。

3．不满足使用普通手机拍摄，有其他更好的拍摄设备。

4．长时间直播，手机有容易发烫、电量不足等造成直播卡顿、暂停的问题，但是使用计算机直播不存在这些困扰。

设备要求：
计算机：Windows 或 macOS 系统，处理器为 intel i5 及以上，最好是 i7，主频为 2.0GHz 以上。注意：计算机硬件配置过低，可能导致画面卡顿或者音画不同步。
拍摄设备：支持大部分视频拍摄设备，即插即用。
音频设备：支持各种音频设备。
网络要求：宽带速度在 4MB/s 以上。
下载"淘宝直播 PC 客户端"的入口：淘宝直播 PC 端网页中控台后台-直播工具-计算机直播。

使用手机直播：
1．确保是支持发布直播的智能手机。
2．确保稳定的 WI-FI、4G 网络或 5G 网络。
3．在"应用商店"下载最新版的"淘宝主播"App。
4．允许"淘宝主播"App 使用手机的麦克风。
5．建议增加补光灯及防抖工具，以保证直播质量达到最佳效果。

第三步：发布直播。
方法一：在计算机上发布。启动浏览器，输入淘宝直播中控台网址并打开，使用卖家账号登录，单击"普通直播"下方的"开始直播"按钮。以发布"日常直播间"为例，信息填写界面如图 5-26 所示，规范填写各项内容后，单击"发布"按钮。

图 5-26

方法二：在手机上发布。在"应用商店"下载安装最新版的"淘宝主播"App 并打开，使用卖家账号登录，依次单击"发布"—"创建直播"按钮，直播信息填写界面如图 5-27 所示。规范填写各项内容后，单击"现在开始直播"按钮。

> **小贴士**：1. 发布直播时，"封面图""频道栏目""直播内容"等相关规范详见本章配套素材文件夹内的"淘宝直播封面图规范.png""淘宝直播栏目标签选择规范.png""淘宝直播内容规范.png"。
> 2. 除了会正确发布直播，直播过程中智能工具的使用、直播看点设置、直播后的数据收集、分析，直播间的粉丝运营等都需进一步学习，详见《淘宝直播白皮书》。

第 5 章 内容运营（图文+短视频+直播）

图 5-27

如何搭建直播间

毕竟直播是面对面、动态可视的，非常有必要注重直播间的视觉呈现，它对产品的成交转化率也有极大影响。

直播间分为室内和室外，具体使用哪种，以直播内容为导向，不同类目的直播场景也是五花八门，比如卖服装鞋帽的卖家把直播间搭建在仓库、线下门店、公司销售部办公室、自家卧室、客厅等；卖餐厨用品的卖家把直播间搭建在厨房；卖生鲜的卖家把直播间搭建在鱼塘、海边鱼市码头、水产养殖基地等。不管直播间搭建在哪，建议尽量真实，让观看直播的粉丝感到舒服、自然。

如果将直播作为重要的引流渠道，长期开播必不可少，建议搭建固定的室内直播间。有条件的话，可以自建专用的直播间或租用"高大上"的场地。没条件的话，可以开辟出一处空间，搭建简易的直播间。

一个直播间的核心要素包含三方面：

1. 场地+布景：场地 $10 \sim 40 m^2$ 为佳。太大了，空旷，容易产生回声，影响直播效果。关于布景，可塑性很强，有想法和创意的卖家，直接动手实现即可。

如果不知道如何布置直播间，笔者推荐两个"取经"的小技巧，可以帮助你快速找到灵感：一是在手机上看淘宝直播间，下载安装"手机淘宝"App 并打开，在首页单击"淘宝直播"，多看别家是如何布置的，参考借鉴即可；二是在网上搜索，比如启动浏览器，输入百度网址,搜索关键词"直播间布置",在搜索结果中有很多现成的效果图,参考借鉴即可。

2. 灯光:影响直播间画质比较关键的因素,光感清晰会给人敞亮、干净、舒服的感觉。直播间布光建议从三方面着手:一是整体灯光,一般在直播间顶部,可以多装几组射灯;二是局部灯光,比如主播正面、产品正面等,可按需添置移动补光灯;三是面部补光,面部光线适当,有美颜效果,特别是真人主播出境,面部补光灯是首选设备。

3. 直播硬件以及辅助设备:网络、计算机、高清摄像头、独立声卡、电容麦、智能手机、耳机、支架等。

直播间所需各类设备都可以在淘宝、天猫购买。

5.3.3 使用"淘宝直播"赚钱的新玩法

"网络直播"真的是一项"逆天"技术,它在电商卖货领域逐渐占据越来越重要的地位,不断有新的销售记录诞生。有人通过直播把网店做到上市,有人通过直播几小时卖出几百万元的货,还有更多中小卖家通过直播月入几万元,月入几十万元的也大有人在。

站在运营角度看,"满足使用直播工具的条件"和"学会直播工具的使用"都不难,难的是"如何使用直播工具把产品卖出去?"或者说"如何使用直播工具放大自身优势,让产品越卖越好?"

不同卖家的资源、实力、优劣势等各不相同,面对相同的"淘宝直播"工具,玩法也不同。下面推荐三种利用"淘宝直播"赚钱的新玩法,你可以对比自身实际情况,选择其中的玩法直接套用即可。

玩法一、定期+长时间的店铺直播
适用对象:正常经营网店的天猫商家、淘宝卖家,把直播作为重要的引流渠道之一。
正常经营网店的卖家特点:有稳定的货源,熟悉网店交易流程。
玩法核心:在原有团队结构的基础上,委派专人负责直播间运营。直播团队人员配置:主播(有条件的,建议标配稳定的2~3人,上午+下午+晚上轮流直播)+直播间助理(1~3人)。

淘宝直播有一套完整的主播成长体系,用于量化展示你家主播处于淘宝直播平台所有主播中的等级,以及该等级对应的权益。所以,第一种"店铺直播"玩法是集中资源打造店铺在淘宝直播中的等级,让粉丝只认店铺,不认主播,不怕主播个人"火"了之后单飞。

影响主播等级的因素分别为:经验值、专业分、直播间品质分。
经验值:由直播时长、直播间互动类数据构成。

专业分：添加本专业下的产品，受买家进店购买等数据影响。

直播间品质分：这是一套描述直播间产品质量和服务质量的数据体系。含优品率、准时揽收率、完成退款时长、退货退款时长、纠纷退款量。

数据表现越好，店铺在公域浮现的排名越好。排名越好，被展示的机会越多，进而吸引越多粉丝进入直播间。人越多，产品卖得越好！良性循环。

变通玩法：如果你手上有网店，有主播，但缺少稳定货源，不想囤货，甚至缺少专业的美工，可以直接去批发市场、大型卖场现场直播，进行团购、砍价。

变通玩法的核心：提前确定接下来主推的产品类型，与对应的卖家谈好价格，在直播时进行团购、砍价。比如你附近有大型服装批发市场，可以现场直播看衣服，替直播间的粉丝试穿、现场与老板砍价、现场选码，然后现场拍照片发宝贝链接，现场让粉丝下单，现场打包，约定不支持退货和退款。简而言之：一切自然发生，每个环节粉丝可见。

变通玩法的注意事项：

1．提前规划好直播间的专业和匹配类目，因为淘宝直播不允许跨专业发布产品，比如"穿搭"专业仅可发布"女士内衣/男士内衣/家居服、女装/女士精品、服饰配件/皮带/帽子/围巾、女鞋、箱包皮具/热销女包/男包、手表"类目下的产品。更多专业与匹配类目划分详见本章配套素材文件夹内的"淘宝直播·主播成长体系.png"。

2．发布的产品要与直播间的专业和类目匹配，提前与店家洽谈好细节。

3．区分"直播保证金"与"产品类目保证金"。比如以达人身份开播的个人主播需冻结 1000 元直播保证金，机构需冻结 10 万元，淘宝珠宝类目需冻结 2 万元。如果是以开店的卖家身份开播，保证金则以类目为准。

提前检查即将在直播时发布的产品所在类目是否需要冻结"消费者保证金"（简称"消保金"），有些类目必须冻结后才能发布。比如"男装"类目消保金额度为 2000 元，"宠物/宠物食品及用品"类目消保金额度为 6000 元。更多类目详见本章配套素材文件夹内的"必须缴纳消保金的产品类目及额度.png"。

4．提前下载安装"千牛"App 并学会如何发布宝贝。"千牛"App 是淘宝卖家、天猫商家专用的免费店铺管理软件，在手机端发布产品必须使用它，下载安装后使用卖家账号登录即可。

5．学会"玩法"是最重要的，提前规划好直播间的专业和匹配类目。至于直播时是卖服装，还是卖家具、土特产等，完全可以变通。

玩法二、淘宝直播本地化

适用对象：有线下实体店的卖家。只要实体店所售产品能在网店发布，都可以使用这种方法。

玩法核心：线下实体店+网店直播本地化。多数线下实体店做本地生意，门店辐射范围有限，每天只能坐等顾客上门，生意惨淡。第二种玩法就是建议门店老板利用每天闲暇时间做直播。当然，不同类型的实体店规模不同，经营状况也不同，有些门店生意很好，有些门店一天也等不来几个顾客。所以，投入到直播的时间、精力、资源，你可以自行安排。

具体如何操作呢？以王老板的化妆品店为例，步骤如下：

第一步、注册申请一个淘宝个人店。缴纳类目保证金5000元。缴纳入口：千牛卖家工作台（原卖家中心）-淘宝服务-消费者保障服务-保证金。

第二步、发布5个及以上的产品，做一些基础数据，以达到淘宝直播开通要求（店铺信誉满足一钻（251个好评）、产品数≥5个、近30天店铺销量≥3笔、近90天店铺成交金额≥1000元）。

第三步、申请开通淘宝直播发布权限。发布直播时，专业选择"美妆"，匹配的类目有"彩妆/香水、美妆工具、美发护发/假发、美容护肤/美体/精油、洗护清洁剂/卫生巾/纸/香薰、美容美体仪器"。

第四步、规划好直播间主推产品，然后发布直播间专拍的宝贝链接。

第五步、布置直播间（直接在实体店里就好），准备直播设备，按时开播。

第六步、根据订单信息及时为买家发货。

重要提醒：

1．线下实体店一般都有营业执照，打算长期稳定做的，建议申请免费的淘宝企业店铺，开通直播权限没有信誉级别要求，可以缩短准备时间，个体户或公司企业都行。反之，如果暂时没有长远计划，可以先申请免费的淘宝个人店。

因为这种玩法是在现有实体店的基础上通过网店直播卖产品，因此不建议开天猫店。一是因为开天猫店的成本太高；二是没有运营能力的话，开了天猫店却只做本地生意，有点大材小用。

2．这种玩法强调的是"本地化"，因此，关键点在于：解决观看的人群和发货问题。

先说观看的人群：原始粉丝直接可以通过"已有老客户+微信裂变"的方式吸纳，尽量多让本地人关注直播间，定时看直播。

再说发货问题：建议近的、有时间的买家，到门店自提；对于没时间的买家，约定时间送货上门；对于远一些的买家，使用快递配送。

3．必须熟悉淘宝直播的各项规则，先重点做好"直播本地化"，当数据积累起来，有直播浮现权时，会吸引越来越多的异地粉丝，届时再优化快递配送环节。

4．直播间专拍的宝贝链接，只需符合淘宝发布宝贝的基础要求，无须深度优化，主播看得懂，粉丝们看得懂就行。

玩法三、开直播代购

适用对象：兼职，开淘宝个人店，没有稳定货源，以卖家身份开播代购；以达人身份开播，以"服务方"入驻阿里 V 任务，接"需求方"的订单直播。

淘宝上的"珠宝"类目就被直播带向了"春天"，很多做珠宝代购的主播月入上万元。还是那句话，如果不太理解这种模式，现在拿出手机，打开"手机淘宝"App，花几个小时去看各种直播，去感受淘宝直播的魅力。

这种模式好处多多，从成本来讲：不用美工辛苦修图，不用运营，不用付费推广，省成本、见效快，而且根本不用靠网红，不是"网红"模式，只要你把淘宝直播的玩法真正理解透，立即可以着手去操作。

5.4 全网营销之内容"霸屏"规划

有一个成语叫"坐井观天"，如果你的眼界如井底之蛙一般，就只能看到"淘系内容运营"这片天。如果跳出淘系，你会发现，可以布局的地方还有很多。

本书前文"2.3 电商与全网营销——卖家入淘与出淘"讲过：卖家入淘的本质是利用阿里巴巴的流量池销售自家产品；卖家出淘的本质是利用全网流量池，要么导流到淘宝、天猫网店，要么导流到自建的销货渠道，比如网站、微信、公众号等。

有能力的卖家的做法：先梳理全网适合自家内容运营的渠道，再确定内容运营的"主战场"，最后才是根据渠道要求生产内容、上传发布。

淘内的内容运营涵盖三个方面：图文、短视频、直播；淘外的内容还有一种：音频。能力强、有资金、有技术、有团队，可以多管齐下，同时运营；反之，可以从擅长的领域深耕"主战场"，比如淘内的短视频、直播（最直接、见效快），再逐渐扩展至其他平台。

PC 互联网时代的内容分发机制

在互联网出现之前，内容主要是文字、图片，以书籍、杂志、报纸这样的形态出现。书籍一般没有"分发"过程，读者直接去书店购买；报纸、杂志主要以"订阅"方式实现分发，可以去报摊购买或邮局订阅。

在 PC 互联网时代初期，内容主要是文字，随着网络带宽环境越来越好，人们的创造力越来越强，开始有了图片。后来，互联网技术越来越成熟，不断兴起各种网站，每个网站都要努力寻找自己的"读者"，就催生了两种分发形式，一种是"导航"性质的网站，比如

hao123，实现了"导航分发"，将读者源源不断输送到不同的站点；另一种是大量网站彼此之间的"友情链接"，称为"超链接分发"。

再后来，内容越来越多，"搜索"出现了，并且在互联网的信息流动里扮演越来越重要的角色。在社交媒体兴起之前，搜索能够给多数网站带来百分之七八十的流量导入，百度也在这个时期成长为国内的"搜索一哥"，迄今为止，"搜索"在 PC 端的内容分发方面依旧占据重要地位。

随着社交媒体的兴起，以人为中心的"社交分发机制"成为主流，典型代表就是微信、微博。此时期的内容，除了文字、图片，还出现了音频、短视频、直播，并且在社交媒体上更受读者青睐，更易传播。

移动互联网时代的内容分发机制

移动互联网时代，用户上网的终端和逻辑发生了"质"的变化。

PC 互联网时代，用户查看互联网内容的逻辑为：硬件（台式计算机、便携式计算机）→操作系统（Dos、Windows、Linux、macOS、Chrome OS）→浏览器（谷歌、360、UC 等）→网站地址。安装了操作系统的计算机是必备基础，浏览器就像是内容分发的"大门"，网站是装载内容的"小房间"，用户通过不同的门（浏览器）进入不同的小房间（网站）浏览内容。

移动互联网时代，用户查看内容的逻辑更简单：硬件（智能手机）→系统（Android、iOS）→应用（App）。每一台智能手机出厂即安装了操作系统，且有一些预置 App，用户可自行下载安装更多的 App。

手机端与 PC 端最大的区别就是：内容被封装在不同的 App 里，比如 PC 端淘宝网的宝贝详情页，手机端只能用"手机淘宝" App 打开，用微信、微博、抖音或其他 App 都打不开，即便是用户 A 将某个产品链接分享给用户 B，最后用户 B 也是回到"手机淘宝" App 里打开链接。

有意思的是，由于 App 的封闭性，在移动互联网时代，信息的传递不再依靠搜索，而是依靠社交，比如用户与用户之间的"转发"类的动作。

目前手机端的内容分发相对独立、封闭（导致这种现象的本质还是"流量池思维"，大公司都不愿意将自家流量池拱手让人），所以多个领域陆续诞生了很多超级 App，如电商购物用"手机淘宝""拼多多"；看新闻、搜内容用"今日头条""手机百度"；看短视频用"抖音""微视""火山"；听音频用"喜马拉雅 FM""蜻蜓 FM"等。

虽然手机上也有浏览器的 App，但是像计算机一样，先启动浏览器 App，输入网址再访问网站，非常不方便。一是因为手机屏幕很小，操作困难；二是因为很多适用 PC 端的网站并没有手机版。用户体验不好，自然被抛弃。

讲内容分发机制，是希望大家明白以下两个道理：

1．内容与内容之间有区别，它们各自被分发的渠道差异很大。比如音频、短视频、网络直播是移动互联网时代的产物，其分发和传播多是基于手机端。那么，你在制作这些内容时，要多考虑手机端的传播渠道；而图文内容自 PC 互联网时代伊始就存在，并且在移动互联网时代图文的传播也没有技术壁垒，只是分发时被圈限在了不同 App 里，所以制作一套图文内容，最好有两套标准，一套基于 PC 端传播，另一套基于手机端传播。

2．制作内容时，除了研究最有利于传播和分发的渠道，还要思考定位。因为，符合渠道需求的内容才会被大量传播和分发，而被传播和分发的覆盖面越广，带来的效果越好。

互联网之大，"霸屏"是否可行

可行。不管是内容"霸屏"，还是第 7 章会讲的技术"霸屏"，只要是基于产品人群属性的精准引流，就能在人群出没之处"设卡"，实现"霸屏"。

"基于产品人群属性"其实就是"定位"。比如卖服装，可以围绕服装制作图文、音频、短视频、直播四类内容，但不是每一个渠道都适合这些内容的传播。

所以，"内容'霸屏'规划"是指：基于产品或服务目标消费人群所在渠道，以适合定位的内容去做"霸屏"规划。

"霸屏"的内容含：图文、音频、短视频、直播。

淘内"霸屏"原理：在淘内展示出图文、短视频、直播的公域渠道都能找到适合的相关内容。相关工具：主图视频、店铺 4 大栏目短视频、微淘图文、微淘短视频、淘宝直播。具体做法：回顾前文"5.2 火遍全国的'短视频营销'"。

淘外"霸屏"原理：制作图文、音频、短视频、直播内容去"霸屏"网页搜索、图片搜索、短视频搜索、微博搜索、微信搜索等。

流量和内容的"二八定律"

简单理解为：在任何一组东西中，最重要的只占其中一小部分，约20%，其余80%尽管是多数，却是次要的，这种现象称为二八定律。

一个人的时间和精力都非常有限，要想真正做好每一件事，几乎不可能。因此，在选择内容分发的流量渠道时，尽量选择头部所占的渠道，它们霸占着大部分流量；然后在每一种流量渠道，尽量挤进细分领域头部所占的 20%。

举个例子：抖音、火山、快手、微视、西瓜、秒拍、美拍等霸占着短视频领域80%的流量，你的内容可以优先投放到这些渠道。假如你的内容定位为"创作手工类"，在投放到抖音后，更新频率、内容质量等能跻身"创作手工类"的前 20%，就能霸占该领域更多的流量。

全网营销之"图文内容霸屏"规划

第一步、查看你的产品是否适合用图文推广。若适合,继续下一步;若不适合,放弃。

如何看呢?

推荐方法一、打开"手机淘宝"App,看图文频道里是否有与你家产品相关的内容,以"淘宝头条"为例,共分为 25 个标签,如图 5-28 所示。如果有与你家产品相关的内容,说明适合做图文推广。

图 5-28

推荐方法二、利用导航网站寻找垂直领域的网站,比如卖母婴类产品,淘内适合用图文内容推广,淘外也有很多母婴垂直网站,在计算机上启动浏览器,输入并打开百度首页,搜索关键词,比如"导航网站",搜索结果中有很多导航网站,一一单击进去,把你认为与母婴沾边的网站都收集并记录下来。

第二步、确定"主战场"。比如第一步收集了 100 个渠道,按"二八定律"优中选优后选择了 20 个,在这 20 个渠道里面,哪些是花大部分精力的主战场?哪些是花小部分精力的辅助战场?意思就是:将同一个原创内容,同时发布到不同平台。

重要运营经验:各大主流平台,比如百家号、头条号、大鱼号、企鹅号、搜狐号等,为了争夺优质内容,会有"原创"打标,比如在百家号打标"原创"的文章,再到头条号发布时,就不被推荐。因此,事先确定"主战场"很重要。

第三步、确定是自运营，还是外包。

重要运营经验：越专注某个细分领域，越容易脱颖而出，吸引的粉丝越精准，产品销售转化效果越好。

拥有巨大流量的大平台都希望将优质内容圈限在自家流量池中，并且要求一个账号专注一个领域的内容。因此，为了取得较大成效，图文运营一般是多平台多个账号，形成内容矩阵，多渠道引流。

有能力，就自己运营；精力有限，可以选择外包。

下面推荐一些适合电商图文内容深耕的头部渠道，如图 5-29 所示。

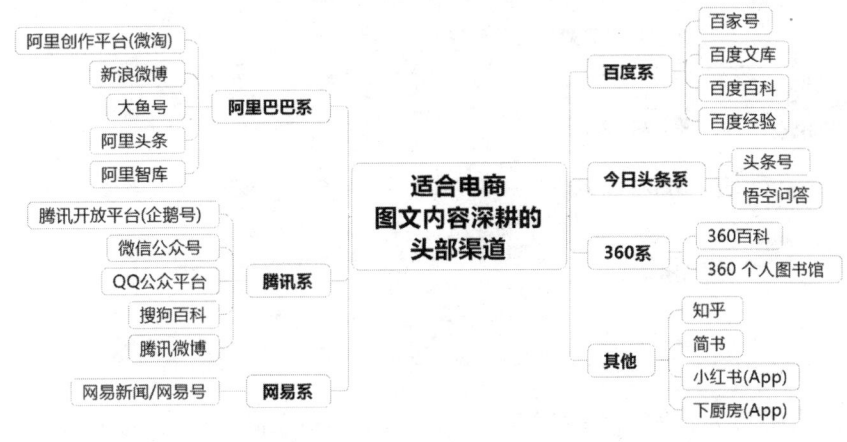

图 5-29

全网营销之"音频霸屏"规划

"音频"由早期的"收音机电台"演变而来，现在做到头部的是"喜马拉雅FM""蜻蜓FM""企鹅FM""荔枝FM"等，都是基于手机端的App。

音频霸屏规划步骤：

第一步、拿出手机，打开"应用商店"，搜索并下载安装上述 App，在 App 中分别查看有没有适合自家产品推广的频道。有，继续下一步；没有，放弃。

第二步、注册账号，申请开通电台，按要求生产内容并发布，维护内容。

重要运营经验：音频内容变现手段有两种，一种是不打广告，不引流至音频站外，用优质内容拿平台补贴，或者开通收费频道；另一种是用完全免费的音频内容吸引粉丝，然后引导其至站外，比如微信，然后在微信里培育、成交。

全网营销之"短视频霸屏"规划

短视频全网营销分为淘内和淘外。

不管在淘内,还是在淘外,短视频运营是大势所趋,愿意的,早学会、早运营、早受益;不愿意的,被抛弃,被淘汰,是必然。

淘内的短视频基于"手机淘宝"App,四类卖家短视频运营建议如图5-30所示。以前,没有短视频这项技术时,发布产品只需为其拍摄图片;现在,有了短视频技术,建议拍摄产品时,拍一套图片和一套视频,发布产品时,同时添加二者。

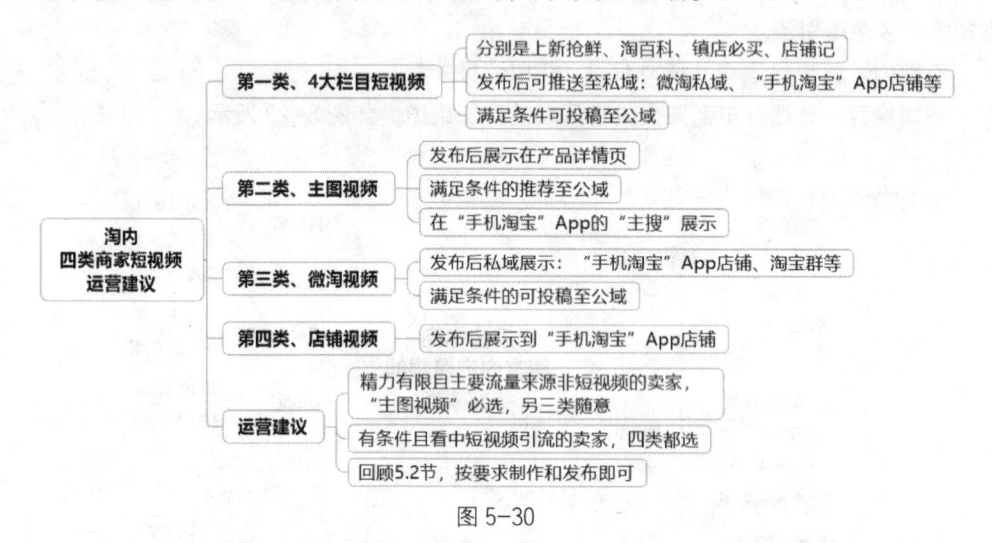

淘内四类商家短视频运营建议:

- 第一类、4大栏目短视频
  - 分别是上新抢鲜、淘百科、镇店必买、店铺记
  - 发布后可推送至私域:微淘私域、"手机淘宝"App店铺等
  - 满足条件可投稿至公域
- 第二类、主图视频
  - 发布后展示在产品详情页
  - 满足条件的推荐至公域
  - 在"手机淘宝"App的"主搜"展示
- 第三类、微淘视频
  - 发布后私域展示:"手机淘宝"App店铺、淘宝群等
  - 满足条件的可投稿至公域
- 第四类、店铺视频
  - 发布后展示到"手机淘宝"App店铺
- 运营建议
  - 精力有限且主要流量来源非短视频的卖家,"主图视频"必选,另三类随意
  - 有条件且看中短视频引流的卖家,四类都选
  - 回顾5.2节,按要求制作和发布即可

图 5-30

淘外的短视频App多达上百种,非专业机构,一般的电商卖家很少能兼顾所有。因此,如果卖家自运营的话,建议按前文说的"二八定律",先侧重运营头部流量大的渠道,再按需扩大范围。

目前占据80%以上流量的第一方阵短视频平台如下:

百度系(B):秒懂百科、好看视频、伙拍小视频、全民小视频;

阿里巴巴系(A):土豆、鹿刻;

腾讯系(T):微视、火锅视频、快手;

今日头条系(T):抖音、火山、西瓜、多闪、皮皮虾;

新浪系:秒拍;

网易系:网易戏精、波波视频;

360系:快视频;

其他:小红书、美拍、梨视频、VUE Vlog、一闪、InShot、咪咕视频、小影、56视频、火萤、哔哩哔哩等。

除了上述罗列的,还有很多垂直细分领域的短视频平台,大家可以打开手机上的"应用商店"，按类目查找，凡是支持短视频上传的 App 都可以考虑。

淘外短视频"霸屏"规划步骤：

第一步：短视频内容方向定位。

淘外短视频的内容与淘内的有一个最大区别：淘宝本身是购物网站，其短视频定位为消费类，卖家可以直接推荐产品，在视频内添加产品或店铺链接；而淘外非官方战略合作的短视频平台，都不能这么直接推广产品或店铺。因此，在制作内容之前，先确定内容方向，能够事半功倍。

以抖音为例，在抖音上某个旅游景点火了、奶茶店火了、冰激凌店火了、小茶馆火了、玩具火了、智能硬件火了……当你去做内容时，先思考：什么样的内容比较容易火？

通过分析大量短视频并进行数据统计，得出以下 9 种类型的短视频更受欢迎：

第 1 种：高颜值的帅哥美女类型。

第 2 种：段子、搞笑等泛娱乐类型。

第 3 种：萌娃、萌宠等萌系内容类型。

第 4 种：角色扮演、生活故事、人物瞬间、情感共鸣等类型。

第 5 种：唱歌、跳舞、琴棋书画等才艺类型。

第 6 种：技能教学，如化妆、厨艺、特效、摄影、修图等类型。

第 7 种：生活技能，如各种生活小妙招类型。

第 8 种：美食、美景、旅游、好物好店、兴趣爱好等分享类型。

第 9 种：垂直领域，如母婴、职场、学生、家装家居、绿植、科技数码等类型。

第 1 至第 5 种，受众面很广，吸引粉丝的效果较好；第 6 种相对属于"蓝海"领域，越早布局，成长为大网红、大 IP 的潜力越大；第 7 至第 9 种，特别是第 9 种，越细分、越垂直的内容，受众越有限，粉丝增长较为缓慢，但是其商业价值优于前 5 种，更适合电商卖家布局。

第二步：从短视频内容变现手段看运营目的。

电商卖家运营短视频，一开始的目的都非常明确，要么提升销量，要么提升品牌知名度。可是，做着做着，很多卖家的方向就偏离初衷了。

纵观当前，短视频内容的变现手段有四类：一、平台补贴，目前制定了明确的补贴政策的内容分发平台包括腾讯企鹅号、今日头条号、阿里大鱼号、百度百家号、微博秒拍等；二、广告，包括内容植入、视频贴片、信息流、定制、冠名等；三、电商，包括按成交计费的"淘宝客"推广模式和自营两种；四、用户付费，包括内容打赏、单个内容付费观看、平台会员制增值服务付费等。

如果你有网店，一种玩法是先开通淘宝客推广，再去短视频平台用内容推广你家产品的淘宝客链接，最后成交的佣金属于自己，比如抖音橱窗。另一种玩法就是自营小店，比如头条号的头条小店。

当然，你也可以不自己做内容，不用运营站外的短视频平台，只需开通淘宝客推广后，去找与自家产品匹配的内容创作者合作，让他们推广你家的产品。

第三步、圈选并确定重点运营的短视频平台。

短视频平台看似很多，但其实目前占据 80%以上流量的第一方阵短视频平台主要在"BATT"（百度、阿里巴巴、腾讯、今日头条）手中，因此，如果只做自家电商产品的短视频引流布局的话，建议优先选择"BATT+网易+微博+360"的短视频平台。

第四步、根据平台规范制作内容并发布。

认真阅读你所选定平台的内容发布规则，按要求制作内容，然后上传、发布、定期更新，以及维护粉丝、数据。

全网营销之"直播霸屏"规划

直播比图文、音频、短视频简单一些，不需提前制作内容。

第一步、确定直播平台。比如淘宝直播，多数短视频平台都有直播功能。游戏直播平台有 YY、虎牙、斗鱼、哔哩哔哩等。此外还有很多直播平台，直接在手机"应用商店"搜索即可。需要注意的是，不同直播平台的定位不同、用户群不同，选择与自家产品定位匹配或接近的，效果（产品成交转化）更好。

第二步、安排时间、定时开播。

重要小结：

"BATT"这样的互联网巨头，会想尽招数圈建自家的流量池，因为流量分发渠道不同，所以电商卖家如果没有资本去搭建自己的"超级"平台，将内容发布到各大巨头的流量池引流，实现自家产品的成交变现，也是非常不错的一条捷径。

试想一下，你用图文、音频、短视频、直播等内容，在自家产品目标人群经常上网的地方出现，精准推广，最后收获一定颇丰！

方向有了，操作步骤也有了，接下来就是将这些想法落地，这个环节留给你在课后解决。

5.5 内容运营创造的新职业

自 2003 年 5 月淘宝网创立之后的 5 年时间里，网购买家少、卖家少、产品少、竞争小，

第 5 章　内容运营（图文+短视频+直播）

那时一个人管理一个甚至多个网店毫无压力。

2008 年，淘宝 B2C 新平台淘宝商城（天猫前身）上线，逐渐有线下企业入驻，2009 年 11 月 11 日成功举办了第一届"双 11 购物狂欢节"。之后，淘宝的影响力越来越大，网购的买家、开网店的卖家和在线产品数越来越多，竞争日益激烈，并且随着订单量的增加，一个人管理网店的时代逐渐一去不返，陆续出现很多夫妻店、家庭店，电商 1.0 时代的网店团队配置逐渐成形，包括运营、美工、客服、仓管在内的 2~5 人团队最常见，如图 5-31 所示。

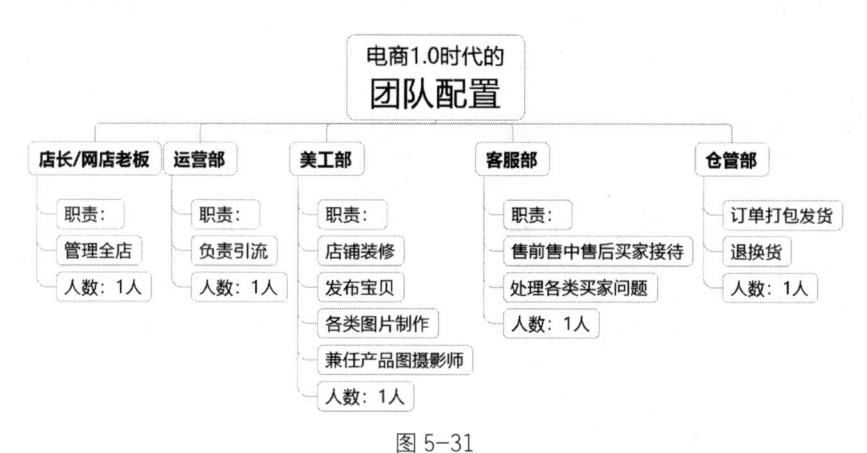

图 5-31

2012 年 1 月 11 日上午，淘宝商城正式宣布更名为"天猫"，此后 3 年，网购规模迎来高速增长。在此期间，电商团队整体架构没有太大变化，只是运营、客服、仓管等部门人数有增加，网店的运营方法也逐渐系统化，如站内 SEO 搜索优化、淘宝客推广、直通车推广、智钻（原钻石展位）推广等。在此期间，中国 PC 互联网网民逐年大幅增长，懂玩法的卖家只管努力"拉新""转化"，极少卖家思考"留存"和"二次转化"的问题。

2015 年迎来移动互联网的全新时代，阿里巴巴战略调整，侧重"无线化"，之前普通百姓习惯了使用计算机网购，智能手机一来，好像一夜之间所有人都用手机网购，消费者的网购习惯被彻底改变。PC 互联网网民增速放缓，移动互联网网民大幅增长，卖家不得不重新学习全新的无线运营技术，让网店跟上这一划时代的改变。

2016 年短视频、在线网络直播兴起，"IP 化""网红经济""社交电商""无线化"等趋势，将电商引领至 2.0 时代。"新零售"概念更是无人不知，如"抖音""拼多多""小红书"等现象级的超级 App 占用网民越来越多的上网时间，加上网购入口越来越多，消费者被各大平台瓜分，越来越分散，导致使用以前电商 1.0 时代传统的网店运营逻辑和方法（站内 SEO 搜索优化、淘宝客推广、直通车推广、智钻推广）再难出现爆款。即使不停"烧钱"，但效果不理想。网店运营由以前的"野蛮拉新"转变为"精细化运营"+"拉新留存"+"老客户维护"。

技术和网店运营玩法已更新迭代，网店团队配置也急需注入新鲜血液，图 5-32 中标注的（新）岗位都是当前网店稀缺的人才。

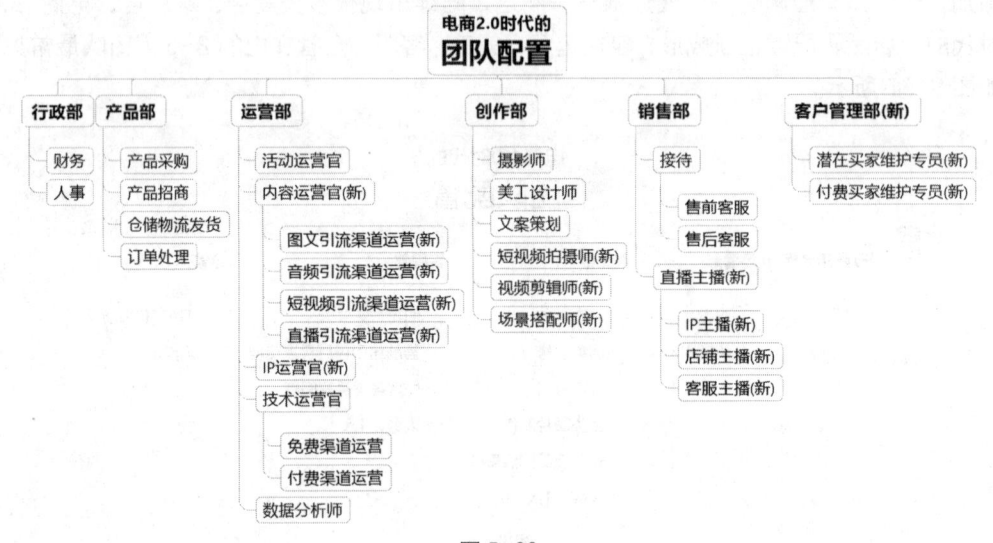

```
                        电商2.0时代的
                          团队配置
┌──────┬──────┬──────────┬──────────┬──────┬──────────────┐
行政部  产品部   运营部      创作部    销售部   客户管理部(新)
│      │        │           │         │         │
财务   产品采购  活动运营官  摄影师    接待     潜在买家维护专员(新)
人事   产品招商  内容运营官(新) 美工设计师  售前客服  付费买家维护专员(新)
       仓储物流发货 图文引流渠道运营(新) 文案策划  售后客服
       订单处理  音频引流渠道运营(新) 短视频拍摄师(新) 直播主播(新)
                 短视频引流渠道运营(新) 视频剪辑师(新) IP主播(新)
                 直播引流渠道运营(新) 场景搭配师(新) 店铺主播(新)
                 IP运营官(新)                     客服主播(新)
                 技术运营官
                 免费渠道运营
                 付费渠道运营
                 数据分析师
```

图 5-32

内容（图文、音频、短视频、直播）运营创造了网店中全新的岗位，如果你具备这方面的一技之长，这在未来几年一定是"很吃香"的职业。当前各大招聘网站也能看到一二三线城市、产业带、电商聚集地所在的电商公司、企业都在高薪聘请此类人才。

第 6 章
IP 运营（打造店铺的超级 IP）

什么是"IP"

笔者这里介绍的"IP"是 Intellectual Property（知识产权），是指人们就其智力劳动成果所依法享有的专有权利，通常是国家赋予创造者对其智力成果在一定时期内享有的专有权或独占权。从本质上说，是一种无形财产权。

知识产权有两类：一类是著作权（也称为版权、文学产权）；另一类是工业产权（也称为产业产权），主要包括专利权与商标权。

知识产权的应用领域非常广泛，这里讲的是电商领域 IP 内容化后带来的商业价值。

基于个人 IP 的内容化、人格化的电商：

交易的基础源自信任。大多数普通百姓购物时，在价格相差无几的情况下，更倾向于购买知名度高、有明确品牌价值的产品。比如很多品牌喜欢请明星代言产品，其实就是利用明星的影响力和口碑给产品做信任背书。再比如很多网络红人开起了淘宝店、天猫店，把粉丝引流到自己的店铺内，有很多粉丝愿意购买。

内容化是指在不同细分垂直领域，如美妆、母婴、宠物、泛娱乐、旅游、美食、汽车、二次元等，以内容（图文、音频、条漫、长视频、短视频、小视频）的形式传递品牌理念或价值观。

人格化是指将以前偏扁平化、相对单调、没人情味的产品传达方式通过制作形式多样的内容，加上"人物设定"，使产品传达方式更加立体、生动、富有参与感。

人格化的 IP，能帮助网店卖家、品牌、产品建立与买家之间的信任关系，从而实现买家与产品的有效连接和交易。在打造人格化 IP 的全过程中，卖家、品牌主们不仅能收获一个成功的线上自有 IP，同时还会收获一帮属于自己的"死忠粉"，这是一举两得的做法。

下面本章以案例形式剖析打造店铺超级 IP 的具体技法。

6.1 人人都可以的超级IP时代,"现象级IP"此起彼伏

以前如何成为明星

以前,互联网不发达的时候,成为明星的传统渠道相对少且门槛高。比如报考艺术院校,像音乐学院、电影学院、戏剧学院;参加各类选秀节目;从基层做起,当群演、明星助理,接近明星、导演,等待被"相中"的机会;参加选美或模特大赛,并以此为跳板转向歌唱界、表演界或戏剧界;在茫茫人海中,被星探"相中",等等。

走在成为明星的道路上,还不一定能"火"。那如何才能"火"呢?比如要有明星气质、有特点、有特长(声乐、器乐、舞蹈、戏剧、书法、绘画等)、有资源、有文化、肯吃苦等。

传统的明星走红媒介多是电视节目、电影等(除网络媒介外)。

总而言之,传统成为明星的道路:很难!非常难!超级难!

随着互联网技术的发展和普及,却诞生了一批又一批的网络红人。

网络红人,简称"网红",是指在现实或者网络中因为某个事件或者某个行为而被网民关注从而走红的人或长期持续输出专业知识而走红的人。

现在成为"网红"难不难

网红被许多人视为"一种喧嚣的泡沫",他们的走红皆因自身的某种特质在网络作用下被放大,在有意或无意间受到网络世界的追捧,成为"网络红人"。这不是自发产生的,而是在网络媒介环境下,网络红人、网络推手、传统媒体以及受众心理需求等综合作用下的结果。

因此,网红想转型成为传统意义上的明星,比较难。然而,在当今的互联网背景下,不走明星路线,只是成为"网红",并不是很难。

网红经济

网红催生了一种"网红经济",是指借助互联网和社交平台的推广,通过聚集大量的社会关注度,从而形成庞大的粉丝和定向营销市场,并围绕网红IP衍生出各种消费市场,最终形成完整的网红产业链的一种新经济模式。

"网红+电商"是当下比较流行、常见、易复制的粉丝变现方式。

其变现流程为:确定"人设"+"形象包装" → 利用社交平台稳定输出内容,汇聚一定量的粉丝 → 做粉丝结构分析(年龄、职业、偏好等)→ 开网店(微商)→ 发布新产品,

同步到各社交平台，吸引粉丝注意力 → 保持网店中产品的更新频率，粉丝购买变现 → 粉丝维护（组织线下活动、见面会等）。

电商领域"现象级 IP"案例

• 李佳琦（美妆个护）

李佳琦，名副其实的"带货王"，有次直播一共试用了 380 支口红、15 分钟卖掉 15000 支口红、5 个半小时卖货 353 万元；拥有成功挑战"30 秒涂口红最多人数"的吉尼斯世界纪录，成为涂口红世界纪录的保持者；在 2018 年的双 11，马云以现场直播的形式与李佳琦展开挑战，比试直播"带货"成绩，他用专业和效率打败马云，稳坐"口红一哥"的宝座。

网店矩阵：1 家天猫店（美妆）、1 家淘宝店（美妆）。

• 薇娅（美搭）

薇娅，全球好物推荐官。2017 年 10 月，在一场直播中，为一家零粉丝的皮草店引流，销售额达到 7000 万元；在 2018 年的双 11 开始后的两小时内，薇娅的直播间引导销售额达到 2.67 亿元，创造了行业销售神话，加上后来的 13 个小时，全天直播间销售金额超过 3 亿元；2019 年 1 月，与阿里鱼尝试直播带货新模式，牛仔裤上线 5000 套 1 秒被抢光，首批直播 13500 件售罄，累计销售额达 200 万元。

网店矩阵：3 家淘宝店（女装、女鞋、饰品类）。

• 李子柒（美食）

李子柒，微博粉丝数达 2400 多万，知名美食视频博主，微博签约自媒体人，被誉为"东方美食生活家"。

网店矩阵：1 家天猫店（美食类）。

……

类似的例子还有很多，他们都有一个共同点：赶上了"网红经济+自媒体"的好时代，并且顺势利用电商进行变现。

人人都可以的超级 IP 时代

互联网的流量格局发生了质的变化，已由 PC 互联网转向移动互联网，电商运营方式也发生了改变：

电商 1.0 时代，卖货为主，侧重流量运营，比如活动运营（天天特卖、淘金币、淘抢购、聚划算等）、技术运营（SEO 搜索优化、淘宝客、直通车、智钻、超级推荐、流量联盟等）；

电商 2.0 时代，以个人 IP 为代表的人格化电商为主，侧重内容运营，比如社交平台自媒体、图文内容、音频内容、短视频内容、直播内容等。

IP 时代的逻辑关系：内容引流→用精准流量创建粉丝社群→维护社群，建立信任，形成购买→用口碑零成本扩展品牌。

"第五代移动通信技术"（简称"5G"）的到来，让"素人"也有可能成长为超级个人 IP。

5G 时代最明显的一项改变是信息传播效率更高，"UGC、PGC 的全面爆发"将是 5G 时代信息传播效率提升的表现之一。

录制、发布内容的技术门槛不断降低，表达技巧更易学会，会有更多人有机会成长为网红、大 V、热门 IP，其内容传播效率、带货转化率也会随之提高。

6.2 内容为王，优质内容原创者被互联网巨头争抢

6.2.1 内容依旧为王

近几年来，"内容为王"被越来越多的新媒体从业者提及，就连淘宝这样的电商购物平台都开始做内容了。其实，只是信息传播的介质和形式在变，承载信息的优质原创内容需求一直没变。

> **小贴士**：新媒体，亦称"数字化新媒体"，指利用数字技术和网络技术，通过互联网、宽带局域网、无线通信网、卫星等渠道，以及计算机、手机、数字电视机等终端，向用户提供信息和娱乐服务的传播形态。如数字杂志、数字报纸、数字广播、手机短信、移动电视、网络、桌面视窗、数字电视、数字电影、触摸媒体等。
> 相对于报刊、户外、广播、电视四大传统意义上的媒体，新媒体又被形象地称为"第五媒体"。——摘自"新媒体"百科词条。

在传统的媒体（报刊、户外、广播、电视）与信息产业中，特别是报刊，"独家"是一个深入人心的概念，是否掌握独家报道、独家新闻、独家访谈等内容往往成为决定平台生死存亡的关键。内容的稀缺性和唯一性价值斐然。

在传统媒体霸占线下信息传播的时期，内容就是一切，毋庸置疑。

到了 PC 互联网时代，有一段时间是独立网站的天下，在"SEO 搜索优化界"流传一句话"内容为王，外链为皇"，一个网站如果没有优质原创内容就像一个人没有灵魂，只要内容对用户来说有价值，就能留住用户。比如当时的门户网站、垂直领域的细分网站，如果

不能持续输出有价值的、新的内容，在短时间内就会被人们抛弃。PC 互联网时代，人们的选择多，"见异思迁"是司空见惯的事。

到了移动互联网时代，人们获取信息的方式发生了改变，由在计算机浏览器访问或搜索网站转向在智能手机的 App 里查看。腾讯视频、优酷、爱奇艺、抖音、火山、快手、微视、微博、知乎、简书这些平台，尽管专注领域和侧重点有所不同，但相同点都是源源不断地输出优质的新内容。

6.2.2　互联网巨头们的内容生态

毫无疑问，互联网已经成为人们获取信息的重要渠道，在网上可以做的事情太多了，比如看新闻资讯、电视剧、电影、娱乐八卦；听音乐、音频、广播；还可以聊天、购物、理财、学习、玩游戏、订餐等，而这些往往都是人们在"消费内容"，最显著的特点是"耗时间"。

每个人每天的时间有限，如果在一个互联网产品上消耗很多时间，一定没剩多少时间去使用或接触别的产品，用一个专业点的说法就是"黏性大"。一旦用户被黏住，养成了使用习惯，接下来这个产品及其附属品从用户身上赚钱的机会就更多。想想以前，家家户户守着电视追剧，现在，人人抱着手机用腾讯视频、优酷、爱奇艺等追剧，而很多电视剧、电影、综艺、纪录片都要购买了 VIP 会员才能观看，这便是优质内容在视频领域的一个缩影。其他领域也一样，内容的黏性越大，占用用户的时间越多，赚钱能力就越强。

在 PC 互联网时代，其特点是开放，可以通过网址链接，轻易地从一个网站跳转到另一个网站，人们也养成了"搜索"的好习惯，有需求时，搜索一下，能轻易找到相关信息。当卖家、企业想向买家传递信息时，通过竞价排名也好，SEO 也好，甚至通过对劣质内容的关键词进行优化等手段，总能实现。

可是在移动互联网时代，由于 App 的封闭性，信息的传递不再单纯依靠搜索，因此，靠"搜索"在手机端霸占流量入口再难实现。就像百度，在 PC 端依旧是"搜索一哥"，而在手机端，其搜索优势不再，不得不布局自家内容生态，源源不断地产出内容，否则只能看着其他平台瓜分并霸占大量用户的时间，其最新版"手机百度"App 的首页，除了搜索框，更多的内容是信息流（各种图文、短视频、直播、游戏等）推送。像这类做流量生意的大公司，没有优质内容支撑，是非常危险的。

对普通用户来说，每人都有自己常用的 App，而且数量不会太多，如果信息无法传达到用户常用的 App 里，可能就失去了向其传递信息的机会。

另外，随着互联网的发展和技术的进步，过去由少数人或专家生产内容的模式转变为用户生产内容，其好处是内容的数量和更新频率得到保障，但相对应的也有坏处，那便是信息过量，低质、无用的信息泛滥，优质、有用的信息稀缺，找到优质内容变得越来越困难。当用户从网上找到适合自己的内容需要花费更多时间时，会越来越希望有人提供更加专业、优质的内容，即使付费也可以接受，加上现在"移动支付"越来越便捷，用户这种"更高效地获取有用、优质内容"的需求便更加迫切。

知识付费时代的到来，让内容变现的想象空间越来越大，作为内容提供者和创作者，将再也没有理由把自己生产的优质内容免费发放出来。此外，有内容创作能力的人，总能从多个平台建立属于自己的"流量池"，提升自身在新媒体平台的影响力。对此，互联网巨头们（BATT）早已深谙其道，布局了各自的内容生态。

百度（B）

百度，全球最大的中文搜索引擎，最大的中文网站。百度的内容生态扩张之路一直未停歇，其内容产品矩阵广泛涉猎多个领域，并且都取得了不俗的成绩，其部分产品如图6-1所示。

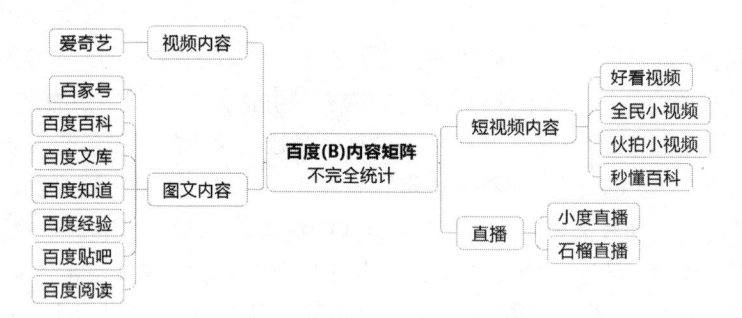

图6-1

阿里巴巴（A）

阿里巴巴是全球首屈一指的电商平台，旗下四大电商平台1688（采购、批发，B2B）、天猫（零售，B2C）、淘宝（零售，B2C/C2C）、闲鱼（二手货交易）都有非凡的影响力。

在整个移动互联网发展的驱动下，阿里巴巴旗下两大零售平台（淘宝和天猫）在销售产品的形态方面发生了很大的改变：2014年以前，在淘宝看到的基本都是产品，以图文详情页展示为主，典型的货架式营销；2014年以后，随着移动互联网技术的发展，短视频、直播，知识性营销和互动性营销逐渐兴起，并占据了主导地位。

阿里巴巴无线化战略转型在淘宝上是成功的，现在的淘宝，已经拥有包括有好货、爱逛街、必买清单、每日好店、淘宝头条、哇喔视频、淘宝直播、映象淘宝、微淘等一系列内容矩阵，并支持直播、图文、短视频等全媒体内容的发布，形成从内容生产到分发的一整套机制。

不完全统计，阿里巴巴旗下内容产品矩阵如图 6-2 所示。

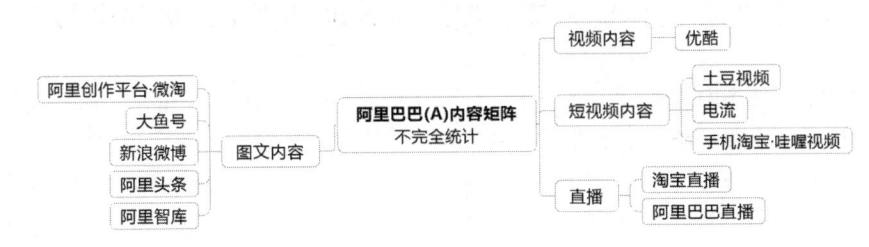

图 6-2

腾讯（T）

腾讯，中国最大的互联网综合服务提供商之一，也是中国服务用户最多的互联网企业之一，其多元化的服务包括：提供社交和通信服务的 QQ 及微信、社交网络平台 QQ 空间、腾讯游戏旗下的 QQ 游戏平台、门户网站腾讯网、腾讯新闻客户端和提供网络视频服务的腾讯视频等。

腾讯旗下部分内容产品如图 6-3 所示。

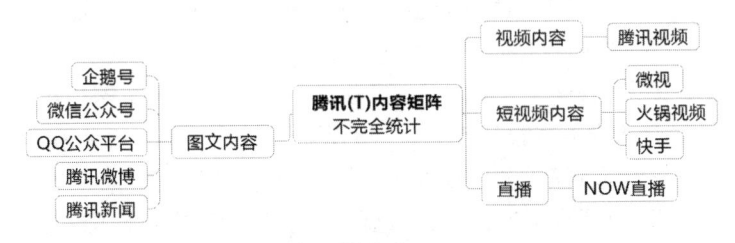

图 6-3

今日头条（T）

今日头条是北京字节跳动科技有限公司开发的一款基于数据挖掘的推荐引擎产品，能够为用户推荐信息，提供连接人与信息的服务。字节跳动旗下部分内容产品如图 6-4 所示。

图 6-4

6.2.3 有内容创作能力或有建立流量池的能力，你也会被"争抢"

在资本、技术和优惠政策的三重助力下，通过并购、控股、兼并等形式，我国 BATT 的新媒体市场占比越来越大。互联网巨头们布局内容生态，自然少不了提供内容的众多创作者们。

2017 年 12 月，淘宝启动了"映象淘宝超级 IP 入淘计划"，并称在未来 3 年，预计会投入 100 亿元的资金扶持优质短视频内容。

"映象淘宝超级 IP 入淘计划"的申请资格：该 IP 在微博、微信的粉丝数达到 100 万人以上，全网累计播放量超过 1 亿次，在 A 站、B 站、秒拍、美拍等任意知名短视频分发渠道的粉丝数超过 50 万人；有栏目心智、纯短视频账号，且符合版块要求以及"映象淘宝"定位。

2019 年 3 月，为了培育电商直播千亿新产业，淘宝直播推出 4 大计划：

启明星计划，即淘宝直播打造 1000 位"启明星"，准入条件：站外粉丝数达到 100 万+，在专业领域有影响力的明星/KOL/媒体/自媒体，真实粉丝互动性高。

百千亿计划，即打造 200 个销售额过亿元的直播间，5000 个销售额过千万元的直播间和 10 个销售额过亿元的线下市场。

亿百亿计划，则是在 PGC（专业内容生产领域）领域，培育 10 家年收入过亿元的 PGC 机构、10 档观看过亿人次的超级 IP 节目，推动超过 100 家地方电视台触网联动。

村播计划，将与全国 100 个县区建立长期直播合作，帮助培育 1000 名月入过万元的农民主播，通过 100 场以上贯穿全年的脱贫主题活动，实现农产品销量额超过 30 亿元的目标。

为了鼓励内容生产，腾讯、今日头条、百度纷纷掀起补贴创作者的大战。

2017 年，腾讯推行三个"百亿"（百亿流量、百亿资金、百亿产业资源）计划，用来扶持内容创作者，争夺原创内容资源。2018 年 2 月腾讯宣布将继续投入 12 亿元，用于扶持旗下企鹅媒体平台上的内容生产者，这笔钱将被着重用在原创和短视频领域。

早在 2015 年 9 月，今日头条就率先推出了"千人万元计划"和"新媒体孵化器计划"。2016 年 3 月，今日头条成立 2 亿元规模的内容创业投资基金。2016 年 9 月，今日头条提出投入 10 亿元补贴给头条号上的短视频创作者。2017 年 11 月，今日头条宣布 2018 年旗下悟空问答计划投入 10 亿元，用于签约至少 5000 名各专业领域的回答贡献者。

百度在补贴内容创作者方面也不甘示弱。

2016 年 11 月，百度表示，在 2017 年将累计向内容生产者分成 100 亿元，所有个人和机构内容生产者都可以入驻百家号。

在变现方式上，百度也为百家号作者提供了两种分成渠道：第一种是原生广告分成，百家号作者将依据其生产内容的分发量以及阅读量等流量数据获得原生广告分成；第二种是联盟广告分成，获得长尾广告收益。百度官方称，其分成计划中的 100 亿元将完全分配给百家号作者。

2019 年 5 月，百家号总经理在百度联盟生态合作伙伴大会的内容分论坛上介绍了百家号今年的投入计划：将进一步打造"金芒计划"，针对图文类、图集类、视频类创作者提供指导和包装；同时打造百家榜，对优质内容创作者提供奖励和 IP 扶持。2019 年 6 月 12 日，百家号正式将此前推出的"百万年薪计划"升级为"金芒计划"，该计划将依托百度 AI 和大数据能力，帮助创作者提升生产效率和内容影响力，以及积累更多粉丝，获得更高收益。

百家号"金芒计划"2019 年全年投入 3 亿元资金，倾斜 20 亿流量，向优秀创作者提供全方位的支持，携手打造优质 IP，为百家号生态以及读者创作更多的精彩内容。

巨头们已经备足"粮草"，只待优秀内容创作者们加入。所以，只要你有内容创作的能力或有建立流量池的能力，注定被巨头们"争抢"。

打造属于自己的超级 IP 离不开渠道和内容输出，看到这，你该思考一下应该从哪方面发力了。内容变现的方式和渠道有很多，作为电商卖家，建议首选淘宝，毕竟十几年领跑网购行业所积累的优势和资源，是其他平台无法比拟的。

6.2.4 "信息过载"让人不堪重负，请勿刻意讨好

信息过载是指社会信息超过了个人或系统所能接受、处理或有效利用的极限，并导致故障的状况。

不管是阿里巴巴、腾讯、百度还是今日头条，其实都在做同一件事情——内容分发。

淘宝由之前单调、雷同的货架式营销转向知识性、互动性营销，其实就是一个非常明显的内容重新分发的过程，消费者不再愿意付出太多时间、精力去筛选和猜测产品信息，"刷单""炒信"频繁引发信任危机，产品同质化严重，抄袭、仿款等干扰高效筛选的产品太多，有时候精挑细选出来的产品，收到实物后却令人失望，所以当消费者遇到信任的"意见领袖""IP"为其推荐产品时，会愿意为这份信任买单。

因此，当你去做内容时，尽量务实、有料、忌虚假、浮夸！其实在淘内打造店铺 IP 更容易，行业细分、目的性等更明确，都在围绕产品或服务展开，不容易偏离初衷。就像在第 5 章讲内容运营时，提到了很多技巧，直接套用即可。若是在淘外，一定要做好内容定位，更要注意内容的专业性、优质性，粉丝运营越精准，产品的成交转化率会更高，因为大多数平台不能直接放店铺或产品的链接，不能直接插播产品广告。

6.3 自查：你可能具备成为超级 IP 的潜质而不自知

6.3.1 网红的变现方式

俗话说"无利不起早"，你想在网红的道路上越走越远，肯定是奔着某种目的去的。当前常见的网红变现方式有七种：

第一种、电商变现：利用网红的影响力卖产品、做代购、做淘宝客等。

第二种、广告变现：比如有些品牌开发布会时，会邀请与品牌调性一致的网红入场进行现场直播；或者通过网红的短视频植入品牌、产品的广告。

第三种、技能变现：比如教育培训、才艺教学等，通过一项技能而非"颜值"赚钱是一种长久之计，技能本身就是吸引粉丝的核心。

第四种、粉丝打赏：很多直播平台的主播，其主要收益都来源于粉丝赠送的虚拟礼物，如鲜花、金币、跑车、飞机等。

第五种、形象代言：在网红经济下，人人都能当"明星"，签约做企业代言人、产品形象代言人等。只是企业在选择网红时并不简单，比如网红的形象、风格、特征和粉丝群体都是关键。因此，这种方式的门槛较高。

第六种、网红转型演员：有星探正在挑选有表演天赋、学过专业表演的网红，帮助其进军传统的影视演艺圈，出演网络电影、电视剧等。

第七种、签约平台、MCN 机构：单打独斗难免势单力薄，签约入驻流量平台或者 MCN 机构，有望快速成长，获得更多变现机会。

本书侧重电商运营，因此在众多变现方式中，会重点介绍电商变现。

> **小贴士**：MCN（Multi-Channel Network）模式源于国外成熟的网红经济运作，其本质是一个多频道网络的产品形态，将 PGC（专业内容生产）内容联合起来，在资本的有力支持下，保障内容的持续输出，从而最终实现商业的稳定变现。——来源于"MCN"百度百科词条。

6.3.2 成为"卖货网红"难不难

不走明星路线，只是利用"网红属性"和"网红经济"卖货，并不是很难。

第一步：确定"人找货"还是"货找人"。

人找货，即先积累一种类型的粉丝，再根据粉丝特性选择合适的货源。

货找人，即已有货源，根据货源适用的人群去多平台布局内容，边圈人边卖货。

第二步：搞懂网红的流量套路。

"流量"其实就是网红的粉丝，搞懂流量套路=搞懂粉丝在哪里。本章前两节的内容多围绕"BATT"，这些互联网巨头们霸占着80%以上的流量，因此，你只需去这些互联网巨头们的内容产品矩阵里创建自己的账号矩阵，然后在各个平台用内容吸引粉丝即可。

第三步：会用各种互联网资源自建"流量池"。

图6-5是阿里V任务中某网红在不同社交平台上的账号矩阵及其粉丝分布。别人能做到，你也可以，先注册账号，再稳定输出内容即可。

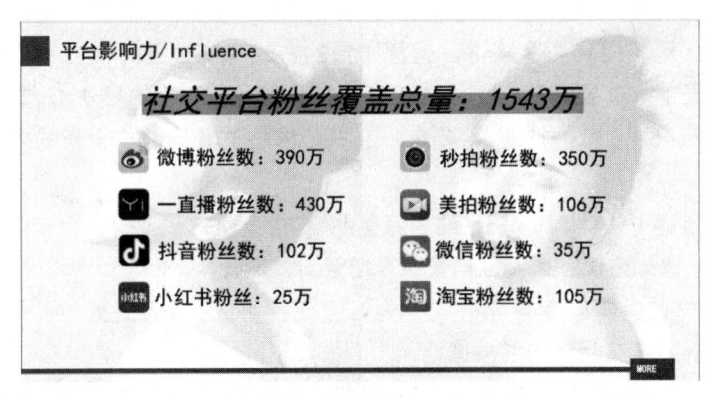

平台影响力/Influence
社交平台粉丝覆盖总量：1543万
微博粉丝数：390万
秒拍粉丝数：350万
一直播粉丝数：430万
美拍粉丝数：106万
抖音粉丝数：102万
微信粉丝数：35万
小红书粉丝：25万
淘宝粉丝数：105万

图6-5

上一节推荐的BATT内容产品矩阵，都是比较适合电商相关内容输出的平台。

6.3.3 哪些人更容易成为网红

第一类：一直活跃在互联网一线的人。

比如有多年网店经营经验的卖家，他们熟知电商卖货逻辑，了解自家产品的用户群体，接受新鲜事物的能力强、应变能力强、学习能力强，对他们来说，卖货方式只是由原来的货架型图文展示，变成现在的知识型、互动性的短视频、直播展示而已。

再比如多年活跃在各类社交平台、网络媒体上的主播、达人、意见领袖、自媒体创作者们，他们懂粉丝，会与粉丝互动，熟知社交平台的玩法，现在只需基于网红经济，对粉丝进行变现。

第二类：原本不接触网络或接触网络少，但是拥有技能、才艺、资源的人。比如传统的线下实体店、传统产业带/工厂/档口/批发市场老板、农场主、果园主、工艺作坊里的手艺人、养殖户、能人志士、工匠、画匠、工程师、艺术传承人、非物质文化遗产手艺人、工厂流水线上的员工、特殊工种的职员等。

这些人平时很少上网，但他们从事的职业或所在的行业鲜为人知，一旦做成优质内容输出，非常容易捕获网民那颗猎奇的心。

对于这些人来讲，已有经验、资源，甚至实力，现在只需简单学习一些互联网工具（比如短视频、直播）的使用，就能快速实现粉丝的原始积累。

6.3.4 你的店铺急缺一个网红 IP

对于淘宝、天猫网店卖家来讲，运营店铺的方式也要根据时代发展及时调整。现在是内容运营的天下，你要么死守传统的流量运营（第 4、7 章的技法），要么转战全新的内容运营（第 5、6、8 章的技法），要么一起抓传统的流量运营与全新的内容运营，必须做出选择。

打造自己店铺 IP 的核心——自建"流量池"。也就是说，要有一个或多个"容器"把粉丝聚集起来，比如微信、微淘、抖音、微博等。

打造店铺 IP 的步骤：

第一步：确定成交闭环的"根据地"。

什么是"成交闭环"？即能正常完成交易的循环。比如开一个淘宝店就是一个成交闭环，粉丝可以放心在淘宝店下单购买产品。

如果还没有网店的话，推荐开淘宝店、天猫店、京东店、拼多多店。

个人开店且是新手，建议开淘宝店或拼多多店；企业或有团队，建议布局店铺矩阵，多点开花。微博背靠阿里巴巴，卖家可以在微博里放淘宝、天猫网店的链接；京东、拼多多与腾讯有合作，可以在微信里发链接。

第二步：创建"流量池"矩阵。

"流量池"即装载流量（粉丝）的池子。在互联网中，这个"池子"代表工具，淘宝、天猫网店的粉丝都装在"微淘"里，通过淘内的内容（图文、短视频、直播）吸引来的粉丝，全部积累到"微淘"；微信公众号、微博、抖音、微视、火山、一直播等，都是类似的道理，内容运营在哪儿，粉丝流量池就在哪儿。

此外还有一些工具，比如千牛旺旺群、钉钉群、淘宝群、微信群、QQ 群等，都可以用来运营粉丝。

第三步：在流量池里培养（定期输出内容，增加黏性），带到"根据地"成交。

在上述三个步骤中，一二步很容易完成，难的是第三步，如何持续输出内容，继续看下一节。吸引粉丝、拉人、建群相对容易，难的是有了粉丝、有了群以后，维护跟不上，极容易掉粉、变成死群，群里到处是垃圾广告，这个问题，将在第8章解决。

6.4 三种方法打造带货力强的店铺超级IP

要么引领潮流，要么跟随潮流！

不管哪个领域、哪个行业，有能力、有实力，总会被高看一眼。IP也一样，当你有很多粉丝，有一定的号召力、影响力时，话语权就在你手上，各方也都向你抛"橄榄枝"；反之，只有秣马厉兵，等待被平台召唤或自己爆发。

不管哪个平台，都有属于自己的规则。如果你足够优秀，可以与平台一起重构规则，改变玩法，开辟一番新天地；反之，建议你遵守平台现有的规则，否则后果很严重。

比如第5章讲了淘内的图文玩法、短视频玩法、直播玩法，当你没有足够话语权去改变游戏规则时，熟悉现有规则，就能被平台大量推荐，获得更多曝光和吸引粉丝的机会；反之，什么也不懂，只顾着横冲直撞，结果遍体鳞伤，丧失继续经营网店的信心和动力。

6.4.1 "店铺超级IP"定位

前文列举的超级IP，他们的销售主战场在淘宝、天猫，而影响力是在全网。这里讲的"超级店铺IP"也希望大家复制这种模式，销售主战场在淘内，将影响力扩散至全网。

给IP确定一个"人设"

人物设定，简称人设。该词原本是形容动画、小说、漫画等二次元作品中对虚拟角色的外貌特征、性格特点的塑造，现如今多用来形容明星向公众塑造出的积极向上的正面、讨喜形象。人设之于明星相当于包装之于产品，便于吸引粉丝。常见的就有"吃货"人设、"耿直"人设、"学霸"人设等。

电商领域的店铺IP人设，更侧重于立足行业、品牌、产品，进而"人格化"地传递其品牌理念、产品信息等。有句话说"好看的皮囊千篇一律，有趣的灵魂万里挑一"，如果只是简单地拼"颜值"，现在技术如此先进，满屏都是美女帅哥，没点货真价实的"料"，粉丝很容易产生审美疲劳，进而取消关注。

因此，确定人设时，建议首先确定七个角度的细节：1. 语言风格，2. 肢体语言，3. 标志性动作，4. 花式口播，5. 标签化表情，6. 人设昵称，7. 粉丝名称。

1~5是基于镜头表现，越简单、越程式化越好，主要方便粉丝记忆，比如李佳琦的"OMG，我的天啊"令人印象深刻。除服装类目（主要就是展示服装，也会在直播期间频繁更换）外，录制短视频或直播时穿着的服装、直播间的道具布景等，最好标准化和带有重复性的元素，比如有品牌Logo或自家专属标识，规范化出境，一方面避免被盗版，另一方面加强记忆，让粉丝对Logo或标识加深印象。6~7则是考虑后续粉丝运营时，拉近距离、增强黏性，比如薇娅的粉丝叫"薇娅的女人们"、黄子韬的粉丝叫"海浪"等。

其次，确认人设的身份。常用的如知己、朋友、老师、长者、达人、专家、管家等。

内容策划与生产

按形式，内容分为图文、音频、长视频、短视频（1~10分钟）、直播。

按类型，内容分为深度评测、技能教程、开箱体验、真人改造、才艺秀、生产工艺、搭配攻略、主题清单、资讯百科、时尚街拍、生活记录、产地溯源、线下探店、情景剧场、店铺故事、产品展示、其他类型。

按领域，内容分为美食、运动、服饰、家装、萌宠、旅行、文创、手作、健康养生、彩妆、护肤、数码、电器、二次元、汽车、美甲、美发、母婴、玩具模玩、3C配件、园艺、家居日用、其他。

举例：专注"服饰"领域，可以制作开箱体验、生产工艺、搭配攻略、主题清单、资讯百科、时尚街拍、生活记录、产地溯源、线下探店、店铺故事、产品展示等类型的"图文、短视频"内容。

筛选并确定投放平台

淘宝卖家、天猫商家，建议以淘内（微淘、哇喔视频、淘宝直播、淘宝群、买家秀）+BATT主流平台（6.2节推荐的那些平台）为主，其他平台（小红书、下厨房等）为辅。

发布的时间与频率

关于发布时间：根据粉丝活跃时段发布为佳，能第一时间被看到。

关于发布频率：常见的是每日更新、每周更新。能做到每日更新最好。时间太久，容易掉粉，被遗忘，被超越。

6.4.2 三种打造店铺超级IP的方法

用内容打造店铺超级IP

淘宝二楼：作为淘宝重要的内容营销平台，其通过优质的短视频内容，打造出具有情怀和品质的栏目，让买家深夜看到时能产生情感上的共鸣，对产品产生兴趣和购买欲望。其旨在创造新的消费趋势，打造新兴爆款品类，以品类的维度展现"不为人知的好东西"。其囊括服饰、花鸟、食品、家居等多个行业，发现行业里的潜力品类，打造全新的消费趋势。从而让淘宝买家发现更多好东西，让淘宝卖家找到新的消费趋势和创业灵感。

给买家讲故事，就是淘宝二楼在做的事情。深夜上线，清早消失。

入口："手机淘宝"App首页，下拉，如图6-6所示。

图 6-6

故事内容目前有三期：第一期"一千零一夜"，类似《舌尖上的中国》的美食类短视频；第二期"夜操场"，类似《我是特种兵》的军旅硬汉类短视频；第三期"一千零一夜 2"，把产品扩散到"全品类"，囊括服饰、花鸟、食品、家居等多个行业。

短视频引导的部分销售战绩：

短短一天内将推荐的"bralette"内衣销量翻了 240 倍；2 小时卖掉 20 万只饺子，近 5 吨牛肉丸；1 个小时售罄伊利比亚火腿；有的卖家销量翻了 150 倍，一夜卖出 4 年半的销售额……

模式：每一个短视频为客户主推一款淘宝精选产品，短视频虽是内容，也是广告。

目标客户："淘宝二楼"的负责人介绍，他们通过大数据发现，晚上 10 点是淘宝一天流量的高峰，同时淘宝的消费者有 35%为"90 后"，并且这一比例在晚上的高峰时变得更高。可以说"淘宝二楼"正是专门面向这群人的。

关于消费升级：

随着消费升级，电商行业的年轻化完全形成，"90后""00后"的年轻人和其家长不一样，他们不再属于价格敏感型人群，更注重生活的品质感，而不是必需品。

因此，面向这些更年轻的消费人群做内容营销，回归人的本位才是最高效的解决方法。只有持续追踪视觉焦点，深入把握消费需求，紧紧围绕产品价值，让消费者感到对其需求的尊重，才可能带来一场叫好又叫座的内容营销。

关于原创：

只有原创的内容才会代表一个人的人格，才会传播属于自己的 IP 价值。只有原创，才能让粉丝很忠诚地拥护你！

作为卖家，如何用内容打造店铺 IP 呢？

误区：普通的模特展示、产品介绍等短视频不足以支撑 IP 形象。

正确做法：

第一步、必须明确一点：IP 是一个鲜活的"人物"，内容是基于 IP 本身的多维度呈现。IP 必须是你独有的，打造客户心里一个独有的形象。

第二步、以 IP 为原型，制作多维度的短视频内容。

案例 1：化妆品

IP 人物：美女或帅哥；或者不美也不帅，"化妆+开滤镜"后能看得过得去；再或者走"奇葩"路线。站在美妆达人角度，推荐化妆心得。

内容方向：不是直接说产品如何好，而是教产品的用法，在完成一件事情的过程中用了哪款产品，其主要特点、好处是什么？如何搭配更好？等等。比如：化妆步骤，化妆需要什么产品和工具，怎么画眉毛、眼线、眼影、腮红，化彩妆前正确的皮肤护理步骤，怎么涂口红、让口红不掉色，不同场合用什么类型的妆容，怎么刷睫毛膏、卸妆……

案例 2：蛋糕机、酸奶机、豆浆机、面包机、光波炉、微波炉、电烤盘等

IP 人物：网店老板、产品研发人员或网店专属客服。站在美食达人角度，做食谱教学。

内容方向：一方面，介绍功能、用法；另一方面，其实"吃货们"更关注的是如何用你家的机器制作出美食。

如果短视频内容增加一个维度，以食谱为主，做 20 个（或者更多）短视频，分别教 20 种菜品的制作步骤，粉丝被美食吸引，进而购买产品，水到渠成。

> 作业：拿出手机，打开"手机淘宝"App，进入"哇喔视频"频道，大量查看短视频。

用故事打造店铺超级 IP

KOL（Key Opinion Leader，关键意见领袖）、IP 和品牌有相似的地方，但不是一回事，各有各的规律，故事型 IP，从讲故事开始。

案例 1：海尔砸冰箱

事情原委：1985 年，一位用户抱怨说自己攒了很多钱才买的海尔冰箱上有道划痕。这个问题没有被忽略，并且在海尔高层引起了足够重视，时任海尔 CEO 的张瑞敏检查仓库，发现还有几十台有质量问题的冰箱，当时一台冰箱的价格为 800 多元，相当于一名职工两年的收入，员工希望将这些有瑕疵的冰箱作为福利降价卖给员工。张瑞敏却宣布，把些冰箱全部砸掉，谁生产的谁来砸，并抡起大锤亲手砸了第一锤！

这一"砸"，不仅使海尔在 1991 年成为中国家电行业唯一入选"中国十大驰名商标"的品牌。更重要的是，将"零缺陷"的质量意识，砸进了海尔成长的基因中。

后续：这个故事流传至今，让千万百姓记住海尔对品质的高要求，并且塑造了海尔在一代人心中的 IP 形象。

裂变发酵：时至今日，海尔依旧在用这个故事做营销，营销文案如图 6-7 所示。

图 6-7

案例 2：京东的配送员

配送员是一个接地气但又包含各种酸甜苦辣的职业，所以京东连续推出了两季充满人情味的广告"JD Red Story（京东红的故事）"，其广告海报之一如图 6-8 所示。传递的故事是：在京东有这样一群人，他们横渡过怒江两畔、叩响过古刹佛门、跨过荒漠、趟过险滩，汗水掺过黄土也映过霓虹，交付出一些期待，传递的都是温情；他们，平凡如你我，不平凡的是他们身上的那一抹京东红。它或许微小，但有力量。可能孤单，却暖人心。京东快递，是他们的工作，也是他们的传说。

图 6-8

既没有促销标语,也没有花式炫技,而是讲述京东的配送小哥的温情故事,这种故事型的内容营销突然有了人情味,此举堪称业界一股清流,迅速引起网络刷屏。

作为卖家,如何用故事打造店铺 IP?

第一步:发掘、寻找、创新你店铺 IP 的人生故事或能引起共鸣的事件。

要真实的、活生生的、有血有肉的、易读易懂的故事;故事要与产品密切联系,但又不是简单的产品介绍;故事要构建场景,把独特的观点嵌入故事。

第二步:提炼文案,视觉传达。可以是海报、图文内容,或者短视频。

第三步:发布到尽量多的渠道。产品的买家在哪里,你的故事就应该出现在哪里。

作业:上网搜"李子柒",看看她的短视频,或许能对你有更深的启发。

用社群打造店铺超级 IP

社群构建模式:先聚集一类群体,通过社群内容维护和服务他们→找到刚需,把刚需的东西卖给他们→运营,形成与用户的强联系→构建个人 IP→强化信任和购买。

小众案例:

张老板,开了一家养鱼的水产公司。他的初衷是:让餐馆、饭店从自家水产公司进货。

他建了一个公众号,定期在里面发布水产信息、水产行业内容、他家养鱼的日常,陆续有关注公众号的粉丝问各种问题,他也及时回复,慢慢聚集了许多餐馆和饭店的老板,他把这些人全部加到个人微信,再创建微信群,定期在微信朋友圈发布他家养鱼的日常,经常在微信群里跟那些餐馆、饭店老板讨论各种经营问题、食材问题,渐渐跟这些老板们熟络了起来。

后来，张老板对这些粉丝进行分类管理：根据不同需求组织货源和培训；开展线上和线下活动，与所有餐馆、饭店老板成为朋友。良性循环，他家的鱼经常脱销，复购率超高。

大 IP 案例：

吴晓波，财经作家，写了很多书，如《激荡三十年》《跌荡一百年》《浩荡两千年》《历代经济变革得失》等。

创办了国内最大的原创财经出版机构"蓝狮子"，专注于财经领域的内容策划与图书出版。

其财经自媒体"吴晓波频道"，是国内目前较大的互联网财经社群，包括微信公众订阅号、财经类脱口秀视频及音频、书友会等具体互动形式。

作为投资人，成立了狮享家基金，投资了"餐饮老板内参""酒业家""十点读书""12 缸汽车""B 座 12 楼"等。

有粉丝基础，做自媒体电商，卖"吴酒"，5000 套单价 199 元的吴酒礼盒仅用 33 小时就售罄了。

作为卖家，如何用社群方式打造店铺 IP？

第一步：打造精准的个人 IP。最好是专注某一个行业下的垂直领域。

行业细分：男装女装、鞋类箱包、母婴用品、护肤彩妆、小吃美食、珠宝配饰、家装建材、家居家纺、百货市场、汽车用品、手机数码、家电办公、生活服务、运动户外、花鸟文娱、农资采购。

第二步：围绕细分领域长期、持续输出内容，带来精准粉丝，形成社群。

第三步：基于社群维护的精准营销。

小结：

超级 IP 一定有一批拥护者，即忠实粉丝。"圈粉"既要有内容，还要有内容传播渠道，因此，请深入理解本章的内容后，再去执行。

第 7 章
技术"霸屏"
（用技术让产品"霸屏"互联网）

在互联网，不懂技术，将寸步难行

开网店，站在卖家角度，简单的技术为注册网店、发布产品、装修店铺，复杂的技术为产品图片拍摄处理、短视频拍摄剪辑、直播间搭建、直播工具的使用、各种促销工具的使用、各种推广工具的使用等。懂技术，将一路过关斩将；反之，不懂技术，将寸步难行。

本书前六章已经介绍了很多方面的技术，本章将继续介绍推广引流相关的技术。

什么是"霸屏"？"霸屏"是否可行？如何"霸屏"？

我们讲的"霸屏"，是指店铺或产品一年四季在互联网的很多渠道长时间出现，进而达到传播品牌、销售产品的目的。

那么，问题来了：互联网之大，"霸屏"是否可行？

答案是：可行。为什么呢？因为只要是基于品牌或产品人群属性的精准引流，就能在目标人群出没的地方布局设卡，实现产品被看见，被购买。简单来说，你赚不了所有网民的钱，产品卖给哪些人，就去这些人出现的地方"摆摊"，而互联网技术可以实现同一个产品同时在一万个甚至十万个地方摆摊！你将这些技术学会就行。

"霸屏"技术分为淘内和淘外，虽然不同技术或工具的具体操作方法不同，但实现产品"霸屏"的框架步骤类似。那么，如何用技术"霸屏"，如何实现产品同时在十几万个地方"摆摊"呢？

请继续往后看。

7.1 做到 4 点，让产品"霸屏"互联网指日可待

基于品牌或产品目标人群的精准引流，更容易实现"霸屏"。因此，在具体执行"霸屏"操作之前，先解决以下 4 个问题。

7.1.1 学会精准定位

店铺或产品定位，是店铺运营的主要方向，不做定位，就没有方向，后期运营找流量也容易偏离初衷，关于"选品和定位"的问题，本书第 1 至 3 章讲了很多技巧，忘记的话，建议你再看几遍。

正常的商业模式是：在产品诞生之前，先确定目标用户，再根据目标用户的需求确定产品的功能，最后进行设计、生产；出厂后定价格、筛选销售渠道等。换句话说，但凡能看到的产品，一定有其适用对象，只是这些适用对象的基数规模不同而已。比如超市里不同品牌、不同类型的牙膏，都有各自的适用人群。如果"选品"时，你参与了用户调研、产品研发等环节，产品的"适用人群规模"会心中有数，会了解这些人在哪儿，用什么方式销售。

而事实的现状是：许多做批发、零售的卖家，无法参与到前期产品的用户调研、产品研发环节，接手的是都是现成的产品，如果接手前，产品已有成规模的目标人群，接手后，非常好做；反之，接手前，产品已有的目标人群很少，接手后，可能面临因市场狭窄导致无法长期销售或难以取得突破性销售成绩的窘境。由此可见，"选品"其实就是"选人群基数"，被一万个人需求的产品自然是比被一百个人需求的产品卖得好。

如果你正在面临这样的困境，建议逆向思考，先推演并找出产品的精准目标用户群（可以用数据分析工具，比如生意参谋；很多推广工具也有人群筛选和定向功能，比如直通车、智钻、超级推荐等），再根据目标用户的需求，筛选出产品卖点，根据不同的流量渠道去推荐。

本书 1.6 节、2.1 节和 3.3 节分别以案例形式介绍了选品和定位技巧，这里不再赘述。

强调两点：

1．想提升成交转化率，多抓"精准流量"；想提升知名度或曝光率，多抓"泛流量"。本书 2.1 节介绍了三种流量：

"无效流量"：也叫虚假流量、垃圾流量，对曝光、成交没有任何帮助。

"泛流量"：虽然是真实的人访问的数据，但这些人里真正有购买意图的比较少，从而造成购买转化率低。以提升品牌知名度为目的的推广，这类流量越多越好。

"精准流量"：由目标人群、目标决策人群或已经购买过的人群访问产生的数据；以"成交为目的"的推广，此类流量越多越好，转化率高，因为产品符合这些人的需求，无须过多说服，客户自发完成购买的比例很高。

2．不要花太多精力充当说客；如果你发现每天用很多时间找很多理由说服客户却不一定成交，那么一定是确定的目标人群有问题。

曾经"把梳子卖给和尚"是销售界比较知名的一个培训案例，而现在却发现它是流传最广的"坑人"营销案例。

事件起因：一家生产梳子的公司招聘业务员，经过面试后剩下三个人，最后一道题是：谁能把梳子卖给和尚？

事件经过：

甲：经过努力，最终卖出了一把梳子。在去了无数个寺院，向无数个和尚推销之后，碰到一个小和尚，因为头痒难耐，说服他把梳子当作一个挠痒的工具卖了出去。

乙：卖出了十把梳子。也跑了很多寺院，但都没有推销出去，正当绝望之时，忽然发现有个香客的头发有点散乱，于是对寺院的管理人说，这是一种对菩萨的不敬，终于说服了两家寺院每家买了五把梳子。

丙：卖了 1500 把，并且可能会卖出更多。在他去了几个寺院之后，没有卖出一把，感到很困难，便分析怎样才能把梳子卖出去呢？他想到寺院一方面要传经布道，但一方面也需要增加经济收益，有的香客不远万里来这，应该有一种带回点什么的愿望。于是和寺院的管理人商量，在梳子上刻上各种字，如虔诚梳、发财梳……并且分成不同档次，在香客求签后分发。结果寺院在应用之后反响很好，越来越多的寺院要求购买此类梳子。

事件结果：业务员"丙"被公司录用。

分析：谁最后买了梳子？虽然业务员乙、丙都卖出去了梳子，但这些梳子并不是卖给了和尚，只是让和尚做了分销商而已，最后的购买者和使用者，还是长着头发的普通人。

恍然大悟：即使销售人员真的可以靠营销手段把梳子卖给和尚，从营销策略上看也是严重失误，因为"和尚"这个群体本来就是一个小众群体，而这个群体中能买梳子的人又是极少数的，所以这个市场是个超级细分市场。

重要经验：

A．营销的目的是深刻地认识和了解客户，使产品完全适合他们的需要，从而形成产品的自我销售。

B．细分市场有 5 个要素：规模性、可进入性、可衡量性、差异性、相对稳定性。如果 5 个要素缺得过多，建议更换品类或者重新改进产品，使其更适合那一小部分的受众。

C．战略（方向）失误很难靠战术弥补。

7.1.2　学会科学定价，实现不同渠道区别定价

第 4 章讲活动运营时，笔者介绍了很多种促销工具的使用方法，也分析了为什么要做

第 7 章 技术"霸屏"（用技术让产品"霸屏"互联网）

促销的原因。现在开网店，"促销"几乎是标配，可一旦促销，就意味着利润空间被压缩，非常多卖家因定价不当或促销工具设置不当，导致亏本，所以说，"定价"成了一项有技术含量的事情。

利润=销售额-成本，这个公式很简单，但是销售额和成本的变数很大，导致利润的变数也很大。科学定价的目的是使利润最大化，控制并降低成本，提升销售额，利润会增长。下面分别介绍控制成本和提升销售额的技巧。

关于成本

淘宝店的成本包含：创店成本（注册淘宝店铺免费，消保金一千至两万元不等，不开店时，满足条件可以退款；一次性投入）、产品成本（进货成本、包装耗材+快递物流运输成本，个别类目还有安装、上楼等成本；长期投入）、发布产品成本（产品图/短视频拍摄成本+图片处理/详情页制作/视频剪辑成本；自己会，免费，自己不会，找人处理，按次投入）、店铺装修成本（购买旺铺+装修店铺，自己会，免费，自己不会，需长期投入）、网店运营成本（买流量的成本+订购运营工具的成本；长期弹性投入）、人工成本（工资、税费等，长期投入）、设备硬件成本（计算机、手机、网络、打印机、办公耗材、经营场所房租、水电；多是一次性投入）等。

天猫店，除了创店成本比淘宝店高，其他成本与淘宝店差不多。

控制成本的技巧：1. 增加进货量，降低进货成本；2. 少花钱买流量（一方面，提升使用付费引流工具的技术水平，降低花费；另一方面，与其他人合作，学会分钱），增加免费引流渠道，降低运营成本。总之：不该花的钱，尽量少花；应该花的钱，用在"刀刃"上。

关于销售额

销售额与销量成正比，增加销量可以增加销售额，增加销量最佳方法是多渠道布局流量，比如不花钱自运营引流、付费引流、内容运营引流、全网营销引流等。

接下来，更进一步思考：在公式"单件利润=单件销售价-成本"中，若"成本"已知，提高"单件销售价"，"单件利润"就有上升空间。简单来说，就是利用技术操控销售价格，让不同渠道的买家看到同一件产品，最终购买的价格不同。

同一件产品，让不同买家看到不同价格的定价步骤如下：

第一步、为产品定一个比较高的一口价，比如 1198 元。

第二步、分析哪些地方会消耗利润，并列举出来，比如日常打折、优惠券抵扣、红包抵扣、搭配套餐折扣、报名活动、淘宝客优惠券、直播主播专属优惠券等。

第三步、为每一个消耗利润的渠道定一个成交价，如图 7-1 所示。

该技巧的核心：提前为每一种可能的促销留足余地，使每一个渠道的买家最终成交价可控，会不会亏本、利润多少，都心中有数。最重要的是，让买家感觉到"捡了大便宜"。

重要提醒：不管是淘宝店，还是天猫店，每一件产品或同一件产品的不同 SKU，只有一个"一口价"，为其实现不同的销售价格，必须结合不同的促销工具，请回顾前文"4.5 提升转化常用的 8 类促销工具及促销策略"。

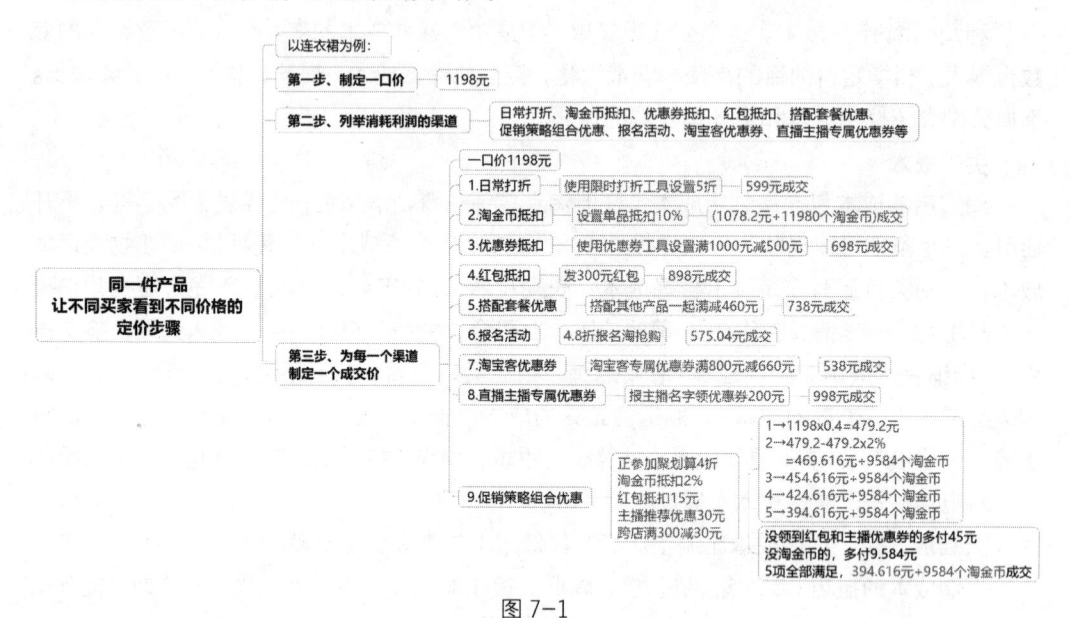

同一件产品让不同买家看到不同价格的定价步骤

- 以连衣裙为例：
- 第一步、制定一口价：1198元
- 第二步、列举消耗利润的渠道：日常打折、淘金币抵扣、优惠券抵扣、红包抵扣、搭配套餐优惠、促销策略组合优惠、报名活动、淘宝客优惠券、直播主播专属优惠券等
- 第三步、为每一个渠道制定一个成交价：
  - 一口价1198元
  - 1. 日常打折：使用限时打折工具设置5折 → 599元成交
  - 2. 淘金币抵扣：设置单品抵扣10% → (1078.2元+11980个淘金币)成交
  - 3. 优惠券抵扣：使用优惠券工具设置满1000元减500元 → 698元成交
  - 4. 红包抵扣：发300元红包 → 898元成交
  - 5. 搭配套餐优惠：搭配其他产品一起满减460元 → 738元成交
  - 6. 报名活动：4.8折报名淘抢购 → 575.04元成交
  - 7. 淘宝客优惠券：淘宝客专属优惠券满800元减660元 → 538元成交
  - 8. 直播主播专属优惠券：报主播名字领优惠券200元 → 998元成交
  - 9. 促销策略组合优惠：正参加聚划算4折、淘金币抵扣2%、红包抵扣15元、主播推荐优惠30元、跨店满300减30元
    - 1→1198×0.4=479.2元
    - 2→479.2-479.2×2% =469.616元+9584个淘金币
    - 3→454.616元+9584个淘金币
    - 4→424.616元+9584个淘金币
    - 5→394.616元+9584个淘金币
    - 没领到红包和主播优惠券的多付45元
    - 没淘金币的，多付9.584元
    - 5项全部满足，394.616元+9584个淘金币成交

图 7-1

小贴士：这种差别定价技巧也适用线下实体店，以餐饮店为例，如图 7-2 所示，既缓解了各种人情关系的打折尴尬，又让成本、利润可控，好处多多。

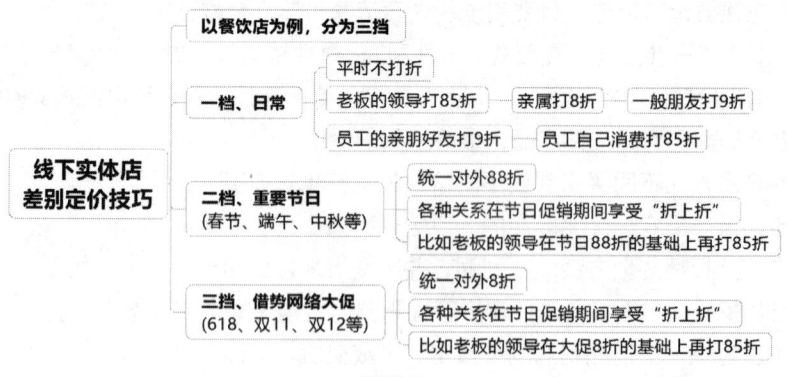

线下实体店差别定价技巧

- 以餐饮店为例，分为三挡
- 一档、日常
  - 平时不打折
  - 老板的领导打85折
  - 亲属打8折
  - 一般朋友打9折
  - 员工的亲朋好友打9折
  - 员工自己消费打85折
- 二档、重要节日（春节、端午、中秋等）
  - 统一对外88折
  - 各种关系在节日促销期间享受"折上折"
  - 比如老板的领导在节日88折的基础上再打85折
- 三挡、借势网络大促（618、双11、双12等）
  - 统一对外8折
  - 各种关系在节日促销期间享受"折上折"
  - 比如老板的领导在大促8折的基础上再打85折

图 7-2

7.1.3 学会产品布局

产品布局,是一项非常重要的产品运营能力,好比军队打仗时的排兵布阵,除了会布局产品生命周期、类目、人群、价格,还需在不同的流量渠道选择不同的产品去争夺买家。

1．生命周期。产品从投入市场到更新换代、退出市场所经历的全过程,称为生命周期。有些产品生命周期长,一年四季可以卖,并且能连续卖几年;而有些产品的生命周期比较短,从上架到下架,只有短短几个月。保持店内产品的上新节奏,这一点别人帮不了。

2．类目。淘宝、天猫的网店,发布产品按类目划分,个别类目属于专营或需特殊资质,比如生鲜食品、图书、成人用品等;多数店铺只经营一个类目,少数店铺会同时销售多类目下的产品,因为一个店铺主营一个类目下的产品,权重会更高。因此,建议先布局主营类目及其产品,再布局店铺矩阵,比如第一个店铺主营女装,类目可细分为连衣裙、牛仔裤、T恤等;第二店铺主营女鞋;第三个店铺主营包包……

为店铺做产品布局,主要目的是获得更广泛的关键词布局,进而从淘宝内获得更多免费搜索流量,比如一个产品可以在标题中布局 15 个引流关键词,该店主营一级类目下布局了 10 个子类目,共 20 款不同的产品,那么,同时就有 15×20=300 个关键词有机会为店铺带来搜索流量。一个词带来一个买家,300 个词带来 300 个买家;若一个词带来 2 个买家,300 个词能带来 600 个买家……并且这些买家都有购买需求,并且是转化率较高的产品精准人群。

如果你店内产品多,上新节奏稳定,标题关键词和类目布局优化得当,懂优化搜索的老卖家,全店半数以上都是这种免费、优质、转化率高的流量!

如果要搜索流量,标题关键词优化是每一个产品都要做的,现在,只需在优化产品标题时,顺带优化一下选品和类目。当然,如果不要搜索流量,不考虑这个技巧就行了。

以淘宝化妆品类目为例,可以全店 30 个产品全部是 BB 霜,也可以 30 个产品分属不同子类目。当然,笔者更推荐后者,将产品布局到不同子类目。类目布局步骤如下:

第一步、确定主营一级类目;化妆品的一级类目为"彩妆/香水/美妆工具"。

第二步、根据一级类目,布局二级类目的产品及其数量。图 7-3 是一级类目 "彩妆/香水/美妆工具"下的部分二级类目,以及二级类目"面部彩妆"下的部分三级类目。

假设全店上架 30 款产品,建议分布在不同的二级类目及其三级类目,甚至四级类目,比如二级类目"彩妆套装（新）"下彩妆套装 2 款；"唇部彩妆"下唇笔/唇线笔、唇彩/唇蜜/唇釉、唇膏/口红各 2 款；"美容工具"下化妆棉、化妆刷、假睫毛、假睫毛工具、双眼皮胶水、上眼皮贴各 2 款；"面部彩妆"下 BB 霜 2 款，粉饼、粉底液/膏、高光、隔离/妆前、蜜粉/散粉、腮红/胭脂、阴影、遮瑕各 1 款。这样的话，30 款产品既可以布局很多标题关键词，提升流量，又可以组合搭配销售，提升客单价。

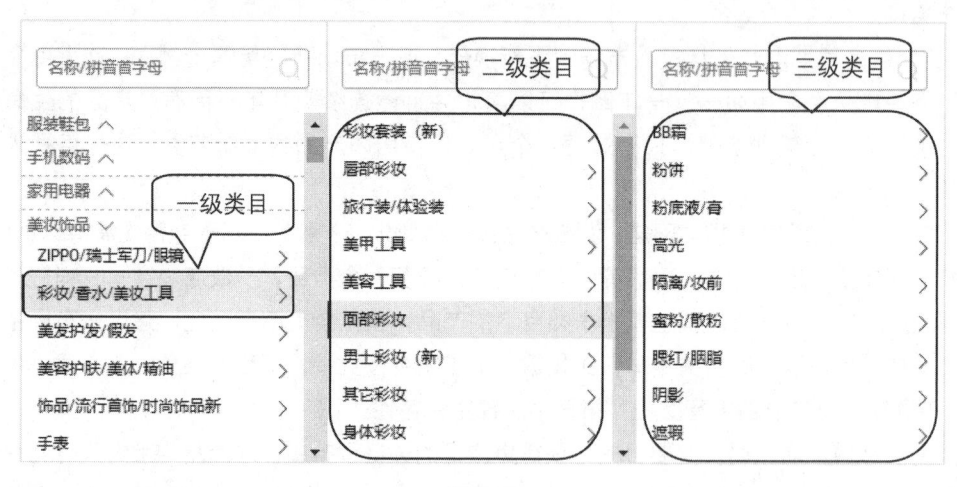

图 7-3

如果 30 款产品全部是 BB 霜，同款产品太多，容易"内耗"。对卖家来说，提炼卖点就很费劲，到底说谁好？主推谁呢？加上一个产品优质的关键词总数有限，若重复使用的词太多，不利于整体布局，因为搜索结果中同一个店铺的产品展示最多不超过 2 款。另外，对买家来讲，同款产品太多，选择困难，最后可能就不选了。

3．人群。有些产品的目标人群跨度很大，可能男女老幼都适合。如果是这种情况，建议先布局全店产品类目，再考虑人群布局。比如卖包包的店铺，如果只卖男款，客户群只有男性；如果增加女款，受众人群相应都会增加，控制好产品数量即可。如果不存在人群性别或年龄的划分，这点则无须考虑。

4．价格。侧重指店内多款产品组成"价格梯队"的比例。

有些店铺，全店 20 款产品，全部是连衣裙，全部折后价为 169 元，从优化运营或买家角度看，都不合理。

建议不同产品，分开发布上架，然后根据其上架至下架的生命周期，设定不同的价格策略。比如新品上新预售 5 折（15 天）、上新现货 6 折（比如前 5 天）、正常销售 5 折（3 个月）、活动促销 4 折（2 天）、清仓甩卖引流 3 折（1 个月）。

当然，这是一个思路，具体折扣请以自家产品的运营策略为准。

5．流量渠道。不同的引流渠道，主推的产品不同，比如前文第 4、5、6 章是三种不同的引流渠道，各自的选品都不同。根据流量渠道选品并推荐，能实现流量的最大化利用。请参考其他章节不同引流渠道的选品方法。

7.1.4 学会提升转化率和客单价

关于转化率

转化率是指客户进行了相应目标行动的访问次数与总访问次数的比率。其分为点击转化率和购买转化率，与流量渠道相关，不同流量渠道影响转化率的因素不同。比如 100 个客户打开"手机淘宝"App 后进入淘抢购的爆款返场界面，有 10 个客户单击了卖家 A 的产品链接，那么卖家 A 的产品点击转化率是 10%，如果最后有 3 个客户下单购买，则该产品的购买转化率是 3%。

在淘内，影响点击转化率的因素包含但不限于：产品主图、活动主图、直通车/智钻的推广创意主图、直播封面图、是否有优质主图短视频、促销图/海报图/活动图、价格、卖点、卖点文案、促销策略、销量、好评率、中差评、DSR 动态评分等。

建议从 6 个方面提升点击转化率：1．提升使用 Photoshop 处理图片的视觉传达能力；2．提升提炼产品卖点文案的能力；3．提升店内促销策划能力；4．科学定价；5．提升产品和店铺的数据表现；6．提升内容（图文、短视频、直播）运营能力。

购买转化率又细分为静默购买转化率和询单购买转化率。

影响静默购买转化率的因素主要是产品的详情描述能否快速建立信任，打消客户的购买疑虑，表现在 5 个方面，如图 7-4 所示。提升方法：基于店铺视觉，打造"攻心"详情页；装修店铺，提升档次。

图 7-4

询单购买转化率是指买家与客服沟通之后的购买转化率。其影响因素在静默购买转化率的所有因素的基础上，还包含客服态度、旺旺响应时间、售后问题的处理态度及时效。

提升方法：1．基于店铺视觉，打造"攻心"详情页，装修店铺；2．熟练掌握"千牛"App的使用方法；3．客服培训；4．非常熟悉交易流程中的各项规则。

关于客单价

客单价是指支付金额/支付买家数，即平均每个支付买家的支付金额。其影响因素包含促销策略、关联推荐、询单推荐等。

提升方法：基于产品布局，制定不同的促销策略，关联推荐产品和询单推荐产品，争取使每个买家每次买得更多。

小结：

上述4点（精准定位；科学定价，实现不同渠道区别定价；产品布局；提升转化率和客单价）是执行"霸屏"操作前提升产品竞争实力的技术。接下来，当着手去执行"霸屏"计划时，不管是免费引流、付费引流，还是全网营销引流，一定是奔着以下4个目的去的：

目的1．让尽量多的人看到。这个也称为"曝光展现"，展现量和展现渠道多多益善。

目的2．让尽量多的人点击你的产品或广告。如果曝光展现量大，没人点击或点击的人少，叫作"光看不买"。100人看到，1人点击，点击率是1%；20人点击，点击率是20%；转化率高低代表的是流量利用率。因此，要极致追求曝光展现量大，并且点击的人也多。也就是说，要想办法提升点击率。

目的3．让点了你的产品或广告的人尽量成交购买。展现100次，50人点击，点击率是50%；20人购买，转化率是20%；没人买，转化率是0。那么，这100次可算作无效展示。所以，既要追求点击率，也要追求转化率，并且转化率越高越好。

目的4．让每一个人尽量多买。假定产品成交价为100元，扣除所有的成本、推广费等，纯利润＞0，有钱赚；纯利润＝0，不亏不赚；纯利润＜0，亏本。想办法提升客单价，使获得纯利润的空间更大。

4个目的环环相扣，背后的逻辑其实是一个公式：销售额 ＝ 流量 × 点击率 × 转化率 × 客单价。这个公式是做乘法，任何一个因素的值偏低，整体销售额都会被拉低；任何一个因素为0，整体结果也是0。只有销售额高了，利润才会相对更高。

把这些讲在前面，是希望你做推广时，店铺或产品已经做好充分准备，将接下来的流量最大化利用。

7.2 免费引流"霸屏"规划与落地执行

推广引流其实就是一个花钱不做事、少花钱多做事、不花钱自己包办的过程。自己办不到的事情,花钱找人办或找工具办。自己做,感觉效率低、速度慢,也可以花钱找人做、找工具做,让效率更高,速度更快。

下面介绍几种"少花钱多做事、不花钱自己包办"的引流方法,分别是:

淘内的三种方法:

方法1:内容运营(图文、短视频、直播),本书第5章已经讲解,不再赘述。

方法2:淘宝内SEO搜索优化。

方法3:淘宝群+拼团+洋淘买家秀。

淘外的两种方法:

方法1:"自有成交闭环型"的引流玩法。

方法2:"需中转型"的引流玩法。

7.2.1 免费的搜索优化(SEO)引流——卖家标配的引流技术

淘宝内搜索优化的逻辑

买家:访问淘宝→利用"搜索框"搜索关键词,查找产品→挑选中意的产品,收藏、加入购物车、下单并购买。

卖家:发布产品→符合条件的,自动进入"产品池",有机会被买家搜索到。

淘宝平台:当买家搜索关键词时,利用技术将产品池中与买家搜索意图匹配的产品展示出来,供其挑选。

这个过程三方参与,卖家负责发布产品,平台负责产品分发展示,买家搜索挑选购买。

由于卖家多、产品多,所以当买家搜索某个关键词时,平台会利用技术结合多项指标,将更优质、更符合买家搜索意图、更有潜力、让买家更满意的产品展示出来,不符合的隐藏,不展示。

身为卖家,做搜索优化的两个核心目的

一是迎合平台展示产品的"指标",让自家产品有机会被展现出来,获得比较好的排名,进而获取最大限度的曝光。

二是尽量让看到你家产品的买家都点击查看，最后购买。

> **小贴士**：1. 在计算机上利用浏览器打开淘宝网，或者在智能手机上打开"手机淘宝"App，搜索任意关键词，在搜索结果中既有淘宝店的产品，又有天猫店的产品，因此本节技巧适用于淘宝卖家、天猫商家。
> 由于天猫网和"手机天猫"App中只有天猫商家，其搜索优化原理与淘宝的类似，不再赘述。
> 2. 如果你不要这块流量，只需在发布产品时，满足基础要求，比如专注淘宝直播的卖家，可以不做搜索优化。但开了直通车、智钻推广的卖家，建议认真优化。

淘宝卖家、天猫商家在发布宝贝时，一个完整的详情描述页包含很多要素，有些影响排名和曝光展现，比如产品标题关键词、类目、属性、上下架时间、店铺品类规划；有些影响点击，比如产品主图、价格、卖点；有些影响转化，比如主图、主图视频、产品规格分类图、详情描述、促销策略等。

那么，我们优化的方向便是：

极致优化影响曝光展现的因素，争取获得更好的排名和最多的展现。

极致优化影响转化的因素，争取被更多的买家点击，从而购买产品。

搜索排名的赛马机制

坑产（坑位产出值的简称）考核，谁的产出值高，给谁最好的排名和最久的停留时间。

赛马机制的核心因素：

1. 产品符合规则、正确归类，最基础的门槛。

2. 标题、类目、属性与买家需求高度匹配，考验卖家的产品定位、关键词布局、人群定位能力。

3. 给你机会展现，你的产品有能力留住流量，流量很珍贵，到你这里，能被最大化利用，别人的转化率为1%，你能做到5%甚至10%。

4. 质价匹配，产品售后评价好，考验卖家的店铺综合服务能力，通过数据判断是否有潜力。

4个核心因素循环检验，每一个环节不过关的产品，淘汰，再也没机会翻身；每一个环节都过关，一路绿灯，越来越好，搜索结果长期霸占优质"豆腐块"（第一页前几排），为产品和店铺带来大量优质买家。

这一切都是免费的，身为卖家，你只需搞清楚影响因素有哪些，然后把每一个影响因素往有助于提升排名的方向做到最好就行了。

【重点】影响搜索排名的因素分为三类

第一类：产品权重因素。

包含但不限于：类目、标题、属性、合理上下架、产品图片（主图）、售前/售中/售后都不违规、产品规格 SKU 不违规、合理科学定价、添加主图视频、优化详情描述、各种使用中的图片不违规且符合规范标准、运费模板设置合理且不违规、全国包邮（打标加权）、有新品标、关联产品数量合理、加入品牌库（自有品牌的话）、加入公益宝贝（打标加权）、赠送退货运费险（打标加权）、开通货到付款（打标加权）、正品保证（打标加权）、开通7+退货（打标加权）、金牌卖家（加权）、破损补寄（加权）、15 天退货（加权）、天猫商家（天生权重比淘宝卖家高）、天猫直达（加权）、7 天/14 天/30 天内付款人数有增长趋势（绝对加权）、产品评价（好中差评、带字评论、带图、带视频评论）等。

第二类：店铺权重因素，如图 7-5 所示。

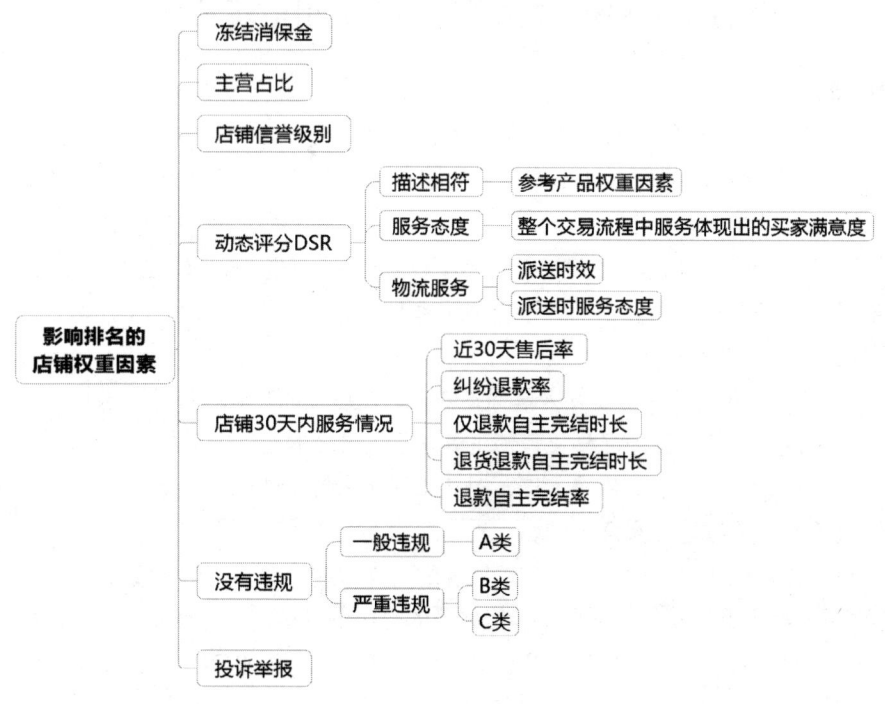

影响排名的店铺权重因素：
- 冻结消保金
- 主营占比
- 店铺信誉级别
- 动态评分DSR
  - 描述相符 — 参考产品权重因素
  - 服务态度 — 整个交易流程中服务体现出的买家满意度
  - 物流服务
    - 派送时效
    - 派送时服务态度
- 店铺30天内服务情况
  - 近30天售后率
  - 纠纷退款率
  - 仅退款自主完结时长
  - 退货退款自主完结时长
  - 退款自主完结率
- 没有违规
  - 一般违规 — A类
  - 严重违规 — B类 / C类
- 投诉举报

图 7-5

第三类：综合服务权重因素。包含但不限于：客服响应时长、客服接待过程中的服务态度、整个交易流程中的买家满意度、售后处理时效。

小结：

1．每一个产品权重积累形成店铺综合权重，多数产品的权重因素都在"卖家中心"设置，只要没有漏洞，就会越做越好！

2．关于新品，从成功发布那一刻起就有的权重，因此，最好是准备好相关优化数据后（比如先制作好主图、主图视频、详情描述图等），再去"卖家中心-宝贝管理-发布宝贝"一次性发布，之后少修改。

3．运营权重需要积累。请牢记：产品能否被展现，"相关性"是绝对指标，只有与搜索需求（即搜索的关键词）匹配、相关，才会被展现。

4．搜索"坑产"的考核周期分为 7 天、14 天、30 天，如果在这几个时间段内，产品的销量都有增长趋势，排名会比较靠前且稳定。

7.2.2 "淘宝群+拼团+洋淘买家秀"的引流玩法

淘宝群

淘宝群是面向卖家的会员及粉丝的实时在线运营阵地。通过淘宝群，卖家可高效触达客户，结合群内丰富的玩法和专享权益，形成客户的高黏性互动和回访，促进进店和转化。

自 2016 年年底上线，截至 2019 年年初，已覆盖 25 万多个卖家，已建立客户关系数 2 亿+，客户月活数 5000 万+，群 7 天二次回访率 55%+。

卖家使用淘宝群的好处：

1．价值客户沉淀：基于 CEM 人群标签圈定，购后也能精准入群；

2．高效触达召回：群内多样化营销工具，手机桌面的召回效果好；

3．客户互动转化：价值用户连接，提高购买转化与黏性；

4．卖家私域流量池工具之一。

5．客户进群渠道多样化：系统自动展现的有支付成功页、订单详情页、物流详情页、直播主播页、淘金币频道；卖家自助装修展示的有店铺首页、产品详情页、微淘等。

6．可以对群内客户（优质老客户、老客户、新客户、潜在客户）进行分层运营。

淘宝群与淘内其他私域产品运营客户的差异：

1．直播和微淘用来拉新客户，淘宝群用来筛选高价值的客户，彼此相辅相成。

2．直播和微淘积累了很多粉丝，"僵尸粉"却占了一半；淘宝群可清理"僵尸粉"，沉

第 7 章 技术"霸屏"（用技术让产品"霸屏"互联网）

淀有价值的粉丝。

3．淘宝群产生的内容，可以为【微淘】服务。

淘宝群的创建门槛和创建入口：

创建群，卖家需具备以下要求：

1．淘宝和天猫正常经营店铺；

2．店铺保持稳定持续经营（近 30 天内支付宝成交笔数≥30 笔）；

3．有一定的内容运营能力（微淘卖家等级≥L1）。

群人数上限：

普通卖家，可拥有 2.5 万人群容量；最高群等级卖家，可拥有 5 万人群容量；长期运营且优质的卖家，最高可拥有 50 万人群容量。

群组与子群：

卖家创建的为群组，群组下有单个子群，群组的相关设置将复制到该群组下的所有子群上，如入群门槛/自动回复/群公告等；

群组：上限 5000 人（可调整，最少为 500 人），群组下为子群。

子群：上限 500 人（不可调整），子群为系统自动生成，当第 1 个子群满员后，系统会自动生成第 2 个子群；子群名称为群组名称+序号。

如群组名称为"萌宠粉丝群"，则子群 1 名称为"萌宠粉丝群 1"，子群 2 名称为"萌宠粉丝群 2"，以此类推。

客户入群门槛：

1．关注店铺：关注店铺才可入群；

2．消费金额：在本店近一年消费一定金额才可入群（含退款），金额卖家自定；

3．指定人群：客户运营平台中的指定人群；

4．密码入群：4 位数字密码。

在建群时设置入群门槛，可随时调整；调整后，不符合新门槛的群成员也将继续留在群内，仅对新加入群的成员生效。

淘宝群的创建入口：千牛卖家中心-自运营中心-淘宝群，群信息填写界面如图 7-6 所示。

淘宝群的管理维护：

创建并拥有淘宝群很简单，后期维护才是重点！建议利用各种工具，设置好玩法，让客户养成每天在固定时间段进群的习惯。

图 7-6

活跃群的专属工具分为三类：

【产品类】

1．限时抢购：卖家可以用来做限量产品抢购、产品促销清仓。

群成员可在活动时间内"享受折扣产品"或"限量好货"，类似"秒杀"玩法，作为群内福利。

2．提前购：帮助卖家做新品预告、潜力爆款的打造。群成员在产品正式上新前可提前购买，作为店铺给群成员回馈的优先购买权益。

3．拼团（非群内专享）："淘宝拼团"是卖家自运营玩法工具，成功创建的拼团可在群内展示。

4．自动化榜单：根据产品不同状态（预上新、上新、热卖产品、售罄补货等信息），帮助卖家自动在群内同步。支持卖家关闭/开启该功能，现已支持卖家编辑文案，不能修改时间。能够减少卖家的运营成本，提升群内产品的有效曝光，快速促进成交转化。

5．大促活动自动同步至群：针对大促活动（比如 618、双 11、双 12 等）报名审核通过的卖家（会场+外围），顶部导航默认展示，消息流卡片支持卖家开启/关闭推送。解放卖家双手，快速同步行业活动利益点（跨店满减、店铺红包、品类券）及报名活动的产品，不仅能提升群内活跃度，同时增强了活动产品的曝光及提高了转化率。

【卡券类】

1．红包喷泉：通过红包利益点，养成客户定时打开群的习惯，促进群内活跃度。客户可通过群内红包喷泉活动，领取店铺现金红包和优惠券，在店内使用。客户领取红包后，促进其在店铺内将产品加入购物车、成交。

2．裂变优惠券：激励粉丝为店铺拉新客户；在大促前积累粉丝成交；打造爆款。店铺券不计入最低价；产品券计入最低价。仅针对群内成员开放，粉丝可将优惠券分享给好友，好友来到店铺页面（不到群内）领取优惠券并浏览店铺产品；分享任务完成后，分享者和好友均获得卖家发放的优惠券（店铺券/产品券）。

3．支付宝红包：客户领取后可提现，卖家和买家均可发放。支持拼手气红包、普通红包。

【互动类】

1．群成员成长体系：帮助卖家持续挖掘 "群内价值客户"，群内客户"购买""入群""发言"等各种行为均会以积分的形式进行统计。根据群内客户等级进行分层，设置不同等级的权益，支持店铺优惠券、现金红包、自定义奖品。促进群内客户购买及互动，帮助卖家持续挖掘有贡献力的群成员。

2．淘金币打卡：由淘宝官方支出淘金币，卖家0支出。凡淘宝、天猫已建群的卖家均可自行开启使用。客户每日进群打卡可领取5个淘金币，浏览打卡页面产品可领取5个淘金币；每个客户每天仅可领取10个淘金币。连续打卡额外奖励：支持卖家自由设置，奖品支持淘金币（卖家自行支出）、店铺优惠券、现金红包。

3．问群友：针对客户"感兴趣"（加入购物车、收藏）的产品，引导群内客户进行互动讨论，若有客户购买过，则会进行问题的分发。卖家可通过"千牛端-商家待办任务"，回答群内客户的问题及删除负面的评论。通过产品的问答，提升群内客户互动，同时借力群内客户口碑传播，提升产品的成交转化。

4．投票：支持文字/图片/产品等类型形式，可增加群内客户的互动氛围，快速了解客户想法，可用于客户调研、新品选品、活动选品等。

小贴士：1．所有活跃群工具的操作步骤、设置细节详见《淘宝群官方白皮书》。
2．淘宝群的玩法、规则会不定期更新调整，建议及时关注！

拼团

拼团是卖家自运营玩法工具，有自运营能力的卖家可零门槛设置拼团玩法，轻松增加订单量。

使用拼团的好处：

好处一：打造爆款，累计销量，新品破零。

好处二：库存产品不再头疼，降价分享快速清仓。

好处三：卖家可将拼团产品发布到淘宝私域（微淘、淘宝群、直播等）阵地推广，也可将拼团产品参与淘宝客推广。

好处四：每周三拼团日活动，使用拼团拉回更多客户的卖家，有机会在公域渠道展现，获取更多流量。

好处五：这是一款供卖家免费使用的拉新工具。

拼团流程说明：

发起拼团后 24 小时内凑满成团人数，卖家才能发货，否则订单不生效，卖家不能发货，如图 7-7 所示。

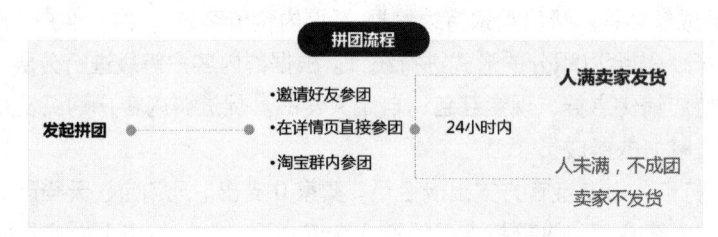

```
                    拼团流程
                                              人满卖家发货
              · 邀请好友参团
  发起拼团  →  · 在详情页直接参团  →  24小时内
              · 淘宝群内参团
                                              人未满，不成团
                                              卖家不发货
```

图 7-7

拼团发布入口：

"卖家中心"-"营销中心"-"拼团"。

温馨提醒：

1．仅针对开通淘宝群并正在使用的卖家，开通淘宝群后 3 天可设置拼团。

2．仅针对部分产品开通。

① 无法参与【拼团】的类目：虚拟类目、自用闲置、保险、二手车、部分本地生活类目、司法拍卖、购物券、景点门票、机票、处方药、俪人购（俪人购专用）、盒马产品、门店 O2O、天猫社区生鲜、阿里健康 B2B 平台、生活娱乐充值、部分农业生产资料（农村淘宝专用）等。

② 无法参与【拼团】的订单类型：带有上门安装、配送服务的订单等。

洋淘买家秀

洋淘买家秀自上线以来，发展了产品洋淘买家秀、店铺洋淘买家秀、互动活动（盖楼、投票、征集）、种草官等多种产品形态，很多卖家已不陌生。而且有不少卖家通过运营洋淘买家秀，既提升了产品的成交转化率，也通过入选洋淘社区获得了可观的公域流量。

现在，做好洋淘买家秀运营，还可以获得"手机淘宝"App 首页的"猜你喜欢"公域频道的流量。也就是说，洋淘买家秀是一个卖家私域流量运营工具，私域运营好了，有机

第 7 章 技术"霸屏"(用技术让产品"霸屏"互联网) 219

会从公域获取更多流量。

优质的洋淘买家秀在"猜你喜欢"的曝光形式有很多种,包括:单条内容流形式,多条内容以聚合话题的形式展现在洋淘买家秀频道中,洋淘买家秀整体的入口展现在评价中心中,以及"猜你喜欢"新增洋淘轻应用入口,如图 7-8 所示。

图 7-8

只要进行洋淘买家秀运营,让店铺产品展现出"洋淘买家秀"模块,并至少有一条内容被官方收录,即有机会在"猜你喜欢"频道曝光。具体要求:

1. 产品详情页展现"洋淘买家秀"模块,其中至少包含 3 条视频买家秀和 1 条图文买家秀。

2. 每款产品下至少有 1 条内容被官方收录,收录越多,曝光机会就越多。

> **重要提醒**:洋淘买家秀的内容全部由买家产出(买家给订单评价时发布的带字、带图、带短视频内容)→卖家后台筛选设置,展示至私域渠道(产品详情页、店铺微淘等)→按照官方收录标准筛选加精,提升加精内容质量,做到每款产品至少有 1 条内容被官方收录,收录越多,在公域渠道(洋葱盒子、种草官、猜你喜欢、行业频道等)曝光机会越多,从公域引流能力越强。

卖家设置入口:

1. 千牛卖家工作台 → 客户运营 → 洋淘买家秀。

2．卖家中心 → 自运营中心 → 洋淘买家秀。

3．阿里·创作平台 → 发微淘 → 洋淘秀（原买家秀）。

洋淘买家秀运营技巧：

1．择优：筛选图片清晰、拍摄真实、产品主体完整、背景整洁的买家秀进行加精，展示到最前面，吸引客户点击。

2．去劣：将图片模糊不清、主体不完整、与产品无关的低质内容从产品买家秀中移除，提升买家秀的整体质量。

3．日常管理：每日及时对新增买家秀内容进行管理，筛选优质内容展示给买家，能让店铺的买家秀处于持续更新状态，提升成交转化。

4．审视与借鉴：以买家的视角查看自己设置的买家秀，看看自己是否愿意浏览和下单，根据自己的感受去调整买家秀的设置。同时也可以浏览同行业别家店铺设置的买家秀，从中学习好的体验，规避不好的体验。

5．跟着平台节奏，增加公域展示机会。比如发布征集活动并积极挂靠官方活动的话题，就可以增加被公域抓取的机会，从而获得更多曝光和引流。

7.2.3 "自有成交闭环型"的引流玩法

"自有成交闭环"是指在一个网络环境里，从产品发布、展示、推广到买家下单付款、发货、售后有一个完整的闭环链路。也就是说，能顺利完成异地交易，没有明显限制或走不通的环节。

淘内典型例子是：淘宝店、天猫店。成功注册一个店铺后，发布宝贝→买家下单付款→发货→售后，是一个完整链路。

淘外，与之类似的有：京东店、拼多多店。布局店群（多个店铺）的企业可以选用。

此外，还有一些比较常用的玩法，比如自建独立网站，其流程为：

注册域名，购买服务器空间，创建网站，发布产品→买家注册该网站成为会员→下单付款（小型网站的支付方式多数都用支付宝、微信、财付通、网银等）→发货→售后。

现在比较多的教育类、提供一件代发类的企业采用这种"自建独立网站形成交易闭环"的形式为客户提供服务。

在淘宝、天猫、京东、拼多多等大型平台上开店的好处是流程完善、技术成熟、平台的技术维护无须考虑，缺点是必须遵守平台的规则和玩法，稍有不慎，可能被处罚、封店、清退。而自建独立网站相当于自己建立平台，最大的好处是自己制定规则，自己定价，别人无权干预，主动权在自己手上。当然，任意正常运行的独立网站，需在我国"工业和信息化部"备案，遵守国家相关法律法规。

在 PC 互联网时代，创建独立网站的玩法更多时候与搜索优化引流相结合。比如卖茶叶的卖家，创建一个独立的茶叶网站，利用百度搜索优化技术，让网站有一个很好的排名，客户通过百度搜索找到其茶叶网站，直接在网站下单并付款，网站管理员通过后台订单为客户发货，完成交易。

有能力的人，可以创建 10 个、20 个，甚至更多类似的茶叶网站，使用相同的引流技术卖茶叶；或者创建多个网站，卖不同的产品。这就是"站群"玩法。

"站群"玩法与"店群"玩法类似，区别是前者自己创建网站，后者依附于其他大型平台网站。共同点是"自有成交闭环"。这种玩法，目前依旧有很多人做。

到了现在的移动互联网时代，客户上网的终端发生了改变，网站建设的技术随之更新迭代，"站群"玩法也有更新，一般是一个网站两个版本，一版适用 PC 端，另一版适用手机端。

此外，手机端还诞生了一些基于社交属性的新玩法，比如微信公众号、微信小程序、支付宝小程序等。其原理是基于微信或支付宝，创建一个微网站，然后客户在这个微网站上直接使用微信或支付宝付款，也属于"自有成交闭环型"。

不管是"站群"玩法，还是"公众号、小程序"玩法，其实是为产品找了一个推广"载体"，难点一是创建这个"载体"（网站），难点二是为"载体网站"引流。如果你是外行，难点一很好解决，花点小钱找专业创建网站的人做即可；难点二可以用"7.4.2 腾讯/百度/今日头条流量池的引流玩法"解决。

淘宝、天猫只是千万个网站中的两个网站，在互联网里，给产品做推广的技术和方法有很多，多数人缺少的不是技术，缺少的是利用现成的技术为自己服务。

7.2.4 "需中转型"的引流玩法

"需中转"是指在一个网络环境里，四要素"产品→推广载体（产品详情页、网店、网页、网站等）→引流渠道→成交"无法自动流转形成交易闭环，需"绕一个弯"才能实现。

比如：在淘宝创建了店铺，发布产品，生成了产品详情介绍页链接，到抖音引流时，无法直接添加产品详情页链接，抖音的粉丝无法购买。解决方法有两种：一种是，先给淘宝店铺开通淘宝客推广，再将产品的淘宝客推广链接添加到抖音橱窗，抖音的粉丝就可以购买；另一种是，先把抖音里的粉丝全部添加到微信，再用微信私聊，通过淘口令将产品链接发给粉丝。

"需中转型"的引流玩法多发生在淘外的引流场景，流程为：先确定成交的"根据地"（即买家付款的地方）→再确定引流渠道→最后确定中转的形式。

当前主流的三种玩法如下：

第一种：成交"根据地"在淘宝、天猫店铺，引流渠道为淘外内容（图文、短视频、直播）运营阵地、广告联盟等，将粉丝导流到淘宝、天猫店铺成交（多是淘宝客推广）；或者先将粉丝导流到微信，再从微信导流到淘宝、天猫店铺成交。

举例：小王在淘宝开了一家宠物用品店，他在抖音、微视、快手、火山、好看等短视频平台分别注册了账户，上传了很多宠物日常短视频，在各个平台分别累积了很多粉丝，现在，他希望将粉丝引导至自己网店，使其购买宠物用品。

做法1．先为自己的淘宝店开通淘宝客推广，再把淘宝客链接发布到支持添加的平台，比如抖音、快手，粉丝通过淘宝客链接到店购买。

做法2．有些平台暂不支持淘宝客链接，也不能直接发产品或店铺链接，小王就留下自己的微信号，在粉丝添加后，再引导其至网店成交。

第二种：成交"根据地"在微信，引流渠道为淘外内容运营阵地、广告联盟等，将粉丝导流到微信成交。

举例：小刘在线下开了一家卖玉器的实体店，她在多个直播平台分别注册了账户，每天分时段在不同平台直播介绍店内的玉器，让看直播的粉丝直接添加自己的微信，再用微信私聊，通过快递将产品寄给粉丝。

这种方式成为非常多线下实体店卖家的实力走货玩法，模式"轻"，线下门店就是现成的直播间，有货、懂货、有场地、有导购经验，其他的不需要懂太多，只要开通线上的直播间，每天定时开播，让粉丝添加微信号，有订单后发出快递即可。

另外，有一些网络主播也把这种玩法作为粉丝变现的方式，他们已经有了粉丝，根据粉丝的性质和需求挑选产品，再引导粉丝到微信成交，很多主播已经轻松月入上万元。

第三种、成交"根据地"在自有平台，比如网站、公众号、小程序等，通过各类引流渠道，将客户引导到自家平台成交；或者先引导到微信/微信公众号，再进一步引导到自家平台成交。

举例：小红所在的公司主要销售汽车用品，她们公司选了一款补漆产品在微信上推广销售，具体做法：

第一步，制作一个重点介绍补漆产品的微网站（网页中留了小红的微信号）；

第二步，利用腾讯广告投放广告到微信朋友圈；

第三步，客户看到后直接在微网站里下单购买，小红根据后台订单，陆续发货。有疑问的客户没直接购买，而是添加了小红的微信，私聊后确定购买的，再发送链接，然后下单、付款、发货。

小结：

卖家各自的资源、优势不同，具体选用的方法也不同，适合的便是最好的。关键是把每一种玩法的核心摸透。具体执行时，所需的技术都很好解决。

7.3　淘内，付费引流"霸屏"规划与落地执行

推广引流，如果少花钱或者不花钱，又没有团队，完全靠自己做，难免时间、精力有限，最终难成规模或覆盖不了太大的范围，若条件允许，花点钱利用技术或工具帮自己办事，效率会更高。

下面介绍 5 种淘内的付费引流玩法：淘宝客、直通车、智钻、品销宝和超级推荐。它们都是阿里妈妈旗下的营销推广工具，属于淘内日常买流量的玩法。

技术"霸屏"的原理：

卖家，如何实现同一个产品同时在上万个地方"摆摊"，被更多潜在买家看到？

互联网上有非常多的独立网站，其提供了数以亿计的广告位，阿里巴巴旗下的阿里妈妈提供技术和平台，帮助卖家实现数字媒体（计算机端+手机端+多媒体终端）的一站式传播，其逻辑关系如图 7-9 所示。身为卖家，选用适合的推广工具，就可以实现同一个产品同时在数以万计的网站广告位出现。

重要提醒： 这些技术只负责将产品信息传达到买家面前，至于买家看到后点不点开看、买不买，是买家自己的事情！因此，前文讲的 4 个技巧切记看懂，并提前优化，"流量、点击率、转化率、客单价" 4 要素一个都不能少。

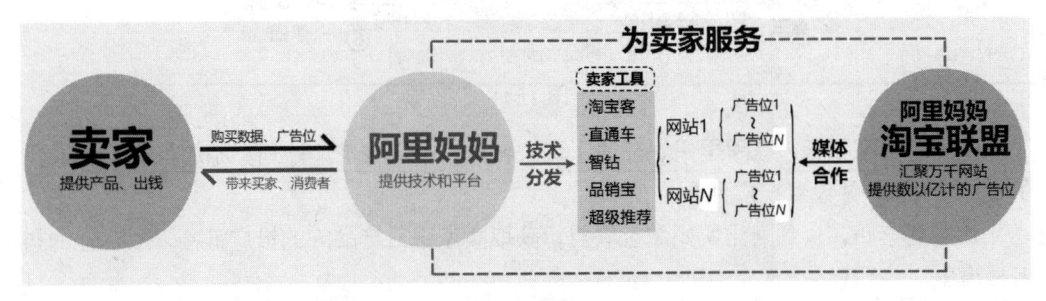

图 7-9

7.3.1 按成交付费的"淘宝客推广"引流

开篇：如何玩"淘宝客"推广

第一步：熟悉卖家使用淘宝客推广的规则，看自家店铺、产品是否符合要求，能不能用这个工具。能用，继续第二步；不能用，看具体原因是什么，要么满足条件再来；要么更换店铺、产品再来；要么放弃这个渠道。

第二步：开通淘宝客推广账号，快速熟悉后台，快速了解有哪些功能。

第三步：制定推广战略。是守株待兔？（后台设置好佣金，坐等被推广）还是主动出击？（除了设置佣金坐等被推广，还可以主动寻找优秀淘宝客，一对一私下联系，确定推广方案。）

第四步：根据战略深度执行。寻找尽量多的优秀淘宝客，按计划高效执行。

快速了解淘宝客，卖家开通门槛

淘宝客是阿里妈妈大数据营销平台的推广工具之一，按成交计费（Cost Per Sales，简称 CPS），没有完成交易或交易产生退款都不扣费。在这个模式中涉及 4 类角色：阿里妈妈淘宝联盟、卖家、淘宝客（帮卖家推广产品获取佣金的人）、买家，他们之间的关系如图 7-10 所示。

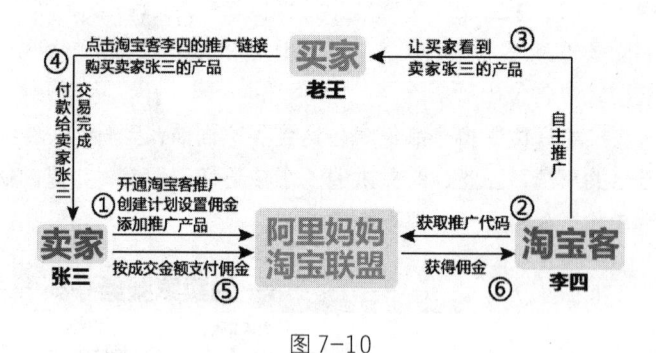

图 7-10

例如：卖家张三，在阿里妈妈开通了淘宝客推广，创建推广计划，添加售价为 168 元的推广产品 A，并设置推广佣金为 10%。

淘宝客李四，来到阿里妈妈淘宝联盟，获取卖家张三产品 A 的推广链接，放在他的抖音橱窗里。

淘宝客李四的粉丝老王，看到产品 A，觉得不错，实际付款 168 元成功购买。

淘宝联盟，从卖家张三的支付宝中自动划扣实际成交价 168 元的 10%（即 16.8 元）

第 7 章 技术"霸屏"（用技术让产品"霸屏"互联网）

到淘宝客李四的支付宝账户。至此，整个交易闭环中四个角色的分工完成。

从这个例子可以看出，阿里妈妈的淘宝联盟平台是中间方，通过技术保障卖家与淘宝客之间的利益关系，并且为卖家推广产品、提升销量拓展了更多的流量渠道。

卖家准入条件

即哪些人、哪些产品可以使用淘宝客工具进行推广引流。

1．须符合通用准入条件和特殊准入条件。

包含但不限于：店铺状态正常；账户状态正常；近 30 天内成交金额大于 0 元；淘宝店铺掌柜信用≥300 分，天猫店铺无此要求；淘宝店铺近 365 天内未存在修改产品（如类目、品牌、型号、价格等）的重要属性而使其成为另外一种产品继续出售并被淘宝处罚的记录，天猫店铺无此要求；店铺账户实际控制人的其他阿里巴巴平台账户（以淘宝排查认定为准），未被阿里巴巴处以特定严重违规行为的处罚，未发生过严重危害交易安全的情形；店铺综合排名良好……

2．须符合特殊类目准入规范。

3．不在"不得推广类目"之列。

4．食品行业的产品：只对天猫商家或符合《淘宝网食品行业标准》的卖家的产品进行推广。

5．不得推广全球购官网直购产品。

> **小贴士**：卖家准入的相关细则和条款太多，篇幅有限，详见本节配套素材文件夹内的：
> 《淘宝客商家用户准入规范》.docx
> 《淘宝客推广软件产品服务使用规范之卖家篇》特殊类目准入.docx
> 《淘宝客推广软件产品服务使用规范之卖家篇》不得推广类目.docx

卖家开通淘宝客推广并创建计划的步骤

第一步、启动浏览器，输入并打开阿里妈妈淘宝联盟商家中心网址，使用卖家账号登录，单击"进入商家后台"按钮。

第二步、账户信息补全，阅读《阿里妈妈服务协议》《淘宝客推广软件产品使用许可协议》，单击"同意协议并注册"按钮。

第三步、开通"支付宝账户付款"服务，输入支付宝账户、支付密码、验证码，单击"同意协议并提交"按钮，完成开通。

第四步、设置"通用计划"的类目佣金（1.5%~50%）。

通用计划是淘宝客推广中最基础的计划，可以让淘宝客帮助你推广全店所有产品。佣金 = 成交价 x 佣金率。

第五步、在"计划管理"界面，按需设置产品的"营销计划"和全店的"通用计划""自选计划""定向计划"，如图 7-11 所示。

> **作业**：请登录淘宝客推广的商家中心后台，熟悉操作界面。

图 7-11

> **重要提醒**：1. 卖家成功开通并加入淘宝客推广后，默认全店所有产品参加推广，如果产品佣金高于类目佣金，按产品佣金结算。
> 2. 如果不想推广了，可以退出淘宝客。根据推广规则，买家在你退出推广前（包括当天）点击的推广链接，并且自点击推广链接起 15 天内拍下的订单，成交后均按你设置的佣金比率计算佣金。退出后次日及以后点击的推广链接，将不计算佣金。
> 同时，退出后的 15 日内不能再申请参加推广，也会被有参加淘宝客推广要求的招商平台（如极有家平台等）或营销活动清退。

淘宝客推广如何玩，才能引爆流量

很多卖家使用淘宝客推广，都会遇到一个相同的问题：进店 UV 少，点击量小，付款笔数少。换句话说，就是推广效果不好，有推广预算，却花不出去。

想解决这个问题，需搞清楚淘宝客推广的本质：店铺所在类目、主推产品、推广佣金（特别是主推产品佣金）决定推广效果。很简单的道理：类目和产品的目标受众人群基数大，给的推广费高，自然会有很多淘客愿意帮你推广；反之，没人推，效果肯定不好。所以，

第 7 章 技术"霸屏"(用技术让产品"霸屏"互联网)

这个问题又绕回到我们前文讲的：选品、定位、科学定价。

明白了推广的本质，引爆流量会是一件轻松的事情。有以下两种玩法：

第一种：守株待兔。即坐等被推广，设置好推广计划、类目佣金、产品佣金后，等待系统或淘宝客推广即可，每天到后台看看数据。

淘宝客推广的模式（按成交付费）注定了淘宝客选择推广的产品时非常看中两点：要么产品好卖，要么佣金高，如果二者兼具，被推成爆款的概率也会很高。

产品好卖的影响因素：类目（比如服装、化妆品类目的人群基数大，可推广的渠道很多）、已有销量、好中差评、带字/图/短视频评论数（评价直接代表产品质量，产品质量不行，谁也帮不了你）、DSR 评分、产品详情页的视觉表现、店铺装修的视觉表现、店内的促销策略等。

站在帮你推广的淘宝客的角度，会很好理解这些因素：他们希望每一次推广的转化率都高，因为成交了，才拿得到佣金，要让流量被有效利用，选择的产品必须有一定的转化能力，即使佣金低一些也可以接受。说白了，淘宝客就是推销员，帮你卖产品，你的产品有没有潜力？卖完能不能拿到钱？能拿多少钱？这才是关键。

系统自动推广也是看店铺类目、产品、佣金比例，相同的类目、产品，谁的佣金高、谁的转化能力好，会加大推广力度，给其更多曝光渠道。也就是竞争、赛马，然后分配资源。

因此，建议选择主推的产品，一定要有优势，最好有一些基础销量、评价、评论等数据。

第二种：主动出击，除了设置佣金，坐等被推广，还要主动寻找优秀的淘宝客，报名参加各类活动，增加推广产品的曝光渠道和曝光量。报名入口在联盟商家中心的"活动"界面，如图 7-12 所示。

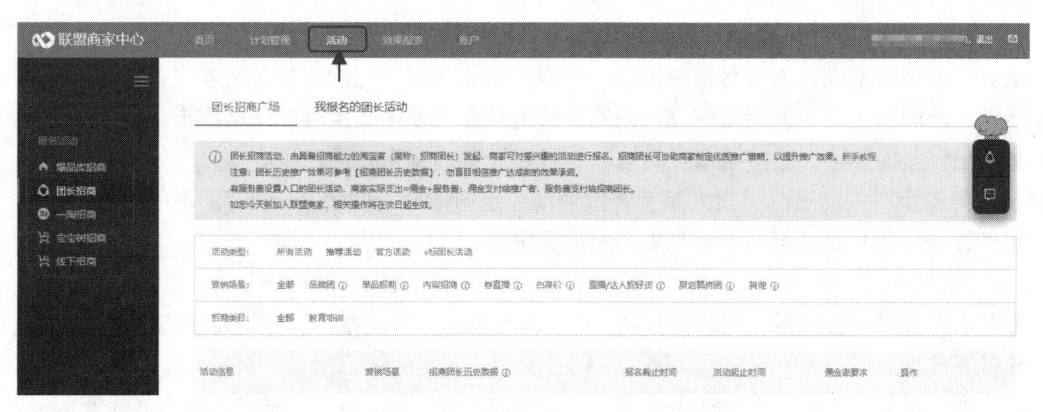

图 7-12

> **重要提醒**：招商团长就是大淘宝客，这些人手上有非常多的推广资源，多收集与类目相关的淘宝客的联系方式，添加旺旺主动联系。只要淘宝客的推广渠道与店铺的类目、产品匹配，做成爆款很容易。

利用淘宝客推广打造爆款的步骤

准备阶段：

第一步、确保自己的店铺、产品、所在类目等符合淘宝客推广规则，能使用淘宝客推广工具。

第二步、深度分析店内产品结构，找出店内性价比极佳的产品，然后重点推广。

第三步、优化主推产品，步骤如图 7-13 所示。

第四步、充分解决货源问题。产品质量不能掉链子。

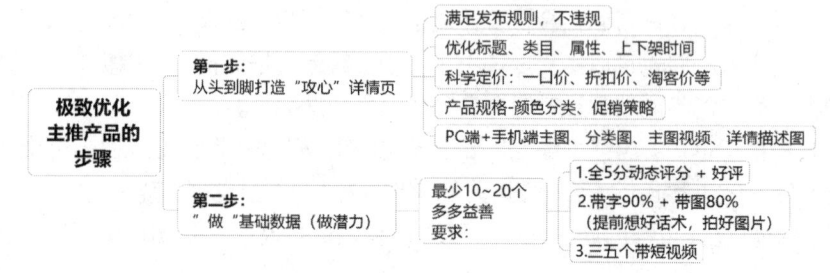

```
                                    ┌─ 满足发布规则，不违规
                                    ├─ 优化标题、类目、属性、上下架时间
                  第一步：           ├─ 科学定价：一口价、折扣价、淘客价等
              从头到脚打造"攻心"详情页 ├─ 产品规格-颜色分类、促销策略
极致优化                              └─ PC端+手机端主图、分类图、主图视频、详情描述图
主推产品的
  步骤                                              ┌─ 1.全5分动态评分 + 好评
                  第二步：          最少10~20个     ├─ 2.带字90% + 带图80%
              "做"基础数据（做潜力）  多多益善         │   （提前想好话术，拍好图片）
                                    要求：          └─ 3.三五个带短视频
```

图 7-13

打造爆款阶段实操，目标 1000 单

第一阶段、目标 0~100 单。能不能卖爆，关键看这个阶段。怎么才能卖爆？主动找大淘宝客，利用他们的资源主推产品。做好以下两步：

第一步：在阿里妈妈淘宝联盟商家中心后台单独建立一个计划，设置产品佣金 30%以上。目的为保本或者适当亏损冲销量。考验你选品、科学定价、控制成本、备货、物流等店铺运营能力。因为佣金比例高，先守株待兔，会有很多淘宝客主动帮你推广，但不知道具体是哪些淘宝客，想持续爆发的话，不可控；需继续完成第二步。

第二步：主动出击，找大淘宝客做活动或定向推广，佣金高于 30%。不能只找一个，越多越好，此时要使用你平时收集的淘宝客资源。

完成第一阶段的目标（0~100 单）最好有时效，最佳时间是 7~14 天，不要等太久，否则后面的时间会拉得太长。比如找 10 个淘宝客同一时间推广，平均每个淘宝客卖出 10 单就完成计划了。

第二阶段、目标 101~300 单。完成第一阶段的任务后，同一个推广计划适当降低佣金，或关闭计划，新开一个，设置 20%以上的佣金（20%是进入内容运营产品推广池的基础门槛，比如抖音、快手的主播达人可以帮你推广）。目的：适当盈利 10% 左右。

第三阶段、目标 301~500 单。继续降低佣金，目的：提升盈利至 20%。

第四阶段、目标 501~1000 单。之前的积累逐渐爆发，修改推广计划，进入日常淘宝客推广，佣金为 5%~10%。此阶段，盈利为主。"羊群效应"的初期数据已经有了，后续会越来越好卖。

划重点：

1．有条件的，第一阶段战略性亏损，直接上 500~1000 件。按个人实力决定。有些竞争激烈的类目，销量几万、十几万件的产品，初期定的目标一般都是上千件。

2．淘宝客都是正常交易和面向真实买家的，在不断出单的过程中，一定要注重整店运营：一方面做好客服接待、询单转化，提升店内其他产品的销量；另一方面注重提升服务能力，时刻维护售后数据，如退款、退货、纠纷、动态评分、好评、评论等。要使好的越好，不能顾头不顾尾。

3．最好一开始就设置好多个推广计划，在不同时间节点启用。

4．在做淘宝客推广过程中，其他的运营手段可以同步进行，比如活动运营、搜索优化、直通车、钻展、店内促销等，淘宝客推广积累的数据可以辅助自然搜索排名提升，可以帮助直通车、钻展带来更好转化。一荣俱荣！

5．每个店铺的时间情况不同，按需调整每个阶段的目标，第一阶段最难，只要运转起来了，后面会越来越轻松。理解并执行到位，就等着旺旺被"爆灯"吧，甚至发货到手软！

7.3.2 按点击付费的"直通车推广"引流

说在前面

1．虽然直通车只是买流量的工具，但操作这个工具，需要理解能力，如果你是"笨鸟"，不想开直通车（简称"开车"）后亏得太惨（有新闻报道：一位天猫运营人员开车花了 20 万元才转化了 3 单，结果被老板打到住院），可以花钱请人开车，要么不断学习，提升开车水平！

2．直通车靠"养"，一旦决定开车，就要做好长期投入广告费的心理准备！断断续续地时开、时不开，不利于数据积累和爆发。

淘宝直通车简介

淘宝直通车是一种搜索推广工具，它通过买家搜索的关键词自动匹配产品，时刻精确定位适合的买家人群，让产品最精准地展现给想买的人看。

淘宝、天猫拥有上亿个买家浏览的热门展位，如图 7-14 所示。参加直通车推广可以让你的产品出现在"手机淘宝"App、淘宝网、"手机天猫"App（仅展现天猫商家）、天猫网（仅展现天猫商家）搜索页的显眼位置，以优先的排序获得买家关注，给你带来大量的

230 人人都会网店运营：淘宝天猫网店运营一本通

精准流量！此外，直通车还提供了多种形式的营销产品，如店铺推广、定向推广等，帮助卖家获得最大限度的买家关注。

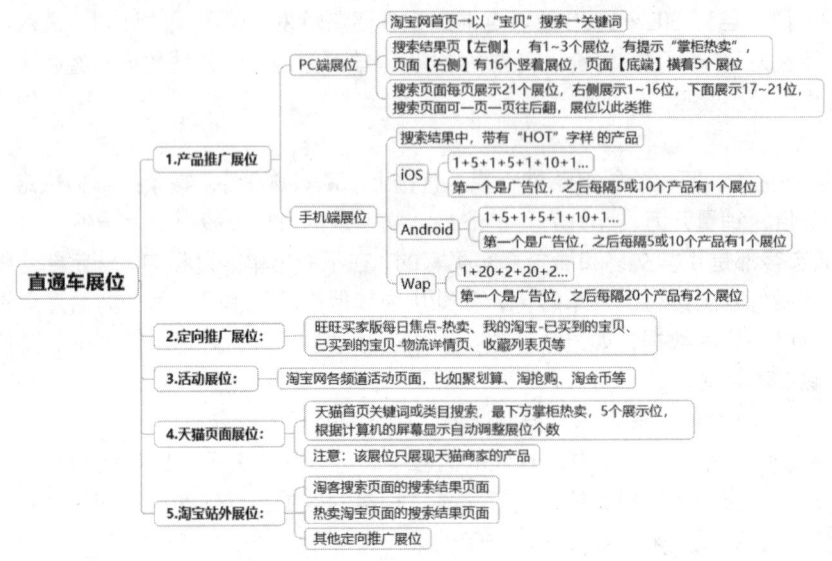

```
直通车展位
├── 1.产品推广展位
│   ├── PC端展位
│   │   ├── 淘宝网首页→以"宝贝"搜索→关键词
│   │   ├── 搜索结果页【左侧】，有1~3个展位，有提示"掌柜热卖"，页面【右侧】有16个竖着展位，页面【底端】横看5个展位
│   │   └── 搜索页面每页展示21个展位，右侧展示1~16位，下面展示17~21位，搜索页面可一页一页往后翻，展位以此类推
│   └── 手机端展位
│       ├── 搜索结果中，带有"HOT"字样 的产品
│       ├── iOS：1+5+1+5+1+10+1…  第一个是广告位，之后每隔5或10个产品有1个展位
│       ├── Android：1+5+1+5+1+10+1…  第一个是广告位，之后每隔5或10个产品有1个展位
│       └── Wap：1+20+2+20+2…  第一个是广告位，之后每隔20个产品有2个展位
├── 2.定向推广展位：旺旺买家版每日焦点-热卖、我的淘宝-已买到的宝贝、已买到的宝贝-物流详情页、收藏列表页等
├── 3.活动展位：淘宝网各频道活动页面，比如聚划算、淘抢购、淘金币等
├── 4.天猫页面展位：
│   ├── 天猫首页关键词或类目搜索，最下方掌柜热卖，5个展示位，根据计算机的屏幕显示自动调整展位个数
│   └── 注意：该展位只展现天猫商家的产品
└── 5.淘宝站外展位：
    ├── 淘客搜索页面的搜索结果页面
    ├── 热卖淘宝页面的搜索结果页面
    └── 其他定向推广展位
```

图 7-14

直通车展位上的展现是完全免费的，只有当买家点击你的产品，才需支付费用，系统会智能过滤无效点击。简单来说，直通车推广是按点击付费的营销工具，卖家可以自由控制推广预算、自由出价，其广告投放平台和渠道如图 7-15 所示。

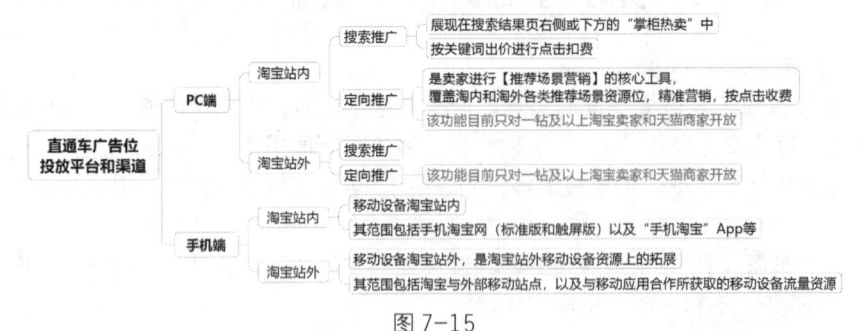

```
直通车广告位投放平台和渠道
├── PC端
│   ├── 淘宝站内
│   │   ├── 搜索推广：展现在搜索结果页右侧或下方的"掌柜热卖"中，按关键词出价进行点击扣费
│   │   └── 定向推广：是卖家进行【推荐场景营销】的核心工具，覆盖淘内和淘外各类推荐场景资源位，精准营销，按点击收费  该功能目前只对一钻以上淘宝卖家和天猫商家开放
│   └── 淘宝站外
│       ├── 搜索推广
│       └── 定向推广：该功能目前只对一钻以上淘宝卖家和天猫商家开放
└── 手机端
    ├── 淘宝站内：移动设备淘宝站内  其范围包括手机淘宝网（标准版和触屏版）以及"手机淘宝"App等
    └── 淘宝站外：移动设备淘宝站外，是淘宝站外移动设备资源上的拓展  其范围包括淘宝与外部移动站点，以及与移动应用合作所获取的移动设备流量资源
```

图 7-15

卖家使用直通车推广的准入条件

加入直通车对于店铺星级和动态评分没有特殊要求，除非你与阿里妈妈另有书面约定，只要符合以下条件即可加入，包括但不限于：

1．店铺状态正常（店铺可正常访问）；

2．账户状态正常（店铺账户可正常使用）；

第 7 章 技术"霸屏"(用技术让产品"霸屏"互联网)

3．淘宝店铺的开通时间不低于 24 小时；
4．近 30 天内成交金额大于 0；
5．产品类目在允许推广的范围内；
6．店铺综合排名靠前，店铺如有违规扣分还需满足额外条件。

> **小贴士**：使用直通车推广，卖家准入的相关细则和条款太多，本书篇幅有限，详见本节配套素材文件夹内的：
> 《淘宝直通车服务使用规范》.docx
> 《产品推广类目准入明细》.docx

直通车后台入口及使用步骤

入口 1：启动浏览器，进入"卖家中心"，依次单击"营销中心-我要推广-淘宝/天猫直通车"。

入口 2：启动浏览器，直接输入直通车网址并打开直通车首页，使用卖家账号登录。

使用步骤：

1．为账户充值。第一次，最低充值 500 元；续充每次不低于 200 元。可以手动充值，也可以自动充值。充值界面如图 7-16 所示。

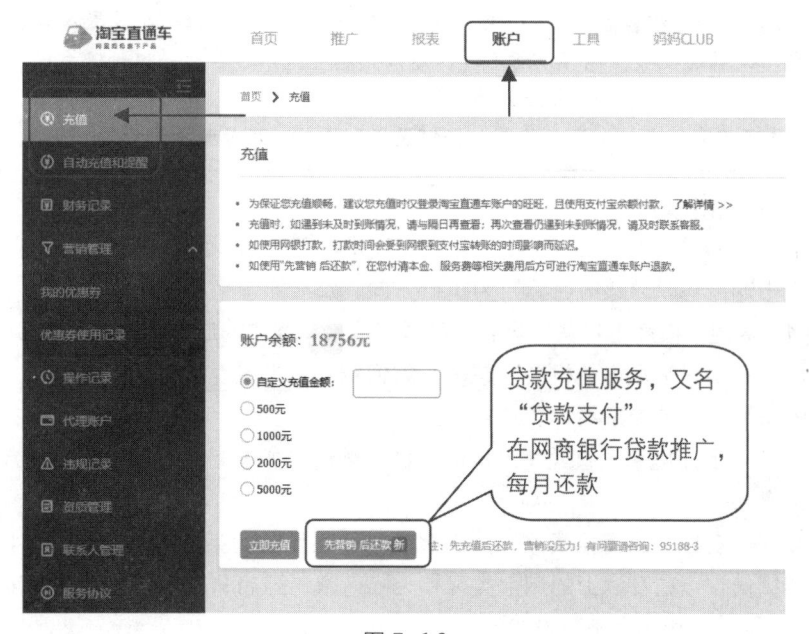

图 7-16

2. 明确推广目的（日常销售、产品测评、活动场景、新品场景等），选择计划组，新建推广计划，添加推广产品，设置入口如图 7-17 所示。

图 7-17

3. 根据推广数据，及时修改、调整各项参数，使推广效果最佳。

> **作业（重要，一定要去做）**：到直通车后台，把每一种功能、每一个设置入口摸透，否则下文教的技巧，你可能看不懂。建议熟悉直通车后台后，把新建推广计划的流程走一遍，再学习下文的优化技巧。
> 新手可以先不充值，没充值前，任何设置和修改对账号都没影响。

直通车的优化技巧

使用直通车推广的核心目标：1．尽量少花推广费；2．尽量被更多人看到；3．尽量被更多人点击购买。以"核心目标"为执行方向，那么问题来了：

问题 1：直通车按点击付费，既然是花钱买流量，推广的产品就要被尽量多的人看到，因为看到的人越多，被点击的机会才越多。如何增加曝光展现量呢？（展现量：推广产品在淘宝直通车展位上被买家看到的次数。）

解决方法：上面提到了直通车的推广平台和渠道，如果增加投放渠道，曝光展现的机会也会相应增加：

店铺信誉一钻以下的淘宝卖家，开启 PC 端+手机端的淘宝站内（搜索推广）和淘宝站外投放；店铺信誉一钻及以上的淘宝卖家和天猫商家，开启 PC 端+手机端的淘宝站内（搜索推广+定向推广）和淘宝站外投放。

问题 2：曝光展现多了，但没人点击展位上的产品或点击量低，因为购买入口在产品

第 7 章　技术"霸屏"（用技术让产品"霸屏"互联网）

详情页内，没人点进去看，就不可能被购买，即使有展现，也是无效展现。如何提高展位上推广产品的点击率呢？

解决方法：第一步、让自己的推广产品尽量排到搜索结果第一页的展位上，能第一时间被买家看到。

直通车展位的排名逻辑：综合排名=出价+质量分；出价（基于每一个关键词）分为计算机（PC端）出价和手机（手机端）出价；质量分与创意质量（推广创意近期的关键词动态点击反馈，含推广产品的创意标题、创意主图）、相关性（关键词与产品类目、属性及文本等信息的相符程度）、买家体验（根据买家在店铺的购买体验和账户近期的关键词推广效果给出的动态得分）。

提升排名，从两方面做起：一方面提高关键词出价，直通车扣费公式，单次点击扣费=（下一名出价 x 下一名的质量分）/你的质量分+0.01；另一方面提高每一个关键词的质量分（筛选优质关键词=搜索人气高+与产品相关性高+竞争低+转化率高的词；确定产品的精准人群；提高推广产品的创意）。

第二步、买家看到后，想尽办法让他们点击。在搜索结果这个竞争环境中，能与自然搜索免费展位竞争的三个核心因素为：主图、价格（折扣价）、销量（30天内的付款人数）。想方设法提升这三个核心因素，就能提升点击率。

划重点：直通车这个推广工具，只负责把推广的产品带到目标人群面前，至于买家买不买，它不管，要卖家自己解决。所以，直通车推广玩的其实是"点击率"，含创意点击率（创意点击率高，说明你的相关性好、买家体验好，进而关键词质量分会越高）、人群点击率（指产品精准人群的点击率，精准人群点击占比越高，关键词越容易拿到10分）、定向推广点击率（该功能目前只对一钻及以上淘宝卖家和天猫商家开放）。只有点击了，平台才能收到钱；只有点击了，你推广的产品才有可能卖出去。

问题3：点击次数越多，花钱越多，如何降低点击花费呢？

解决方法：提升关键词的质量分。

直通车的优化逻辑是：点击率影响关键词的质量分→关键词质量分影响扣费和排名→关键词的质量分越高，点击花费（ppc）会持续下降。也就是说，提高点击率，可以提高质量分，进而提高排名，降低花费。问题2中已经给出了提高质量分的做法，即筛选优质关键词（搜索人气高+与产品相关性高+竞争低+转化率高的词，直通车后台筛选关键词）、确定产品的精准人群（直通车后台操作）、提高推广产品的创意（在直通车后台开启"智能标题"；使用Photoshop软件制作创意主图）。

重要经验：直通车推广是长期+日常要做的事，你如果打算付费开车，要做好长期投入费用的准备，通过数据积累和不断做日常优化，才能长期保持高的关键词质量分。另外，稳定开车，数据表现好，系统会认为你的水平高，会开放更多优质资源位给你；停开、断断续续地开,只能归零重来。"车手"圈流行的"养分""养词"由此而来。

另外,要注意被推广的产品有生命周期,推广计划需根据产品变化时刻调整。因此,一旦开车推广,要每天关注后台数据,及时优化调整。

问题 4:展位上的产品,只要有人点击了,就会扣费;如果点击了推广产品的人都不买或者买得少,那你做推广的钱就白花了。所以,一定要想尽办法提升购买转化率。如何提升购买转化率呢?

解决方法:一是推广的目标人群要精准;目标人群对了,不需花心思说服他们,就能自动成交;二是提高产品自身的转化能力,从头到脚打造"攻心"详情页,"做"基础数据(销量、评论等)。关于定位和优化产品,在搜索优化和淘宝客推广里已经讲过了,道理一样。

小结:

既然是付费推广,肯定追求投入产出比。直通车投入产出比 ROI(Retrun On Investment):是指获得收益和投入成本的比值,ROI = 获得收益/投入成本。

对于直通车,其投入产出比不能只看最后成交了多少单(当然成交转化率是比较重要的考核维度),还要看收藏量、加入购物车件数,毕竟这两项背后都是潜在购买人群。另外,从前文讲的搜索优化的核心因素看,直通车开好了,会触发搜索引擎,使被推广的产品更加迎合搜索排名的影响因素,进而获得更多免费的搜索流量。这也是为什么要建议:做搜索优化的卖家同时开直通车;开了直通车的卖家也要重点优化搜索排名。

当然,直通车推广的根本一定离不开产品,好"车手"可以让好产品卖得更好;产品"烂",即使是"车神"也无能为力,归根结底还是看产品质量。因此,建议不要把店内所有的产品都拿去推广(资金多的卖家除外;全店产品总数少的除外;已经重点优化店铺产品布局的除外),选择有潜力的、应季的、有竞争优势的产品,效果更好。

"选品→定位→推广"这个顺序,本书讲了很多遍,差之毫厘,谬以千里。

7.3.3 按点击和展现付费的"智钻推广"引流

智钻简介

智钻也是阿里妈妈的营销工具之一,由原来的"钻石展位"升级而来。当前推广类型分为四种:

展示广告:以图片展示为基础,精准定向为核心,面向全网精准流量实时竞价的展示推广平台。展示位置包含淘宝、天猫、微博、网易、优酷、土豆等几十家淘内和淘外优质媒体的上百个大流量优质展位。支持图片、Flash 等动态创意文件,支持使用钻石展位提供的创意模板制作;支持按展示付费(cpm)和按点击付费(cpc);投放方式为选择资源位,

第 7 章 技术"霸屏"（用技术让产品"霸屏"互联网）

设定定向人群，竞价投放，价高者得之。

移动广告：是指通过移动设备（手机等）访问 App 或网页时显示的广告。其突破了电视、报纸等传统广告的覆盖范围，在受众人数上有了很大超越。并且移动广告可以根据用户的属性和访问环境，将广告直接推送至用户的手机上，传播更加精准。在网络视频节目（电视剧、综艺等）播放前后插播视频贴片，时长15秒以内；除钻展常规定向，还可支持视频主题定向，筛选热门动漫、影视、演员相关视频节目，精准投放。可以自主上传视频，也可在创意实验室中制作视频贴片。

视频广告：是指智钻为获取高端流量打造的品牌宣传类商业产品。广告主可以通过视频广告，在视频播放开始或结束时展现品牌宣传类视频。其具有曝光环境一流、广告展现力一流等优势；配合钻石展位提供的视频主题定向，能够获取更精准的视频流量。主要展现在国内主流视频网站，如PPS、爱奇艺、优酷等大型视频媒体。广告主要展现在视频开始前 15 秒进行播放，在视频播放或暂停时浮出广告。其以视频格式进行广告内容的展示，展现形式更新颖。其针对视频网站提供视频主题定向，根据目前热播剧集的名称、主题进行定向。视频支持 flv、MPEG 等主流视频格式。

明星店铺：是智钻的增值营销服务，按千次展现计费，仅向部分钻石展位卖家开放。开通明星店铺服务之后，你可以对推广信息设置关键词和出价，当有买家在淘宝的搜索框中输入特定关键词时，你的推广信息将有机会在搜索结果页上方的位置获得展现，进行品牌曝光的同时赢得转化。展示位置在淘宝 PC 端、"手机淘宝" App 以及 UC 浏览器的神马搜索结果页面最上方位置。当搜索关键字触达投放广告的关键词时，可在搜索结果页最上方位置得到展示，确保获得流量的准确性。官方提供了多样式创意模板，PC 端模板和手机端模板独立，模板由图片和多条文案构成，满足各类买家的需求；按 CPM 收费（即按千次展现的方式进行收费）。

卖家使用智钻推广的准入条件

除非与阿里妈妈另有书面约定，参加钻石展位的卖家必须遵守《钻石展位广告服务使用规范》，推广的产品需符合"主营类目"要求，包括但不限于：

淘宝卖家：（1）卖家店铺信用等级一钻及以上；（2）店铺每项 DSR 在 4.4 及以上。天猫商家、飞猪商家、飞猪国际商家：店铺每项 DSR 在 4.4 及以上。

> **小贴士**：使用智钻推广，多数类目仅支持天猫商家，相关细则和条款太多，本书篇幅有限，详见本节配套素材文件夹内的：
> 《智钻广告服务使用规范》.docx
> 《智钻店铺类目准入详细列表》.docx

《智钻全店推广服务功能使用规范"总则》.docx
《智钻产品类目准入详细列表》.docx
《智钻产品推广服务功能使用规范》.docx
《智钻内容推广类目准入详细列表》.docx
《禁止推广违法公序良俗的内容-解读》.docx

智钻推广的入口及使用步骤

入口1：启动浏览器，进入"卖家中心"，依次单击"营销中心-我要推广-钻石展位"。

入口2：启动浏览器，直接输入其网址并打开直通车首页，使用卖家账号登录即可。

> **作业**：先看各种准入条件，如果店铺类型、类目、产品不符合条件的话，放弃这个推广渠道；如果符合条件的话，使用卖家账号登录后台，然后熟悉各种功能和设置入口。

使用步骤，如图7-18所示。落地页，即流量承接页，可以是产品详情页、自定义页、活动页或者店铺首页（较少用，转化效果不好）。

智钻的展示广告推广说简单点，就是一图一链接，制作一个创意图，上传并推广，买家看到创意图并单击，进入卖家设置的落地页。

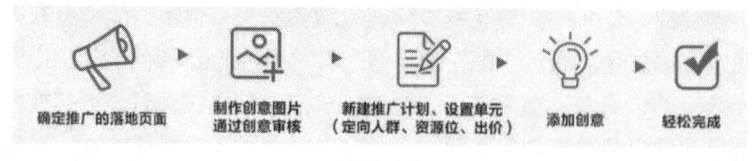

确定推广的落地页面 ▶ 制作创意图片通过创意审核 ▶ 新建推广计划、设置单元（定向人群、资源位、出价）▶ 添加创意 ▶ 轻松完成

图7-18

新手使用智钻推广的技巧

场景1：新手小白。

步骤详解：

第一步、确定推广的落地页，选择需要推广的资源位。

第二步、根据资源位尺寸，制作创意图，通过审核。如没通过审核，请及时查看原因，修改后再次提交审核。

第三步、创建全店日常销售计划，选择"系统托管计划"。

场景2：新店，现有人群不多，想通过钻展为店铺拉新。

步骤详解：

第一步、确定推广的落地页，选择需要推广的资源位。

第 7 章 技术"霸屏"（用技术让产品"霸屏"互联网）

第二步、根据资源位尺寸，制作创意图，通过审核。如果没通过审核，请及时查看原因，修改后再次提交审核。

第三步、创建全店自定义计划，选择"CPC 计划"，将"定向推荐"设置为"系统智能推荐"。

第四步、创建全店自定义计划，选择"CPM 计划"，将"定向推荐"设置为"智能定向+访客定向"。

场景 3：想通过钻展维护店铺现有粉丝，防止被竞争对手抢走。

步骤详解：

1．确定推广的落地页，选择需要推广的资源位。

2．根据资源位尺寸，制作创意图，通过审核。如果没通过审核，请及时查看原因，修改后再次提交审核。

3．创建全店自定义计划，选择"CPM 计划"，将"定向人群"设置为"访客定向、营销场景定向、智能定向"。

> **小贴士**：三种场景的详细图文设置步骤，详见本节配套素材文件夹内的：
> 《场景 1：新手小白三步学会钻展推广设置》.docx
> 《场景 2：新店，现有人群不多，想通过钻展为店铺拉新》.docx
> 《场景 3：想通过钻展维护店铺现有用户，防止被竞争对手抢走》.docx

重要运营经验

在智钻的 4 种广告类型中，卖家选用"展示广告"推广的最多，而展示广告的基础是图片，你想表达的信息全部在图片上，比如图 7-19 中淘宝网首页的广告展示案例。另外，最关键的是按展示或按点击付费，比如展现了 1000 次，不管受众人群是否点击，都会扣费；不管是否购买，只要点击了，也会扣费。因此，使用智钻推广，其根本是极致追求点击率；而点击率的根本是 Banner 创意图。创意图的设计制作多使用 Photoshop 软件。

推荐五种提高点击率的创意图设计方法：

1．通用构图法：左文右图或左图右文；

2．尽量放美女、帅哥素材（切勿违法，露头像的图片要取得版权）；

3．数字拆分或数字精确（比如"耐用 360 天，平均每天花费 1 毛钱"）；

4．突出细节，放大质感；

5．强调低价促销（比如"不好喝不要钱，支持免费试饮 1 支"）。

238 人人都会网店运营：淘宝天猫网店运营一本通

> **小贴士**：本书侧重运营，没讲修图技术，请翻阅学习笔者另外两本内容互补的书《Photoshop 淘宝天猫网店美工一本通：宝贝+装修+活动图片处理》《淘宝天猫网店美工一本通：Photoshop+Dreamweaver+短视频》或者添加笔者微信（QQ同号：1743647955）学习视频教程。

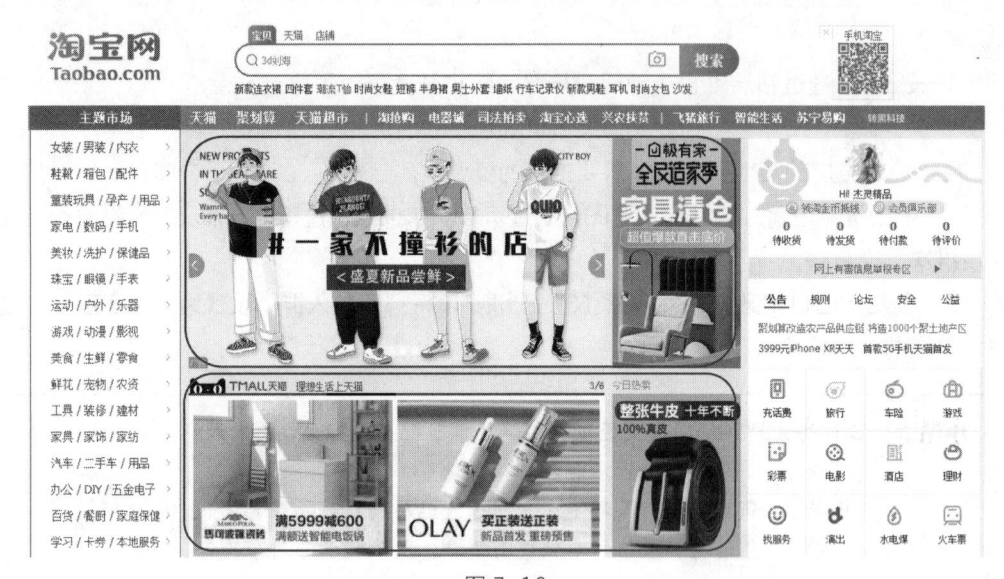

图 7-19

7.3.4 品牌卖家专属的"品销宝推广"引流和"鸿雀"数据运营

品销宝简介

品销宝是一款致力于提高品牌影响力的产品，以优质的位置和官方的保证提升品牌调性。

使用品销宝推广的好处：

位置好：淘宝、"手机淘宝"App、UC 浏览器搜索结果首屏 XXL 号展示广告位。

调性好：有官方保证和规范，能有效避开同行、"A 货"的恶性竞争（只允许正版推广）。

数据好：平均点击率高达 30%以上。

卖家使用品销宝推广的准入门槛

暂不对淘宝卖家开放；

天猫商家和飞猪商家（除明星产品）准入条件包括但不限于：

1．店铺主营类目在支持投放的主营类目范围内；
2．成为旗舰店或专卖店的天猫商家（淘宝卖家暂不开放）；
3．店铺每项 DSR 在 4.4 以上；
4．店铺如因违反《淘宝规则》中相关规定而被处罚扣分的，还需符合额外条件；
5．未因违规被终止过品销宝服务；
6．在使用阿里妈妈其他营销产品或天猫服务时未因违规而被暂停或终止服务。

> **小贴士**：店铺违规被处罚扣分的具体情形和主营类目准入范围，详见本节配套素材文件夹内的：
> 《品销宝用户准入基本要求》.docx
> 《品销宝服务店铺主营类目准入详细列表》.docx

品销宝的推广类型
1．品牌专区：具有更高知名度的品牌才能投放。
2．明星店铺：是品销宝的基础营销服务，按千次展现计费，对全部品销宝用户开放。通过设置品牌流量包、出价系数以及制作推广创意图，即可完成整个推广操作。当买家在淘宝网、"手机淘宝" App、UC 浏览器的搜索框中输入特定品牌关键词时，只要出价为第一名，即可在搜索结果页最上方的位置获得展现。

快速学会品销宝推广玩法
1．出价和展现逻辑：
明星店铺的关键词有最低的起拍价，起拍价会根据当前市场价格进行定期调整（主要参考直通车搜索），卖家可以勾选词包并进行出价系数的设置，最终展现出价系数设置更高的店铺。
2．扣费逻辑：
店铺的关键词的出价=关键词的起拍价×出价系数，如发生竞价情况，可设置出价系数以获得第一优先展现，如果有多个店铺共同购买同一个词包时，扣费=下一名出价+0.1元。如无店铺共同购买同一个词包，则按照底价进行扣费。
3．人群定向逻辑：
由上所述，人群必须为品牌认知消费群体。因此店铺在使用"明星店铺"推广时，必须有品牌资质，该品牌会同步作为品销宝明星店铺可投放的品牌词（搜索关键词）。
同时根据店铺所拥有的品牌，系统会自动获取近期有搜索量且属于店铺主营子类目的词，并通过类目包装后成为类目流量包。而无类目属性的打包称为纯品牌词包，搜索结果相关性也会纳入配词考量，以确保达到最好的效果。词分类主要根据在搜索下最终成交额最高的产品的类目进行分配。

4．品销宝入口：启动浏览器，直接输入品销宝网址并打开品销宝首页，使用天猫商家账号登录即可。

5．新手操作步骤：新建计划，设置推广单元，添加创意，查看报表。

品牌注意事项

1．店铺品牌需符合一定的"品牌知名度"才能成功授权。

"品牌知名度"是指买家在淘宝、天猫上对该店铺的认知和关注度，淘宝将参考品牌词是否为自有注册商标、是否涉及他人商标、商标类别与主营类目一致性、品牌词搜索量、搜索进店率（搜索进店率=搜索且进入店铺的人数/搜索人数×100%）、店铺访问量及其他相关因素综合判断。淘宝有权随时视情况修正对用户"品牌知名度"的认定。

2．新登录品销宝的店铺需要3~5天左右才能完成品牌授权。

品牌授权完成后，系统会自动扩展出品牌认知人群包（不需要申请品牌扩展词），并按照买家购买意向进行分类，方便你针对不同人群投放创意图片。

3．航旅店铺（去啊）与集市店铺的品牌需要接受审核授权。

通过"后台-账户-资质"，按步骤添加品牌资质。主要提供品牌方的身份认证以及品牌方的商标注册资质以及授权证明。

鸿雀简介

鸿雀是阿里巴巴旗下品牌商运营平台，其利用大数据赋能品牌商，可以实现：

1．品牌形象分析

基于阿里巴巴旗下产品的评价数据，分析买家在各行业的关注点和品牌表现情况，为卖家提供定期的本品+竞品监测数据，用以评估品牌的健康度、定位品牌优劣势、发现品类潜在改善机会。

2．热点分析

基于消费行为数据，挖掘各行业的热点属性，为卖家确定当前需求旺盛但供应尚且不足的蓝海细分市场，为卖家在新品开发、营销计划执行方面提供参考，让品牌商紧跟行业潮流。

3．首付购分析

基于消费行为数据，对品牌下产品进行新顾客的吸引力和对老顾客的黏性判断，同时还有新顾客来源和老顾客去向的分析，让卖家全面了解旗下产品，为产品的更新换代、营销重点、CRM管理提供完整数据支持。

4．消费路径分析

基于产品和消费行为数据，分析买家跨品类购物习惯，深入剖析品类关系、品牌与品牌关系，为品牌商的广告投放、跨品类多品牌联合营销以及精准圈定营销对象提供支持。

5．价格分析

基于阿里巴巴旗下产品的交易数据，量化评估各行业主要品牌的量价关系，让卖家了解该类目的价格分布以及不同品牌的价格弹性，为产品定价、价格促销等决策提供有力支持。

6．品类细分

基于阿里巴巴旗下产品的交易数据，依据产品的重点决策属性，细分各类目的子市场，让卖家充分了解细分市场规模、增速、竞争情况等信息，以便合理布局和规划品牌发展方向。

7．一站式品牌管理

实现阿里巴巴全域的品牌形象统一化管理（Logo、品牌故事等），还能管理营销信息素材，同步到猫客、"手机淘宝"App等场景中，以及了解品牌在阿里巴巴平台的整体销售情况。

8．高效的场景管理

品牌方以最高优先级的权益参与标准化产品管理；分渠道监测产品基础的数据；将产品的场景信息分发到淘宝、天猫的多个场景中进行展现（猜你喜欢、手淘标签等）。

> **小贴士**：品牌商入驻鸿雀的步骤以及相关操作步骤，详见本节配套素材文件夹内的：
> 《鸿雀–品牌商运营平台操作指南》.pdf

7.3.5　全新的推广引流工具"超级推荐"

直通车的流量是搜索即展示，买家通过搜索关键词后再展示出产品；智钻是人群定向展示；超级推荐属于推荐流量，根据买家的搜索习惯进行产品推荐，这也是目前买家的购物习惯发生变化的结果。

自"手机淘宝"App首页改版之后，淘宝从"搜索时代"进入"推荐时代"，店铺的流量来自架构中，来自"手机淘宝"App首页及其他的推荐位置流量，远远超过店铺的搜索流量，所以超级推荐承接的就是这部分的流量。

随着推荐场景的崛起，阿里妈妈全新的产品"超级推荐"应运而生，实现从"人找货"被动营销到"货找人"主动营销的转变。"超级推荐"是在"手机淘宝"App首页"猜你喜欢（发现好物）"等推荐场景中穿插原生形式信息的推广产品。

超级推荐的功能意义

1．流量新高地，海量优质资源，覆盖超过 7 亿个用户，迎合买家"逛"的需求，引爆在推荐场景中的流量。

2．场景全覆盖，全面覆盖"手机淘宝"App 核心推荐渠道"猜你喜欢（发现好物）""微淘""直播广场""有好货"。主动出击，锁定潜在买家。

3．创意更多元，支持产品、图文、短视频、直播间、淘积木等多种创意形式，让你以更丰富的形式，向买家展示产品。

4．数据技术驱动，基于阿里巴巴大数据推荐算法，结合全新定向体系，从店铺、产品、内容、粉丝等多个维度，帮助你精准找到潜在买家。

卖家使用超级推荐的入口

启动浏览器，直接输入超级推荐网址并打开超级推荐首页，使用卖家账号登录即可。

准入条件与相关资质明细太多，详见本节配套素材文件夹内的：

《超级推荐服务使用规范》.docx

《图文推广和直播推广功能使用规范》.docx

《产品推广服务功能使用规范》.docx

> **小贴士：** 卖家不得在未获得相应资质或授权的情况下，在推广信息中使用任何侵犯或可能侵犯他人合法权益的内容。常见资质类型如下：
> 1. 商标注册证/营业执照/授权书；
> 2. 食品（酒类）生产许可证、医疗器械/保健品广告审查表、化妆品特殊功效检测报告；
> 3. 卡通形象、明星代言、媒体合作、荣誉证书（专利）；
> 4. 产品销量、店铺排名；
> 5. 自发式公益活动（非淘宝官方）。
>
> 资质规则详见本节配套素材文件夹内的《推广信息资质管理》.docx。

卖家使用超级推荐创建推广计划的步骤

以"产品推广"为例：

1．使用卖家账号登录超级推荐的卖家后台。

2．依次单击"计划"－"新建推广计划"按钮，新开界面如图 7-20 所示。继续依次单击"产品推广"－"新品推广"－"新建推广计划"按钮。

3．根据页面提示设置"营销参数"和填写"基本信息"。

4．设置推广单元，完成创建。

第 7 章 技术"霸屏"（用技术让产品"霸屏"互联网）

图 7-20

常见问题解答

问题 1：超级推荐按什么扣费呢？

答：目前产品推广以及图文推广仅支持点击付费（cpc），直播推广支持点击付费（cpc）和展现付费（cpm）两种扣费方式。

问题 2：创建超级推荐计划时，应该如何选择人群呢？

答：对于人群的选择需要根据自己的需求去判断，首先要明确使用超级推荐的目的是什么？是拉新顾客，还是维护老顾客，还是同行竞争。

1．智能定向是系统根据产品自身特性进行精准匹配目标人群，所以这部分人群精准度是比较高的，建议进行开启。

2．拉新定向，店铺和产品对于竞争同类产品以及同行店铺流量有着非常大的作用，可以自主设置关键词，可以自行确定想要投放的关键词人群，所以这部分流量，对于拉新以及同行竞争都有非常大的帮助。

3．重定向可以确定在店铺有过浏览、加入购物车、收藏、购买等行为的人群，人群精准度较高，对于老顾客的维护有很好的帮助。

4．达摩盘可以自主进行标签的不同组合，然后进行确定目标人群，这部分人群的确定难度也是较大的，需要精准确定符合产品定位的人群，不建议新手随意开启。

问题 3：达摩盘平台精选人群是什么？有必要确定这部分人群吗？

答：达摩盘平台精选人群是达摩盘平台进行推荐的个性化人群包，主要来源是店铺的主营类目行为人群以及在历年活动节点上的类目中有过购买行为数据的人群。

这部分人群的确定要看推荐人群的精准度,看其是否符合产品的类目属性,如果符合,可以先用稍低出价进行测试。

问题 4:资源位溢价是什么意思?如何设置?

答:资源位溢价的意思是针对特定的投放位置,在人群出价的基础上进行相应程度的溢价投放。

例如:针对 A 人群的出价是 1 元,设定"手机淘宝-淘好物活动"资源位溢价 20%,那么在这个资源位上,针对 A 人群的实际出价为 1.2 元,在此资源位也就会获得更多的机会进行展示。

一般在设置资源位溢价的时候可以普遍溢价 20%~30%,然后观察几天数据,看一下哪个资源位的数据产出比较好一些,可以针对数据较好的资源位提高溢价,也可以针对数据较差的资源位降低溢价。

问题 5:没通过超级推荐计划的创意审核是什么原因?

答:首先要判断上传的创意图片是否符合尺寸、格式等要求;其次,类目是否在资质要求上不符合标准,比如品牌的资质、行业的认证资质;图片是否出现恶俗广告、极限用语、负面营销、丑陋不雅、诱骗点击、肖像侵权等问题。最后,建议你规范使用创意图片,共建绿色购物平台。

问题 6:超级推荐的推广和直通车定向推广以及钻石展位产品推广是不是很多功能是重复的?如果同步推广会不会有冲突?

答:超级推荐是在直通车定向推广以及智钻的产品推广功能的基础上进行整合升级而成的,所有功能有部分是重合的。

目前智钻的产品推广以及直通车的定向推广功能还没有完全转移到超级推荐,所以同步推广不会产生冲突。请持续关注后台更新,如有变动,官方会第一时间通知。

7.4 淘外,全网营销,"霸屏"规划与落地执行

没有谁能成为全行业老大

在 2017 年 6 月发布并于同年 10 月 1 日正式实施的《国民经济行业分类》中,共有 20 个门类、97 个大类、473 个中类、1380 个小类。每一个行业的细分领域容易出老大,但是,一定没有谁的业务能涉及所有行业,并且成为全行业的老大。

上节讲了阿里妈妈旗下 5 大营销工具(淘宝客、直通车、智钻、品销宝、超级推荐)

的玩法，你可能觉得已经很厉害了，然而，它们并不是全部，此外，还有更广阔的营销场景。

互联网营销与流量分发

互联网营销，说到极简便是用户在哪，我们的营销就指向哪。比如，越来越多的人使用手机看电视剧，我们就应该去在手机上能看电视剧的地方打广告；短视频越来越火，去占用网民最多时间的短视频应用上打广告是明智决定；明星八卦主要在微博上，想俘获明星粉丝的心，要去微博上打广告；大多数的人都在用微信，让广告出现在微信里，可以获得更多关注……

对电商卖家来说，手上有产品，急需借助互联网各渠道的流量将产品变现。本书前文多是借助阿里巴巴的流量分发技术将产品变现，并且多数是在阿里巴巴的流量池里。实际上，除了阿里巴巴，还有很多颇具规模的"流量池"，这些地方，依旧可以利用技术，实现产品在更多渠道"霸屏"引流。

接下来，就带大家了解并学会这些渠道的引流玩法。

7.4.1 新浪微博流量池的引流玩法

新浪是门户网站中第一家提供微博服务的网站，如果没有特别说明，在本书中，微博就是指新浪微博。本节我们将介绍新浪微博的玩法。

读懂"微博"

"微博"是指一种基于用户关系通过关注机制分享简短实时信息的广播式的社交媒体或网络平台，用户可以通过计算机、手机等多种终端接入，以文字、图片、视频、直播等多媒体形式，实现信息的即时分享、传播互动。

微博基于公开平台架构，使用户能够公开实时发表内容，通过裂变式传播，让用户与他人互动并与世界紧密相连。

可以在微博上发声的行业包括但不限于：医疗服务类、食品饮料类、家电产品、消费电子类、交通类、通信服务类、金融服务类、教育类、服饰类、网络服务类、文娱休闲类、零售及电商、服务行业类、房产家装类、奢侈品类、媒体、公益、制造业、机构、传统行业、餐饮行业、旅游、商务服务、体育、工业及办公、日化类、母婴儿童等。

截至本书完成时，微博活跃用户超过4亿，覆盖60个垂直兴趣领域，如民生、教育、文娱、体育、评论、医疗、法治、交通、政务、商业、经济、突发、身边事等，就像其Slogan（口号）说的一样，"随时随地发现新鲜事"。

阿里巴巴是新浪微博的第二大股东，基于社交的电商变现，不管是技术上，还是信息传播上，都越来越容易操作。淘宝卖家、天猫商家利用微博推广产品或店铺有天然优势，链接可以直接跳转，缩短用户的下单路径，降低流失率。此外，还可以利用微博积累、沉淀粉丝，通过长期输出内容持续触达和转化，从而降低营销成本。

思考"我要利用微博干什么？达到什么目的？"

政务机构、媒体机构、明星、商家精英、媒体精英、政府官员、作家，利用微博提升公众影响力。

医疗、育儿、IT互联网、电台、财经、教育、法律、美妆、艺术、设计、房产家装、汽车、交通、职业招聘、婚庆等各行业专家，利用微博宣传企业、产品、服务，提升知名度的同时，提升产品的销量。

各路自媒体达人们，利用微博"种草、拔草"。

电商企业、卖家利用微博推广网店、积累粉丝、做产品转化。

……

微博有着巨大的流量和人气，当你想在这个平台做点事的时候，只要方法得当，就能做成。现在，你想利用微博干什么？

站在营销人的角度深度理解微博的营销工具

外行看热闹，内行看门道。

微博内容的流转关系：

微博账号→输出内容（微博、相册、视频、抽奖、头条文章、产品、问答、新鲜事、直播、签到、点评、红包、话题、超话等）→吸引粉丝→粉丝们点赞/关注/转发/评论→扩大覆盖面→更大范围内的点赞/关注/转发/评论。

站在营销人角度：一方面可以长期输出内容，不断吸引粉丝，进而扩大账号影响力；另一方面也可以借助微博官方的营销工具，吸引大众目光。当把手里的广告预算找地方投放时，摸清平台支持的广告类型和营销工具非常有必要。

微博广告产品分为以下4类：

搜索类：含热门搜索包、热门搜索榜、搜索推广、搜索彩蛋；曝光类：开机报头，全天9轮通投+2轮区域，支持4种素材类型，支持3种互动形式，可以对不同区域定向精准投放；信息流类：超级粉丝通、品牌速递；视频类：微博故事。

微博营销工具有27种，分别是开机报头、品牌速递、超级粉丝通、热门搜索包、微博热搜榜、搜索推广、品牌热推、搜索热点包、U微计划、粉丝头条、原生评论、全话题套装、热点生态话题套装、明星V代言、热点视窗、热搜话题、品牌植入、搜索彩蛋、超级品牌速递、WAX平台、微博故事、视频后推荐、视频角标贴片橱窗、粉丝红包、下拉刷新、发现页浮层、发现页ICON。每一种工具的说明书详见本节配套素材文件夹内。

第 7 章 技术"霸屏"(用技术让产品"霸屏"互联网) 247

看营销过来人都是怎么做的

对微博有了初步了解后,很多新手具体去做时,却依旧脑袋空空,要么是没有任何运营经验,要么是之前做过,但效果不理想。此时,急需参考和借鉴大量优秀案例,看别人是怎么做的。微博官方已经整理出了非常多的案例,如图 7-21 所示。你只需花点时间认真学习,然后取长补短,应用到自家运营上。

图 7-21

动手执行,利用微博达到目的

运营流程:

注册微博账号→定期输出有价值的内容→吸引粉丝→粉丝变现。

注册账号很简单,难的是接下来的日常运营,下面分享一些小技巧:

1. 定位、取名、认证。

定位:专注某个领域和专业形象更容易吸引和留位粉丝,也能利用后期专业内容进行长期输出。

取名:可以是公司名、品牌名、个人名,也可以是昵称、虚拟人物名等,原则是朗朗上口,容易辨识、记忆,能与账号定位的领域挂钩更好。

认证:第一时间加 V 认证,能防止别人冒充,影响声誉,同时可以让账号更具有权威性,从而具备一定的公信力。

2. 每一条微博,控制在 140 字以内。140 字以上信息会被折叠,如果用户比较懒,自然也就不会去点击"阅读原文"。因此,能长话短说就不要絮絮叨叨说一堆;真有很多话说,可以使用"头条文章"功能,还能申请自媒体认证。

3．内容是微博的基础与核心。无论到哪个平台引流，好内容是第一位。内容的表现形式有很多，每一种形式都有不同的效果。文字、图片、视频看起来直观，"头条文章"的传播性较好，抽奖、问答、投票和话题类能提高粉丝参与度。

4．发博时间与频次：没有统一标准，不同目的的微博运营，需各自测试。很多官微、明星、大V，长时间不更新内容，也不影响粉丝对其的关注度。在影响力还不是很大、粉丝黏性不强的时候，可以在粉丝及公众的碎片时间发布，比如早高峰期间、中午午休、下午茶以及下班晚高峰时段，还有就是晚饭后的21点到0点。

5．"微博会员"能开通就开通，它的意义和认证相同，微博会给认证的用户及会员多增加一些流量推送的机会。

6．利用热门话题、热搜榜引流量。没话题、经常发"硬广"，掉粉是肯定的。如何持续输出内容显得尤为重要，找微博热搜榜，利用其热度，随着话题的关注度上升，流量自然大，微博浏览量也多。只要坚持不懈、深耕细作就能获得精准用户关注。

7．建立互推圈和账号矩阵。微博运营也算是新媒体运营的一种，而做新媒体运营，通常都需要搭建账号矩阵，单个账号运作起来难度较大、时间长。

策略：核心微博账号→微博其他账号协助运营（少则三五个，多则几十上百个）→其他自媒体平台核心账号协助运营（比如微信、抖音等）。

另外，建立互推圈，大号之间相互抱团，互相做营销，相互帮助。

8．必要的时候，恰当选用营销工具，做付费推广。

舆情监测

舆情是"舆论情况"的简称，是指在一定的社会空间内，围绕中介性社会事项的发生、发展和变化，作为主体的民众对作为客体的社会管理者、企业、个人及其他各类组织及其政治、社会、道德等方面的取向产生和持有的社会态度。它是较多群众关于社会中各种现象、问题所表达的信念、态度、意见和情绪等表现的总和。

自媒体的迅猛发展，导致互联网上产生的一些不实或者不起眼的信息可能会在不经意间被迅速扩大，企业如果发现不及时或处理不当，极易发酵成舆情危机。

舆情危机的危害不仅会使公众对该企业品牌信任度下降，甚至有可能影响企业未来发展。

舆情监测是对互联网上公众的言论和观点进行监视和预测的行为。这些言论主要为对现实生活中某些热点、焦点问题所持有的较强影响力、倾向性的言论和观点。

具体来讲，舆情监测是指整合互联网信息采集技术及信息智能处理技术，通过对互联网海量信息自动抓取、自动分类聚类、主题检测、专题聚焦，实现用户的网络舆情监测和新闻专题追踪等信息需求，形成简报、报告、图表等分析结果，为了能全面掌握用户思想动态，做出正确舆论引导，并提供分析依据。

"新浪舆情通"能做全网信息监测,独家拥有新浪微博全量政务舆情数据。其部分功能如下:

全网事件分析:对某一网络事件在互联网上的整体传播情况,收集全网数据进行分析,自动生成涵盖事件简介、事件走势、网站统计、数据类型、关键词云、热门信息、热点网民、传播路径、相关词、网民观点、舆情总结这 11 个维度的全网事件分析报告。通过全网事件分析报告,可以快速找出某个网络事件的信息传播源头。

微博事件分析:对某一网络事件在微博上的整体传播情况进行分析,自动生成涵盖事件简介、事件趋势、热点词、意见领袖、热门信息、传播途径、情绪分析、博主分析、数据类型这 9 个维度的微博事件分析报告。通过微博事件分析报告,可以快速找出首个在微博传播此信息的微博用户。

微博传播效果分析:对某一单条微博在微博上的传播路径进行梳理,自动生成该条微博的传播路径、转发评论内容、转发评论者概况、发布设备等共计 21 个维度的微博传播效果分析报告。通过微博传播效果分析报告,可以快速看到该条微博在微博上的传播路径图。

竞品分析:对进行比对的多个事件、人物、品牌或地域等进行关键词设置后,系统将自动生成一份包含有热度指数、正负面词频、地域分布、媒体报道情况等多个维度的竞品分析报告。通过竞品分析报告,可以快速查看竞品相关信息在互联网上的品牌传播概况。

小结:

1. 在 DT(Data Technology)时代,要善用大数据技术解决问题。

2. 微博拥有巨大的流量和人气,是各路自媒体运营者、品牌推广者的必争之地,自从阿里巴巴入股后,淘宝卖家、天猫商家在微博"种草、拔草"有天然优势,是粉丝运营和沉淀的最佳场所之一。

3. 不管是自运营,还是付费投放,微博运营离不开三件事:定位、内容、内容分发。其中内容是关键。

4. 如果是阶段性的、短期的、有时效要求的微博推广,建议选用付费营销工具;反之,建议自运营,长期稳定地输出内容。

5. 巧用微热点网站发现热门事件。

7.4.2　腾讯/百度/今日头条流量池的引流玩法

腾讯

中国最大的互联网综合服务提供商之一,中国服务用户最多的互联网企业之一。腾讯拥有非常多的广告资源,营销人员可以利用其广告技术,实现自己的营销目标。

推广需求：品牌推广、应用下载、在线销量、线下到店、提升品牌知名度、公众号推广、留咨转化、线索收集。

广告资源：该平台拥有覆盖超过11亿网民的微信、QQ、QQ空间等社交用户场景，月度活跃用户超过5亿的腾讯视频，国内安卓用户覆盖第一的应用宝，以及QQ浏览器、腾讯新闻、天天快报、腾讯体育等行业领先的新闻资讯平台，此外，还包括汇聚行业优质流量的优量广告。

1．微信广告：基于微信生态体系，整合朋友圈、公众号、小程序等多重资源，结合用户社交、阅读和生活场景，利用专业数据算法打造的社交营销推广平台。可以推广品牌活动、门店、产品、应用、公众号、小游戏、派发优惠券、收集销售线索等。

2．QQ广告：国内热门的年轻社交平台，基于海量用户社交关系，使用科技和多元玩法赋能品牌在社交、运动、购物、游戏等场景中与年轻用户深度互动。手机QQ广告和QQ空间广告都可以推广品牌活动、应用、产品、门店。

3．腾讯视频广告：中国领先的在线视频媒体平台，月度活跃用户超5亿。广告以原生形式出现在娱乐化流量场景中，精准触达用户，影响用户对品牌的感知。可以推广品牌活动、应用、产品。

4．腾讯新闻广告：业界领先的新闻资讯平台，月度活跃用户超2.88亿。广告原生出现于资讯信息流中，依据用户属性、历史浏览行为、兴趣偏好等精准投放。可以推广品牌活动、应用、产品。

5．腾讯信息流广告：聚合QQ浏览器、QQ看点、天天快报等海量信息流资源的平台，在多元场景下精准触达用户。品效合一，助力营销全面升级；形态原生，支持图文、视频及多种创新形式。可以推广品牌活动、应用、产品、门店、收集销售线索。

6．优量广告：基于腾讯广告生态体系，依托于腾讯广告平台技术，在合作媒体上展示广告。汇集超过10万个优质App，月覆盖用户超过5亿。分为插屏广告、原生广告、开屏广告、横幅广告、激励视频广告。

7．腾讯音乐广告：中国最大的在线音乐娱乐平台，旗下包括QQ音乐、酷我音乐、全民K歌三大音乐产品。为品牌深度定制，实现听、唱、看、玩多维度泛音乐一体化营销。可以推广品牌活动、应用、产品、收集销售线索。

我想推广，如何做？

1．启动浏览器，输入腾讯广告网址并打开腾讯广告首页，注册并登录其投放管理平台。

2．选择推广渠道和推广需求，按要求制作推广创意资料并上传，开始推广。

3．监控推广效果。

> **小贴士**：电商推广技巧：如何选择高潜力的产品、设计价格、挖掘卖点，以及素材和文案设计技巧、落地页制作指引、引爆销量的落地页设计技巧等详见笔者的视频教程。

百度

百度是全球最大的中文搜索引擎及最大的中文网站，全球领先的人工智能公司。

百度推广凭借其强大的用户产品优势，每天数十亿次搜索请求、超过 1 亿用户浏览百度信息流、800 亿次定位服务请求，能够提供全系列产品广告的资源，覆盖用户生活各大场景。

线上场景包括但不限于资讯阅读类（百度搜索、百度新闻、百度阅读、百度百家号）、生活出行类（百度地图、百度糯米、百度旅游）、知识学习类（百度知道、百度百科、百度文库、百度翻译）、兴趣社交类（百度贴吧、百度宝宝知道）、工具应用类（百度网盘、百度浏览器、百度输入法、百度手机助手）、休闲娱乐类（爱奇艺、百度视频、百度音乐、百度魔图）等。

线下全面辐射用户日常生活娱乐各个场景，包括但不限于影院、智能电视、楼宇、高铁站、机场、餐厅、KTV、超市、商场、校园、生活服务等。

广告类型：

1．搜索广告：基于全球最大的中文搜索引擎——百度搜索，在搜索结果显著的位置展示推广信息，只有用户点击广告之后，才需要付费。可以进行销售推广、品牌推广、产品推广、本地推广、App 推广。

2．信息流广告：在百度 App、百度首页、百度贴吧、百度手机浏览器等平台的资讯流中穿插展现原生广告，广告即是内容。

3．聚屏广告：程序化数字屏幕广告，聚合多种类型的屏幕，触达用户多种场景的生活时刻，实现线上和线下广告整合及精准程序化投放。

百度聚屏覆盖全国 31 个省市区，有 300,000+屏幕，日流量 300,000,000+，全面辐射如影院、楼宇、出行、家庭、生活服务等用户日常生活的各个场景。

4．百度 App 开屏广告：整合百度优质品牌广告流量，以 App 开屏广告的样式进行强势品牌曝光。高强度覆盖一、二线城市，25 岁以下年轻人群占比为 56.2%，装机量达 6 亿+，每日活跃用户 1 亿+。

5．百意广告：囊括 60 万家网站、App 联盟资源，横跨计算机、手机、交通、电视，多屏呈现，实现广告整合、精准、一站式程序化投放，让你一站完成线上和线下主流黄金流量购买。移动端覆盖 4.5 亿用户，每日拥有 100 亿流量，触达 150 万个手机端网站，并提供多种广告形式让你挑选，如 Banner 广告、插屏广告、开屏广告等，满足你的不同推广需求。PC 端覆盖 5.5 亿用户，每日拥有 100 亿流量，囊括 60 万家网站，让你的广告不放过任何小众的需求。每日拥有 8 亿视频流量，覆盖主流视频网站及 App。

我想推广，如何做？

1．启动浏览器，输入百度推广网址并打开百度推广首页，免费注册账号并登录。

2．选择广告类型，为账户支付必要的预付款项，并制作由关键词、创意图片构成的推广方案，开始推广。

3．效果监测。

> **小贴士**：百度推广是将你的潜在用户引导到你的网站或网店上，为你带去商机。所以做百度推广的前提是你拥有自己的网站或者网店。淘宝卖家、天猫商家可以直接推广网店。

今日头条

今日头条是北京字节跳动科技有限公司（简称字节跳动）开发的一款基于数据挖掘的推荐引擎，为用户推荐信息，提供连接人与信息服务的产品。

营销资源：

今日头条、抖音短视频、火山小视频、西瓜视频、懂车帝、FaceU 激萌、轻颜相机、穿山甲、海外推广。

广告平台：

巨量引擎（Ocean Engine）：它是字节跳动旗下的营销服务品牌，整合了今日头条、抖音短视频、火山小视频、西瓜视频、懂车帝、FaceU 激萌、轻颜、穿山甲等多元产品的营销能力，以及整合了众多流量、数据和内容方面的合作伙伴，努力为全球品牌提供综合的数字营销方案。

在抖音上投放广告，引爆 5 亿月度活跃用户，抖音营销强势锁定新生代消费主力，让你的抖音广告被更多人看见。

在今日头条上投放广告，能够使用个性化资讯推荐产品，定向精准，按效果计费，帮你轻松获取目标用户。

广告样式：

1．开屏广告：应用开启时加载，展示固定时间（静态 3 秒、动态 4 秒、视频 5 秒），展示完毕后自动关闭并进入应用主页面的一种广告形式，按 CPM 计费；展现在今日头条 App 启动时的唯一入口，在启动时随机展示。作为最佳黄金广告资源，适用于新品上市发布、

第 7 章 技术"霸屏"（用技术让产品"霸屏"互联网）

产品促销、周年庆、重大行业节日等。

2. 信息流广告：原生形式，让用户以阅读资讯的方式阅读广告；广告样式为大图、小图、组图、视频、微动、全景图（180°/平扫）、3D 全景、轮播等。

3. 详情页广告：提供更多可利用的位置资源，竞争门槛相对较低，出价更加灵活。展现位置为文章/问答/视频的详情页（详情页 Banner）、图集尾帧、视频相关推荐、视频后贴等。

我想推广，如何做？

第一步、注册并登录头条广告平台填写基本信息；第二步、选择账户类型；第三步、补全相关资质。流程如图 7-22 所示。

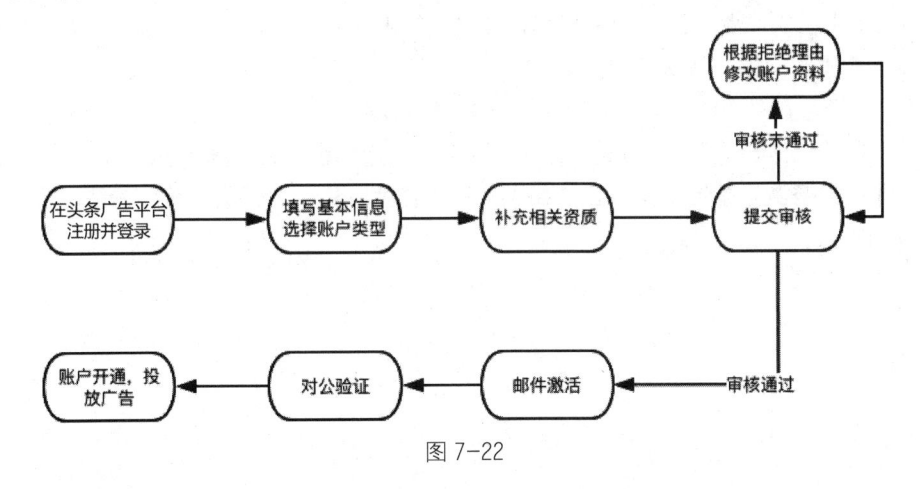

图 7-22

小贴士：基本名词解释

刷次：用户在今日头条信息流界面手指每次下滑刷新，叫作一个刷次。

CPT：Cost Per Time，即按时长计费广告。按时长计费是包时段、包位置投放广告的一种形式；

GD：Guarentee Delivery，保证递送的广告，即保量广告，按展示量定价。

CPM：Cost Per Mille，千次展示成本，即按展示付费。

CPC：CostPerClick，每个点击成本，即按点击付费，如关键词广告。

oCPC：optimization CostPerClick，目标转化成本，按点击付费。

小结：

1. 全网营销，实现产品霸屏，离不开资金和技术。覆盖全网 80%以上广告资源的平台包含阿里妈妈、微博广告、百度营销、腾讯广告、今日头条巨量引擎，其流量入口和流量属性各有差异。广告预算多，可以同时多平台投放；反之，按需选择。

电商卖家，如果广告投放追求销量的话，建议首选阿里妈妈、微博和微信的朋友圈广告，转化率相对更高。

2．付费推广，如果以成交为目的，奔着产品销量去，那么请牢记公式"销售额 = 流量 × 点击率 × 转化率 × 客单价"，在确定精准流量（精准目标人群）的前提下，让广告被尽量多的人看到，被尽量多的人点击购买，让每一个人尽量多买，进而实现"投入产出比"最大化。

3．除了上述介绍的这些大的广告平台，还有很多垂直细分领域的、地方性的渠道，只要能为你所用，都可以去尝试。

4．笔者留的作业或配套的素材等，是对应知识点的扩展，切记去看、去做，能帮助你更全面地理解问题、解决问题。

5．在学习本书知识以前，你的问题可能是"不知道如何推广引流""不知道使用哪些方法才能把产品卖出去"；学习后，你会发现，摆在你面前的方法有很多，玩法也有很多，你需要根据自身实际情况做出取舍。如果条件（资金、实力、团队）有限的话，可以慢慢来，逐渐扩大。

第 8 章
粉丝运营
（经营粉丝→快速裂变→持续成交）

前文"2.1 电商运营的本质——基于产品运营人性和需求"中笔者希望你由"流量思维"向"流量池思维"转变，培育用户的"认知思维"。

"流量思维"就像一个漏斗，流动很快，可以帮你赚到快钱，但不能持续，也没法沉淀用户，在互联网用户增长缓慢的当下，流量获取成本居高不下，依旧用"纯流量思维"运营，花费的代价越来越高。

"流量池思维"与"流量思维"最明显的区别是"堵漏"，其核心词是拉新、留存。老客户的运营成本比获取新客户的成本少得多。

第 4~7 章，讲了很多引流方法，售前引流、促成购买的过程其实也是抓住潜在粉丝、吸引粉丝的过程。先想到，再制定战略去做到，做到之后会逐渐有潜在客户，逐渐有订单、有成交客户，那么，接下来在售中和售后留住粉丝、维护粉丝。

粉丝运营流程：拉新（全网营销引流、吸引粉丝）→留存（使用工具将粉丝"装"起来，使其围绕在卖家身边，不取消关注，不脱粉）→回购（使其活跃起来，不成为"僵尸粉"）→裂变（使其行动起来，分享传播并创造更多价值）。

你不做，竞争对手在做，本是你"碗里"的也会被抢走！懂方法、有工具、高效执行，一切将变得简单有条理！本章会手把手教给你粉丝运营的实操技巧。

8.1 运营粉丝，你的战场在哪

运营粉丝的战场与运营引流战场、圈住粉丝的"容器"（即装粉丝的工具）息息相关，巧妙搭配，能事半功倍。

8.1.1 运营粉丝战场之阿里巴巴旗下工具

淘宝卖家、天猫商家，如果运营引流的主战场在淘内，建议首选阿里巴巴旗下的粉丝运营工具：千牛旺旺、旺旺群、淘宝群、微淘、客户运营平台、钉钉、钉钉群。对买家而言，路径简单，所见即所得，不绕弯；对卖家而言，可以放心推荐店铺或产品，不用担心被处罚、封号。

千牛旺旺、旺旺群

阿里旺旺是阿里巴巴旗下的即时沟通工具，因业务发展需要，卖家版升级为千牛，卖家可以在计算机和手机上安装千牛客户端，在管理网店的同时，能与买家即时沟通。买家可以在计算机上安装阿里旺旺客户端，还可以在手机上安装内置旺旺的"手机淘宝""手机天猫"App，与卖家沟通。

在还没有"手机淘宝""手机天猫"App 的时候，买家在计算机或手机上登录阿里旺旺，使用频率很高，作为卖家，千牛是必须使用的沟通工具。因此，建议将每一个主动发起旺旺对话的买家，全部添加为旺旺好友，并分组；创建旺旺群，邀请买家入群。然后做好旺旺好友和旺旺群的维护。

旺旺好友和旺旺群曾是卖家最便捷的流量池工具之一，但是随着"手机淘宝""手机天猫"App 的兴起和普及，使用阿里旺旺的买家越来越少，"旺旺好友和旺旺群"维护买家的模式逐渐淡出卖家视线。不过，现在依旧可以使用。

淘宝群

完全基于"手机淘宝"App 的产物，是卖家私域流量池工具之一，可以理解成旺旺群的替代工具。

关于淘宝群的使用细节，前文"7.2.2 淘宝群+拼团+洋淘买家秀的引流玩法"已经介绍过，不再赘述，忘记的话，再回去看看。

总之，淘宝群是淘宝卖家、天猫商家在移动互联网时代，急需充分利用起来的私域流量池工具，对"沉淀有价值粉丝"意义重大。

微淘

在 PC 端通过浏览器访问卖家店铺地址并收藏，或者通过"手机淘宝"App 访问卖家店铺并收藏，都会成为卖家店铺微淘的粉丝。微淘是淘宝卖家、天猫商家在内容运营时代不可或缺的重要粉丝运营工具。不管是图文、短视频，还是直播，都有微淘的身影，建议把第 5 章关于微淘的玩法再复习几遍。

客户运营平台

客户运营平台是基于阿里巴巴的大数据，为卖家提供客户全生命周期管理的智能化平台。以客户为核心，通过会员运营和人群营销两个核心能力，帮助卖家提升客户的黏性，从流量运营时代步入会员精细化运营时代。具体玩法和设置步骤如下：

第 8 章 粉丝运营（经营粉丝→快速裂变→持续成交）

第一步、搭建"会员体系"，留住高潜力、高价值、高忠诚的客户，促进转化和复购。

设置入口：启动浏览器，输入客户运营平台网址，使用卖家账号登录，依次单击"会员管理"－"忠诚度设置"－"VIP 设置"－"立即设置"，界面如图 8-1 所示。

"忠诚度管理"有三项内容，请逐一设置：VIP 设置→无线端会员装修中心→会员入口管理。

图 8-1

第二步、设置会员权益。招募新会员，不同等级的会员享受不同的权益。设置入口："会员管理"－"会员权益"，如图 8-2 所示。专享权益分为会员活动、入会即送类、会员专享类，按需选择设置即可。

图 8-2

第三步：创建运营计划。留住新会员，吸引老会员，提升复购率。设置入口："运营计划"－"智能营销"，如图8-3所示。运营计划有三类：智能店铺、智能营销、场景营销，按需设置。

图8-3

> **小贴士**：1. "店铺优惠券–官方推广渠道–客户关系管理优惠券"，计入最低成交价。
> 2. 客户运营平台已经在"店铺优惠券–官方推广渠道"下新增了"商家会员专享"渠道，仅限选择客户运营平台会员权益工具，该渠道不计入最低成交价，具体以产品页通知为准。
> 3. "计入最低成交价"的含义：比如买家领券前，花48元购买，成交价是48元；领取5元优惠券后购买，成交价是43元；当卖家去报名参加活动时，系统检测的最低成交价是43元。如果30天内该产品有报名参加官方活动的计划，请卖家核算好价格，避免过度让利，导致亏损。

钉钉、钉钉群

钉钉（DingTalk）是中国领先的智能移动办公平台，由阿里巴巴开发，免费提供给所有中国企业，用于商务沟通和工作协同。提供PC版、网页版和手机版，支持手机和计算机间文件互传。

钉钉好友、钉钉群也是流量池运营工具，按需选用。

小结

淘宝、天猫的用户从不同渠道收藏或关注卖家店铺，成为其微淘粉丝，但微淘这个工具只能进行粉丝分析，而无法与粉丝进行实时沟通，卖家也无法使用微淘实现更进一步运营粉丝，所以需借助千牛、淘宝群、钉钉实现实时沟通。借助客户运营平台实现粉丝深度运营，其逻辑关系如图 8-4 所示。

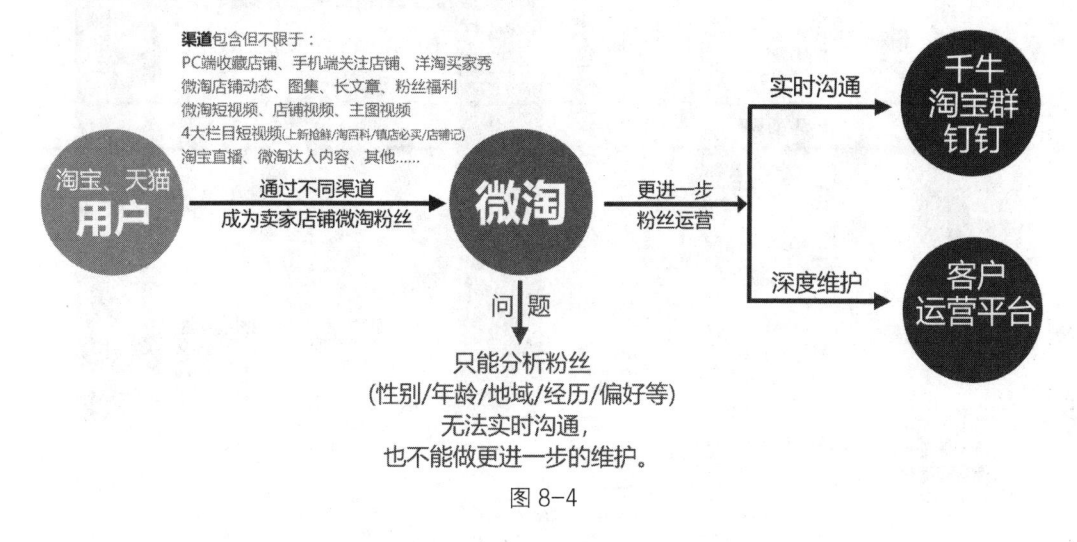

渠道 包含但不限于：
PC端收藏店铺、手机端关注店铺、洋淘买家秀
微淘店铺动态、图集、长文章、粉丝福利
微淘短视频、店铺视频、主图视频
4大栏目短视频(上新抢鲜/淘百科/镇店必买/店播记)
淘宝直播、微淘达人内容、其他……

淘宝、天猫 **用户** ——通过不同渠道成为卖家店铺微淘粉丝——→ **微淘**

微淘 ——更进一步粉丝运营——→ 实时沟通 → **千牛 淘宝群 钉钉**

微淘 ——深度维护——→ **客户运营平台**

问题
只能分析粉丝
(性别/年龄/地域/经历/偏好等)
无法实时沟通，
也不能做更进一步的维护。

图 8-4

8.1.2 运营粉丝战场之腾讯旗下工具

腾讯无疑是社交圈的老大，旗下社交产品微信拥有极其庞大的用户群，几乎是所有营销人必用的流量池工具。此外，其还有企业微信、公众号、小程序、QQ 等。

微信、微信群

前文"7.2.4 '需中转型'的引流玩法"中主流的三种玩法都有用微信中转。也就是说，不管运营引流的主战场在哪，当需要对粉丝进行变现时，微信是首选的经营粉丝战场，因为它自带支付功能、使用频率高、使用方便、用户基数庞大。

利用微信经营粉丝有两种做法：一是添加好友后，通过私信联系，或通过朋友圈分享信息；二是创建微信群。

重要提醒：淘宝卖家、天猫商家在微信上直接发店铺或产品详情页链接，会被屏蔽，无法打开，使用"淘口令"可解决。生成淘口令的步骤：

1．打开"手机淘宝"App；

2．打开任意产品详情页，点击"分享"或"分享有礼"按钮，在弹出菜单中，单击"微信"图标，如图 8-5 所示；

3．把复制成功的淘口令发送给微信好友。

图 8-5

> **小贴士**："分享有礼"是淘宝联盟的现金红包版,卖家开启入口:"淘宝联盟商家中心"
> —"计划管理"—"其他管理"—"分享+管理",如图 8-6 所示。
> 分享有礼用户玩法:
> 用户通过"手机淘宝"App 的产品详情页的"分享有礼"入口分享给好友后,好友点击进入产品详情页,分享者即可获得红包抽奖机会,红包为无门槛现金红包,分享者带来的回流用户越多,抽奖机会越多。
> 卖家准入条件:
> 1. 店铺开通淘宝客推广,且没有因被处罚而暂停淘宝客推广;
> 2. 已经开通淘宝客推广的卖家会自动开通分享有礼产品功能,新开通淘宝客推广的卖家分享有礼次日生效;

第 8 章 粉丝运营（经营粉丝→快速裂变→持续成交）

3. 近 365 天因虚假交易（严重违规虚假交易除外）被淘宝、天猫扣分，累计扣分<6 分；

4. 符合资格的卖家店铺内的产品，除少量产品可能由于产品单价较低等原因，默认不开通分享有礼，其他产品均可以参与分享有礼。

卖家能获得什么？

1. 所有分享者和被分享者获得的现金红包，由平台（淘宝联盟）承担全部成本！
2. 分享者抽中的无门槛红包带来的成交转化，由平台承担全部成本！
3. 被分享者成交转化，你才需要为成交订单承担基础淘宝客佣金！
4. 培养店铺客户的分享习惯，帮你打造社交电商红利的"新抓手"！

图 8-6

QQ、QQ 群、QQ 空间

有微信之前，腾讯的社交工具主要是 QQ，虽然现在的活跃用户数有所减少，但与某些工具相比，其规模依旧不小，仍然可以用作流量池工具。

利用 QQ 经营粉丝的做法：添加 QQ 好友，私信联系；创建 QQ 群；利用 QQ 空间或 QQ 微博发布动态、图文、短视频等信息。

重要提醒：手机端利用 QQ 发布淘宝、天猫店铺或产品详情页的链接，也会存在与微信类似被屏蔽打不开的情况，建议使用淘口令（与生成微信淘口令的步骤类似）或淘短链。

淘短链的创建步骤：

1．启动浏览器，进入"卖家中心"，依次单击"营销中心"-"店铺营销工具"-"店铺引流"-"淘短链"，然后单击"新建淘短链"按钮。

2．在淘短链创建界面，选择淘短链类型（店铺宝贝、店铺首页、活动链接），按提示填写加*项，单击"确认创建"按钮，如图8-7所示。

3. 淘短链创建成功后，通过微信、QQ、短信、旺旺等发送给买家，单击链接可直接跳转打开对应页面。

图 8-7

微信公众号

个人微信、个人 QQ 添加好友和创建群都有上限，为了服务更大规模的用户，微信公众号应运而生。微信公众平台支持以下 3 种账号类型：

服务号：为企业和组织提供更强大的业务服务与用户管理能力，帮助企业快速建立新的公众号服务平台。

订阅号：为媒体和个人提供一种新的信息传播方式，构建与读者之间更好的沟通和管理模式。

小程序：一种新的开放能力，可以在微信内被便捷地获取和传播，同时具有出色的使用体验。

温馨提示：1. 如果想用公众号简单发消息，做宣传推广服务，建议选择订阅号；
2. 如果想用公众号获得更多的功能，例如开通微信支付，建议选择服务号。
3. 电商卖家，如果有专人负责公众号运营，并且用户数有一定规模，可以申请开通公众号；反之，用微信更方便。

企业微信（原企业号）

企业的专业办公管理工具，与微信一致的沟通体验，提供丰富免费的办公应用，并与微信消息、小程序、微信支付等互通，帮助企业高效办公和管理。

如果你服务的用户多数为企业，企业微信也是不错的流量池运营工具。

8.1.3　运营粉丝战场之自媒体社交平台

如果引流战场在自媒体社交平台，这些平台本身有账号体系，可直接用来管理粉丝。如果觉得在自媒体平台上不方便管理，还可以继续将其引导至微信（这一步非必须）。

接下来列举一些适合电商卖家运营粉丝的自媒体平台。

内容创作平台

共同点：注册账号→定期输出优质内容（图文文章、视频、小视频、动态）→吸引粉丝关注账号→与粉丝互动（私信、留言、转发、收藏、评论）→粉丝变现（引导至网店或引导添加微信）。

头部拥有巨大流量池的平台包含但不限于：

阿里巴巴的大鱼号

腾讯的企鹅号

微信公众号

百度的百家号

今日头条的头条号

网易号

搜狐号

短视频平台

共同点：基于手机端 App 传播。流程：注册账号→定期输出优质内容（短视频、直播、动态）→吸引粉丝关注账号→与粉丝互动（私信、留言、转发、收藏、评论）→粉丝变现（引导至网店或引导其添加微信）。

头部拥有巨大流量池的平台包含但不限于：

百度系：秒懂百科、好看视频、伙拍小视频、全民小视频；

阿里巴巴系：土豆、鹿刻；

腾讯系：微视、火锅视频、快手；

头条系：抖音、火山、西瓜；

新浪系：秒拍；

网易系：网易戏精、波波视频；

360 系：快视频；

其他：小红书、美拍、梨视频、VUE Vlog、一闪、InShot、咪咕视频、56 视频、哔哩哔哩等。

直播平台

直播平台与前二者的粉丝经营流程类似，注册账号→定期开播→吸引粉丝关注账号→与粉丝互动→粉丝变现（引导至网店或引导其添加微信）。

比较火的短视频平台如抖音、微视、火山、快手等都有直播功能，偏娱乐的直播平台，其产品转化效果一般不太好；反倒是短视频平台一开始做好销售定位，后期转直播时，产品转化效果比较理想。

小结：

1．关于粉丝运营，有两个核心概念：一是即时性的互动沟通，卖家输出内容吸引粉丝关注，相较而言，卖家对粉丝的了解没有粉丝对卖家的了解多，因此选用有即时沟通功能的工具与粉丝建立更深的联系，更有助于产品转化和复购；二是成规模的进行粉丝沉淀，有些工具一个账号能添加好友的数量有限，比如个人微信号上限5000人，如果可预见的粉丝规模较大，建议选用能"装"更多粉丝的工具。

2．当前电商卖家运营粉丝的工具矩阵，标配是"三微（微淘、微信、微博）一抖（抖音）"，兼具粉丝互动沟通与粉丝大规模沉淀功能。除了以上这些，还有很多，有精力和能力的卖家，可以布局更多账号矩阵。

8.2 实操："三微一抖"吸引粉丝术

吸引粉丝，即增加粉丝数量。

运营粉丝的前提是有粉丝。那么，粉丝从何而来呢？

添加粉丝，分为两种：一种是卖家主动添加；另一种是粉丝主动添加。推荐后者，粉丝主动添加的转化率往往更高。

如何吸引粉丝主动添加你呢？很简单，提供价值。这个"价值"的种类有很多。

活动运营吸引粉丝

让粉丝主动添加你的"价值"是质优价廉的产品。

淘宝、天猫网店有五种活动类型：第一种、全网大促；第二种、特色市场品牌活动；第三种、行业类目活动；第四种、"手机淘宝"App活动；第五种、店铺活动。不管哪种活动，都会涉及店铺曝光和产品成交转化。本书第4章对活动运营的玩法做了深度剖析，关于吸引粉丝，你只需在活动运营的基础上，时刻记住"售前抓住潜在粉丝和吸引粉丝、售中及售后留住粉丝和维护粉丝"。

活动运营的引流战场在淘内,售前抓住潜在粉丝和吸引粉丝=报名活动引流=第4章讲的技巧,在店铺首页和每一个产品详情页中添加一张引导图片,文案描述参考图8-8,能提升吸引粉丝数量2~4倍;售中及售后留住粉丝和维护粉丝的工具推荐选用阿里巴巴旗下的千牛旺旺、旺旺群、淘宝群、微淘、客户运营平台、钉钉、钉钉群等。

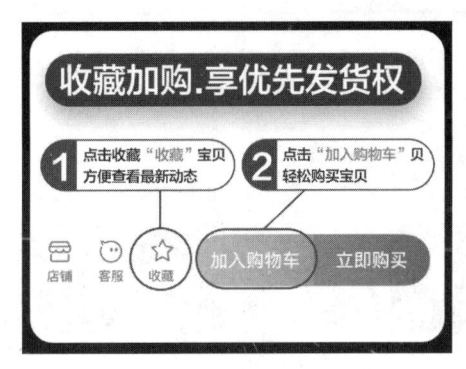

图 8-8

内容运营吸引粉丝

让粉丝主动添加你的"价值"是图文、短视频、直播等内容。

第5章介绍的内容运营和第6章介绍的打造店铺IP的共同点都是使用图文、音频、短视频、直播等内容形态吸引目标人群购买产品,只要内容有价值,目标人群多数会关注店铺并成为粉丝,因此做内容运营时,建议在恰当的时间、位置,添加"引导关注"的文字或图片,或在音频内、短视频内、直播时,口述提醒关注。

用技术吸引粉丝

让粉丝主动添加你的"价值"是方便粉丝了解你的信息。

第7章介绍了比较多利用技术引流的方法,不同渠道的吸引粉丝的"落地页"不同。

淘内免费引流(站内搜索优化、淘宝群+拼团+洋淘买家秀)和付费引流(淘宝客、直通车、智钻、超级推荐、品销宝、鸿雀)的吸引粉丝落地页是产品详情页,在详情描述中添加引导收藏的文案或图片,有助于增加粉丝。

淘外付费技术引流渠道(微博、腾讯、百度、今日头条等)的吸引粉丝的落地页各不相同,可以是产品详情页、店铺首页、网站首页、活动页、微信、微信公众号、小程序等,以你的规划为准,在落地页暗示关注、收藏店铺等都有助于吸引粉丝。

微淘吸引粉丝术

方法1:发微淘(类型含店铺上新、好货种草、洋淘秀、主题清单、微视福利、图文教程即长文章、短视频、店铺动态等）、活动投稿、达人合作。也就是说，使用微淘内容吸引粉丝。入口：阿里创作平台-创作-发微淘，如图8-9所示，具体玩法回顾第5章。

推荐指数：⭐⭐☆☆☆

推荐理由：属于被动吸引粉丝，也就是说，客户因为内容主动关注、收藏店铺，成为店铺粉丝，转化效果更好。

图8-9

方法2：订购一些小工具吸引粉丝。步骤：启动浏览器，输入并打开卖家服务中心网址，在搜索框中输入关键词"收藏"，单击"搜索"按钮，在搜索结果中筛选服务标签"收藏有礼""店铺收藏""关注有礼"下的小工具订购，如图8-10所示。

推荐指数：⭐⭐⭐⭐⭐

推荐理由：不管是收藏，还是关注店铺，都会成为店铺粉丝。利用小工具，一方面可以引导买家自助完成操作；另一方面收藏、关注店铺与福利挂钩，比如收藏领取优惠券，一旦操作完成，买家购买产品更实惠，在利益驱动下，目标客户的完成率更高。

另外，这类工具订购并设置后，直接展示到店铺或产品详情页，邻近购买环节，容易刺激客户完成成交。

图 8-10

方法 3：主动出击，利用旺旺自动回复和客服沟通时引导买家关注店铺，配合店铺活动效果会更好。

推荐指数：⭐⭐⭐⭐⭐

推荐理由：这种方式很直接，但凡发起旺旺对话的买家，多是对店铺或产品有一定了解、有意向或已购买的买家，引导关注的成功率较高。询单转化是每个店铺的必经环节，多一步操作便能获得更多粉丝，何乐而不为呢。

方法 4：包裹吸引粉丝。

卖家可以在发货单、售后卡、保养卡、使用说明书、感谢信等纸质物品上印上店铺二维码或者店主的微信号、微博号，然后随包裹一起派发到买家手上，用来增加粉丝。

另外，针对这部分购买过的买家给予特定的优惠信息，通过一定的"暗号"才能享受，比如关注店铺后，联系客服截图内容或发送约定的暗号才可以享受，有一定的神秘感、趣味性。

推荐指数：⭐⭐⭐⭐

推荐理由：一方面提高了老顾客的二次购买率，另一方面也成功地添加了新的粉丝。

重要提醒：微淘的任何位置都不允许出现 QQ 号、QQ 群、微信、微信群、微信公众号。也就是说官方不愿意看到卖家把流量外引，但鼓励卖家把流量引进微淘。与微信屏蔽淘宝链接是一样的道理。

微信吸引粉丝术

第一招：抛出"诱饵"，坐等被加。

想吸引别人加你，必须学会设计"诱饵"，该如何操作呢？

现在立刻演示：

学习网店运营，最重要的是掌握整店运营（含产品、视觉、流量、粉丝、内容运营）过程中的各种技术和流量变现技巧。笔者免费送你以下3份神秘大礼：

第一份："500家名气不大却是优质制造企业名录"→节省产品成本必备；

第二份："3000套网店视觉模板：含产品详情页、主图、推广图、海报图等"；

第三份："'三微一抖'引流技法100招"。

现在只要你立刻关注笔者的微信公众号：liudianmumu，然后回复"神秘大礼"，就可以立刻得到下载网址。

切记：想要获得，必先给予！任何产品，站在用户角度思考，一定可以挖掘出对用户有价值的"诱饵"。

玩法的核心：分析目标群体在哪些场景出现 → 找到并挖掘这些场景中目标群体接触信息的渠道 → 设计相应的引流内容并留下微信号或公众号 → 目标群体在接触信息的渠道看到你有意设计的内容后，添加微信或关注公众号。

举例：小张在淘宝开了一家卖望远镜的店，目标人群是天文爱好者、探险者等，通过分析发现这些人喜欢在一些相对专业的论坛、贴吧、QQ群、微博、抖音、马蜂窝旅游等平台上查看攻略，小张收集和整理了一批平台并根据平台特性分别规划了内容输出方案，接下来稳定输出内容并留下微信，看到他内容的人添加微信，并通过微信购买他店内的产品。

前文第5~7章，就是这种玩法。如果希望将粉丝引导至微信，就在你布局内容的渠道留下微信号或者二维码即可。

重要经验：在很多平台，"微信"二字就像"病毒"，避之唯恐不及，特别是在互联网IT巨头们互争流量的大环境下，这类现象尤为明显，各平台都不希望用户被引走，纷纷不许留微信号。变通做法是写微信的别字、错字，比如唯信、维信、威信、V信、V心、卫星、weixin等。

第二招：主动出击，添加好友。

便捷方法：导出订单内的联系电话。淘宝卖家、天猫商家可以自由导出店内订单，步骤如下：

第一步、登录卖家中心，依次单击"交易管理"-"已卖出的宝贝"，界面如图8-11所示；

第二步、设置"成交时间"，也就是导出的某个时间段内的订单；

第 8 章 粉丝运营（经营粉丝→快速裂变→持续成交）

第三步、单击"搜索订单"，等待；

第四步、单击"批量导出"；

第五步、单击"生成报表"，等待；

第六步、单击"查看已生成的报表"，在新开页面中，再单击"下载报表"。

第七步、导出所有手机号码→导入手机通讯录→打开微信→添加好友→添加手机联系人→验证通过即可。

图 8-11

> **小贴士**：1. 订单报表中包含大量敏感的用户个人信息，一旦非法使用或向他人非法提供用户个人信息，淘宝平台可按照平台规则进行违规处置；店铺经营主体及相关责任人员也将面临监管部门行政处罚，甚至承担刑事责任。
>
> 2. 通过订单导出手机号添加的都是店铺老顾客，验证语格式为"买家会员名/收货人姓名+卖家店铺名+利益点"，通过率更高。
>
> 卖家服务市场有一些 SCRM 软件包含"智能验证申请"功能，可以智能插入买家会员名/收货人姓名和卖家店铺名，按需订购。使用软件效率更高，不用软件，也可以人工手动添加。关于利益点，参考图 8-12。
>
> 3. 微信个人号的好友验证语，可以输入 50 个汉字，但是发过去只显示一行字，字数为 16 个汉字左右，所以好友验证语要尽量简短。更多通过率高的验证语模板，详见本节配套素材文件夹内。
>
> 4. 你可能会说，没订单怎么办？收集手机号是很简单的事情，你只需收集一批高质量买家的手机号，然后按上述步骤操作即可。技法延伸：从 QQ 好友、QQ 群、微信群等流量池中获得的号码导入微信，操作步骤类似。

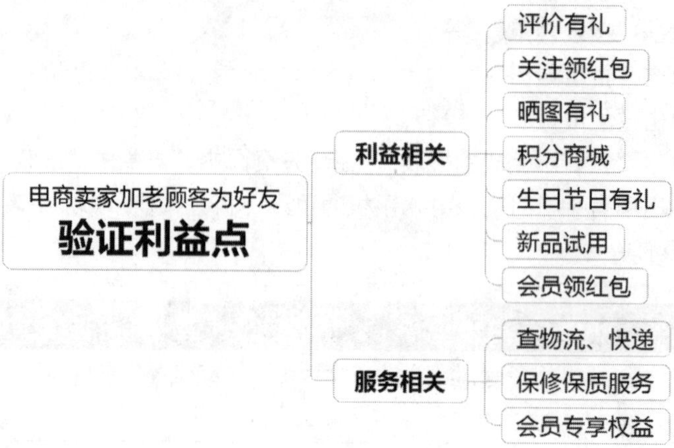

```
电商卖家加老顾客为好友
验证利益点
  ├─ 利益相关
  │    ├─ 评价有礼
  │    ├─ 关注领红包
  │    ├─ 晒图有礼
  │    ├─ 积分商城
  │    ├─ 生日节日有礼
  │    ├─ 新品试用
  │    └─ 会员领红包
  └─ 服务相关
       ├─ 查物流、快递
       ├─ 保修保质服务
       └─ 会员专享权益
```

图 8-12

"微博"吸引粉丝术

前文介绍了微博内容的流转关系：微博账号→输出内容（微博、相册、视频、抽奖、头条文章、产品、问答、新鲜事、直播、签到、点评、红包、话题、超话等）→吸引粉丝→粉丝们点赞/关注/转发/评论→扩大覆盖面→更大范围内的点赞/关注/转发/评论。

可见微博吸引粉丝，重中之重是持续输出内容。此外，还有一些有效吸引粉丝的方法：

1．在淘宝、天猫店铺或产品详情页中添加微博号，引导关注。阿里巴巴是微博的股东，在网店推广微博号、在微博里推广网店，都是可以的。

2．利用微博热门事件（热门话题）快速精准吸引粉丝。步骤如下：

第一步、关注微博热点；

第二步、筛选出可能成为热点头条的事件；

第三步、找出事件当事人的微博账号并紧盯其发微博，同时准备一条评论话术（评论话术极为关键：首先话术本身要有吸引力，其次需要引导粉丝去关注你的微博主页，第三在微博主页留下你的个人微信号和验证"暗号"，这点特别关键）；

第四步、当事人发微博，第一时间去评论（事件当事人的粉丝被你的评论话术吸引至你的微博首页）；

第五步、在你的微博号发一条非常有价值的信息（比如，加我微信就免费送你 XXXXX 产品和现金红包）并置顶；

第六步、粉丝陆续加微信，陆续通过；

第七步、粉丝开始索要礼品和红包，将提前做好的"活动链接"发给粉丝，让他们先分享链接到朋友圈，然后凭转发并截图领取礼品和红包，形成裂变。

虽然这种吸引粉丝方法的路径有点长，但层层过滤后得到的都是精准、有效的粉丝。也可以只做到第五步，将引导信息设置为关注微博，通过微博号私信联系，然后发礼包。话术得当，利益点设计得当，一个热门事件吸引两三千名的粉丝没问题。

3．适合老手操作的成熟方法（建立在完全熟悉微博各种功能的基础上），那就是"微博实时+内容 SEO 关键词+热搜关键词+关键品牌词+优质配图+矩阵助推"。这种矩阵式微博被动引流方法可以应用到品牌、明星、网店、事件等场景。

"抖音"吸引粉丝术

抖音是目前吸引粉丝最快的"神器"。哪怕你没名气，没粉丝，完全零流量，凭借一个作品涨粉十万八万很正常，而且不花一分钱，抖音不会因为你是一个普通人就不给流量。

在抖音，作品为王，优质原创内容是涨粉最快的方式，那些一天破 10 万粉丝、5 天破 40 万粉丝，半月破 100 万粉丝的账号，全靠内容。只要能生产优质原创视频，任何人都有机会在短时间内从 0 涨到 100 万粉丝。

第一步、使用手机下载并安装"抖音" App，注册账号。一台手机、一个手机号只能注册一个抖音号。最好不要用外挂插件。

第二步、精准定位（垂直领域），一个账号只定位一个领域。账号定位直接决定了人群精准度、涨粉速度、引流效果、变现能力（领域越垂直，账号越值钱，上热门概率越高，吸引粉丝转化效果越好，掉粉率更低）。

第三步、关注同行，查看并分析大数据报告，知己知彼，百战不殆。关注一个同行可能没什么发现，但是如果关注 50 个、500 个、1000 个同行，什么数据都得出来了。市面上有专门分析行业、平台、用户的数据类平台，多看其给出的大数据分析报告，思路一下就开阔了（这一步意义重大，看懂并花点时间去做，你的抖音号运营就成功了一大半）。

第四步、了解并掌握抖音算法。

抖音叠加推荐的影响因素：账号初始权重；初始流量池用户（200～300 个在线用户）反馈（点赞率、评论率、转发率、完播率和关注比例）以及持续反馈；账号已有粉丝反馈；外部真实账号激活（互赞、互评、互转一类）行为。

更完整的账号信息、更健康的养号行为、更垂直并且高质量的内容，获得系统叠加推荐的概率更高，或者说成为"爆款"的机会更高。

持续发布原创内容能提升账号权重；持续更新与账号定位相关的垂直领域视频作品，能让系统在推荐池匹配时，给到更精准的、具有相同属性标签的用户，即推荐池粉丝更精准；作品优秀，"转评赞以及完播率"数据表现更好，进而提升账号的活跃指数。这些都是视频能获得数十万,甚至上百万次推荐的原因。

第五步、按计划发布内容,疯狂涨粉。

发布上传建议:15秒、1分钟短视频或10分钟长视频做好开头设计、结尾设计、内容设计;上传时,封面最好能吸引眼球、抓住好奇心、一眼看懂要讲什么;在标题中恰当添加话题、@好友;将"谁可以看"设置为"公开",如果要吸引本地粉丝就添加"位置"。

发布时间:一天24小时的任意时间点都可以发布。但点赞、评论、转发是引爆内容的重要考核因素,因此建议在互动最佳时段(中午饭之后和下班前)发布。此外,结合自己目标客户活跃的时间点发布,这样的原创优质作品都容易火。

内容更新频率:优质原创+每日更新,是最厉害的更新频率;以质取胜而非以量取胜的话,自己控制频率即可。

优质原创视频内容本身就是涨粉利器,此外还有一些方式,比如话术涨粉、挑战涨粉、评论涨粉、私信涨粉、互动涨粉,都是在内容基础上的衍生操作。

> **小贴士**:1. 运营抖音号时,建议不要触碰规则红线,从账号、资料、作品、评论、版权、操作、关键词等维度避免违规,一旦违规,账号会受到相应的处罚,包含但不限于限制流量、屏蔽热门、屏蔽功能、限制使用、删除视频、封号等。
> 2. 抖音已经开通视频电商、直播电商功能,满足要求即可解锁。此外,对于电商卖家而言,利用抖音卖货,除了上述五个步骤,可能还想进一步学习如何布局内容,比如卖女装,每条短视频的内容发什么?类似问题困扰着很多新手卖家。鉴于此,抖音官方专门开设了一个账号,传授这些技巧,你只需花点时间学习,然后套用。
> 解锁电商功能的具体要求和抖音电商运营技巧学习入口:拿出手机,打开抖音,在其顶部搜索"电商小助手",在搜索结果中点击"电商小助手"进入账号首页,然后单击个性签名中的"官网链接",如图8-13所示。

小结:

1. "引流"与"吸引粉丝"应该同步进行,先想到再做到,本节开篇介绍的三种吸引粉丝的方法便是对第4~7章的补充,如果没想到"吸引粉丝"这件事,可能就白白浪费了最佳机会。想到了,顺手做了,后续还可以持续带来更多价值。

2. 本节分别介绍了"三微一抖"(微淘、微信、微博、抖音)吸引粉丝的方法,是希望你学会后能举一反三,比如短视频平台,除了抖音,还有非常多,它们的玩法都类似:了解平台→注册账号→精准定位→按计划稳定长期输出内容→吸引粉丝→维护粉丝→变现。

第 8 章　粉丝运营（经营粉丝→快速裂变→持续成交）

图 8-13

8.3　让粉丝帮你传播的技巧——裂变思维

接下来该解决如何让粉丝留下来的问题，不取消关注；活跃起来，不成为"僵尸粉"；让其行动起来，帮你传播分享，创造更多价值。

"掉粉"怎么办

如果有了粉丝后，长时间置之不理，会出现大量的"僵尸粉"或者被取消关注的情况，不要以为拥有了粉丝就一切在手，得到粉丝是第一步，得到粉丝的心是接下来工作的重点。让更多普通粉丝成为铁杆粉丝，就算不能成为铁杆粉丝，也要让他们帮着传播，一传十、十传百、百传千……挖掘更多潜在顾客。

"掉粉"、取关，一定有原因，找出原因并解决即可。下面笔者汇总了一些掉粉的原因，并附上解决方法，有则改之，无则加勉。

原因 1：广告导致掉粉。

广告太频繁、质量差、垃圾广告都是掉粉的罪魁祸首。

对粉丝没有用的、没有价值的、没有需求的都可以列为垃圾广告，比如粉丝人群是在校高中生、大学生，天天发一堆理财广告、育儿广告，明显不匹配。广告内容生硬、粗糙、排版混乱、数量太多等，都容易导致"掉粉"。

解决方法：对电商卖家而言，吸引粉丝之后是一定会发广告的。问题的重点在于如何让粉丝接受广告并买单。不同吸引粉丝工具的广告要做出差异。一般来讲，粉丝是什么类型的，就发什么类型的广告。

最佳方案是："种草型"软文广告（可以是图文、短视频），如果不清楚什么是"种草型"软文广告，现在拿出手机，打开"手机淘宝"App，在首页中单击"哇喔视频"，多看看就明白了。

原因2：没重视用户。比如使用工具增加粉丝、后台设置自动回复、频繁信息轰炸等。

注册平台账号时一般要验证手机号，这在很大程度上保障了账号的真实性，多数账号背后的使用者都是真实的个人。既然是人，就会有想法、情绪，一旦某些操作让使用者感受到"不舒服"，离"脱粉"也就不远了。

解决方法：站在粉丝角度思考问题，然后以解决问题的立场输出信息。即使用软件、工具增加粉丝，也尽量不添加"僵尸粉"，这类粉丝最多用来凑数，此外毫无意义。换句话说，关注你的粉丝群体本身就是不活跃的用户，即使用尽浑身解数，也活跃不起来。

原因3：竞争对手出现。一旦有竞争，必然衍生另一个问题——"同质化"。网络上获取信息的渠道有很多，也很方便，当同质化的竞争对手出现后，粉丝也容易见异思迁。

解决方法：产品定位垂直细分，争取成为细分领域的佼佼者、意见领袖，始终给粉丝一些追随你的理由。稳定输出有价值的内容，持续吸引粉丝的注意。

原因4：高高在上地"俯视"粉丝，距离感太强。幼培行业流行一句话"蹲下来和孩子说话，能够拉近与孩子之间的距离"，套用到粉丝运营是一样的道理。你不需要蹲下来，只需与粉丝"平视"，学会在恰当的时机放下身段。

解决方法：账号人格化，一方面抛出话题引导粉丝互动，另一方面及时回馈粉丝的互动，让粉丝有融入感。粉丝更愿意和一个"人"去互动，而不是一个冷冰冰、严肃、死板的账号。

提升粉丝活跃度

除了上述原因，还有一个更重要的原因：粉丝活跃度低。

前文讲过装粉丝的容器分为两类：实时沟通类和沉淀类。

实时沟通类，如QQ群、微信群、旺旺群、淘宝群、钉钉群。建群、拉人容易，管理群难，90%以上的运营者都有此体会。非常多的群，创建之初聊得热火朝天，新鲜劲一过，时间久了，群里缺乏交流互动，留下来的人要么发广告，要么不吭声，要么退群，要么屏蔽群，究其原因，多半是管理不当。

第 8 章　粉丝运营（经营粉丝→快速裂变→持续成交）

说到底，一个群活不活跃，能不能给创建者、组织者持续产生价值，除了互动，还要使成员能持续获得需求。

需求分主次。主要的需求，比如学习、爱好、聊工作、聊事业和家人沟通情感……这些都是正确的需求，而发广告、抢红包等虽然不能说是错误的需求，但是要有度，可满足可不满足，不可因为次要需求影响到了主要需求，否则就乱套了。

推荐几种提升粉丝活跃度的方法：

方法 1：明确建群主题，后期交流内容都围绕主题展开。群主是一个群的灵魂所在，如果群主不参与维护，必须有管理员，让管理员成为群的灵魂。

方法 2：设立门槛。门槛越高，进群的人质量越高，对群的关注度自然会更高，群的价值也会越来越大。设立门槛最直接的方法是付费，少则几元，多则几千上万元，按目的设置。

方法 3：设定群规。没有群规约束的群很快要么变成广告群，要么变成闲聊群，要么成为死群，这样的群没有任何意义，不如直接解散，放在那也是浪费资源。

一个付费群的群规参考：

1．群昵称改成"昵称+地区+主业"，比如花木+深圳+女装店主；

2．每天 21：00 安排一人按照进群顺序分享自己的故事（主题随意），群主提前私信通知轮到谁。

3．群里不允许发链接、求助、表情包、文章、二维码，不允许发红包、抢红包。

4．群里 23：30 到 6：00 不允许聊天，这是休息时间。

5．群里所有的其他付费、借钱，群主都不做担保，每一笔钱给出去，都有收不回来的可能。如有违规，即使付费也会被踢出群，请大家相互理解合作。

这类群规适合创业群、项目群、学习群、资源群等，群里无效信息少，方便查看，不容易错过有效信息。交流越多，群友间了解互动会越多，合作共赢的机会越多。如果你的粉丝都是普通消费者，可以根据粉丝年龄去设计一些符合他们生活、学习、工作的规则，更容易激发活跃度。

方法 4：震撼的欢迎仪式。包含三项：欢迎新人+群规介绍+新人介绍。可以事先写好模板，比如每进 1 个新人，发欢迎语并提醒其运行自我介绍；每进 5 个新人，发群规介绍。将简单的事情不断重复，就会形成习惯和群文化。

自我介绍模板参考：姓名+性别+年龄+常驻城市+行业+有什么+需要什么。

方法 5：不定时清人。定期清理群里长期不发言不互动的人，保持群名额的稀缺性。当然，也不一定真的踢出群，还有其他提高群活跃度的战术，比如"今天 21:00 本群将给一位长期不说话的小伙伴赠送飞机票，在的请打 1 。"

方法 6：定期整理群精华内容，管理员统一做二次分享。这样做的好处：节省群成员的时间，让他们用最少的时间，看到最精华的内容，提高效率。

方法 7：持续分享干货。持续分享有价值的信息，是保持群活跃度的最佳方法。可以是群主、管理员分享，也可以利用群规鼓励群成员定期分享。

方法 8：神秘营销。人都有好奇心，越不让他知道他越想知道。比如有预谋地让几个比较活跃的人在群里说一句相同的话："秘籍已经收到，太给力啦。"接下来，说的人越多，没说的人里面一定会有人慌，因为他们害怕被遗忘，就会有人问："什么资料，我怎么不知道？"当然，这种玩法，最好有头有尾，真有其事。

方法 9：组织活动。活动分为线上和线下。不管哪一种，要不定期举办，在活动预热、活动中、活动后都在群里发图、发视频，甚至可以直播。

方法 10：打造群标杆，塑造榜样的力量。多培养优秀的人，多树立榜样的力量。卖家的顾客群，比较好的运营方式就是发动买家做真人秀，比如晒图、晒视频、晒使用心得等。

方法 11：制定全年营销日历，把一年 12 个月中所有中西方节日、网络节等全部罗列出来，根据节日制造话题，引发互动和讨论。

其他方法如聊八卦、晒单、互动问答、话题分享等，不同群的创建初衷不同，提升活跃度的具体做法也不同，这么多方法，按需选用。

沉淀类，如微淘、微博、抖音、大鱼号等，提升活跃度最好的方式：稳定、持续输出有价值的内容，引导粉丝收藏、评论、留言、私信、转发等。

裂变传播

一旦活跃度提升，粉丝的忠诚度和归属感会越来越强，此时用些心思发动粉丝传播分享，更顺理成章。

裂变也是一种流量获取方式。

传统的线下商业时代，获取流量的方式很简单：在电视台做广告；找明星做代言；在全国招代理。

传统电商时代，获取流量就是靠搜索引擎。网站流量百分之七八十来自搜索引擎，谈互联网营销，就是谈 SEO，淘宝、天猫、京东这些电商平台也不例外，也都是基于搜索引擎分发产品，在这个时代研究搜索引擎算法可以获得更多利益。

当前是社交时代，流量分发不再依赖搜索引擎，互联网巨头们纷纷布局社交平台和内容，能充分印证社交商业时代的来临，在这个时代，获取社交流量最好的方法就是：裂变。拼多多用了不到 4 年时间，打破了电商格局，其流量获取方面能突飞猛进，本质就是使用了基于社交的裂变模式。

下面来看一个案例：利用微信、微信群、朋友圈，通过活动裂变传播，7 天卖出 1896 份黄金生肖吊坠。

第 8 章 粉丝运营（经营粉丝→快速裂变→持续成交）

裂变路径：裂变海报→识别二维码，打开活动介绍页→点击"立即领取"→打开活动说明和收件信息填写页面→提交信息→等待快递上门→货到付款。

因活动海报和名称中涉及明星肖像和知名品牌名，这里就不贴图了，品牌名用"XX"代替。

裂变海报中的文案：XX 企业，回馈广大新老客户，特拿出 XXX 件黄金吊坠+耳钉，送完为止！丰厚奖品、机会有限、先到先得。扫描二维码，免费领取礼品！XX 企业期待您的光临，本活动最终解释权归本店所有。

识别二维码，打开活动介绍页中的核心文案："价值 599 元 XX 耳钉+吊坠+100 元花费充值卡和 8G 流量，真的送到你手中！"然后在活动页中使用图文介绍免费送的产品并醒目地穿插了 4 次"立即领取"按钮。

点击"立即领取"按钮后，在打开的页面中：重点说明是货到付款，邮费 39 元自理，超过 39 元可拒收，不接受的不发货。

后端准备和所需技术：

1．备货。

2．联系快递公司。

3．一个基于微信，能正常打开的表单收集系统（在网上搜索"微营销""微商城""微裂变"等关键词可以找到很多此类工具）。

4．制作出裂变海报、活动介绍页、信息收集页（会的自己做，不会的找人做。主要是用 Photoshop 作图，并为图片加链接）。

裂变传播：把海报图直接发到超过 100 个微信群里，然后群友自动传播发酵，最后卖出了 1896 份。

大家注意笔者用了"卖"字描述，海报中说是免费送、免费领，最后却用货到付款的方式实现了盈利。完整的图文详情，一定要从本节素材中查看，看完就会明白。只要你能把"后端准备和所需技术"的 4 个要点理顺，换其他产品，用相同的方法，一样可以卖出去。

裂变传播不是碰运气，而是有方法。

驱动用户裂变的心理机制分为情感型（成就感、炫耀、表达自我认同、同理心、求关注、利他心）和利益型（赚钱、省钱）。如果是以成交为目的的裂变，最后成交的关键一定是信任。

在设计裂变路径时，把心理机制和信任等因素融入进去，就比较容易达成效果。

常用的裂变方法有三种：

1．冲动型，逻辑是：好奇+情绪传染。

2. 强制型，逻辑是：需求+被动操作。
3. 奖励型，逻辑是：价值+物质刺激。
方法有了，接下来就是设计裂变路径。

对电商卖家而言，裂变的终极目的多数是"老带新"或增加复购率，围绕这个目的设计裂变路径即可。推荐几个在微信里的裂变路径：

裂变海报→扫码进微信群→群内领福利购物。

裂变海报→扫码进微信群→群内完成任务（比如提供海报或文案，让对方发朋友圈后截图），领取福利后购物。

裂变海报→扫码加微信好友→邀请入群→在群内领取福利后购物。

裂变海报→扫码加微信好友→邀请入群→在群内完成任务，领取福利后购物。

重点在于裂变海报的设计，如何快速制作一张精美的裂变海报呢？只需两步：第一步、思考并整理出文案；第二步、利用作图软件排版制作。

海报文案可以参考以下三种类型：

恐惧型海报=恐惧引发的问题+适当的解决方案。

访问型海报=物理访问或心理访问+适当的解决方案。

快速型海报=更少的时间/更少的学习+呈现效果。

例如：

不去健身房、不请私教，在家 20 天练出好身材。

3 天玩转面包机，每天 10 分钟自制面包。

至于排版，在网上搜索"裂变海报"，有很多案例可供参考。

> **小贴士**：裂变引流在很多场景都可以用起来，不管线上还是线下，想实现"量大+自动化"，离不开各种小工具，网上都可以找到，想节约时间和试错成本，添加笔者微信（QQ 同号：1743647955），教给你更多方法。

8.4　想持续成交，你的后端产品、服务是否"给力"

成交路径：引流 → 建立信任 → 成交 → 加深信任 → 持续成交。

多渠道引流也好，运营粉丝也罢，都是为了持续成交，因为维护老顾客的成本远远低于获取新顾客的成本。据统计，一个满意的顾客会带来至少 8 笔潜在生意，一个不满意的顾客可能会影响超过 25 个人的购买意愿。

售前建立信任的方法包含但不限于：

1．产品卖给需要的人，无须过多说服；
2．质价匹配、质优价廉；
3．图文、短视频对产品的描述与实物相符，解决痛点，刺激需求，解决欲望；
4．直播，面对面建立信任；
5．客服沟通响应及时，不卑不亢，有问必答；
6．实力证明，厂区图、原产地证明、专卖店图、专利证书、权威检测证明、授权书、各种奖项等；
7．政府、名企、名人、知名品牌、意见领袖、行业专家等提供背书；
8．买家反馈、买家秀、销售数据等。

购买后加深信任的方法包含但不限于：

1．遵守约定、及时发货；
2．快递、物流运输包装无损坏，产品无漏发、错发、少件、破损、残次品；产品包装完好；
3．实物与描述预期相符，甚至超出预期；
4．售后服务态度良好、解决问题及时；
5．有售后圈子，长期推送有价值的信息，回购方便；
6．产品好、服务好，回购或推荐分享有面子；
7．店铺稳定，综合服务好，买家愿意长期跟随。

简而言之，持续成交=提升复购率（重复购买率简称复购率，是指消费者对某产品或者服务的重复购买次数）。

引流阶段的拉新，如果新顾客转化是利益驱动，比如第4章讲的活动运营便是典型的利益驱动，有平台背书+促销策略组合优惠，快速建立信任，刺激第一次购买相对简单，但是想让顾客持续购买，物流体验、产品本身、卖家的服务等都是重要影响因素。

接下来，笔者将从物流、产品、卖家服务三个维度推荐一些提升复购率的策略。

物流方面

策略1．明确发货时间。比如付款后4小时内、8小时内、12小时内、16小时内、20小时内、1天内、2天内发货。

策略2．全国分区域与不同的快递公司合作。淘宝卖家、天猫商家在创建运费模板时，可以为指定地区城市设置运费，如图8-14所示。建议综合考虑快递网点、快递平均配送时效、快递服务水平等因素，为不同区域选择不同的快递公司。

策略 3．选用规格更高的配送服务和售后承诺。比如承诺达、货到付款、指定快递、运费险、退货承诺、破损补寄、免费换新、免费送装、海外直邮、无忧退货、坏单包赔、破损包退、卖家包税、材质保证、延期赔付等。

策略 4．加入菜鸟仓配网络，就近配送。具体详情请登录菜鸟官网了解。

策略 5．当买家遇到快递物流问题时，请勿推卸责任，要主动担责，第一时间处理。

图 8-14

产品方面

任何形式的产品，售后都要接受品质的考验。站在买家角度，很好理解，东西好，还会继续买，甚至介绍朋友买；东西不好，退货，没有下次了。所以，笔者反复强调的"如实描述"很重要，最好不要夸大描述，给人过高的期望值，收到实物后却因期望值落差太大导致失望；反之，实物超出预期，买家的满意度会大大提升。

另外，提升复购率，并不是单指同一款产品的重复购买，而是基于全店、品牌的产品矩阵。品类的丰富度也很重要，单一品类的产品提升复购率较难，特别是一些低频次的消费品，比如女装店铺内，有T恤、衬衣、连衣裙、西装裤、哈伦裤、套装等，买家购买一件衬衫后，有好的体验后，可能会继续选购西装裤、套装；如果全店只有衬衣，给买家复

第 8 章 粉丝运营（经营粉丝→快速裂变→持续成交）

购的理由便不充分。这点与前文介绍的"提升客单价"道理一致。

策略 1：结合促销策略和产品生命周期，有计划地做饥饿营销。

促销策略：是指一种促进产品销售的谋略和方法。需结合促销工具使用，请回顾前文"4.5 提升转化常用的 8 类促销工具及促销策略"。

产品生命周期：是指产品从投入市场到更新换代和退出市场所经历的全过程。一般分为投入（进入）期、成长期、饱和期和衰退期。

饥饿营销：简单理解就是通过限量供应，实现产品短时间销售一空。但是饥饿营销真正的核心不在于限量多少，而在于让买家相互争抢，才能达到饥饿营销的最佳效果。同一个产品可以在不同的生命周期用不同的理由和促销策略做多次。

比如一款真丝连衣裙，库存总共 800 件，单价 980 元。新品发布需要一些基础数据，用预售形式获得原始积累，在粉丝流量池内@所有人，原价 980 元的真丝连衣裙限量 80 件，3 折只需 294 元，销售完就涨价；在成长期限量 500 件，6 折售价为 588 元；饱和期限量 120 件，回馈老顾客售价为 392 元；在衰退期限量 100 件，换季清仓，抢到就是赚到，一律售价为 300 元。

策略 2：有意识地布局产品类目，既有利于客单价，又有利于复购。

方式一、单店内的主营类目+子类目布局；方式二、在方式一的基础上，进一步多店铺布局，覆盖粉丝群的更多需求。

策略 3：基于后端营销重新包装产品。

将产品基于粉丝传播和裂变分为三类：

第一类、流量产品。挑选一个或多个容易裂变传播、吸引新粉丝的流量产品，可以低价，甚至可以免费。

第二类、信任产品。价格中等，让粉丝用了之后，感觉超级划算，于是就会产生比较深的信任感，为复购埋下伏笔。

第三类、利润产品。针对部分粉丝，提供更加优质的产品和服务，价格高，利润也高。

简单理解：就是分析粉丝画像，将粉丝分层，针对不同层级的粉丝销售不同价位的产品。

卖家服务方面

策略 1：搭建合理的会员体系。

会员体系最常见的模式是"会员卡"，在线下商业场景中随处可见，线上也越来越流行，互联网巨头们也百试不爽，比如阿里巴巴的 88VIP 会员、京东 PLUS 会员、喜马拉雅的"知识大使"等。

归根结底，他们都是通过会员卡将高品质的用户留住，留存在自己的体系内，流量都在自家的流量池里。

对淘宝卖家、天猫商家来说，最大的优势是原本付费的客户管理平台，现在免费使用，帮助你搭建店铺的会员体系。其用法在前文"8.1.1 运营粉丝战场之阿里巴巴旗下工具"已经介绍，不再赘述。

策略 2：定期推送活动提醒。方式有很多，比如提供奖品、礼品、折扣促销、积分、附加服务等。

案例：赠送带有品牌标志/店址/微信号/公众号/微博号等实用的、天天见的小东西，如冰箱贴、鼠标垫、钥匙扣、手机壳、杯垫、碗垫、桌布、冰箱罩、电视机罩等，让买家每天都能看到并想起什么时候在你家买了什么产品，再次想买的时候，第一时间想到你。

策略 3：设计年卡、年度套餐等。

每到夏天，到游泳馆报游泳班的孩子非常多，为了刺激学会游泳的孩子继续来游泳，很多游泳馆都会针对孩子和家长推出年卡、次卡，比如一年 1688 元，不限次数；30 次 998 元，不限时间，用完即止。电商卖家也可以结合自身实际情况，设计出看上去很划算的套餐，将买家或粉丝未来的一段时间与你绑在一起。

举个例子：某高端商务男装与全国连锁的干洗店合作，然后推出的会员服务是：年消费满 5000 元，在本店购买的所有服装，在当地指定合作干洗店免费干洗 3 次；年消费满 1 万元，免费干洗 8 次；年消费满 3 万元，每月干洗 2 次。另外，办理干洗店的会员，还可以享受折上折；干洗店的顾客购买本店男装也能打折。

你可以发散思维，新零售时代，线上和线下可以合作的领域很多，资源互补共赢是一种新趋势。

小结：

精细化运营时代，只要店铺正常运转，一直开下去，不管是流量运营，还是粉丝运营，办法总会有的。很多时候，买家、粉丝担心的是店铺突然倒闭、哭诉无门、上当受骗。所以，拿出诚意来，正经做事，再加上恰当的运营玩法，会越来越好。学习+总结+应变，一样不能少。

8.5 忘掉对手，用心维护粉丝，新品发布即成爆款

引流阶段，竞争激烈，除了管好自己的店铺，还要盯着对手的一举一动，但是自家流量池的粉丝运营没有竞争，在这个阶段请忘掉竞争，把目光全部聚焦在粉丝身上，深度挖掘需求，提高互动率才是王道。

第 8 章 粉丝运营（经营粉丝→快速裂变→持续成交）

运营粉丝成就爆款的公式：持续引进精准粉丝+粉丝需求产品布局+高互动率=高复购率=新品发布即成爆款。

技术回顾：

第一、明确粉丝运营的战场。战场不同，玩法也不同。

第二、让"拉新→留存→回购→裂变"持续转起来。

第三、善用裂变思维、裂变公式、裂变工具发动粉丝传播分享。

划重点：请将本书前 7 章学到的技能融会贯通，既然学会了技能，接下来是时候应用技能了。

案例 1：卖家私域运营，盘活粉丝、提升黏性的玩法

图 8-15 从左往右依次是天猫家电类商家、淘宝家居装饰类卖家、天猫鞋类商家利用私域工具运营店内买家的截图。

图 8-15

涉及的工具有"淘宝群""购后链路""洋淘买家秀"，具体玩法如下：

淘宝群：设置营销活动（限时抢购、提前购、红包喷泉、淘金币打卡、拼团卡片、裂变优惠券）、群成员成长体系（促活+转化，含回复问题、群内发言、每日打卡、购买产品、收藏任务）、智能营销（上新推送、预上新推送、每周榜单、补货通知、即将售罄推送、大促活动推送、智能装修，以及将入群卡片展示到产品详情页）。

淘宝群设置入口：卖家中心-自运营中心-淘宝群。

购后链路：将"群聊、关注店铺、权益、拼团"显示到订单详情页、支付成功页。权

益分为优酷会员、淘票票优惠券、书旗小说、饿了么超级会员、公益福包、支付宝红包、红包、阿里音乐卡、天猫超市卡、天猫精灵、流量钱包、淘话费、淘金币、外卖粮票、话费/流量券/通信礼包、彩票、虾米音乐、实物凭证权益、口碑立减券等(关于权益类型,官方会不定期更新,请以卖家后台实时显示为准)。

购后链路设置入口:千牛卖家工作台-用户运营-购后链路,如图 8-16 所示。

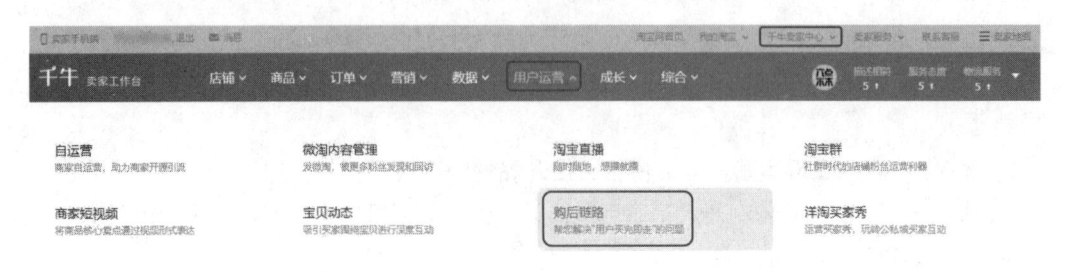

图 8-16

洋淘买家秀:全部在手机端展示,内容来自买家购后晒图评价。分为产品洋淘买家秀(单个产品加精至少 4 条才会展示在该产品详情页的买家秀模块)和店铺买家秀(全店至少加精 10 条才会展示在店铺买家秀模块),卖家手动设置后分别展示到产品详情页和手机端店铺的效果,如图 8-17 所示。

图 8-17

第 8 章　粉丝运营（经营粉丝→快速裂变→持续成交）

洋淘买家秀卖家加精入口：卖家中心-自运营中心-洋淘买家秀。

在手机端店铺中展示，需手动开启"买家秀"常驻菜单，设置入口和步骤：卖家中心-店铺装修-买家秀-客户端展示开关-确认，如图 8-18 所示。

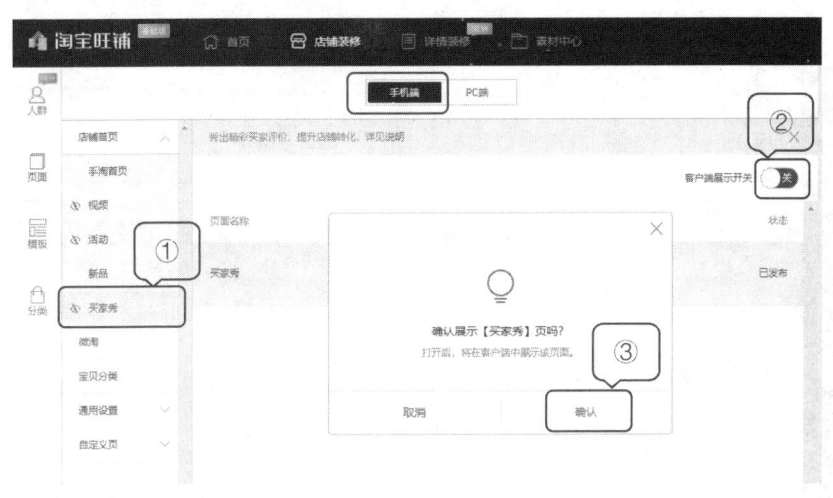

图 8-18

案例 2："专属客服"玩法、头部卖家升级玩法"专属客服+会员"

如果你经常在淘宝、天猫的网店买东西，会发现有些店铺会在付款后的第一时间发消息提醒核对订单的收件信息，快递派送时也会发消息提醒验收，还有一些店铺会不定期推送产品、优惠券、活动促销信息，如图 8-19 所示。特别是在静默购买（即未咨询客服）的情况下，卖家主动提醒，会感觉服务很贴心，收货后没什么问题也愿意给比较高的评价。

图 8-19

对卖家来讲，实现这样的效果很简单，就是开启"专属客服"的自动化任务，只需在后台设置好，便会自动监控订单状态、发送消息并反馈结果。设置入口：卖家中心-用户运营-宝贝动态-专属客服-自动化任务，如图 8-20 所示。需要推送什么类型的消息，就单击"立即开启"按钮，按页面提示设置即可。

图 8-20

当前"专属客服"仅支持售前自动催付、自动核对订单、自动发送验收提醒，售后自动发送退货提醒、自动化退款策略。传递消息的"通道"是旺旺，即自动发送至买家旺旺，无法从其他渠道传递，比如手机短信等。如果店铺满足更高要求，可以申请"专属客服"与"店铺会员"融合，以获得更多服务优质买家的能力。

小贴士： 店铺会员即利用客户运营平台设置的会员体系，在这里可以利用手机短信、购物车、海报等通道向兴趣人群、新客户人群、复购人群传递消息。关于客户运营平台的使用，前文已经讲解过，不再赘述。

在不融合的情况下，买家可能在同一店铺内既是专属客户，又是会员，但是在不同功能里买家的身份等级不一样，触达渠道不同，所享受到的权益也有差别，这种情况会给买家带来认知困扰，也会给卖家管理带来不便。

升级融合后，买家的称呼统一为"会员"，卖家具有更丰富的人群筛选能力、更强大的"通道"触达能力、更庞大的会员体系、更强的专属服务能力等。简单来说，就是把两个工具的功能互补，给买家带来更统一、丰富、完整、人性化的体验。

第 8 章 粉丝运营（经营粉丝→快速裂变→持续成交）

"专属客服"与"店铺会员"融合为定向招商，需同时满足如下基本条件：

1．天猫 KA 及以上的卖家，淘宝年成交超过 1000 万元的卖家；

2．已开通"专属客服"，且累计专属客服关系量超过 100；

3．已开通"店铺会员"，且累计会员关系量超过 100，并完成会员等级设置，近 30 天活跃会员超过 100，近 30 天新增会员超过 100。

"专属客服"的申请条件：

1．店铺未因虚假交易被限制参加营销活动；

2．店铺未因出售假冒产品被限制参加营销活动；

3．店铺在活动中，不得存在利用非正当手段扰乱市场秩序的行为，包含但不限于虚构交易、虚构购物车数量、虚构收藏数量等行为；

4．铺最近 90 天总支付宝成交金额需在 35 万元至 999999 万元之间；

5．店铺开店时长需在 30 天及以上；

6．卖家店铺的主营类目需在指定范围内；

7．店铺在 30 天内不存在 48 分以下的虚假交易违规且 180 天内虚假交易违规不得大于 48 分；

8．不在搜索全店屏蔽处罚期内；

9．未因发布混淆信息被限制参加营销活动；

10．店铺最近 365 天不存在出售假冒产品扣分处罚；

11．卖家店铺未因违禁或品控 B 类 6 分严重违规处罚被限制参加本年度营销活动；

12．店铺未涉及出售假货违规处罚；

13．店铺未因严重违规行为被限制参加营销活动；

14．店铺未因一般违规行为被限制参加营销活动。

> **小贴士**：1．"品控 B 类"是淘宝品控 B 类违规的简称。淘宝品控是为了保证产品的质量和品质，根据市场管理规则、行业规则和市场准入等规则，对产品质量等不合格、舆情曝光、平台禁售、未经准入销售等行为进行的管控。淘宝违规分为 A 类一般违规和 B 类严重违规。
> 2．申请专属客服的《卖家店铺主营类目明细》详见本节配套素材文件夹内。

案例 3：品牌卖家专属的"品牌号"玩法

很多品牌既有线下实体店，也有自己的会员体系，他们更希望将线上店铺的买家数据与线下实体店的数据打通，并且有一套统一的规范能同时运营线上和线下的会员，"品牌号"

就是能解决这方面诉求的工具。

品牌号是将品牌信息聚合并在全域触达消费者的能力载体，是完成消费者资产数字化沉淀及精细化运营的阵地。

品牌号为卖家提供了以下 5 大解决方案：

1．内容营销解决方案：实现品牌的内容运营，包括对内容的积累沉淀、品牌主页承接内容落地、支持内容生产，实现粉丝和品牌的互动。

提供图文、视频、全景、海报等内容制作工具，支持淘系全域与站外渠道分发；可基于消费者互动策略定制互动工具，激发消费者参与，传递品牌价值，增强品牌事件影响力。品牌精选产品的全渠道营销，将新品亮点、系列定位、产品服务等价值触达消费者。

2．全域运营解决方案：品牌触达"可自运营消费者"的通道更丰富，包括但不限于淘系产品矩阵（微淘、推荐、消息、人群导购、搜索等）、阿里巴巴旗下的媒体矩阵（优酷、新浪微博、UC 头条、高德地图、阿里巴巴其他媒体平台）、线下媒体矩阵（线下门店屏幕、线下合作媒体）等。品牌能以更"聪明"的方式运营消费者，平台拥有千人千面的数据能力，实现业务解决方案的定制化和效果可衡量。激活多样化的营销场景，实现从内容分发到人群营销的无缝衔接。

3．关系营销解决方案：帮助企业进行品牌线上和线下会员营销，通过会员服务与权益的精准触达，增加潜在会员，维护老会员忠诚度。

4．全渠道运营解决方案：串联线上线和下购物场景，门店活动与产品信息通过 1V1 消息精准触达消费者，实现门店分流与消费者关系维护，帮助品牌全渠道运营。

5．品牌全渠道解决方案：打通"手机淘宝""手机天猫"App 及淘外流量渠道，实现品牌互动营销、产品营销、内容传播、门店服务、会员营销等。

申请品牌号的流程分为 4 个步骤，如图 8-21 所示，全部完成后即可获得品牌账号。

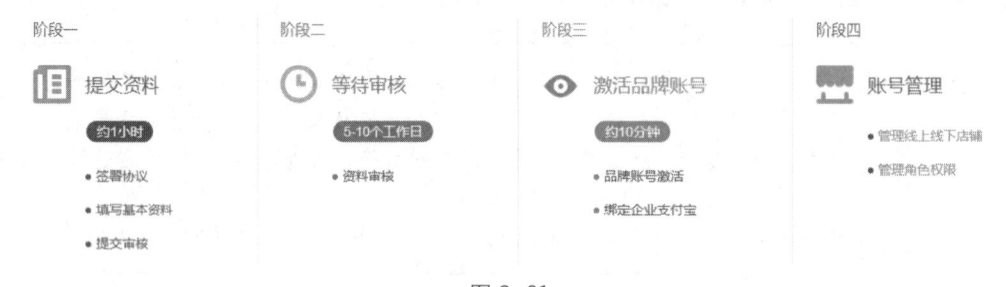

阶段一	阶段二	阶段三	阶段四
提交资料	等待审核	激活品牌账号	账号管理
约1小时	5-10个工作日	约10分钟	
● 签署协议 ● 填写基本资料 ● 提交审核	● 资料审核	● 品牌账号激活 ● 绑定企业支付宝	● 管理线上线下店铺 ● 管理角色权限

图 8-21

入驻条件：

品牌号采取邀约入驻，须同时满足以下条件才有机会成为邀约入驻对象：

第 8 章 粉丝运营（经营粉丝→快速裂变→持续成交）

1．企业具备工商局注册商标信息，须完成在阿里巴巴标准品牌库的信息录入并审核通过，且处于有效期内。

2．企业须完成支付宝企业实名认证，实名认证的支付宝企业信息与入驻品牌号运营主体一致。

3．入驻企业若为商标持有人，须提供完整的企业资质、品牌资质和品牌号运营计划；若为非商标持有人，除上述资质，还须补充由商标持有人提供的商标使用及品牌号平台运营授权证明，并处于有效期内。

4．平台将综合评估该品牌商家的品牌知名度、市场影响力、平台运营投入力度，天猫店铺销量和服务评分等综合维度。

小结：

1．网上产品多，购物渠道多，买家见多识广，忠诚度低，关于粉丝运营，你不做，竞争对手在做，本就属于你或即将属于你的粉丝会被抢走。

2．中小卖家、腰部卖家、头部卖家、KA 卖家、品牌卖家在淘宝、天猫都有适合的粉丝运营工具，建议按需选用。

3．粉丝运营，不管是在淘内，还是在淘外，说到底就是抓三个核心指标：持续引进粉丝、提高活跃度、重视粉丝，多沟通，建立更深层次的信任，提高复购率。

延伸：

"粉丝运营"已经成为电商团队中的重要工作之一，在各大招聘网站贴出来的工作职责包含但不限于：

1．根据店铺整体需求，建立并不断完善品牌粉丝营销管理体系，通过有效的 CRM 管理计划提高用户体验及忠诚度。

2．进行品牌粉丝生命周期的管理，对粉丝进行分析筛选和激活，包括但不限于促进注册但未购买会员的转化、活跃用户的重复购买、流失用户的唤醒等，不断提高粉丝活跃度、忠诚度和粉丝的销售贡献。

3．结合日常营销，组织策划店铺会员活动，通过短信、EDM、微博、微信等社会化媒体营销等实施活动，并对活动预算及效果进行监控和数据分析。

4．监控和维护 CRM 系统，充分了解细分客户类型，进行分级服务管理，分析并挖掘潜在客户及重点客户。

5．通过提升客户体验流程，利用微淘、微信、微博、旺旺、短信、CRM 软件等一些运营工具促进顾客二次消费，提高销量和品牌知名度，提高顾客黏性。

6．负责日常营销数据统计及分析，发现会员营销指标数据异常波动和机会点，查找原因并与运营人员及其他部门沟通协调资源，制定提高方案。

7．负责与粉丝日常互动（包括店铺粉丝、微信粉丝、自媒体粉丝等）；通过策划提高粉丝的活跃度和黏性。

8．打通各渠道的粉丝，形成运营机制；优化存量粉丝，吸纳新的粉丝；通过数据分析优化运营方式。

9．负责自媒体粉丝的拓展及维护工作；根据自媒体发展情况与问题，及时调整及优化。

10．懂得互联网社区运营规律，对粉丝群体进行有目的地组织和管理，提高粉丝的活跃度和黏性，提高留存率。

11．负责粉丝和社群的日常运维，深入挖掘粉丝需求，与粉丝进行高效互动，最终达成服务好粉丝、销售转化的目的。

12．负责原创话题和内容的策划、发布和维护，提高粉丝活跃度，提高品牌信任感。

13．负责粉丝福利和活动的策划，并对数据进行复盘和分析。

14．对粉丝和社群的问题进行整理分析，及时反馈粉丝需求和问题。

15．整合运营自媒体渠道粉丝群，撰写粉丝会规划、粉丝运营方案。

16．负责新媒体平台官方账号的运营、维护、互动、增加粉丝及效果跟进等工作（包括内容输出、活动策划、用户维护等）。

……

归根结底，不管是淘内的粉丝运营，还是淘外的粉丝运营，其逻辑、框架、考核指标都类似，先知道方法，再掌握工具，最后实践执行。只要将本章所有技巧都掌握，自运营、找工作都没问题。请活学活用，举一反三。

3

第三篇
除了淘宝、天猫网店，
还能干什么

互联网就像一个无形的穹顶，大众在这个穹顶之下利用互联网满足各种需求，淘宝、天猫是网络购物平台，解决人们的网购需求。

虽然互联网诞生才短短几十年，但是其更新迭代的速度很快，本篇将用一个章节探讨互联网的更多可能性，以及介绍利用互联网变现的 20 种方法。

懂互联网语言，一切皆有可能。动起来，去做，任何时候都不晚！

第 9 章
懂互联网语言，一切皆有可能

开淘宝店、天猫店，有利可图，所以才有那么多人不断去做；而开淘宝店、天猫店只是"网购模式"中"零售商"角色的缩影。

简单来说，本书前八章是站在淘宝、天猫网店零售卖家的视角，去剖析网店的运营技法。而事实上，"网购"已经形成了一条完整且庞大的产业链，在这个链条里，"网购平台"将"生产企业、批发商、零售商、快递物流商、消费者"连接起来，创造出了很多就业或变现机会，除了做淘宝、天猫网店的零售卖家，也许你更适合做点别的。

本章将从七个角度分析在当前互联网环境下，利用互联网思维、技术、工具等解决"人性需求"的一些变现玩法。

"互联网语言"不是指代码，有点像外国人学汉语，在看不懂、听不懂汉语，也不会写汉字的时候，各种茫然、不知所措；一旦会了，就会觉得新鲜、奇妙，融入中国变得更轻松，与人沟通游刃有余，"懂互联网语言"就是类似的意思。如果你只是门外汉，很多问题看不透，一旦成为互联网的"门内汉"，便拥有了利用互联网思维、技术、工具去解决具象（具体，不抽象）问题的能力。

9.1 开网店，先"开窍"

开窍，有两个意思：1.（思想）搞通，思想开了窍，工作才做得好；2.（儿童）开始长见识，如现在的孩子开窍早。

本文是第一个意思，泛指思维敏捷，小到一个具体问题，大到复杂事件，能在短时间内快速抓住事物本质，通过改变思考方式获得新的领悟，也称"顿悟"。比如之前觉得难得要命，几乎不可能完成的事情，突然有一天找到了方法，在很短时间内便解决了，回头再想想当初，这么简单的方法怎么以前没想到呢？有点像武侠小说里，主人公被打通了任督二脉后武功大增。

通俗点说,"开窍"要有比较强的学习能力,善于思考总结,并结合自身实际情况,将方法融会贯通后为自己所用。前文"我该兼职还是全职"分析了三类适合开网店的人和七类不适合开网店的人,站在这个角度看,适合开网店的三类人便是开了窍。

关于淘宝、天猫开店,先"开窍"这点尤为重要,本书前八章,有理论,也有实践经验和操作步骤。多数时候理论在先,经验步骤在后,就是希望大家先搞清楚道理(先开窍),再结合经验和步骤执行,事半功倍。

此外,"开窍"还体现在具备发散思维,善于用新方法卖老货、用老办法卖新货。

比如在淘宝、天猫开店,发布产品时,需添加主图、主图视频、详情描述图,为了让产品介绍更有吸引力,会根据淘宝、天猫网店发布产品的规则去优化图片,使其既符合平台规范,获得比较多的曝光机会,又容易快速获得买家青睐,使其点击并购买产品。我们优化图片使用的是产品拍摄技术和 Photoshop 图片处理技术,而这两项技术不仅适用淘宝、天猫网店,还适用阿里巴巴店、京东店、拼多多店、美团店、饿了么店等,甚至其他需要通过视觉表现产品的平台、网站、H5 页面等也适合。这便是"开窍"后的发散思维。

再比如电商 1.0 时代的淘宝店,属于货架式展示,图文呈现产品是主流,为了增加销量,卖家会想尽办法打造"攻心"描述;到了电商 2.0 时代,新的短视频、直播技术让产品展示更真实、立体,此时就该把重心从原来的打造"攻心"图文描述转移到打造"攻心"短视频,让直播间的主播推荐产品时更攻心。虽然产品的展示方式发生了改变,但是挖掘产品卖点、提炼产品文案的技巧是没变的。这便是"开窍"后用新方法卖老货。

当你熟练掌握淘内短视频的卖货玩法和淘宝直播的卖货玩法后,换其他平台去做短视频、直播,其操作方法都是类似的,无非是平台不一样,规则有差异而已。这便是"开窍"后用老办法卖新货。

关于网店运营,同一个方法,在有不同资源、站在不同岗位、拥有不同阅历的人看到后,吸收为自己所用的"点"都会有所不同,不管如何,必须先"开窍",抓住对自己有用的关键点。

9.2 "食人间烟火",你过得幸福吗

互联网是人创造出来的,在背后操控互联网的是人,既然是人,都"食人间烟火",那么,你过得幸福吗?你所做的事情让你感到幸福吗?

人教版小学四年级的语文课本上有一篇课文叫《幸福是什么》,旨在教育儿童:幸福要

靠劳动，要靠很好地尽自己的义务，做出对人们有益的事情。通俗理解就是：要想获得幸福，就要通过辛勤的劳动，给别人带来方便和好处，让别人感到幸福，自己也就幸福了。

19世纪俄国批判现实主义作家屠格涅夫有一句关于幸福的名言，"你想成为幸福的人吗？但愿你首先学会吃得了苦。"很多人选择开网店，或者从事网络相关的工作，但幸福指数不高、无法专注、坚持不久、负面情绪太多，笔者认为这些人根本没有真正把心思放在这件事情上，没有真正理解做这件事情的意义。前文"1.3 现在开网店、做淘宝晚不晚"中"关于开网店是否赚钱"举了很多例子，建议你定一个能够实现的目标，用心去做，走正道，你为别人创造价值，别人为价值买单，所得回报心安理得！

先付出、先吃苦、先利他，后得到、后享受、后利己，这是人性的规律。

不管在哪个平台，以何种手段卖何种产品，只要抱着一颗"先让目标人群幸福"的心去做事，皆能有所作为。关于这一点，其实是贯穿本书的一条"暗线"，特别是以人为本的第8章"粉丝运营（经营粉丝→快速裂变→持续成交）"。

9.3 登高望远，扩宽你的视野

登高望远的道理谁都懂，古代很多诗人用优美的诗句描写登高望远的意境，比如唐代杜甫的《望岳》中"会当凌绝顶，一览众山小"，唐代王之涣的《登鹳雀楼》中"欲穷千里目，更上一层楼"，幼儿园的小朋友都会背。然而，很多人随着年龄的增长，随着工作、生活压力越来越大，很少人有时间慢下来、静下来思考这个道理。

开网店等同于创业，在网店上班就是工作，关于网店运营，真的要时时"登高望远"。互联网在快速发展、科技在进步，人随着年龄增长各方面的喜好习惯都会变，要跟上这种变化节奏，用动态的眼光看待你正在做的事情，跳出小圈子，站得远一点，站得高一点，视野将变得不一样。

例如PC互联网时期，淘宝、天猫网店处于王者地位，卖家不用太担心外部环境，一心一意守好店铺，在淘内做好搜索优化、开好直通车、管好淘宝客，买家如流水般哗哗哗地来。而在移动互联网时代，淘宝、天猫正从运营"流量"转为运营"人"，从"营销拉动成交"转为"会员精细化运营带动复购和黏性"，从单一产品转为IP、内容、产品多元化运营。不久后，淘宝很可能90%的内容都由视频来承载。这是非常大的转变，身为卖家，如果没有看清这一点，没有及时做出调整和应对，极有可能被淘汰。

此外，随着移动互联网的发展，新的消费场景、购物入口如雨后春笋般层出不穷，如拼多多、抖音、快手、小红书、微信、朋友圈、公众号、小程序、微博等，买家网购的注意力被转移、分散，买家在哪，卖家运营引流的战场就该在哪，现在除了守好淘内，还需"出淘"，如果你没有看到这些改变，本就属于你或即将属于你的买家也会被瓜分抢走。

因此，不管你有多忙，每天也要抽出一点时间去学习和接收新的东西。

9.4 术业有专攻，你专注哪个领域

图9-1是对"卖家挑选产品并利用互联网平台、技术、工具销售，然后通过快递、物流送达到买家手上"这个流程的简单描述，这个流程的核心是产品通过互联网送到买家，至于是什么身份的卖家，选择何种类型的产品，用什么互联网技术和工具，在哪个互联网平台上销售，组合形式非常多。你可以将这张图与前八章的内容结合，然后发散思维去思考，可能会带来新的启发。

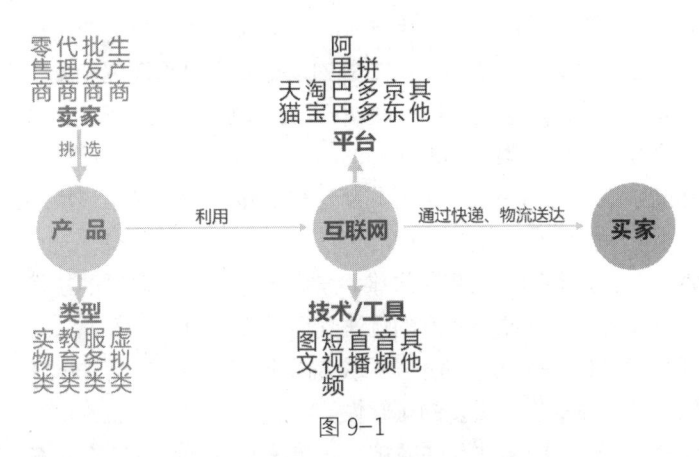

图9-1

俗话说"术业有专攻"，越专注某个领域越容易做好。比如专注零售、专注批发、专注产品研发生产、专注零售渠道搭建、专注批发代理渠道搭建、专注视觉呈现（摄影/修图/剪辑短视频、装修店铺）、专注提供卖家所需的某类工具软件（卖家服务市场里的那种）、专注客服培训/客服外包、专注企业服务（品牌服务、企业管理、财税服务）、专注网红包装孵化、专注打造个人IP、专注自媒体平台运营、专注自媒体合作资源整理、专注做推广（淘宝客）等。

很多时候是选择太多，而不是没选择，关键在于结合自身实际情况，选择合适的那个。

9.5 聚焦你的资源，适时更新迭代，学会跨界合作

专注做一件事，会不断往里面投入，做得越久，投入越多，逐渐就有了资源。无论是线上还是线下，这方面的例子有很多，比如：

例子1：线下实体店的装修，三年前的装修风格放到今天可能过时了，加上折旧损耗，如果不翻新，相同风格的新店开业就会抢走顾客。所以，对于线下实体店，做得久的，多数都会不定期翻新或重新装修。

例子2：卖家拍摄主图位置的短视频，一开始可能不太注重短视频品质，后来平台要求越来越高、买家越来越喜欢高清、超清，甚至4K画质的短视频，卖家就要逐渐升级自己的拍摄设备，提高后期剪辑水平。如果是摄影外包，你会发现专业摄影师最值钱的就是他的设备。

例子3：网络直播平台刚兴起时，个人直播的设备为一台配置一般的计算机或一部普通的智能手机，但是随着直播技术的更新迭代，随着加入直播行列的主播人数越来越多，为了让粉丝在观看直播时有更好的体验，主播的设备就变得越来越专业，除了更高配置的计算机、智能手机（拍摄像素越高越好），像电容麦克风、专业声卡、美颜摄像头、监听耳机、补光美颜瘦脸灯、手机支架等都是必备的。

专注你所在的领域，与时俱进，适时更新迭代。赚钱的工具，该换的果断换，该升级的果断升级。

此外，新零售时代，要有"跨界"思维，学会合作，用互联网的技术、工具管理和运营线下的生意，把线下一些成熟的、好的玩法套用到线上的生意。

以前互联网生意与线下生意是两条不相交的平行线，现在"互联网+"已经将越来越多行业互联网化，创新并实现了更多的可能性。

移动互联网+工业，借助移动互联网技术，传统制造厂商可以在汽车、家电、配饰等工业产品上增加网络软硬件模块，实现用户远程操控、数据自动采集分析等功能，极大地改善了工业产品的使用体验。

互联网+商贸，电子商务的发展就是互联网对传统行业进行的最明显的升级换代，极大地改变了人们购物的方式和习惯。

互联网+通信，让人们的通信、沟通方式更加多元化，比如即时通信的出现，让原来单一的打电话、发短信，发展为可以实时语音、视频通话。

互联网+交通，如坐公交刷支付宝、打出租车用滴滴出行、在网上购买火车票/飞机票、

自驾游出行用导航等，提高了效率、减少了排放，对环境保护也做出了贡献。

互联网+旅游，如网上购票、景区导览、规划路线、各种攻略游记、景区门口不用排队，扫码入园……极大地方便了旅游出行。

互联网+医疗，有望从根本上改善"看病难、看病贵"这一医疗生态。在传统的医患模式中，患者普遍存在事前缺乏预防，事中体验差，事后无服务的现象。而通过互联网医疗，患者有望从移动医疗数据端监测自身健康数据，做好事前防范；在诊疗服务中，依靠移动医疗实现网上挂号、询诊、购买、支付，节约时间和经济成本，提升事中体验；然后依靠互联网在事后与医生沟通。百度、阿里巴巴、腾讯先后出手互联网医疗产业，形成了巨大的产业布局网，他们利用各自优势，通过不同途径正努力实现改变传统医疗行业模式的梦想。

互联网+语言，让不同国家的人们沟通更轻松、顺畅。掌握一门外语，需要比较久的时间学习，现在一个App、一个软件便能实现实时翻译。

……

讲了这么多，有两层意思：一、尽可能地专注某个领域，聚焦自己的资源，顺应时代，适时更新迭代，保持竞争力；二、用"互联网+跨界"的思维，发现你所专注领域的更多可能性。

9.6 懂互联网语言，变现方法不止20种

在网上，除了开淘宝店、天猫店，可以实现的方式还有很多，下面笔者罗列了靠谱的20种方式，不管兼职还是全职，都可以操作。

1．电商类。第一种，开一个或多个网店卖货，用网店这个载体收钱，网店可以是淘宝、天猫、阿里巴巴、京东、拼多多等；第二种，不开网店，卖货，用微信或支付宝收钱；第三种，不卖货，专注为卖家提供服务，比如拍摄产品图、拍摄产品短视频、产品图后期处理、视频剪辑、为卖家装修店铺、提供卖家所需的某类工具软件、提供客服培训/外包，提供企业服务等。

2．自媒体类。在流量大的公众开放平台注册账号，输出内容吸引流量或粉丝，然后将流量或粉丝变现。变现方法可以是电商卖货，也可以卖广告等。比如头条号、百家号、大鱼号、企鹅号，入驻之后持续输出优质内容，既能获得平台资金补贴，也能吸引粉丝，基于粉丝变现。

3．成为阿里妈妈的淘宝客。作为卖家，为店铺推广，引流渠道之一就是去阿里妈妈

淘宝联盟寻找优质淘宝客，那么，你成为"优质的淘宝客"，为卖家推广产品拿佣金即可。

4．文库类。用自己多年所学的专业知识变现。比如百度文库，普通百度会员付费下载文档，你可以注册百度会员后申请认证，上传付费文档供他人有偿下载。文档支持格式的有.DOC .PPT .TXT .PDF .XLS。与百度文库相似的还有百度经验、豆丁文库、360doc 个人图书馆等。

5．成为百度知道合伙人。团队、行家、企业、政府都可以入驻，回答问题获得报酬。

6．更多问答类。广泛领域类的比如悟空问答、360 问答；专业领域类的比如 39 问医生、育儿问答、家居装修知识问答等。模式类似，回答问题变现。

7．短视频类。一是成为短视频平台的签约达人，输出内容；二是签约入驻 MCN 机构；三是自运营，持续输出内容获得平台资金补贴，或者吸引粉丝变现。除了前文"5.4 全网营销之内容'霸屏'规划"罗列出的适合电商变现平台，还有很多垂直细分行业的平台，查找方法很简单，拿出手机打开手机的"应用商店"，分类查找，下载安装量比较高的都可以去运作。

8．直播类。成为直播平台的主播。像淘宝直播这样的属于电商直播，奔着卖货去的。此外，还有游戏、娱乐直播，比如虎牙、KK、斗鱼、YY、哔哩哔哩、一直播等，一是成为平台签约主播；二是成为独立主播，靠自己才艺吸引粉丝，主要变现手段是粉丝打赏。

9．声音类。入驻声频类平台，用自己的声音变现，比如喜马拉雅FM、蜻蜓FM、豆瓣FM、企鹅FM、荔枝FM等。还可以做配音。

10．讲师类。互联网+教育，让传统的教育行业多了很多可能性，如果你在某一行业有多年从业经验或实战经验，可入驻教育类平台，成为讲师，传道解惑，比如淘宝教育、腾讯课堂、网易云课堂、荔枝微课等。有些平台是机构入驻，你可以自荐成为这些机构的讲师。还有些网站收购或签约专业领域的讲师，录制视频课程，只要有专业技能或者会录制课程，都能变现。

11．设计类。精通一种或多种软件，通过设计作品变现。一方面可以上传作品到一些素材平台，比如站酷、视觉中国、微信表情开放平台等；另一方面你可以提供按需求定制作品。软件种类有很多，如 PS、C4D、After Effects、Illustrator、Premiere、Excel、PPT、Word、AutoCAD、3DSMAX、SketchUp、Painter、Principle、C#语言、Axure、ZBrush、酷家乐、达芬奇、FCPX、UG 等。

12．摄影类。一是做讲师，教摄影技巧；二是签约成为平台摄影师，完成摄影任务；三是卖自己的摄影作品，平台有很多，如站酷海洛创意、东方IC、中国图库、锐景创意、视觉中国、500px 摄影等。

13．翻译类。会一门或多门外语，可以通过翻译、配音变现。比如百度人工翻译、猫途鹰（TripAdvisor）翻译志愿者、有道人工翻译等。

14．编程开发技术类。一是做讲师；二是自己录制软件的使用视频教程，卖给平台或自己卖；三是接一些程序开发的私活，比如在程序员客栈上可以接活。

编程开发类的软件也有很多，如 Java、C++、HTML、PHP、CSS、JavaScript、Maven、Vue.js、JQuery、AJAX、JDBC 等。

15．小程序开发类。基于微信、支付宝的小程序很火，有技术的话，可以基于官方的开放文档，开发一些小程序。

支付宝开放平台支持小程序、生活号开发；微信的官方文档支持小程序、小游戏、公众号开发。

16．威客类。简单理解就是业务外包。自己做不到的，花钱找人做，如果有技术、有能力，就可以成为"被找"的人。平台有猪八戒、时间财富（原威客中国）等。

17．知识变现类。这一类侧重付费社群玩法，利用信息差或者细分专业领域的知识，通过社群、圈子的形式变现。比如付费 QQ 群、付费微信群、知识星球、在行、千聊等。

18．适合兼职的小任务类。利用闲置的时间、资源等，做些小任务结薪，如阿里众包、支付宝的蚂蚁微客、京东众包、百度地图淘金、高德淘金、美团拍店等。

19．提供建站类。在早前的 PC 互联网时期，独立网站有过几年的高速发展，几乎是企业人手一个网站；现在，PC 端独立网站的需求减少，而手机端基于微信、公众号、手机搜索引擎、支付宝的微网站等的需求渐长，专注这方面也不错。

20．将实体店生意搬到互联网。互联网的玩法越来越多，"互联网+"颠覆了太多行业，很多实体店主也要思考适合自己的新的经营模式，比如加入美团、饿了么等平台。

小结：

不管兼职，还是全职，选择适合自己的类型，专注去做，假以时日皆可大成。20 种玩法里多数都是与本书前八章开店类似的套路，搞懂玩法再去做，事半功倍。

种一棵树最好的时间是十年前，其次就是现在。不要在犹豫上浪费太多时间，去做就对了。很多时候，你不是没机会，不是没能力，而是没有迈出那一步，一直在原地徘徊而已。

做对了，做好了，该来的都会来。动起来，去做，任何时候都不晚！

最后，用诗人陆游的名句共勉："纸上得来终觉浅，绝知此事要躬行。"

反侵权盗版声明

电子工业出版社依法对本作品享有专有出版权。任何未经权利人书面许可，复制、销售或通过信息网络传播本作品的行为；歪曲、篡改、剽窃本作品的行为，均违反《中华人民共和国著作权法》，其行为人应承担相应的民事责任和行政责任，构成犯罪的，将被依法追究刑事责任。

为了维护市场秩序，保护权利人的合法权益，我社将依法查处和打击侵权盗版的单位和个人。欢迎社会各界人士积极举报侵权盗版行为，本社将奖励举报有功人员，并保证举报人的信息不被泄露。

举报电话：（010）88254396；（010）88258888
传　　真：（010）88254397
E-mail:　　dbqq@phei.com.cn
通信地址：北京市万寿路173信箱
　　　　　电子工业出版社总编办公室
邮　　编：100036